『맹자한글역주』
특별보급판

맹자
사람의 길

도올 김용옥 지음

上

통나무

"2011~2012년 도올선생님과 함께하는 고전의 향연"이 한국고전번역원 주최로 대학로에서 열리고 있다. 맹자의 사단四端 테마가 조선의 사칠논쟁四七論爭을 통하여 집중토의 되었다. 사진은 2011. 11. 23. 현장.

서序

『맹자』는 고전古典이 아니다. 그것은 옛古 책典이 아니라, 지금 여기 살아있는 사람들의 혈맥을 흐르고 있는 뜨거운 기운이다. 우리나라 고금에 『맹자』를 완독한 사람이 적지 않을 것이다. 그러나 과연 그들이 『맹자』를 읽었는가? 나는 장담할 수가 없다. 퇴계나 다산이 『맹자』를 정확하게 이해했는가? 나는 장담할 수가 없다. 물론 그들은 우리보다 자구字句의 의미에 관해 감정적으로 보다 근접한 느낌을 가졌을지는 모르겠지만 정확하게 이해했다고 생각되진 않는다. 그들이 정확하게 이해하기에는 너무도 시대적 사상의 제약이 강했고, 뒷받침하는 문헌의 포괄성이 부족했다. 그리고 맹자라는 역사적 인간을 투시하기에는 그들이 산 시대상의 단일한 칼라가 너무 강렬했다. 21세기와 같은 자유분방한 시대상 속에서, 국가나 민족이나 이념을 초월하는 자유로운 상상력 속에서 비로소 맹자는 저 멀리 지평선 위로 걸어나온다.

나도 평생 『맹자』를 읽었다. 그러나 요번에 『맹자』를 역주하면서 비로소 맹자를 만나게 되었다. 여태까지 맹자가 만나지지 않았던 이유는 『맹자』라는 문헌이 논리적으로 소통이 되지 않는 구석이 너무 많아 실제로 그 전체를 세부적으로 다 이해하지 않고 이해되는 부분만을 골라 맹자상을 구성했기 때문이었다. 그러나 자세히 들여다보니 『맹자』라는 텍스트처럼 정확히 논리적으로 명료하게 료해될 수 있는 문헌도 없다는 것을 깨달았다. 이것은 나의 텍스트 이해가 부족했었다는 것을 의미하는 것은 아니다. 아무리 한문의 도사라 할지라도, 제아무리 『맹자』 전체를 암송하고 있다 할지라도 맹자는 만나지지 않는다. 왜? 그 이유는 단순하다. 여태까지 조선의 학문풍토 속에서는 주자학의 이념으로 형해화 된 맹자상이 연역적 전제로서 걸려있었을 뿐 아니라, 살아있는 그 인간을 전국戰國이라고 하는 특수한 중원의 역사적 지평 위에서 걸어가도록 만드는 작업이 거의 불가능했다. 맹자의 생애나 연보, 그리고 교류관계나 실제적 시대상의 사건들을 정확히 구성하고, 그 위에서 그의 심장과 혈관과 근육을 살려내는 작업을 감행한 사람들이 거의 없었다. 맹자는 그냥 공맹사상의 주축으로서 추상화된 맹자일 뿐이었다.

맹자의 모든 문답의 정확한 시기나 분위기가 고려되지 않은 채, 그 추상적 논리만을 따라가다 보면 그 논리가 이해되지 않는다. 나는 역사적으로 살아 숨쉬는, 그의 입에서 입김이 서리거나 그의 표정에서 감정의 색깔이 표현되는, 그러한 역사적 한 인간을 느낄 수 있도록 『맹자』를 서술하는 데 총력을 기울였다. 그러한 맹자를 우리 실존의 지평 위에 등장시키기 위해 나는 텍스트의 한계를 초극하려고 노력하였다. 혹자는 나보고 지나친 의역이나 가필이 있지 않은가 하고 말할지 모르겠으나, 번역은 어디까지나 번역일 뿐이다. 원문은 손상되지 않는다. 한문원전은 맹자 당시의 그대로 지금도 존재한다. 번역과 원문의 관계를 정확한 대응으로 생각하는 것은 참으로 어리석은 것이다. 그렇다면 나는 원문을 왜곡했는가? 나의 번역은 어느 누구의 번역보다도 문법적 구조의 치열한 직역의 바탕 위에서 재구성된 것이다. 직역을 운운해도 나의 번역 이상의 직역은 없다!

번역은 대응이 아니라 상응이다. 그 상응은 오늘의 살아 숨쉬는 독자들의 삶의 의미체계와의 상응이다. 많은 고전번역자들이 고전을 읽는 오늘날의 독자들을 그들이 생각하는 형해화 된 맹자처럼 형해화 시키려고 노력한다. 참으로 애석한 일이다! 그래서 고전번역을 많이 읽다보면 그 인간이 핏기를 잃어가고 점점 고리타분한 인간이 되어간다. 소위 "공맹사상"의 이념적 신도가 되어가는 것이다. 예수쟁이가 되든, 공맹쟁이가 되든 무엇이 다를 소냐! 예수쟁이와 공맹쟁이가 다른 것은 "상식" 하나인데, 번역자들 자신이 상식을 거부하고 있는 것이다.『맹자』는 고전이 되면 안된다. 우리의 상식으로부터 멀어져만 갈 뿐이다.

나는『맹자』를 한국의 젊은이들이 피끓는 가슴으로, 시중의 소설보다 더 쉽게 읽을 수 있도록 만들려고 노력했다. 어떠한 이념이나 고매한 철학을 표방하는 책보다도 더 풍부한 이념과 철학을 제공하는 상식의 책으로서『맹자』를 한국의 독서계에 제공하려고 노력했다. 과연 나의 노력이 성공했는지는 독자들 스스로 판단할 것이다.

제일 먼저 생각한 부제는 "민본과 혁명"이었다. 그러나 주석을 진행하면서『맹자』를 가장 정확히 포괄적으로 대변할 수 있는 한마디는 "사람의 길"이라 생각되었다.

2012년 3월 4일 밤
도올, 두근거리는 마음으로 이「서」를 집필하다

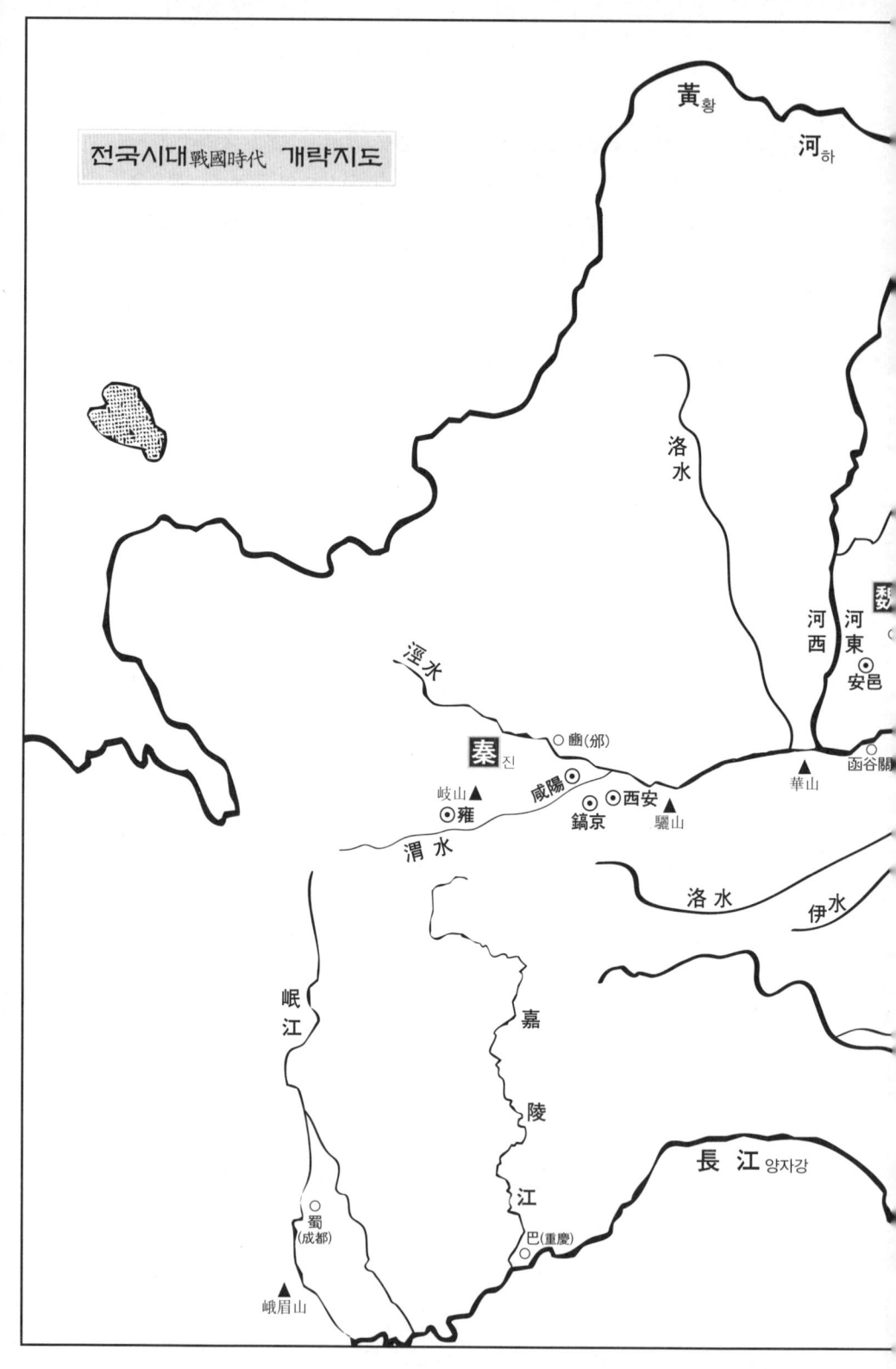

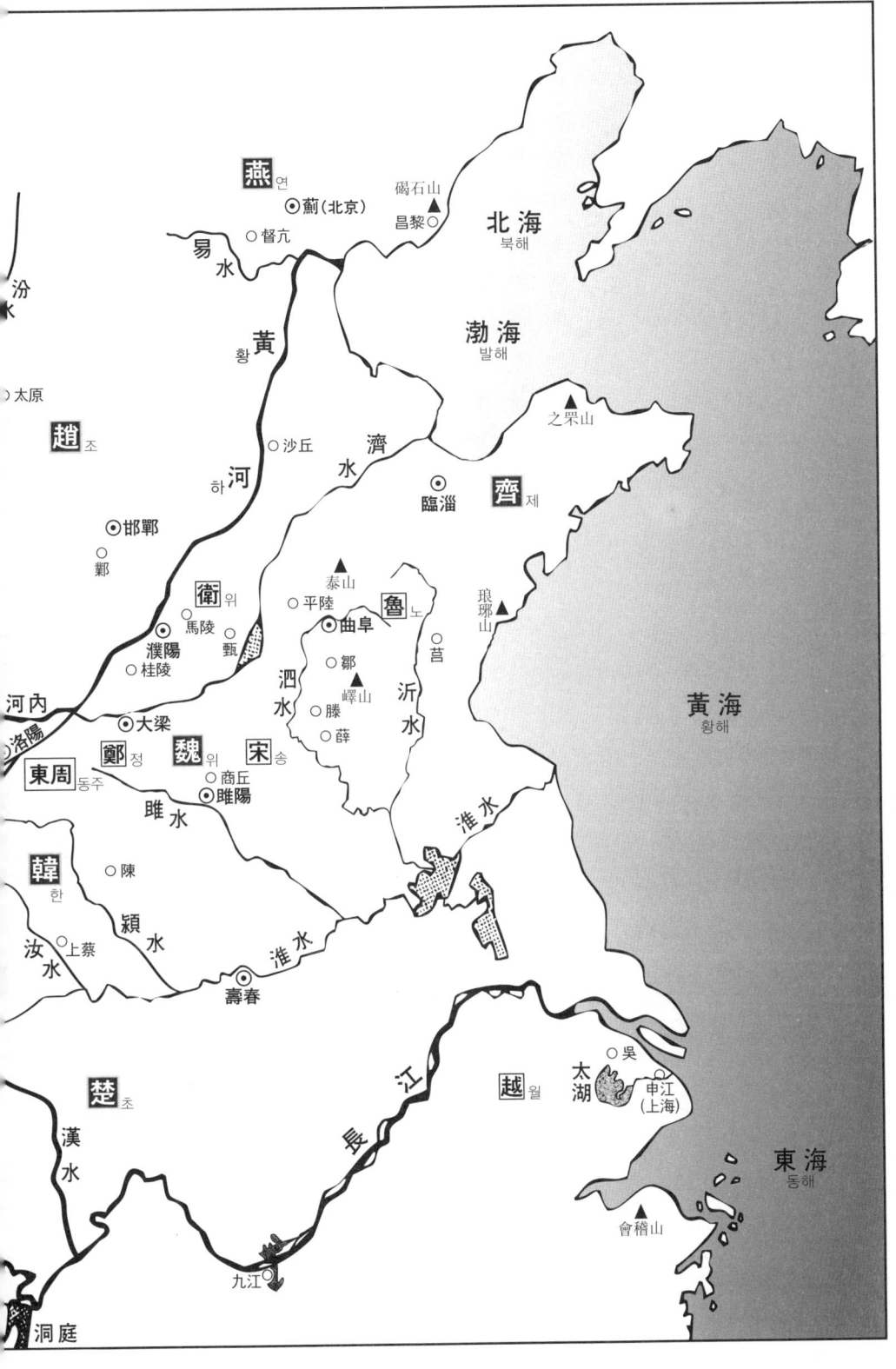

맹자, 사람의 길 上

목차

서序	7
전국시대戰國時代 개략지도	10
맹자제사孟子題辭	19
조기趙岐, 그는 누구인가?	53
범례凡例	63
양혜왕장구梁惠王章句 **상**上	65

1a-1. 맹자견양혜왕孟子見梁惠王。왕왈王曰: "수불원천리叟不遠千里‧‧‧‧ 65
1a-2. 맹자견양혜왕孟子見梁惠王。왕립어소상王立於沼上‧‧‧‧ 110
1a-3. 양혜왕왈梁惠王曰: "과인지어국야寡人之於國也,‧‧‧‧ 112
1a-4. 양혜왕왈梁惠王曰: "과인원안승교寡人願安承教。"‧‧‧‧ 116
1a-5. 양혜왕왈梁惠王曰: "진국晉國, 천하막강언天下莫强焉,‧‧‧‧ 119
1a-6. 맹자견양양왕孟子見梁襄王。출出, 어인왈語人曰:‧‧‧‧ 121
1a-7. 제선왕문왈齊宣王問曰: "제환‧진문지사齊桓、晉文之事‧‧‧‧ 157

양혜왕장구梁惠王章句 하下　172

- 1b-1. 장포견맹자왈莊暴見孟子曰: "포현어왕暴見於王, ···· 172
- 1b-2. 제선왕문왈齊宣王問曰: "문왕지유文王之囿, ···· 176
- 1b-3. 제선왕문왈齊宣王問曰: "교린국유도호交鄰國有道乎?" ···· 178
- 1b-4. 제선왕견맹자어설궁齊宣王見孟子於雪宮. ···· 182
- 1b-5. 제선왕문왈齊宣王問曰: "인개위아훼명당人皆謂我毁明堂, ···· 186
- 1b-6. 맹자위제선왕왈孟子謂齊宣王曰: "왕지신유탁기처자자王之臣有託其妻子 ···· 190
- 1b-7. 맹자견제선왕왈孟子見齊宣王曰: "소위고국자所謂故國者, ···· 195
- 1b-8. 제선왕문왈齊宣王問曰: "탕방걸湯放桀, ···· 198
- 1b-9. 맹자견제선왕왈孟子見齊宣王曰: "위거실爲巨室, ···· 204
- 1b-10. 제인벌연齊人伐燕, 승지勝之. ···· 205
- 1b-11. 제인벌연齊人伐燕, 취지取之. ···· 210
- 1b-12. 추여로홍鄒與魯鬨. 목공문왈穆公問曰: ···· 213
- 1b-13. 등문공문왈滕文公問曰: "등滕, 소국야小國也. ···· 216
- 1b-14. 등문공문왈滕文公問曰: "제인장축설齊人將築薛 ···· 219
- 1b-15. 등문공문왈滕文公問曰: "등滕, 소국야小國也. 갈력이사대국竭力以事大國, ···· 220
- 1b-16. 노평공장출魯平公將出, 폐인장창자청왈嬖人臧倉者請曰: ···· 223

공손추장구公孫丑章句 상上　229

- 2a-1. 공손추문왈公孫丑問曰: "부자당로어제夫子當路於齊, ···· 229
- 2a-2. 공손추문왈公孫丑問曰: "부자가제지경상夫子加齊之卿相, ···· 235
- 2a-3. 맹자왈孟子曰: "이력가인자패以力假仁者霸, ···· 246
- 2a-4. 맹자왈孟子曰: "인즉영仁則榮, 불인즉욕不仁則辱. ···· 248
- 2a-5. 맹자왈孟子曰: "존현사능尊賢使能, 준걸재위俊傑在位, ···· 250

2a-6. 맹자왈孟子曰: "인개유불인인지심人皆有不忍人之心。···· 253

2a-7. 맹자왈孟子曰: "시인기불인어함인재矢人豈不仁於函人哉?···· 257

2a-8. 맹자왈孟子曰: "자로인고지이유과子路人告之以有過,···· 260

2a-9. 맹자왈孟子曰: "백이伯夷, 비기군불사非其君不事,···· 262

공손추장구公孫丑章句 하下　　　　265

2b-1. 맹자왈孟子曰: "천시불여지리天時不如地利,···· 265

2b-2. 맹자장조왕孟子將朝王, 왕사인래왈王使人來曰:···· 267

2b-3. 진진문왈陳臻問曰: "전일어제前日於齊,···· 272

2b-4. 맹자지평륙孟子之平陸, 위기대부왈謂其大夫曰:···· 274

2b-5. 맹자위지와왈孟子謂蚳鼃曰: "자지사령구이청사자지사子之辭靈丘而請士師,···· 277

2b-6. 맹자위경어제孟子爲卿於齊, 출조어등出吊於滕,···· 279

2b-7. 맹자자제장어로孟子自齊葬於魯, 반어제反於齊, 지어영止於嬴。···· 282

2b-8. 심동이기사문왈沈同以其私問曰: "연가벌여燕可伐與?"···· 285

2b-9. 연인반燕人畔。 왕왈曰: "오심참어맹자吾甚慙於孟子。"···· 287

2b-10. 맹자치위신이귀孟子致爲臣而歸。 왕취견맹자王就見孟子,···· 291

2b-11. 맹자거제孟子去齊, 숙어주宿於晝。···· 296

2b-12. 맹자거제孟子去齊。 윤사어인왈尹士語人曰:···· 298

2b-13. 맹자거제孟子去齊。 충우로문왈充虞路問曰:···· 300

2b-14. 맹자거제孟子去齊, 거휴居休。···· 301

등문공장구滕文公章句 상上　　　　305

3a-1. 등문공위세자滕文公爲世子, 장지초將之楚,···· 305

3a-2. 등정공훙滕定公薨。 세자위연우왈世子謂然友曰:···· 308

3a-3. 등문공문위국滕文公問爲國。 ···· 312

3a-4. 유위신농지언자허행有爲神農之言者許行. ···· 320

3a-5. 묵자이지墨者夷之, 인서벽이구견맹자因徐辟而求見孟子。 ···· 335

등문공장구滕文公章句 하下   341

3b-1. 진대왈陳代曰: "불견제후不見諸侯, 의약소연宜若小然;" ···· 341

3b-2. 경춘왈景春曰: "공손연·장의公孫衍、張儀," ···· 344

3b-3. 주소문왈周霄問曰: "고지군자사호古之君子仕乎?" ···· 348

3b-4. 팽갱문왈彭更問曰: "후거수십승後車數十乘," ···· 351

3b-5. 만장문왈萬章問曰: "송宋, 소국야小國也。" ···· 354

3b-6. 맹자위대불승왈孟子謂戴不勝曰: "자욕자지왕지선여子欲子之王之善與?" ···· 360

3b-7. 공손추문왈公孫丑問曰: "불견제후不見諸侯, 하의何義?" ···· 362

3b-8. 대영지왈戴盈之曰: "십일什一, 거관시지정去關市之征," ···· 364

3b-9. 공도자왈公都子曰: "외인개칭부자호변外人皆稱夫子好辯," ···· 366

3b-10. 광장왈匡章曰: "진중자기불성렴사재陳仲子豈不誠廉士哉?" ···· 376

이루장구離婁章句 상上   383

4a-1. 맹자왈孟子曰: "이루지명離婁之明, 공수자지교公輸子之巧," ···· 383

4a-2. 맹자왈孟子曰: "규구規矩, 방원지지야方員之至也;" ···· 387

4a-3. 맹자왈孟子曰: "삼대지득천하야이인三代之得天下也以仁," ···· 389

4a-4. 맹자왈孟子曰: "애인불친愛人不親, 반기인反其仁;" ···· 390

4a-5. 맹자왈孟子曰: "인유항언人有恒言," ···· 390

4a-6. 맹자왈孟子曰: "위정불난爲政不難," ···· 392

4a-7. 맹자왈孟子曰: "천하유도天下有道," ···· 393

4a-8. 맹자왈孟子曰: "불인자가여언재不仁者可與言哉? ···· 397
4a-9. 맹자왈孟子曰: "걸주지실천하야桀紂之失天下也, ···· 398
4a-10. 맹자왈孟子曰: "자포자自暴者, 불가여유언야不可與有言也; ···· 401
4a-11. 맹자왈孟子曰: "도재이이구저원道在爾而求諸遠, ···· 403
4a-12. 맹자왈孟子曰: "거하위이불획어상居下位而不獲於上, ···· 404
4a-13. 맹자왈孟子曰: "백이벽주伯夷辟紂, 거북해지빈居北海之濱, ···· 406
4a-14. 맹자왈孟子曰: "구야위계씨재야求也爲季氏宰, ···· 409
4a-15. 맹자왈孟子曰: "존호인자存乎人者, ···· 411
4a-16. 맹자왈孟子曰: "공자불모인恭者不侮人, ···· 412
4a-17. 순우곤왈淳于髡曰: "남녀수수불친男女授受不親, ···· 413
4a-18. 공손추왈公孫丑曰: "군자지불교자君子之不敎子, ···· 415
4a-19. 맹자왈孟子曰: "사事, 숙위대孰爲大? ···· 416
4a-20. 맹자왈孟子曰: "인부족여적야人不足與適也, ···· 419
4a-21. 맹자왈孟子曰: "유불우지예有不虞之譽, ···· 421
4a-22. 맹자왈孟子曰: "인지역기언야人之易其言也, ···· 422
4a-23. 맹자왈孟子曰: "인지환재호위인사人之患在好爲人師." ···· 423
4a-24. 악정자종어자오지제樂正子從於子敖之齊. ···· 424
4a-25. 맹자위악정자왈孟子謂樂正子曰: "자지종어자오래子之從於子敖來, ···· 425
4a-26. 맹자왈孟子曰: "불효유삼不孝有三, ···· 426
4a-27. 맹자왈孟子曰: "인지실仁之實, 사친시야事親是也; ···· 427
4a-28. 맹자왈孟子曰: "천하대열이장귀기天下大悅而將歸己. ···· 429

역산각석嶧山刻石 탁본. 이사李斯의 소전小篆. 크기 218×84㎝. 송 순화淳化 4년(993) 중각重刻

맹자제사 孟子題辭

조기 趙岐

제사-1. 여기 "맹자제사"라고 하는 것은 『맹자』라는 책의 본말本末(전체 구조) · 지의指義(그것이 지향하고 있는 의미) · 문사文辭(문장과 그것을 구성하는 개념들)를 제호題號하기 위한 서문에 해당되는 하나의 또 다른 표현이다. "맹孟"이라는 것은 성姓이다. "자子"라고 하는 것은 남자의 통칭이다. 이 책은 맹자가 지은 것이다. 그래서 이 책을 총칭하여 『맹자』라고 부르는 것이다. 그 편목篇目에는 각자 편명이 원래 붙어 있었다.

辭-1. 孟子題辭者, 所以題號孟子之書本末、指義、文辭之表也。孟, 姓也。子者, 男子之通稱也。此書, 孟子之所作也, 故摠謂之孟子。其篇目, 則各自有名。

沃案 송나라 때 사람으로 십삼경주소본의 『맹자』소疏를 쓴 손석孫奭, 962~1033에 의하면 "맹자제사孟子題辭"는 단순히 『맹자』라는 책의 "서序"를 일컬은 말일 뿐이라고 한다. 장일張鎰이 이 구절을 해석하여 다음과 같이 말했다고 한다: "맹자제사"라는 것은 서序의 다른 이름일 뿐이다. 조기의 주는 색다른 것을 좋아하는 경향이 있어서 "서序"라고 말하지 않고, "제

사題辭"라고 말한 것이다(正義曰: 此敍孟子題辭爲孟子書之序也。張鎰釋云: 孟子題辭卽序也。趙注尙異, 故不謂之序而謂之題辭。).

"표表" 앞에 있는 "지之"는 "소이所以"로부터 시작한 문장 전체를 받는 것이다. "문사지표文辭之表"를 따로 떼어, 붙여 읽으면 안된다. "표表"는 "이름" 정도에 해당되는 말이다.

조기趙岐, c.108~201가 이 제사를 쓴 것은 대강 후한後漢이 저물어 가는 AD 160년경이다. 그 당시 이미 조기가 접한 책은 그 총제목이 『맹자』라는 이름으로 불리고 있었고, 각 편으로 분립되어 있었으며, 그 편마다 이미 편제목이 붙어있었다는 사실을 확인할 수 있다. 뒤에 다시 해설하겠지만 조기가 접한 『맹자』는 내편이 7편, 외편이 4편, 도합 11편짜리 『맹자』이며, 이것은 유향劉向・유흠劉歆이 본 『맹자』와 일치한다. 그러나 조기는 "외서外書"로 간주되는 4편의 진실성을 인정하지 않았다. 그리고 내편 7편만을 맹자孟子라는 역사적 인물의 저작으로 받아들였다. 그리고 이 7편을 모두 상・하 두 편으로 갈라 장구章句를 지었다. 그러니까 우리가 「양혜왕」상편, 하편이라 하여, 14편으로 부르는 것은 조기의 편집체계를 따른 것이다. 조기 이전에는 상・하편이 나뉘어있지 않았다. 그리고 편명은 특별한 의미가 있는 것이 아니고, 『논어』의 편명처럼 그 편이 시작하는 첫 글자를 딴 것이다.

제사-2. 맹자는 추鄒나라 사람이다. 그 명名을 가軻라고 하는데, 그 자字인즉슨 알려진 바 없다. 추鄒나라는 본시 『춘추春秋』에 언급되고 있는 "주邾"라고 불리는 자작子爵급의 나라인데 맹자시대에 이르러 그 이름을 바꾸어 추鄒라고 불렀다. 이 추나라는 노나라에 가깝고, 후에는 노나라에 병합되었다. 그러나 어떤 사람은 말하기를, 주邾는 초楚나라에 병합된 바는 있었어도 노魯나라에 병합된 적은 없었다고 주장하기도 한다. 하여튼 지금의(후한 말 기준) 추현鄒縣이 바로 이 추나라 지역이다. 그런데 또 혹자는 이와 같은 설을 펴기도 한다: "맹자는 본래 노나라의 공족公族인 맹손씨의 자손이다. 그러므로 맹자는 벼슬은 제나라에서 했어도, 어머니가 돌아가시자 그 장례를 노나라에 돌아와 치른 것이다. 그 기세등등한 삼환三桓 중의 하나인 맹손씨의 자손이라 할지라도 쇠미하게 되면 갈라져 나와 노나라가 아닌 딴 나라에 가서 곁살이 할 수밖에 없었던 것이다."

辭-2. 孟子, 鄒人也。名軻, 字則未聞也。鄒本春秋邾子之國, 至孟子時改曰鄒矣。國近魯, 後爲魯所幷。又言邾爲楚所幷, 非魯也。今鄒縣是也。或曰: "孟子, 魯公族孟孫之後。故孟子仕於齊, 喪母而歸葬於魯也。三桓子孫旣以衰微, 分適他國。"

沃案 맹자의 성姓이 "맹孟"이라는 사실이 곧 그가 노나라의 기세등등한 삼환三桓 가문 중의 하나인 맹손孟孫씨의 자손이라는 것을 입증하지는 않는다. 맹이라는 성은 얼마든지 다른 이유에서 생겨날 수도 있다. 따라서 조기는 맹자가 맹손씨의 후예라는 설을 "혹왈或曰"로써 처리하고 있다. 매우 객관적으로 사태를 기술하려는 태도가 조기에게는 있는 것이다.

맹자의 이름名이 "가軻"라는 것은 모든 역사기록이 일치한다. 그러니까 명名은 가軻로서 확실하게 알려져 있었다. 맹자가 스스로 자기 이름을 "가軻"라고 부르는 장면이 『맹자』라는 서물에 두 번 나온다. 「만장萬章」하2에 "그러나 나는 일찍이 그 대략을 들었노라.然而軻也嘗聞其略也."라고 했고, 「고자告子」하4에는 "내 청컨대 그 자세한 것은 묻지 않겠으나 그 근본취지를 듣기 원하오이다.'軻也, 請無問其詳, 願聞其指, …"라는 표현이 있다. 그리고 「양혜왕」하16에는 악정자樂正子가 노나라 평공平公에게 "어찌하여 인군께서는 맹가를 만나보지 않으셨습니까?君奚爲不見孟軻也"라고 말한다.

"가軻"라는 이름의 유래에 관해서는 많은 추측이 있다. 민담 같은 이야기로서는 맹자 어머니 장씨仉氏가 만삭이었을 때 추나라의 신령한 산인 역산嶧山에 기도 드리러 갔다가 진통을 느껴 돌아오는 길에 수레 속에서 낳았다 하여 그 이름을 "맹가孟軻"(맹수레)라고 했다는 것이다. 수레를 타고 열국을 주유하는 맹자의 생애를 예견한 이름이기도 하다. 그런데 『공총자孔叢子』라는 책에는 맹자가 어린 시절에 자사子思를 뵙기를 청하는 장면이 「잡훈雜訓」제6에 실려있다. 그 장면에는 맹자의 이름이 "맹자거孟子車"로 되어있다. 그런데 송함宋咸이 주注를 달기를, "맹자거孟子車"는 보통 "맹자거孟子居"로 쓰며, 그것은 맹가孟軻의 자字라고 하였다. 그리고 계속해서 "가軻"의 뜻을 해설하면서 다음과 같이 말하였다: "맹가는 어렸을 때부터 일찍이 빈곤 속에 거居하였다. 그리고 감가坎軻한 삶을 살았다. 그래서 그 명名을 가軻라 하였고 자字를 자거子居라 한 것이다."(孟子車, 一作子居, 卽孟軻也。蓋軻常師子思焉。言孟軻嘗居貧, 坎軻, 故名曰軻, 字子居。)

여기 "감가坎軻"라는 표현은 "감가坎坷"라고도 쓰는데, 때를 얻지 못해 불우不遇하고, 또 평탄치 못한 험난한 삶을 산다는 뜻이다. 그러니까 명名인 "가軻"는 불우하다는 뜻이고, 그 자字인 "자거子居"는 그 명과 관련된 것으로 "거빈居貧"(빈곤에 거함)의 뜻이 되는 것이다. 그러니까 맹자의 명名인 가軻를 수레의 뜻으로 푸는 것이 아니라, 가난과 고난과 간난艱難의 뜻으로 푸는 것이다. 그러나 송함宋咸은 북송 건주建州 건양인建陽人으로 인종仁宗 천성天聖 2년(1024)에 진사가 된 사람이므로 그의 해설은 후대의 일설일 뿐이다. 위魏나라 때의 왕숙王肅, 195~256은 그의 『성중론聖證論』 속에서 맹자의 자를 "자거子車"라 하였고, 진晉나라 사람 부현傅玄, 217~278은 그의 저서 『부자傅子』 속에서 맹자의 자를 "자여子輿"라고 하였다. 이들 모두가 "가軻"에서 수레의 의미를 취하여 자字를 날조해낸 것이다. 따라서 후한의 조기가 맹자의 명名은 확실히 "가軻"이지만 그 자字에 관해서는 들어본 바가 없다라고 말한 것은 매우 정직하고 정확한 발언이다. "미문未聞"이라는 표현은 자기가 듣지 못했다는 뜻도 되지만, 알려진 바 없다, 전해내려오는 바가 없다라는 뜻이다. 이것은 곧 한대까지만 해도 맹자의 청년시절에 관한 신빙할 만한 정보가 별로 없었다는 것을 의미하는 것이다.

『춘추春秋』라는 경전은 은공隱公으로부터 시작하는데, 그 은공 원년 元年(BC 722) 3월조에 "은공은 주邾나라의 의보儀父와 멸蔑이라는 땅에서 동맹을 맺었다. 三月公及邾儀父盟于蔑。"라는 기사가 있다. 주邾나라는 주周의 무왕武王이 전욱顓頊의 자손이라는 사람에게 봉한 작은 나라였다. 원래는 작위爵位가 없었는데 나중에 자작子爵이 되었다. 주나라가 제후국으로서 정확한 대접을 받았는지에 관해서는 확정적으로 말하기 어렵다. 그러나 노나라의 은공과 주邾나라의 의보儀父가 멸 땅에서 "맹盟"을 했다는 『춘추』의 기사로 미루어보아 BC 8세기부터 주나라는 노魯나라에 대적할 수 있을 정도로 독자적인 아이덴티티를 확보하고 있었던 나라였음에 틀림이 없다. "맹盟"이란 실제로 대적가능한 나라 사이에서 불가침조약을 맺는 것이다. 하여튼 이 주邾나라가 맹자 시대에는 추鄒나라로 불린 것이다. 사마천의 『사기』 「맹자열전」에서는 이 추鄒가 모두 "추騶"로 표기되고 있다. 조기는 이 추나라가 노나라에 병합되었다는 설과 초나라에 병합되었다는 설, 두 가지 이견을 객관적으로 같이 소개하고 있는데, 내가 생각하기에는 추나라가 끊임없이 노나라와 각축전을 벌이기는 했어도 노나라에 병합되지는 않았으며, 오히려 초나라 세력권에 있으면서 독자적인 아이덴티티를 지킨 노나라 변방의 소국으로서 추나라를 이해해야 할 것 같다.

『춘추좌씨전』 문공文公 13년(BC 614)조에 주邾나라 문공文公이 역繹으로 도읍을 옮기는 기사가 실려있다. 여기 "역繹"이란 "역산嶧山"의 남쪽 기슭을 말하는 것이다. 원래 노나라 곡부 부근에 주邾나라의 수도가 있었는데 그것을 현재 추현鄒縣 동남쪽 역산 남록南麓으로 천도하려 한 것이다. 그래서 귀갑龜甲의 복점을 쳤는데 복사卜師가 말하기를, "백성에게는 이로우나 임금님께는 불리하옵니다.利於民而不利於君."라고 하는 것이다.

이에 주문공邾文公이 말한다: "진실로 백성에게 이로웁다면, 그건 곧 나의 이로움인 것이다. 하늘이 백성을 낳고 군주를 세움은 곧 백성에게 이로웁게 하라는 것이 그 근본 소이연이다. 백성에게 이로움이 있다면야, 나는 반드시 그 이로움과 더불어 할 뿐이로다.苟利於民, 孤之利也。天生民而樹之君, 以利之也。民旣利矣, 孤必與焉。"

그러자 좌우의 신하들이 주문공을 만류하여 말한다: "도읍을 옮기지 않으시면 임금님의 수명이 길어질 터인데 어찌 그걸 원치 않으시옵나이까?命可長也, 君何弗爲?"

이에 주문공은 다음과 같이 말했다: "하늘이 나에게 명한 것은 오래 살라는 것이 아니라 백성을 잘 기르라는 것이다. 죽고 사는 것의 길고 짧음은 시운일 뿐이다. 백성들에게 실로 이로웁다면, 옮기리라. 길吉함이 그보다 더 할 수가 없는 것이로다.命在養民, 死生之短長, 時也。民苟利矣, 遷也。吉莫如之。"

그리하여 천도가 감행되었다. 그리고 그 해 5월에 주문공은 세상을 떴다. 세상의 군자들이 그를 가리켜, "천명을 안 인물이었다"라고 했다.

이러한 고사로 보아, 맹자에게 전해내려오는 민본사상의 분위기가 이미 맹자가 태어난 추나라에 젖어있었다는 것을 추측할 수 있다.

역산嶧山은 해발 550m의 산이지만 너른 평원에 홀로 우뚝 서있기 때문에 매우 고대高大하며 웅기雄奇하고, 험준險峻하게 보인다. 맹자의 고고孤高한 일생을 상징한다고 말할 수 있다. 그 남록에 지금도 부정형의 구형矩形의 성벽이 잔존하고 있다. 『사기』「진시황본기秦始皇本紀」28년조에는, "진시황이 동쪽으로 군현을 순무하던 중에 추鄒나라 역산嶧山에 올라 비석을 세우고, 노魯 땅의 유생들과 상의하여 비석에 진나라의 공덕을 노래하는 내용을 새겼으며, 봉선과 여러 산천에 대한 망제望祭의 일을 논의하였다. 始皇東行郡縣, 上鄒嶧山。立石, 與魯諸儒生議, 刻石頌秦德, 議封禪望祭山川之事。"라는 기사가 있다. 진시황이 태산에 봉선제를 지내러 가던 중에 먼저 추나라의 역산에 들러 비석을 세웠다는 것인데, 이것은 역사적 사실이다. 이것이 그 유명한 "역산각석嶧山刻石"의 고사인데, 이사李斯가 글을 짓고 직접 글을 썼다고 전하여진다. 이 역산각석은 당나라 때 산불로 훼손되었는데 그 정확한 모본摹本이 제작되어 오늘까지 총 7종의 모본이 전한다. 그 중 송나라 때 번각翻刻한 장안본長安本을 제일로 치는데, 현재 서안비림박물관에 소장되어 있다. 그 탁본이 2008년 서울역사박물관에서 전시된 적이 있다.

염약거閻若璩는 말한다: "지금 맹모의 묘비를 고찰하건대, 그 묘는 추현鄒縣 북쪽 20리 마안산馬鞍山의 남쪽에 있다. 그곳이 노나라 땅은 아니나, 옛날에는 노나라 땅이었을 수도 있다. 然考今孟母墓碑, 墓在鄒縣北二十

里馬鞍山陽, 又非魯地, 疑古爲魯地."많은 고증가들이 맹자가 결코 자기 어머니를 노나라 땅에 묻지 않았다고 주장한다. 자기 고향인 추나라 땅에 묻었다는 것이다. 내가 생각해도 어머니를 동심의 추억 서린 모국의 땅에 묻는 것이 옳다. 역산嶧山의 북쪽으로 아산牙山이 있고, 아산의 북쪽으로 당구산唐口山이 있으며, 당구산의 북쪽에 양성陽城이 있는데, 이 양성의 북쪽에 맹가孟軻의 무덤이 있다. 맹모의 무덤과 맹가의 무덤은 30리 내외로 가깝게 위치하고 있다.

제사-3. 맹자는 태어나면서부터 총명한 자질이 있었다. 일찍이 아버지를 여의었고, 어려서는 인자한 어머니의 그 유명한 삼천三遷의 가르침을 받으면서 성장하였다. 장성하여서는 공자의 손자인 자사子思를 스승으로 모시었고, 유가 학술의 핵심적 길을 닦고 익혔다. 오경五經에 통달하였는데, 그 중 특히 시詩와 서書에 능하였다.

辭-3. 孟子生有淑質, 夙喪其父, 幼被慈母三遷之敎。長師孔子之孫子思, 治儒術之道, 通五經, 尤長於詩、書。

沃案 우선 맹자의 생몰연대에 관해서는 확실한 자료가 없다. 세상에 전하는 『맹씨보孟氏譜』라는 서물에 맹자는 주周나라 정왕定王 37년 4월 2일에 태어났으며, 난왕赧王 26년 정월 15일에 졸卒하였으며 그때 나이가 84세였다고 적혀있다. 이 애매한 족보의 내력에 관해서는 별로 알려진 바가 없다. 그런데 주나라에 공·맹즈음의 시대에는 정왕定王이라는 임금은 존재하질 않는다. 가능성이 있다면 정정왕貞定王을 대신 들 수 있겠으나, 정정왕은 맹자의 시대일 수가 없고 재위기간도 그렇게 길지 않다. 그래서 맹자의 몰년인 난왕赧王 26년(BC 289)과 84세라는 나이로부터 역

산해 올라가면 열왕烈王 4년(BC 372)이라는 생년生年을 얻게 된다. 이 서물에 근거하여 맹자의 생몰연대를 보통 BC 372~289년으로 잡는데,『맹씨보』의 문제점에도 불구하고 이 연대가 가장 보편적으로 통용되고 있다. 치엔 무錢穆는『선진제자계년고변先秦諸子繫年考辨』「맹자생년고孟子生年考」에서 이『맹씨보』의 연대를 세밀히 반박하고 있으며, 결론적으로 BC 390~305(86세)를 제시하고 있으나, 그의 논거도 추측일 뿐 별다른 신빙성이 없다. 나는 가장 보편적으로 통용되는 BC 372~289설이 전국의 시대상황에 비추어 보아도 타당성이 있다고 생각하기에 그 설을 수용한다.

『춘추연공도春秋演孔圖』,『궐리지闕里志』등의 책에 맹가의 아버지의 이름이 격激이며 자字가 공의公宜이고 어머니의 친정 성씨가 장仉이라고 한다. 이것도 물론 근거가 없는 무계지담無稽之談이다. 그러나 근거가 없다고 하지만 맹자의 아버지를 맹격孟激, 혹은 맹손격孟孫激으로, 맹자의 어머니를 장씨仉氏로 말한다 해서 크게 잘못될 일은 없다.

여기 "숙상기부夙喪其父"라는 말과 관련하여『궐리지闕里志』『사서인물고四書人物考』등에 "맹자는 세 살 때 아버지를 여의었다"라고 기술하고 있다. 그렇다면 "맹모삼천孟母三遷"의 이야기는 어린 나이에 아버지가 돌아가시고 난 후, 그 어머니가 과부로서 홀로 아이를 키우는 데 교육자로서 심혈을 기울인 간난의 역정을 표출한 갸륵한 이야기가 될 것이다. 그러나 혹자는 말하기를, 이 삼천三遷의 고사가 실린 유향劉向, BC 79~8 혹은 BC 77~6의『열녀전列女傳』에는 맹가가 아버지를 여의었다는 이야기는 명시되어 있지 않으며, 또 같이 실린 "맹모단기孟母斷機"의 이야기 중에 맹모가 하는 말이 "베짜는 일을 중도에 폐하고 그만둔다면, 어찌 남편과 자식을 입히고, 오래도록 양식이 떨어지지 않게 할 수 있겠느냐? 積織而食, 中道廢而不爲, 寧能衣其夫子, 而長不乏糧食哉!"라고 되어있음을 들어, 맹자의 아버지는 결코 죽지 않았으며, 삼천단기三遷斷機의 고사는 단지 아버지가 오랫동안 출유出遊하고 있는 동안 자모慈母가 엄부嚴父를 대신하여 맹자를 교육한 이야기일 뿐이라고 주장한다.

이러한 고증가들의 번쇄한 논의가 이미 맹자의 생애에 관하여 확증적인 정보가 없다는 것을 말해줄 뿐이다. 그러나 우리는 조기의 논의가 가장 신빙성 있는 당대의 풍문을 반영하고 있다고 보아야 할 것이다. 맹자는 일찍이 아버지를 여의고 각박한 가정환경 속에서도 대의大義와 우환憂患의 사명감을 지닌 엄모의 슬하에서 고독하면서도 고매한 이상을 추구하는 신념을 버리지 않고 꿋꿋하게 자라난 인간이었다는 대의를 파악해야 할 것이다.

맹모고사에 관하여 우리가 문헌적으로 추구할 수 있는 최초의 근거는 한영韓嬰이 쓴 『한시외전韓詩外傳』이다. 그런데 『외전』에는, "삼천三遷"의 이야기는 나오지 않는다. 단지 "단기斷機"(其母引刀裂其織) 고사의 매우 소략한 형태가 실려있고, 또 『열녀전』에 없는 "매동가돈육買東家豚肉"의 이야기가 실려있다. 어린 소년 맹자가 동쪽의 이웃집에서 돼지를 잡는 것을 보고 어머니에게 "무엇에 쓰려고 저렇게 돼지를 잡습니까?"하고 여쭈었는데, 엄마가 무심결에 "너에게 주려는 게지"하고 빈말을 날렸다가, 엄마가 허튼소리를 했음을 깨닫고 얼른 그 동쪽 집의 돼지고기를 사다가 맹자에게 먹이면서 한순간이라도 사람을 속이는 빈말을 해서는 아니 된다는 교훈을 자식에게 주는, 일상생활의 엄훈嚴訓이 담긴 아름다운 고사이다. 그리고 『한시외전』과 『열녀전』에 맹자가 부인의 무례가 오히려 자신의 무례에 기인한 것임을 깨닫고 아내를 내쫓는 망상을 버렸다는 "맹자자책孟子自責, 불감거부不敢去婦"의 고사는 공통으로 출현하고 있다. 그리고 『열녀전』에는 『외전』에 없는 고사로서, 맹자가 출세를 한 후 거취문제로 고민할 때, 자식에게 부담을 주지 않기 위해 자신의 독자적 삶을 추구한다는 결연한 의지의 노모 이야기가 실려있다. 전체적으로 보면 한영의 『한시외전』의 산만한 이야기가 유향의 『열녀전』에는 매우 정리된 형태로 다듬어져 있다.

우리는 『열녀전』이라고 하면, 퍼뜩 "열녀烈女"라는 『삼강행실도』 『오륜행실도』류의 그릇된 이미지 때문에 『열녀전』의 가치를 왜곡하는 오류를 범하기 쉽다. 『열녀전』은 "열녀列女"라고 쓰며 그것은 매울 렬 자 "열녀烈女"와는 완전히 무관한 것이다. 그것은 사마천 『사기』의 "열전列傳"에 비견할 수 있는 것으로 "여성열전"이라는 뜻이다. "열列"은 복수의 뜻으로 개별적 전기를 병풍처럼 펼쳐 놓았다는 뜻이다. 이미 BC 1세기에 중국문화의 형성에 기여한 106명의 여성들(세부적으로는 더 많은 숫자의 여성이 묘사되고 있다)의 바이오그라피를 한군데 모아놓았다는 이 사실 하나만으로도 중국 인문문명의 수준의 고도성을 가늠질 할 수 있으며, 여성에 대한 우리의 상식적 편견이 파기되는 것이다. 플루타르크의 『영웅전 *Parallel Lives*』보다도 더 뛰어난, 현대적 감각을 지닌 작품이라고 말할 수 있으며, 특히 여성열전의 상들이 선·악을 가리지 않는다는 특징이 있다. 현녀뿐만 아니라 악녀들도 상술하여 놓았다. 유향은 인류역사에 있어서 "여성의 역할"이야말로 절대적으로 중요한 동력의 계기라고 파악했던 것이다.

맹모삼천이나 맹모단기의 이야기를 후대 호사가들의 날조라고 혐기해 버릴 것이 아니라 그러한 이야기가 서한·동한을 통하여 자식의 교육에 헌신하는 자모慈母의 프로토타입으로서 엄존하고 있었다는 사실 그 자체를 역사적 가치로서 수용해야 할 것이다. 더구나 서한 초기와 맹자시대는 연접해 있다. 우리가 구한말이나 일제강점기의 이야기를 하는 정도의 시대적 거리감밖에는 없다. 맹모삼천·맹모단기의 이야기는 『맹자』라는 서물 전체의 철학적 영향력을 뛰어넘을 만큼, 실제로 민중적 가치관의 아키타입을 형성한 것이다. 맹모단기의 이야기는 우리나라에서는 한석봉 엄마의 자식교육 이야기로 변양을 일으키며 재현되고 있다.

여자는 결혼을 한다. 이것은 시공을 초월하는 가장 흔한 사실이다. 그리고 아이를 낳는다. 그리고 아이를 양육하는 과정에서 모자의 관계는 가장 밀착되어 있다. 자라나는 아이의 슈퍼이고는 근친상간의 판타지인 비열한 외디푸스 콤플렉스에서 생겨나는 것이 아니라 엄마의 도덕적 가치관의 영향으로 형성되는 것이다. 엄마의 순간순간 시시각각 시비의 판단이 아이의 도덕적 가치관의 아키타입을 형성하는 것이다. 한자문명권에서는, 그 아키타입의 형성에 맹모의 추상적 형상처럼 깊은 영향을 준 가치체계는 없다. 서한 초의 한영, 서한 말의 유향, 동한 말의 조기로 이어지는 맹모상의 언급은 결코 묵과될 수 없는 맹자상의 한 본체를 형성하고 있다고 나는 생각한다.

청 말의 학자 임춘부林春溥의 『맹자시사연표孟子時事年表』에 의하면, 맹자 3살 때 맹자의 아버지가 돌아가시고 엄마 슬하에서 자라났으며, 삼천의 고사는 4세 때의 일로 비정한다. 그리고 단기의 고사는 15세 때 노나라에서 공부하다가 엄마에게 돌아온 사건이었다고 한다. 그리고 부인을 내치려다 엄마의 가르침으로 그것이 근본적으로 자신의 잘못임을 깨달은 고사는 30세 때의 일이라고 한다.

여기 조기는 맹자가 공자의 손자 자사에게서 직접 배웠다고 말하고 있는데, 이런 가능성은 없다. 이 논의 또한 유향의 『열녀전』에 단기斷機의 고사 끝에, "이에 맹자가 두렵게 여겨 아침저녁으로 부지런히 배워 쉼이 없었다. 자사를 스승으로서 섬기어 마침내 천하에 이름난 대학자가 되었다. 孟子懼, 旦夕勤學不息, 師事子思, 遂成天下之名儒."라고 언급한 것을 계승한 것이다. 혹자는 자사의 몰년을 내려잡고(자사가 노나라 목공穆公을 섬겼다는 근거 위에서) 맹자의 생년을 위로 끌어올려 두 사람의 랑데부를 정당화하려는 시도도 있으나, 그것은 연표상으로 도저히 불가능한 사태이다. 이미 사마천의 『사기』「맹자순경열전」에 "맹가는 추나라 사람인데, 자사의 문인에게서 수업을 받았다. 孟軻, 騶人也。 受業子思之門人."라고 명기되어 있다. 맹자는 자사에게서 직접 배운 것이 아니라, 자사의 "문인門人"(제자)에게서 배운 것이다. 자사의 문인 중에서도 일대 문인이 아니라 이대 문인일 가능성이 높다. 즉 자사의 제자의 제자에게서 배운 것이다. 이러한 문제에 관해서는 「이루」하22에 "나는 직접 공자의 문도門徒가 될 수는 없었다. 나는 공자의 유택遺澤을 보존하고 있는 사람들에게서 사숙私淑하였다. 予未得爲孔子徒也, 予私淑諸人也."라는 맹자 본인의 명료한 언급이 있다. 여기 우리가 지금도 "사숙私淑"이라고 보통 쓰고 있는 말이 유래되었는데, 이 말의 가장 통용되는 해석은 "사사로이 잘 익혔다"라는 것이며, 이것은 몸으로 직접 배우지는 못했고 간접적으로 사사로이 그 풍도를 익혔다는 뜻이다. 여기 "사숙저인私淑諸人"에서 "인人"이 누구라는 것을 밝히지 않은 것만 보아도, 별로 유명한 사람이 아니었다는 것을 알 수 있다. 공자의 적계 자손이 아닌 사람에게서 배웠을 수도 있다. 그러나 하여튼 맹자는 자사계열의 학인으로서 당대에 알려져 있었고, 맹자보다 약간 뒤늦게 태어난 동시대인 순자는 그의 「비십이자非十二子」편에서 "자사子思와 맹가孟軻"를 싸잡아 하나의 학파로 분류하고 있는데 최근 발굴된 간백자료들의 연구성과로 볼 때에 이러한 분류는 매우 리얼한 당대의 통념과 실제적 사상흐름을 적확히 잡아낸 것이다. 더구나 순자가 자사의 저작으로 지시하고 있는 『오행五行』이 현실적 문헌으로 그 온전한 모습이 드러남으로써 사맹학파思孟學派의 윤곽이 매우 뚜렷해졌다. 그리고 곽점간郭店簡 『성자명출性自命出』의 출현 또한 『중용』에서 『맹자』로 이르게 되는 사상적 경로에 대한 구체적 그림을 그리는 데 결정적인 역할을 한다.

여기 "통오경通五經"이라 한 것은 맹자 시대의 관념이 아닌 한대의 관념을 반영한 것이다. "오경五經"은 한무제 건원建元 5년(BC 136) "오경박사" 제도를 둠으로써 일반화된 관념으로서, "육경六經" 중에서 "악樂"을 제외한 역易·서書·시詩·예禮·춘추春秋를 가리킨다. 맹자가 이 오경 중에서 특히 시詩와 서書에 능하였다고 말한 것은 역시 곡부 주변에서 가르쳤던 유술儒術의 핵심 커리큘럼이 시詩·서書에 있었다는 것을 말해준다. 그러나 맹자에게 특기해야 할 것은 시詩·서書 외로 춘추春秋의 학문에 능했다는 사실이다. 맹자는 자공子貢을 스승으로 모시는 제나라의 유교 일파, 즉 제학齊學을 접하면서 『춘추』의 해석학을 깊게 체득한 것으로 사료된다. 그가 접한 『춘추』는 오늘날 우리가 흔히 의거하는 자세한 사실로서의 역사가 아니라, 경문의 철학적 의미를 묻는 역사철학적 해석학이었다. 그러한 해석학의 조형이 『춘추공양전春秋公羊傳』이다. 『공양전』의 저자는 공양고公羊高라는 인물로 알려져 있는데, 그는 자하子夏의 문인으로서 제나라 사람이라는 것이 정설이다. 맹자는 공양고나 공양고 계열의 사람에게서 공양학을 몸에 익혔을 것이다. 그리하여 독자적인 역사철학을 발전시켰다. 맹자의 사상과 『공양전』의 사상에는 공통점이 많다. 역사는 인간의 행위의 서술이며, 그 행위를 지배하는 인간의 실존적 의지야말로 서술의 핵심이다. 행위의 결과를 중시하기보다는 동기를 중시한다. 군신君臣과 같은 제도적 관계보다는 친친親親과 같은 순결한 인간적 내면관계를 우위에 둔다. 민생의 안정을 정치의 제1의로 생각하며, 무력혁명을 시인한다. 역사적 사건의 실존적 의미를 끊임없이 반문하는 맹자의 삶의 자세는 미언대의微言大義를 묻는 공양학의 기풍이 서려있다고 확언할 수 있다.

제사-4. 주왕실이 쇠미해진 말기, 즉 전국시대에 이르게 되면, 싸우는 나라戰國들이 합종合縱 아니면 연횡連衡의 계책을 아니 쓸 수 없었고, 병력을 강화하여 강대국이 될 것만을 경쟁하며 서로를 침탈하는 형국이었다. 이러한 시대에는 인재를 구한다는 것 자체가 무엇보다도 권모술수에 능한 자를 우선시하는 것이 고작이었지만, 그러면서도 그들은 현인을 숭상한다고 생각했다. 이리하여 중국문명의 기강을 세운 선왕先王들의 대도大道가 점점 쇠락하여 휴폐隳廢되어 버리고 마니 이단이 우후죽순처럼 일어나는 것은 너무도 자연스러운 추세였다. 특히 양주楊朱와 묵적墨翟의 방탕放蕩스러운 언설은 시대를 희롱하고 대중을 미혹케 하는 사태가 한두 건에 그치는 문제가 아니었다. 이러한 절실한 환경 속에서 맹자는 요임금·순임금·탕왕·문왕·주공·공자의 위대한 업적이 장차 인멸하여 쇠미해지고, 정도正道가 막혀버리고, 인의仁義가 황태荒怠하여지고, 입만 살아있는 위선자들의 사기술이 치빙馳騁하고, 애매한 간색인 불그스레한 자색紫色이 정색인 주색朱色을 어지럽히는 것을 깊게 연민하였다. 이에 맹자는 중니仲尼께서 시세時世를 우려하여 천하를 주류周流하신 그 심정을 사모하여, 마침내 유교의 정도를 표방하면서 제후들에게 유세하고 천하의 민중인 사민斯民을 구원하리라고 굳게 결심하였다. 그러나 맹자는 작은 소절小節을 굽혀서 대의大義를 신장할 수 있다 하더라도 그런 짓을 하지 않는 타협 없는 기질의 사나이였기에, 당시의 군주들은 모두 그를 일러 시사時事에 우활迂闊한 사람이라 평하기만 하였다. 그리고 종내 그의 학설에 귀를 기울이고 받아들일 수가 없었다.

辭-4. 周衰之末, 戰國縱橫, 用兵爭强, 以相侵奪。當世取士, 務先權謀, 以爲上賢。先王大道, 陵遲隳廢, 異端並起。若楊朱·墨翟放蕩之言, 以干時惑衆者非一。孟子閔悼堯·舜·湯·文·周·孔之業將遂湮微, 正塗壅底, 仁義荒怠, 佞僞馳騁, 紅紫亂朱。

於是則慕仲尼周流憂世, 遂以儒道遊於諸侯, 思濟斯民。然由不肯枉尺直尋, 時君咸謂之迂闊於事, 終莫能聽納其說。

沃案 간결하지만 맹자의 생애의 모든 것을 추상적으로, 요약적으로 표현한 명문이라 할 것이다. 전국시대란 주왕실의 권위가 땅에 떨어져 모두가 칭왕稱王하기 시작한 패도覇道의 시대였다. 사실 너무도 많은 인민 다중이 한 사람에게 절대적인 복종을 한다는 것은 결코 자연스러운 사태는 아니다. 그러기 때문에 동서고금을 통하여 왕권이라는 것은 종교적 제도, 그리고 그 신성한 권위와 결탁되어 있었다. 그러나 전국시대의 왕이라는 것은 일체의 종교적 권위의 백업이 없이 순결하게 무력의 실력만으로 그 지위를 유지하는 인문세계의 한 상징이었다. 전국시대가 중앙집권의 권위가 무너진 어지러운 난세라고 하지만 근원적으로 종교적 신화가 사라졌다는 의미에서 그것은 백화노방百花怒放의 위대한 르네상스 시기였다. 과거의 도시국가가 이제 거대한 영토국가로 병합되면서, 군현제가 탄생하고 상비군이 필요하게 되며, 그에 따라 새로운 세제稅制와 시장경제가 생겨난다. 그리고 철기문명의 발흥은 무기의 변화뿐 아니라 농기구의 비약적 발전을 가져오게 된다. 그리하여 대규모 개간이 가능하게 된다. 이러한 시대적 변화에 수반하여 가장 활발하게 이루어진 정신문화의 신국면은 패자들에 의한 인재의 등용이다. 우리가 말하는 제자백가諸子百家라는 것은 이러한 인재등용의 현실적, 시대적 요구가 빚어낸 역사의 파노라마인 것이다. 그 파노라마의 출발점이 공자의 주유천하周遊天下였던 것이다.

전국시대를 주름잡은 유세객들 중에서 가장 시대에 절실했던 인재의 전형은 여기서 말하는 "종횡縱橫"의 주역인 소진蘇秦과 장의張儀라 말할 수 있다. 사마천도 이 두 사람의 열전에 엄청난 분량을 할당하고 있다.

이 두 사람 다 맹자와 동시대를 산 사람들이다. 장의는 맹자 본인에 의하여 비판적으로 언급되고 있다(「등문공」하2). 맹자는 종횡가들이 소기하는 바 술책에 의한 정치를 소인배들의 꼼수로밖에 간주하지 않았다. 그러나 이들은 현실의 최강자였다. 전국시대를 살아간 사람들의 의식 속에서 가장 문제가 된 것은 끊임없이 계속되는 전쟁 그 자체였다. 전쟁에 가장 피해가 큰 것은 민중의 삶이었다. 민중은 전쟁이 사라진 화평의 유토피아를 꿈꾸었고, 그것은 "대일통大一統"의 꿈이었다. 이러한 민중의 갈망을 구실로 삼아 패자들은 통일천하統一天下의 드라이브를 계속했다.『맹자』라는 서물의 최초에 등장하는 양혜왕梁惠王은 위魏나라의 왕이다. 위나라가 진秦의 동진東進에 패하여 항거할 힘이 없었으므로 도읍을 고도인 안읍安邑으로부터 대량大梁으로 옮긴 후부터 위나라는 양나라로 불리기 시작한 것이다(BC 361). 그러나 위나라는 어디까지나 중원의 최강자였다. 소진蘇秦의 합종책合縱策이라는 것은 기본적으로 육국六國이 위나라 중심으로 뭉쳐서 진秦에 대항하자는 종적 연맹을 의미한다. 여기 "종적"이라는 말은 6국의 지리적 분포에 따라 생긴 개념일 뿐이다. 이에 대하여 장의張儀의 연형책連衡策("連衡"이라 써놓고 "연횡"이라고도 읽는다. "連衡"은 "연횡連橫"과 같은 의미이다)이라는 것은 진秦나라가 횡적으로 6국의 한 나라, 한 나라씩 단독으로 강화를 맺어 6국의 단합을 깨트리는 계책이다. 6국의 연합이 더 쉬울 것 같지만, 연합이란 항상 내분의 틈새가 있고, 또 이권으로 뭉친 연합은 통일 후의 몫에 대한 계산이 각자 다르기 때문에 항상 분열의 조짐이 있다. 장의와 소진은 둘 다 "귀곡선생鬼谷先生"이라는 스승에게서 배운 쌍벽이었는데, 소진이 먼저 출세를 했지만, 소진 본인도 자기보다 장의가 더 뛰어나다는 것을 잘 알고 있었다. 이 두 사람의 관계는 마치 방연龐涓과 손빈孫臏의 관계와도 비슷한 데가 있다. 손빈을 몰라보고 방연을 장군으로 삼아 마릉馬陵에서 대패한 위나라의 임금이 바로 양혜왕이다. 마릉에서 위가 대패함으로써 양혜왕의 패업霸業은 쇠락의 길을 걷는다. 이것이 바로 BC 341년의 사건이고 우리의 연표로 보자면 맹자가 32세 때의 일이다.

하여튼 맹자가 사회적으로 활약하던 보다 느지막한 시기는 대체적으로 연횡책이 합종책을 이겨가는 추세였다고 말할 수 있다. 그것은 연횡책이 합종책보다 우수해서라기보다는, 장의라는 인간이 소진이라는 인간보다는 한 차원 높은 술책을 썼다고 볼 수 있다. 소진은 제 명을 못 살고 제나라에서 암살당하지만, 장의는 자기 목을 원하는 적진 초나라에 자기 발로 걸어들어가는 태연함을 보이면서도 오묘한 술수의 화양을 부리며 끝까지 살아남는다. 천수를 누린 것이다. 그 과정에서 장의는 초나라의 충신인 굴원屈原을 사지로 몰아넣는다. 굴원은 합종파의 열렬한 지지자였던 것이다. 굴원이 초나라의 수도가 함락되었다는 비보를 듣고 자신의 품에 돌을 껴안고 멱라汨羅에 투신하기까지 그 역사무대의 배후에는 장의의 연횡책이 계속 작동하고 있었던 것이다. 초나라의 멸망이 초사楚辭라는 굴원의 위대한 문학을 우리에게 선사했지만 하여튼 참 서글픈 일이다.

이토록 연횡과 합종의 외교전술이 가장 치열했던 시기에 바로 맹자가 중니仲尼의 유도儒道를 제후들에게 펼치려고 했다는 이 아이러니칼한 시대상황을 조기는 잘 서술하고 있다. 맹자가 양혜왕을 만난 시기도 양나라가 연횡파와 합종파로써 분열된 어지러운 시기였다. 소진이나 장의와 같은 종횡가들은 철저한 시대감각과 외교감각을 통해 일체의 도의적 명분에 구애됨이 없이 천하통일의 꿈을 달성하려 했다. 그것은 패도의 극치였다. 그러나 그들도 자신의 개인적 공명이나 치부를 위해서 산 사람들이라고 가볍게 말해버릴 수는 없다. 목숨을 초개 같이 버릴 수 있는 깡을 지니고, 지략의 순간순간에 모든 것을 걸 줄 아는 특이한 예술가들이었다고 나는 말하고 싶다. 그들은 중원대륙이라는 광활한 캔버스 위에 세계상을 제멋대로 그려보는 행위예술에 심취해서 산 멋쟁이들이라고 평가해줄 만한 것이다. 그들은 놀라운 균형감각과 시대와 공간 그 전체를 볼 줄 아는 전관全觀의 형안을 지녔다. "연형連衡"의 "형衡"은 "밸런싱 balancing"이라는 의미도 내포하고 있다.

이러한 리얼리스트들의 균형감각에 비하면 맹자의 아이디얼리즘은 참으로 무모한 것이다. 맹자는 이들의 패도霸道에 대하여 왕도王道를 주장한다. 왕도王道라는 것은 인의仁義의 실현이다. 풍전등화와도 같은 국운의 쇠미기에, 서바이벌을 위해 합종이냐 연횡이냐를 점쳐야 할 긴박한 시기에, 어느 철인이 나타나 인정仁政을 외친다고 생각해보라! 과연 누가 그 말을 듣겠는가? 맹자는 중국의 동키호테라고 말할 수 있다. 그러나 동키호테는 픽션이나 신화에 자신의 모든 것을 걸지만, 맹자가 돌진하는 세계는 완벽한 넌픽션이다. 맹자에게는 모든 아이디얼리즘이 리얼한 현실이다. 그가 신봉하는 이상적 가치는 현실과 동떨어진 것이 아니라, 지금 여기 실현가능한 구체적인 방안이었다.

종횡가는 물론 무력에 의한 중국의 물리적 대일통大一統을 지향했다. 맹자가 꿈꾼 정치이상의 궁극이 과연 진시황의 통일과도 같은 그런 무력통일이었을까? 맹자도 분명 천하통일에 대한 민중들의 갈망을 외면하지 않았다. 제나라가 연나라를 칠 때 맹자는 침공을 적극 권유했다(「양혜왕」하10·11, BC 314). 민중들의 갈망은 평화에 대한 염원이었다. 과연 천하통일로써 민중에게 평화가 찾아왔는가? 하여튼 이런 거창한 역사철학의 문제는 여기 거론할 계제는 아니다. 패권군주의 통일에 대한 야심과 민중의 평화에 대한 갈망은 서로 다른 그림이었지만 그 양자를 소통시키는 방법이 맹자에게는 인의仁義의 왕도였다. 패권 아닌 도덕이었다. 그러나 한번 생각해보자! "송양지인宋襄之仁"이라는 말이 있다. 송나라의 양공宋襄公이 초나라의 군대와 전쟁을 함에 있어서 상대방을 무너뜨릴 수 있는 유리한 고지에 있었음에도 불구하고 초나라 군대가 아직 군진형을 갖추지 못한 불리한 형국에 있을 때 치는 것은 인仁하지 못하다고 하여 초나라 군대에게 충분한 기회를 주었다가 대패를 당한 사건을 말한다(「좌전」 희공僖公 22년, BC 638). 전쟁은 어디까지나 전쟁일 뿐이고, 현실은 어디까지나 현실일 뿐이다. 아무리 내가 왕도王道를 실천한다 해도 주변의 모든 나라가 패도에 광분해 있다고 한다면 나의 왕도는 곧 패도의 홍수에 덮쳐버리고 만다. 어느 나라의 군주가 맹자의 말을 듣고, 부국강병책을 폐기하고 인정을 실천하며, 군비를 축소하여 민생에 힘쓴다 한들, 과연 그러한 왕도가 버티어 나갈 수 있을 것인가? 이러한 문제에 내가 지금 답을 할 필요는 없다. 독자들과 내가 『맹자』 본문을 읽어나가면서 해결해야 할 과제상황으로 남겨놓는 것이 더 현명할 것이다. 그러나 여기 조기는 맹자의 이러한 왕도에 관한 발상이 당시의 모든 군주들에게 "우활迂闊"하게 느껴질 수밖에 없었고, 그래서 받아들여질 길이 없었다는 사실을 쿨하게 지적해놓고 있다. 여기 "우활어사迂闊於事"라는 표현은 『사기』「맹자순경열전」에 있는 "견이위우원이활어사정見以爲迂遠而闊於事情"이라는 표현에서 왔다는 것을 지적해 놓는다. "홍자란주紅紫亂朱"는 『논어』「양화」 18에서 왔다. 그리고 그것은 또 『맹자』「진심」하37에도 나오고 있다.

제사-5. 맹자 또한 주나라 희씨 왕실의 운명이 끝나갈 무렵, 그리고 또 아직 위대한 한나라 유씨 왕실이 발흥하기 이전의 쇠락기에 처하여, 정치판에 나아가본들 요임금·순임금 시대의 따사롭고 밝은 평화를 도와 일으킬 길도 없고, 물러나 민간에서 활약해본들 하·은·주 삼대의 남아있는 미풍을 진작시킬 길도 없다는 처절한 현실을 스스로 깨달아, 자기가 죽고나면 자기가 추구했던 이상이 소리 없이 사라질 것을 부끄럽게 생각하였다. 그래서 후세에 모범이 될 만한 말들을 골라 적어 후세의 사람들에게 남긴 것이다. 공자도 『춘추』를 지을 적에 다음과 같은 말을 한 적이 있다: "나는 처음에는 추상적이고도 집약적 언어에 의탁하려 하였으나, 결국 그것은 구체적 일을 실행하는 과정을 기술하는 것의 심절深切하고 저명著明한 것만 같지 못하다는 것을 깨달았다." 이리하여 맹자는 세상에서 물러나 고제高第의 제자弟子인 공손추公孫丑·만장萬章의 무리들과 더불어 의문되는 것을 캐어묻고 질문에 답한 것을 논집論集하고, 또 스스로 법도法度가 될 만한 자신의 말들을 골라 책을 지었는데, 그것은 7편, 261장, 34,685 글자에 이른다. 그 책의 내용은 하늘과 땅 사이의 모든 것을 포라包羅하고, 만물의 이치를 규서揆敍(헤아려 서술)하니, 인의도덕과 성명화복性命禍福이 찬연粲然하게 실려있지 아니 한 바가 없다. 제왕, 공후公侯가 이 책에 실린 바에 따라 행하면 융평隆平의 시대를 이룩할 수 있고, 문왕의 덕을 찬양하는 청묘淸廟의 시를 노래할 수 있으리라. 경·대부·사가 이를 실천하면 임금과 지아비를 존엄케 할 수 있고, 충절과 신의를 세울 수 있다. 뜻을 지키고 지조에 매진하는 자가 이를 본받으면 드높은 절개를 더욱 드높게 할 수 있고 부운浮雲과도 같은 세상의 권력에 항거할 수 있으리라. 이 책의 문체는 풍인風人(시인)이 사물에 의탁하여 읊은 것과도 같은 깊은 맛이 있으며, 『시경』 대아大雅·소아小雅에 나오는 거짓없이 있는 그대로 우러나오는 정언正言의 느낌이 있다. 맹자야말로 곧으면서도 오만하지 않고, 휠 줄 알면서도 정조를 굽히지 아니 하니, 이 세상에 그 이름 드높은, 성인에 버금가는 아성亞聖, 위대한 재목이라 말할만 하다.

辭-5. 孟子亦自知遭蒼姬之訖錄, 値炎劉之未奮。進不得佐興唐虞雍熙之和, 退不能信三代之餘風，恥沒世而無聞焉。是故垂憲言以詒後人。仲尼有云：＂我欲託之空言，不如載之行事之深切著明也。＂於是退而論集所與高第弟子公孫丑、萬章之徒，難疑答問，又自撰其法度之言，著書七篇，二百六十一章，三萬四千六百八十五字。包羅天地，揆敍萬類，仁義道德，性命禍福，粲然靡所不載。帝王公侯遵之，則可以致隆平，頌清廟。卿、大夫、士蹈之，則可以尊君父，立忠信。守志厲操者儀之，則可以崇高節，抗浮雲。有風人之託物，二雅之正言。可謂直而不倨，曲而不屈，命世亞聖之大才者也。

沃案 주나라 왕실은 희성姬姓이다. 그런데 목덕木德으로써 왕이 되었기 때문에 "창희蒼姬"라고 말한다. 한漢은 유성劉姓이다. 화덕火德으로써 왕이 되었기 때문에 "염류炎劉"라고 말한다. "치몰세이무문恥沒世而無聞"이라는 표현은 『논어』「위령공」19에 나오는 유사한 공자의 말씀과 관련이 있다: "군자는 이 세상의 삶을 끝낼 때까지 그 이름이 한 번도 값있게 불려지지 못하는 것을 부끄럽게 여긴다.君子疾沒世而名不稱焉." 그리고 그 다음에 인용된 공자의 말씀은 『논어』에는 나오지 않는다. 그러나 같은 구절이 공자의 말씀으로서 『사기』「태사공자서太史公自序」에 인용되어 있다: "我欲載之空言，不如見之於行事之深切著明也." 『사기』색은索隱에는 이 공자의 말이 『춘추위春秋緯』에 보인다고 해놓았다.

『맹자』라는 서물이 7편이라는 것은 예나 지금이나 변함없다. 그러나 장수와 글자수는 시대에 따라 약간의 출입이 있으나 대차가 없다. 주희의 장구로 보면 260장이다. 초순焦循은 『맹자음의孟子音義』로 보면 259장이라고 했다. 글자수도 현재 우리가 보는 『맹자』는 35,382자이다(양 뻬권楊伯峻은 35,370여 자라고 말했다). 하여튼 『맹자』는 중국역사에 살아남은 선진텍스트 중에서는 매우 안정적인 텍스트이다. 조기가 여기 맹자를 이미 "아성亞聖"이라고 부른 것은 매우 획기적인 표현이다. 중국역사를 통해서 맹자는 결코 유명한 인물이 아니었으며 인기가 높지 않았다. 맹자는 제자諸子 중의 한 사람일 뿐이었으며 우리가 보통 "공맹孔孟"이라고 합칭하는 어법은 송대宋代 이후에나 생겨난 말이다. 그 전에는 주공周公과 공자孔子를 합칭하여 "주공周孔"이라 부르거나 제자 안회顏回와 합칭하여 "공안孔顏"이라 불렀을 뿐이다. 여기 조기가 쓴 "아성亞聖"이라는 말도 보통 개념화된 표현으로서는 안회에 해당되었을 뿐이다. 원대元代에 맹자존숭이 극치에 달했는데 문종文宗 때에 와서 맹자에게 "아성亞聖"이라는 칭호를 부여함으로써(1330년), 그때까지 "아성"으로 불리던 안회가 "복성復聖"으로 개칭되고, 아성의 칭호는 맹자의 전유물이 된 것이다. 여기 "아성亞聖"이라는 표현은 "아성공亞聖公"이라는 개념화된 명사적 표현이 아니라, "성인에 버금간다"는 술어적 표현일 뿐이다. 그렇지만 후한 말에 조기가 이미 맹자에게 "명세아성지대재命世亞聖之大才"라는 표현을 쓴 것은 매우 획기적인 존숭의 사실이다. "명세命世"는 "명세名世"와 같다.

제사-6. 공자가 위나라로부터 노나라로 돌아온 뒤로 음악이 바르게 되었고, 아雅와 송頌이 각기 제자리를 얻었다. 그리고 너무 많았던 노래들을 정리하여 오늘의 『시경』의 형태로 만들었고, 옛 성왕들의 조칙詔勅인 『서경』을 교정校定하고, 『주역』에 날개를 매달고(「계사전」 등의 십익을 짓다), 노나라 역사의 기술인 『춘추』를 지었다. 맹자 또한 제나라와 양나라로부터 물러나 고향에 은거하면서 옛 성인 요임금·순임금의 도道를 술회하여 7편의 책을 저작하였다. 이 책은 대현大賢인 맹자가 성인인 공자를 본받아 지은 것이다. 맹자에 앞서는 시대에 이미 육예에 통달한 공문의 고제高弟 70인의 동아리들이 공부자孔夫子께서 말씀하신 바를 회집會集하여 『논어』라는 책을 지었다. 『논어』야말로 오경五經의 관할錧鎋이요, 육예六藝의 후금喉衿이다. 맹자의 책은 이 『논어』를 기준으로 하여 본뜬 것이다.

위나라의 영공靈公이 공자에게 군사일인 진법陳法에 관하여 물었다. 근원적으로 관심의 초점이 맞질 않는 것이다. 그러자 공자는 "조두俎豆에 관한 일들은 제가 일찍이 공부 좀 했습니다만, 군대에 관한 일은 아직 배우지 못했습니다"하고 위나라를 떠났다. 맹자 역시 마찬가지다. 양나라의 혜왕이 어떻게 자기의 나라를 이롭게 할 수 있겠냐는 것을 물었을 때, 맹자는 대놓고 말하기를 인의仁義가 있을 뿐이라고 한 것이다.

송나라의 환퇴桓魋라는 자가 공자를 죽이려고 했을 때도, 공자는, "하늘이 나에게 덕을 내려주셨으니, 환퇴인들 감히 나를 어찌하랴! 天生德於予, 桓魋其如予何?"하고 태연하게 대처하며 위기를 모면했다. 맹자 역시, 노나라의 간신인 장창臧倉이 노나라 평공으로 하여금 맹자를 못 만나게 훼방하였을 때, "내가 노나라 임금을 만나지 못하는 것은 천운일 뿐, 어찌 하찮은 장씨 녀석이 나로 하여금 못 만나게 할 수 있단 말인가!"라고 말했을 뿐이다. 공자와 맹자의 지의旨意가 일치한다. 이와 같음이 실로 한둘이 아니다.

또한 『맹자』 7편 외로도 『맹자외서孟子外書』 4편이 더 있으니, 이는 곧 「성선性善」편, 「변문辯文」편, 「설효경說孝經」편, 「위정爲正」편이다. 그 문장이 내편 7편이 웅대하고 심원한 것에는 영 미치지 못하니, 내편과 같은 수준의 글이라고 말할 수 없다. 맹자 본인이 쓴 진품이 아닌 듯하며, 후세의 사람들이 『맹자』의 흉내를 내어 그 이름을 맹자에 기탁한 것이라고 볼 수밖에 없다.

辭-6. 孔子自衛反魯, 然後樂正, 雅、頌各得其所。乃刪詩, 定書, 繫周易, 作春秋。孟子退自齊梁, 述堯舜之道而著作焉。此大賢擬聖而作者也。

七十子之疇, 會集夫子所言, 以爲論語。論語者, 五經之錧鎋, 六藝之喉衿也。孟子之書, 則而象之。

衛靈公問陳於孔子, 孔子答以俎豆. 梁惠王問利國, 孟子對以仁義. 宋桓魋欲害孔子, 孔子稱天生德於予. 魯臧倉毀鬲孟子, 孟子曰臧氏之子焉能使予不遇哉! 旨意合同, 若此者衆.

又有外書四篇, 性善、辯文、說孝經、爲正, 其文不能宏深, 不與內篇相似. 似非孟子本眞, 後世依放而託之者也.

沃案 "공자자위반로孔子自衛反魯"의 문장은 『논어』「자한」14에 있다. 공자가 귀로歸魯한 것은 애공哀公 11년(BC 484) 겨울이다. "산시刪詩" 운운한 것은 『사기』「공자세가」의 서술에 의거했을 것이다. "관할錧鎋"이란 보통 "관할輨轄"이라고 쓴다. "관輨"은 수레바퀴 중앙의 곡轂(바퀴통)을 휘두른 휘갑쇠를 말하며, "할鎋"은 바퀴통이 바퀴축軸에서 빠져나가지 못하도록 막는 빗장이다. 이 관할은 수레의 운전에 있어서 결할 수 없는 중요한 것이다. 빗대어 이것은 사물의 추요樞要라는 뜻으로 쓰인다. "관할輨轄"은 "관건輨鍵"과도 같은 뜻이다. 우리가 일상생활에서 "관건關鍵"이라 쓰는 것도 같은 뜻이다. 『노자』 27장에도 "선폐무관건이불가개善閉無關楗而不可開"라는 말이 있다. 문을 잘 닫는 자는 빗장을 쓰지 않았는데도 열 수가 없다는 뜻이다. "건楗"이 쇠금 변 대신 나무목 변으로 되어있다. "후금喉衿"은 목과 옷깃으로 급소急所나 요해지要害地를 말한다. 모두 중요한 핵심의 뜻을 지니고 있다. 『논어』야말로 오경의 관할이며 육예의 후금이라 표현한 것은 실로 『논어』라는 서물의 가치를 극도로 높인 것이다. 그만큼 『맹자』라는 서물의 가치가 높다는 뜻이다.

"위령공문진衛靈公問陳"의 이야기는 『논어』「위령공」1에 나온다. 양혜왕의 물음은 『맹자』 첫 편의 수장首章에 나온다. 환퇴桓魋 이야기는 『논어』「술이」22에 나온다. 그리고 그와 짝을 이루는 폐인嬖人 장창臧倉의 이야기는 『맹자』「양혜왕」하16에 나온다.

『맹자』라는 서물에 『외서外書』 4편이 더 있었다는 이야기는 앞에서 언급했다. 조기가 『맹자』 7편을 "내편內篇"이라 부르고 있으므로 『외서』 4편은 "외편外篇"이라 부를 수 있는 것이다. 그러나 조기가 이것을 명료하게 편명을 밝혀놓고 그 4편의 문체나 내용의 가치가 내편에 비하여 현저하게 떨어지므로 위작으로 간주하여 『맹자』라는 서물에서 삭제해버렸다는 것을 밝히고 있다. 그러니까 조기가 접한 『맹자』는 실로 11편체제의 서물이었다는 사실과, 조기의 장구편집으로 인하여 『외서』 4편이 역사 속에서 영원히 사라지게 되었다는 애석한 사실을 조기의 「제사題辭」로 인하여 우리는 확증할 수 있다. 조기가 『외서』 4편을 삭제해버렸다는 이 단순한 사실 하나만으로도 그가 주注한 『맹자』의 장구체제가 단순히 기존의 7편을 그냥 답습한 것이 아니라, 상당한 체제상의 변형이나 내용의 편집을 행했을 수도 있다는 의심을 불러일으킨다. 이러한 의심은 『맹자』라는 오늘의 텍스트를 바라보는 문헌비판의 한 시좌視座가 될 수가 있다.

그런데 조기 이전에는 『맹자』라는 서물이 모두 『외서』를 포함한 11편짜리 책이었을까? 『사기』 「맹순열전」에는 이와 같이 쓰여져 있다: "맹자는 고향으로 은퇴하여 만장萬章의 무리들과 함께 『시』와 『서』를 편찬하여 중니가 뜻하는 바의 정신을 조술하였고, 『맹자』 7편을 지었다. 退而與萬章之徒序詩書, 述仲尼之意, 作孟子七篇." 분명히 사마천이 본 『맹자』는 7편짜리 체제였다. 그런데 반고班固의 『한서』 「예문지」에는 유가자류儒家者流 속에 "『맹자』11편孟子十一篇"이 저록되어 있다. 다시 말해서 조기가 본 내편·외편 11편 체제와 일치하는 것이다. 반고의 『한서』 「예문지」는 유향劉向·유흠劉歆 부자의 노력에 의하여 성립한 『칠략七略』을 요점정리한 것이다. 유흠이 아버지의 유업을 계승하여 『칠략』을 완성한 것은 애제哀帝의 시기(BC 6~BC 1)였으므로 『칠략』은 BC세기가 끝나갈 즈음 성립한 것이다. 그런데 사마천의 『사기』는 한무제 태시太始 4년(BC 93)경에는 거의 완성된 작품이다. 그렇다면 『외서』라는 것은 원래부터 있었던 작품이 아니라, BC 93년부터 BC 1년까지, 대략 100년 사이에 누군가에 의하여 만들어졌거나, 발굴되어 첨가된 것이라는 사실을 말해준다. 이 시기야말로 고서에 대한 관심이 많았던 시기였으므로 『외서』는 새롭게 누군가에 의하여 제작되었을 가능성이 높다. 그러기 때문에 조기도 『외서』라는 이름으로 구분지어 불렀던 것이다. 조기의 『외서』 배척으로 『외서』는 소멸되어 갔다. 고염무顧炎武는 『일지록日知錄』에서 말하기를, 『사기史記』『법언法言』『염철론鹽鐵論』 등의 문헌에서 『맹자』를 인용하는 구문이 지금의 『맹자』에 없는 경우가 많은데, 그런 구문은 사라진 『외서』의 내용이 아니겠냐고 반문한다. 하여튼 조기가 『외서』를 배제시킨 것은 유감이다. 아무리 위서처럼 보이더라도 그것을 인멸시키는 것은 잘못된 것이다. 무엇이든지 본체가 있다고 생각하고 그 외의 것은 다 가짜라고 주장하는 엣센시알리즘essentialism적 사고는 위험하다.

"성선변문설효경위정性善辯文說孝經爲正"을 끊는 방식도 "성선변性善辯 · 문설文說 · 효경孝經 · 위정爲正"이 될 수도 있다(북송의 손석孫奭, 962~1033이 끊는 방식이다). 그런데 왕충王充이 지은 『논형論衡』의 「본성편本性篇」에는 "맹자작성선지편孟子作性善之篇"이라는 언급이 있다. 맹자가 지은 「성선性善」이라는 편이 있다는 것이다. 그래서 "성선 · 변문 · 설효경 · 위정"으로 끊으나 그것이 절대적인 구독방식은 아니다.

남송의 손혁孫奕은 『시아편示兒篇』에서 다음과 같이 말하였다: "예전에 나는 전배들이 말하는 것을 들었다. 관각 중에 『맹자외서』 4편이 있는 것을 친히 보았다고. 昔嘗聞前輩有云, 親見館閣中有孟子外書四篇." 동한 말에서 남송까지 거의 1천 년 동안 『맹자외서』의 완본이 궁중도서관에 고스

란히 보관되어 있었다는 것은 도무지 신빙할 수가 없다. 여기 "전배前輩"가 한 말이라고 애매하게 인용한 것은 전배들에게서 직접 들었다 할지라도 그것은 무용담이나 뻥일 수도 있는 것이다. 또 남송 때의 유창시劉昌詩(寧宗 開禧元年 1205 進士)가 쓴 『노포필기蘆浦筆記』에는 다음과 같은 말이 있다: "나의 고향 신유 사씨의 고택에는 고서가 잔뜩 소장되어 있었는데 그 중에 『성선변性善辯』한 질이 있었다.予鄕新喩謝氏多藏古書, 有性善辯一帙." 유창시는 분명 친히 『성선변』한 질을 보았다고 했으나, 그 또한 그것이 조기가 본 4편 중의 하나인지에 관해서는 아무런 말을 남기고 있질 않다. 현재 『맹자외서孟子外書』라 이름하는 4편의 책이 전하고는 있는데 이것은 명나라 말기의 사람으로서 진한 이래의 유문遺文을 수집하는데 일생을 바친 요사린姚士粦의 작품인데, 보통 위작으로 간주되고 있다. 청나라 때의 오건吳騫이 이것을 간행했는데 그때 주광업周廣業은 이것을 가리켜, "명백하게 위탁에 속한다顯屬僞託"라고 하였다. 그리고 정걸丁杰은 『소유산방집小酉山房集』에서 매우 자세히, 그것이 위작임을 한 줄 한 줄 따져서 밝히고 있다. 양계초梁啓超도 『한서예문지제자략고석漢書藝文志諸子略考釋』에서 "위작이 만들어낸 또 하나의 위작僞中出僞"이라고 평하고 있다. 하여튼 오늘 전하는 『맹자외서』는 조기가 본 『외서』와는 무관하다는 것이 정설이다.

『맹자』라는 서물의 저작과정에 관해서는 다양한 논의가 있다. 그런데 이 저작성authenticity에 관한 논의는 결국 두 갈래로 집약된다. 그 하나는 『맹자』가 맹가孟軻라는 역사적 인물의 생전 저작이라는 것이고, 또 하나는 맹가의 사후에 제자들에 의하여 편찬된 것이다라는 것이다. 이러한 문제에 관해서는 매우 세부적인 논의가 필요하나, 우리는 이 두 설을 종합할 수밖에 없다. 『맹자』의 상당부분이 맹가의 생전에 제자들과 함께 편찬된 것이 분명하며, 또 상당부분이 사후에 제자들에 의하여 보완된 것이라는 사실이다. 그러나 어찌 되었든 모든 언설이 쌩으로 날조된 것은 별로 없으며 역사적 맹가 본인과 관련되어 있다는 것이다. 선진문헌 중에서 『맹자』처럼 역사적 진실이 반영되어 있는 생생한 기록도 찾아보기 힘들다. 전국시대의 리얼한 진실을 전하고 있다고 보아도 무방하다.

제사-7. 맹자가 이 세상을 뜬 후에, 그가 주장했던 인의의 대도는 결국 그 뜻이 펼쳐지지 못하고 쇠락하고 만다. 지금은 사라져 버린 진나라에 이르러 경술經術의 책들을 불살라 회멸해버리고, 유생儒生들을 산 채로 묻어 도륙하였기에, 맹자를 따르는 도당은 자취도 없이 사라질 수밖에 없었다. 그러나 『맹자』라는 책은 경학이 아닌 제자諸子의 책으로 호명되어, 다행스럽게도 그 편적篇籍이 민절泯絶되지 않는 행운을 얻을 수 있었다.

한나라가 흥하고 진나라의 포학暴虐한 금령禁令들이 하나씩 다 제거되고 도덕道德의 세상을 새롭게 열어 펼치게 되었다. 이에 효문황제孝文皇帝(한문제)께서는 학생들이 수도에 나와 유학할 수 있는 길을 넓히고자 하여 『논어』, 『효경』, 『맹자』, 『이아爾雅』를 교수하는 박사博士 관직제도를 설치하였다. 그러나 그 후 효무황제(한무제) 때에 이르러서는 제자諸子나 전설傳說 같은 것을 전공으로 하는 전기박사傳記博士제도는 폐기해버리고, 오직 오경을 전공하는 박사제도만을 설치하였으니 맹자박사제도는 사라지게 된 것이다. 그렇지만 오늘날에 이르기까지 뭇 경서經書의 해석에 있어서 『맹자』를 인용함으로써 사리를 밝히는 일이 가능하였으니, 『맹자』야말로 학문의 도를 넓히는 박문博文의 공이 크다고 일컬을 만하다.

辭-7. 孟子旣沒之後, 大道遂絀。逮至亡秦, 焚滅經術, 坑戮儒生, 孟子徒黨盡矣。

其書號爲諸子, 故篇籍得不泯絶。

漢興, 除秦虐禁, 開延道德。孝文皇帝欲廣遊學之路, 論語、孝經、孟子、爾雅皆置博士。後罷傳記博士, 獨立五經而已。訖今諸經通義, 得引孟子以明事, 謂之博文。

沃案 "분서갱유焚書坑儒"에 관한 자세한 시말은 『사기』 「진시황본기」 34년조와 35년조를 참고할 것이다. 34년조에 보면 태우지 않아도 되는 책으로 거론된 것은, "의약醫藥・복서卜筮・종수種樹"의 3종뿐이며 제자諸子의 책은 들어가 있지 않다. 오히려 태우라고 명한 것이 "시詩・서書・백가어百家語"라고 표현되어 있으므로, 제자백가의 책은 태움의 대상으로 분류되었음즉 하다. 그러나 조기의 이 언급은 사마천의 기록과는 또 다른 역사적 진실을 말해주는 실황을 전한 것으로 간주되어야 마땅하다. 제자諸子의 서는 소멸燒滅의 대상이 되지 않은 것이다. 하여튼 『맹자』라는 서물이 분서의 대상이 되지 않았다는 것은 역사적 사실인 것 같다.

"분서갱유"에 관하여 다양한 역사학적 견해가 있을 수 있으나, 이 사건은 진나라를 멸망케 하는 직접원인의 하나였다. 언로言路를 폐쇄하는 문명은 필망한다. 분서갱유는 이사李斯가 주동한 짓이나 그의 죽음 또한 분서갱유의 업보라 말할 수 있다. 통일제국의 획일주의적 질서감각에 위배되는 고루한 유생들을 죽인다는 명분이었지만, 결국 이사는 환관 조고趙高의 모함 하나를 돌파하지 못하고 천여 번의 매질에 허위자백을 하고 함양의 시장바닥에서 허리가 잘리는 요참腰斬의 형을 받고 죽는다. 그가 감옥에서 나오면서 같이 투옥된 둘째 아들을 돌아보며 한 그가 이 세상에 남긴 최후의 언설은 우리를 서글프게 만든다:

"내가 너와 함께 다시 한 번 우리 시골 누런 개를 끌고서 고향 상채上蔡의 동쪽 변두리로 나가 토끼사냥을 하려고 하였는데, 이제 이룰 수 없는 꿈이 되었구나!吾欲與若復牽黃犬俱出上蔡東門逐狡兔, 豈可得乎!"

태사공의 말대로 이사의 영민한 지혜로 말하자면 주공周公이나 소공召公의 반열에 들 수 있는 업적을 남길 만한 인물이었는데, 언로를 폐쇄하고 개방적 정치를 행하지 않다보니 결국 군주에게 아부하고 구차하게 영합하여 대의를 그르치게 된 것이다.

"박사博士"라는 호칭은 춘추전국시대 때부터 있었으나 직관제도로서 나타나는 것은 전국말기 때부터이다. 진시황 때도 박사라는 직책이 70여명이 있었다. 지금 "박사Doctor of Philosophy"라는 것은 하나의 자격증 같은 것이지만 중국고대의 "박사"는 직관職官이니까 국가기관의 "전임교수" 정도의 의미에 가깝다. 봉록이 400석 정도로서 높지는 않지만 그 직위는 매우 존엄한 대접을 받았다. 조기는 서한 효문제 때 "맹자박사"(『맹자』를 전공으로 하는 교수직위)가 있었다는 귀중한 정보를 제공하고 있다.

효문제 때의 박사제도는 제자諸子·유경儒經·술수術數·방기方伎 등 폭넓은 주제에 걸쳐 있었는데, 무제 때에 와서 오경박사(역易·시詩·서書·예禮·춘추春秋의 전공 박사)로 좁혀지면서 맹자박사는 사라지게 되었다는 중요한 사실을 알 수가 있다. "맹자박사"는 약 40년간 존속되었다(문제의 시기로부터 무제 건원建元 5년, BC 136년까지). 이 40년은 중국역사를 통하여 송나라에 이르기까지 맹자가 대접받은 유일한 시기라고 말할 수 있고, 그 덕분에 그나마 조기의 『맹자장구』가 태어났다고 말할 수 있을 것이다.

제사-8. 맹자는 비유를 들어 사리를 설명하는 데 특기가 있었다. 그리고 그 언어가 사람들에게 별로 박절한 느낌을 주지 않으면서 그 말하고자 하는 뜻이 저절로 드러나게 된다. 그가 한 말 가운데 다음과 같은 말이 있다: "대저 시詩를 말하고자 하는 자는, 지엽적인 한 글자를 가지고서 전체 문장의 뜻을 그르치면 아니 된다. 그리고 또 문장의 뜻을 가지고서 시인이 표현하고자 한 주제를 그르치면 아니 된다. 그 시를 해석하고자 하는 사람의 의도를 가지고서 직접 시인의 주제와 만나게 될 때에 비로소 시詩는 바르게 해석되는 것이다." 맹자의 이 말은 후세의 학인들로 하여금 문장 배후의 의意를 깊게 깊게 탐구하여 그 문文을 해체시키게 하는 사려깊은 언설인데, 이러한 언설은 비단 시詩를 해석하는 데만 적용되는 것은 아니다. 그런데 요즈음 『맹자』를 주해하는 사람들이 왕왕 일자일구一字一句에 구애되어 해석함으로써 그 전체 진의를 놓치게 된다. 그 설들이 서로 어그러져 제각기 이설異說을 말할 뿐 공통의 주제의식이 없다. 맹자가 세상을 떠난 지 어언 오백여 년의 세월이 흘렀고, 『맹자』를 전하는 사람도 오늘까지 수없이 많다.

辭-8. 孟子長於譬喻, 辭不迫切而意已獨至。其言曰: "說詩者不以文害辭, 不以辭害志, 以意逆志, 爲得之矣。" 斯言殆欲使後人深求其意, 以解其文, 不但施於說詩也。今諸解者往往摭取而說之, 其說又多乖異不同。孟子以來五百餘載, 傳之者亦已衆多。

沃案 괄호 안의 "설시자說詩者" 운운한 내용은 「만장」상4에 나온다.

제사-9. 나 조기는 서경西京(경조京兆 장릉長陵)에서 태어났다. 세세로 천자의 어위御位를 더듬어 올라가다 보면 나의 집안의 내력이 실로 거기에서 유래함을 알 수 있다(조나라의 령왕靈王이 5대조이고, 그 시원을 더듬으면 제전욱帝顓頊까지 올라갈 수 있다). 나는 어려서 부모님의 엄격하고 방정方正한 가정교육을 받았고, 경전과 문학의 문헌을 넓게 섭렵하였다. 50세가 되었을 때 경조京兆의 장관 당현唐玹의 잘못을 비판한 것이 화근이 되어 그 원망이 하늘에까지 사무칠 거대한 슬픔을 당하였으니(대소가 모두 몰살을 당함), 그 냉가슴의 쓰라림과 억울함 속에서 성姓을 속이고 둔신遁身하며 온천지 사방을 떠돌며 편력한 것이 10여 년이나 되었다. 가슴이 찢어지고 형체가 피폐해질 때로 해지니 어떠한 곤요로움이 과연 이와 같을 수가 있겠는가! 제수濟水와 태산泰山 사이(산동성의 북해군北海郡 지방)에서 어깨를 쉬게 하려 짐을 내려놓고 있을 때(이때 조기는 실제로 시장에서 어깨에 편단扁担을 메고 떡장수를 하면서 연명했다), 때마침 그 지역의 온고溫故하면서도 지신知新할 줄 아는 아덕군자雅德君子 한 명을 만날 수 있었다(안구安邱의 손숭孫嵩이라는 은인을 만나게 된다). 나의 초췌하여 병든 몸을 긍휼히 여기고, 백발이 성성한 나에게 따사로운 온정을 베풀고, 왔다갔다 하면서 대화를 나누며 옛 성현의 말씀을 상고하면서 이 어지러운 현세에 대한 울적한 심사를 달래기를 대도大道로써 하였다. 당시 나는 너무도 곤궁한 가운데 있었고, 정신은 표유하여 흔들렸고, 지력을 한 군데로 집중시킬 여력이 없었다. 그래서 나는 무료한 심사를 달래며 한가롭게 의지를 한묵翰墨에 적시어 어지러운 사념들을 다스리고, 늙어가는 슬픔을 잊어버리려고 몸부림쳤다.

   대저 육경의 학문은 선각先覺의 선비들이 해석하고 분변한 것이 이미 상세하다. 그 많은 유가의 책들 중에서 오직 『맹자』만이 웅대하고 심원하여 미묘微妙한 아취가 있으니, 실로 그 숨겨진 오묘한 뜻은 깨닫기가 어렵다. 그러기 때문에 『맹자』야말로 더욱 마땅히 조리있게 훈석해야만 하는 작품이라고 할 만하다. 이에 이미 내가 들어 알고 있는 것을 술述하고, 경서와 경서를 해석한 주석들로써 증거를 대고, 장구章句를 만들어 본문을 빠짐없이 실었다. 그리하여 각 장마다 그것이 소기하는 취지를 명료히 하고 7편을 모두 상·하로 나누어 모두

14권을 지었다. 엄격히 말하자면, 나의 이러한 작업은 학문이 상달한 사람들에게는 감히 내어놓을 수 없는 것이나, 초학자들에게 활용된다면 의심을 깨치고 깨닫거나 의혹을 명료히 분변하는 데 도움이 될 수도 있을 것이다. 나 자신도 나의 작업이 정말 바른 것인지 바르지 못한 것인지를 명백하게 말할 수 없다. 후세에 이를 명백하게 알 수 있는 사람이 그 잘못된 점을 간파하여 그것을 고쳐 바로잡아 준다면 그것 또한 즐거운 일이 아니겠는가!

辭-9. 余生西京, 世尋丕祚, 有自來矣。少蒙義方訓, 涉典文。知命之際, 嬰戚于天, 遘屯離蹇, 詭姓遁身, 經營八紘之內, 十有餘年, 心剼形瘵, 何勤如焉! 嘗息肩弛擔於濟、岱之間, 或有溫故知新雅德君子。矜我劬瘁, 眄我皓首, 訪論稽古, 慰以大道, 余困吝之中, 精神遐漂, 靡所濟集, 聊欲係志於翰墨, 得以亂思遺老也。惟六籍之學, 先覺之士釋而辯之者, 旣已詳矣。儒家惟有孟子閎遠微妙, 縕奧難見, 宜在條理之科。於是乃述已所聞, 證以經傳, 爲之章句, 具載本文, 章別其旨, 分爲上下, 凡十四卷。究而言之, 不敢以當達者, 施於新學, 可以寤疑辯惑。愚亦未能審於是非。後之明者見其違闕, 儻改而正諸, 不亦宜乎。

沃案 마지막 단은 조기의 인생에 대한 정보가 없이는 해독하기 어렵다. 세부적인 주석을 다는 것은 별 의미가 없다. 대체적 흐름을 파악하는 것으로 족하다.

조기趙岐, 그는 누구인가?

『맹자』는 당나라 때까지만 해도 제자諸子 중의 한 사람일 뿐이었으며, 그것도 매우 인기 없는 한 사상가이었을 뿐이었다. 후한 말 채옹蔡邕, AD 133~192의 희평석경熹平石經에 이미 『논어』는 들어가 있지만 『맹자』는 없다. 당나라의 그 유명한 "개성석경開成石經"(837)에도 오늘날 우리가 13경이라 부르는 경전이 다 수록되어 있으나 오직 『맹자』만 빠져있다. 그러니까 12경석경인 것이다. 당나라의 『육전六典』에도 『논어』는 태학의 교과목으로 규정되어 있으나 『맹자』는 들어있지 않다. 그러니까 우리가 말하는 13경이 성립한 것은 송대 이후의 사건으로 보는 것이 정당하다. 송나라 인종仁宗 때 변경汴京의 태학에 세워진 석경 속에는 『맹자』가 수록되어 있다.

양송兩宋에 이르러서야 『맹자』는 자부子部에서 경부經部로 그 지위를 바꾼 것이다. 『맹자』를 6경의 다음에 위치하는 경언經言으로서 간주해야 한다고 주장한 최초의 사상가가 아마도 당나라의 유종원柳宗元, 773~819일 것이다. 그러나 『맹자』 존숭의 더 결정적인 계기를 마련한 인물은 유종원과 같이 고문운동을 힘쓴 한퇴지韓退之, 768~824였다. 한퇴지는 그의 걸작 「원도原道」에서 배불도排佛道의 주체회복운동을 주창하면서 사문의 도통론을 펼쳤고 그 도통전수의 마지막 핵심에다가 맹자를 놓았던 것이다.

이 도斯道라는 것은 우리가 주체적으로 말하는 도이다. 그것은 앞서 말한 도교나 불교가 말하는 도道가 아니다. 요임금은 이것을 순임금에게 전했고, 순임금은 이것을 우임금에게 전했고, 우임금은 이것을 탕임금에게 전했고, 탕임금은 이것을 문왕·무왕·주공에게 전했고, 문왕·무왕·주공은 이것을 공자에게 전했다. 공자는 이것을 맹가에게 전했는데, 맹가가 죽자 이 전함은 끊어지게 되었다.

斯吾所謂道也, 非向所謂老與佛之道也。堯以是傳之舜, 舜以是傳之禹, 禹以是傳之湯, 湯以是傳之文、武、周公, 文、武、周公傳之孔子, 孔子傳之孟軻。軻之死, 不得其傳焉。

맹자를 유문 도통의 최후의 자이언트로 규정함에 따라 요·순·우·탕·문·무·주공·공자의 반열에서 그들의 모든 권위를 한 몸에 구현한 인물로서 부상되었던 것이다. 한유로 인하여 『맹자』는 세상에 널리 알려지게 된 것이다. 그 뒤 북송의 범중엄范仲淹, 989~1052, 구양수歐陽修, 1007~1072, 손복孫復, 992~1057, 석개石介, 1005~1045와 같은 이들은 한유의 도통정신을 이어받아 맹자를 극도로 존숭하였다. 그러나 이들의 노력은 사상적 노력이지 정치제도적인 실제영향을 끼치는 사태는 아니었다. 맹자승격운동을 조정의 지지 속에서 제도사적으로 전개한 사람이 바로 왕안석王安石, 1021~1086이다. 왕안석은 그의 신법 개혁사상의 정신적 정초로서 『맹자』를 생각하였던 것이다. 『맹자』를 과거과목으로 편입시키고, 맹자상을 조정 내에 건립하며, 역사적 맹자를 "추국공鄒國公"으로 봉하였던 것이다. 그리고 맹자를 공묘에 배향케 하였다. 당연히 이러한 왕안석의 맹자존숭은 반발을 불러일으킨다. 신법을 반대한 구법당의 영수 사마광司馬光, 1019~1086은 『의맹疑孟』이라는 책을 지어 맹자를 비판하였으나, 그의 비판은 결코 맹자사유의 핵심을 파악하고 있질 못하다. 사마광은 맹자의 말일 수 없는 것들이 『맹자』라는 텍스트 속에 찬입되어 있다는 것을 지적하기도 한다. 그리고 사마광을 존숭하고 추종하는 구법당의 사상가 조설지晁說之, 1059~1129는 왕안석의 신학新學을 공격하며 삼강오상三綱五常을 절멸시킨다고 하였고, 또한 『유언儒言』을 지어 『맹자』를 치열하게 비판하였다. 그리고 『맹자』를 과거시험과목에서 제거해버릴 것과 황태자『맹자』송독誦讀과 임금의 『맹자』 강연講筵을 반대하였다. 하여튼 북송시대에서조차 『맹자』는 끊임없는 찬반의 대상이 되었던 것이다. 남송의 주희가 『사서집주四書集註』를 낸 후로부터 비로소 『맹자』의 권위는 확고하게 된 것이다.

당나라 이전에 성립한 맹자의 주석서로서 알려진 것으로는, 후한의 정증程曾의 『맹자장구孟子章句』, 정현鄭玄의 『맹자주孟子註』, 조기趙岐의 『맹자장구孟子章句』, 고유高誘의 『맹자장구孟子章句』, 유희劉熙의 『맹자주孟子註』, 진晉나라 기무수綦毋邃의 『맹자주孟子註』, 당나라 육선경陸善經의 『맹자주孟子註』, 장일張鎰과 정공저丁公著의 『맹자음의孟子音義』 등등을 들 수가 있으나, 조기의 『맹자장구』 1종을 제외하고는 아무 것도 전하지 않는다. 『맹자』에 관한 한 고주古註로서는 조기의 『맹자장구』가 유일한 것이며, 다음으로는 곧바로 신주新註로서 주희의 『맹자집주』를 든다.

13경주소본에 실려있는 조기의 주註는 송나라의 손석孫奭, 962~1033이 소疏를 달았는데, 그 소가 매우 조잡하여 북송의 경학자인 손석의 작품이 아니라, 소무邵武의 한 사인士人에 의해 가탁된 것으로 간주되고 있다. 뿐만 아니라 조기의 주도 그 온전한 형태가 전해진 것이 아니라, 당나라의 육선경陸善經이 조기의 주의 일부만을 취하고 번중繁重한 것은 모두 산거刪去해버렸고 송나라의 손석 또한 같은 짓을 했다. 일본에 옛부터 전해내려오는 고본古本『맹자孟子』와 아시카가본足利本『맹자孟子』가 비교적 조기 주의 옛 모습을 보존하고 있어, 에도 중기의 유학자이며 오규우 소라이荻生徂徠, 1666~1728의 제자인 야마노이 테이山井鼎, 1690~1728(야마노이 콘론山井崑崙이라고도 한다)가 그 고판본들에 의거하여 『칠경맹자고문七經孟子考文』을 지었다. 이것은 중국에 전래되어 『사고전서四庫全書』에 수록되었고 건륭시대의 교감학의 밑거름이 되었다. 나의 동경대학 지도교수인 고 야마노이 유山井湧 선생은 야마노이 테이 가문의 종손이다. 나는 선생님의 자택을 방문하였을 때 일본에서 보기 드문 품격 높은 대저택의 아취를 흠뻑 느낌이 지금도 생생하다. 야마노이 테이는 에도유학 교감학의 제1인자로 정평 있다. 39세의 젊은 나이에 세상을 떴다.

우리의 가슴에 뜨거운 맹자의 마음을 전해주는 데 가장 큰 공헌을 한 조기라는 사람은 과연 누구일까? 조기는 자字를 빈경邠卿이라하는데, 경조京兆 장릉長陵 사람이다. 원래 태어날 때의 이름은 가嘉였고, 그는 어사대御史臺에서 태어났기 때문에 자字도 대경臺卿이라 하였다. 그러나 후에 일신에 밀어닥친 환난을 피해 둔신하며 도망다닐 적에 이름과 자를 모두 갈았다. 이름은 가嘉에서 기岐로 갈고, 자는 대경臺卿에서 빈경邠卿으로 바꾼 것이다. 어사대라는 기관은 동한東漢 시기에 만들어진 국가최고감찰기구였는데, 그가 어사대에서 태어났다는 것은 그 집안이 대대로 성세 있는 어사 벼슬을 한 명문이었다는 것을 의미한다. 장릉長陵은 한고조의 능이 있는 지역이며 섬서성 서안 부근 함양현咸陽縣 동북부 40리에 있다. 이 지역은 본시 주나라문명의 발흥지라고도 할 수 있는 유서 깊은 곳이며 『맹자』「양혜왕」하14·15에 보면 태왕이 빈邠 땅에 거할 때 적인狄人이 침략하자 빈 땅을 떠나 기산岐山의 아래로 가서 새롭게 거주를 마련하였다는 구절이 나오는데, 빈邠과 기岐가 모두 조기가 태어난 곳 부근의 지명인 것이다. 자신의 이름을 조기趙岐라고, 또 자를 빈경邠卿이라고 고친 것도 유서 깊은 고향땅에 대한 깊은 프라이드를 나타낸 것이다. 조기는 어려서부터 깊은 역사의식의 소유자였음을 알 수 있다. 그는 어려서부터 가학家學에 힘입어 경서經書에 능통하였고 재예才藝가 뛰어났다. 그는 부풍扶風 출신의 마융馬融, 79~166(당대 경학의 대석학. 통유通儒라 불림. 그 문하에서 정현鄭玄이 배출됨)의 형 마돈馬敦의 딸과 결혼했다. 마융의 외척이 당대 기세등등한 권문이었기에, 마융이 조기집에 놀러와도 그를 비천하게 여기고 잘 상대하질 않았다. 단지 경전상 궁금한 것은 그에게 물었다고 한다. 조기는 매우 염직廉直한 성질이었고 사회악을 극도로 미워하고 타협을 몰랐다.

조기가 태어난 해는 AD 108년이다(혹은 109년). 그리고 AD 201년에 죽었다. 그러니까 그는 94세의 장수를 누렸다. 그런데 그가 산 시대는 경학의 대가 정현鄭玄, AD 127~200이 산 시기와 정확하게 겹친다. 우리는 이 시대를 생각하면 황건적黃巾賊의 난亂(중국사에서는 황건기의黃巾起義라고 부름)을 생각하거나, 관우·장비·유현덕의 도원결의를 연상한다. 그러나 나는 조기의 『맹자장구』를 생각하며 동시에 안세고安世高의 방대한 불교역경사업을 생각한다. 안식국安息國 태자인 안세고가 왕위를 양보하고 출가하여 중국에 온 것은 대략 환제桓帝 초년(147)의 일이며 그 뒤로 그가 중국에서 역경사업을 벌이며 활약한 것이 약 40년 좌우이므로 그의 활동시기는 정확하게 조기와 정현의 활약시기와 겹친다. 우리는 불교 하면 위진남북조시대에 서서히 침투하기 시작하여 수·당대에 꽃을 피운 것으로 생각하지만 이미 동한말에 안세고가 벌인 역경사업의 규모를 생각하면 도무지 그 질과 양의 충격적인 실상에 경악하지 않을 수 없다. 양梁나라 승우僧祐, 445~518의 『출삼장기집出三藏記集』은 『도안록道安錄』의 기재에 의거하여 안세고가 전부 34부 40권을 번역해 놓았다고 말하고 있는데, 우리는 현존하는 『대정장경』에서만 해도 안세고 이름이 붙은 경전을 55종을 찾아낼 수 있다. 이 중에서 최소한 17종은 아주 확실한 안세고의 역저로 꼽힌다.

하여튼 내가 말하려 하는 것은 아직 불교라는 개념이 정착하지도 않았고 불교의 술어들이 약속되지도 않은 상태에서 거의 최초로 이루어진 역경사업의 규모가 수당불학의 위용에 비추어보아도 결코 초라하다고 말할 수 없는 수준의 것이라는 엄연한 팩트이다. 나는 최근에 한국의 현존하는 최고령의 학승인 월운月雲 스님께서 번역하신 『인본욕생경人本欲生經』(동국대학교출판부, 2011)을 서序할 기회가 있어 『대정』에 실려있는 안세고의 작품을 대강 훑어보았는데 충격에 휩싸일 수밖에 없었다. 선관禪觀・아함阿含・아비담학阿毘曇學에 관한 모든 원초적 개념들이 충실하게 소개되어 있었다. 오히려 후대의 도식적인 언어를 파기하는 원시불교의 참신함이 느껴지는 걸작들이었다. 그의 대표작으로 꼽히는 『불설인본욕생경佛說人本欲生經』, 『음지입경陰持入經』, 『불설대안반수의경佛說大安般守意經』은 중국철학 전공학도들에게는 필독을 권하고 싶다. 그리고 동시대에 대월씨국大月氏國 출신의 승려인 지루가참支婁迦讖(Lokakṣema)에 의하여 『도행반야경道行般若經』, 『수능엄경首楞嚴經』, 『반주삼매경般舟三昧經』, 『아축불국경阿閦佛國經』, 『무량청정평등각경無量淸淨平等覺經』 등 14부 대승경전이 번역되었다는 것도 같이 기억해야 한다. 『도행반야경』은 『반야경』의 최초의 번역이며, 『반주삼매경』은 아미타불阿彌陀佛이 중국에 소개되는 최초의 계기이다. 그리고 『무량청정평등각경』은 정토삼부경淨土三部經의 하나인 『무량수경』의 이역異譯이다. 소승・대승경전의 본격적인 이론틀이 이미 AD 2세기에 중국어로 만들어졌다는 것을 의미한다. 부파불교의 이론과 반야사상이 동시에 쏟아져 들어왔고 그러한 유입을 소화할 수 있는 언어적 틀이 이미 2세기에 마련되었다는 사실은 정현의 경전해석학의 방법론이 이미 불교에도 영향을 주었다는 것을 의미한다. 그리고 정현이 죽은 후 불과 26년만에 천재적 사상가 왕필王弼, 226~249이 태어나 "정시풍正始風"을 개척했다는 사실을 기억할 필요가 있다. 조기가 산 시대는 혼란스러운 시기였지만 양한兩漢의 축적된 문화적 역량이 비상한 능력을 발휘한 그러한 창조적 시기였다고 나는 생각한다. 그러한 문화적 역량 속에서 『삼국지』를 수놓는 영웅들의 지략이 펼쳐지는 것이다. 지모의 대가 조조曹操도 조기의 지혜를 빌기 위하여 수백 리 병사를 끌고나와 조기를 봉영奉迎한 적이 있다.

조기는 30여 세가 되었을 때 아주 몹쓸 중병을 앓게 되었다. 7년 동안이나 욕창이 나도록 병석에 누워있었으나, 도무지 일어날 수 있는 기미가 보이질 않았다. 그러자 형의 아들을 불러 다음과 같이 유령遺令을 내렸다: "대장부가 금세에 태어나 숨어산들 허유許由의 고결함도 이루지 못하고, 출사出仕해본들 이윤伊尹이나 여상呂尚의 공훈을 세우지도 못했다. 하늘이 나에게 기회를 주지 않으니 내 또 말할 것이 무엇이 있겠느냐! 내 묘지 앞에 둥근 비석을 하나 세우고 그곳에 이 16글자만 새겨다오: '한나라에 초일하게 산 사나이가 있었으니 성은 조였고 이름은 가嘉였다. 뜻은 있었으나 때를 만나지 못했다. 천운이 그러하니 어찌할 바 없다.漢有逸人, 姓趙名嘉。有志無時, 命也奈何!'"

그러나 그 후 신기하게도 그의 중병은 씻은 듯이 나았다. 좀 코믹하기도 하지만 그의 생애를 잘 표현해주는 재미있는 고사이다. 영흥永興 2년(154), 조기의 나이 47세 때부터 뒤늦게 사공연司空掾이 되어 벼슬길에 오른다. 그의 정책이 어느 것은 조정에서 채택되기도 하고 어느 것은 채납採納되지 않기도 한다. 그는 대장군大將軍 양기梁冀의 참모가 되기도 하였고, 그의 능력이 인정되어 피씨皮氏(강주絳州 용문현龍門縣 서西)의 장長이 된다. 그는 강탈을 부리는 자들을 억누르고 간신들을 토벌하고 학교를 크게 일으켜 선정을 베풀었다. 그런데 때마침 하동河東의 태수 유우劉祐가

사직하고 중상시中常侍(황제를 항상 모시는 고급 환관) 좌관左悺의 형 좌승左勝이 태수직을 대신하니, 조기는 자기 상관이 환관이라는 사실에 분노를 느끼고 당일로 피씨장을 사직하고 고향으로 돌아갔다. 경조윤京兆尹(한대에는 경기도 지사에 해당) 연독延篤이 그를 다시 불러들여 공조功曹 장관을 삼았다.

이 일이 있기 이전에, 중상시 당형唐衡의 형인 당현唐玹이 경조 호아도위虎牙都尉로 있었는데 군인郡人들이 그가 자기 실력으로 그 자리에 앉은 것이 아니라 중상시의 빽으로 앉은 것임을 알아 모두 모멸하였다. 조기와 조기의 종형 조습趙襲은 수차에 걸쳐 당현을 폄의貶議하였다. 그러자 당현은 가슴에 독한毒恨을 품고 이를 갈았다. 그런데 환제桓帝 연희延熹 원년(AD 158), 그러니까 조기가 51세 때에 당현이 경조윤에 임직하는 불상사가 벌어지고 말았다. 조기는 들이닥칠 사태를 예감하고 조카인 조전趙戩을 데리고 도망갔다. 아니나 다를까, 당현은 조기의 가속과 종친을 중죄에 몰아넣어 모조리 죽여버렸다. 그의 차형 조무기趙無忌도 하동종사河東從事였는데 살해되고 만다. 참으로 가혹한 일이었다. 「제사題辭」에서 "영척우천嬰戚于天"(하늘에 원망을 매달았다)라는 표현을 쓴 것은 바로 이 불운한 사건을 지칭한 것이다. 그의 강직한 성격이 빚어낸 억울하고도 또 억울한 재난이었다. 조기는 이에 사방으로 도망다녔는데, 양자강江·회수淮·북해海·태산岱 지역을 거치지 아니 한 곳이 없었다. 조기는 성명姓名을 숨기고 다니며 북해北海(산동 청주부青州府 동부, 내주부萊州府 서부 지역)의 시장에서 떡을 팔면서 연명하였다. 이때에 안구安邱 사람, 손숭孫嵩이 나이가 불과 20여 세밖에는 되지 않았는데, 시장에 놀러 나왔다가, 조기를 보고 범상한 인물이 아니라는 것을 단번에 알아차린다. 그리고 수레를 세우고 조기에게 손짓하여 올라타라고 하고 곧바로 집으로 모셔갔다. 그리고 그를 극진히 대접하였다. 그리고 그를 이중벽 사이의 방에다가 숨

겨 주었다. 조기는 이곳에서 수년을 머물렀다. 이 조그만 방에서 『액준가
厄屯歌』 23장을 썼다고 했는데, "액厄"이라는 글자에는 작은 창문의 뜻도
있고 재난災難의 뜻도 있고, 곤혹스러움, 고통과 번민의 뜻도 있다. "준
屯" 역시 억울함으로 고통받는다는 뜻이다. 『액준가』는 조그만 창문으로
햇살이 들어오는 복벽의 방 속에서 고통의 심정을 읊은 노래였을 것이
다. 이『액준가』를 쓸 즈음에 그는 『맹자장구』를 쓴 것이다. 맹자를 바라
보는 그의 심정이 얼마나 절박했는가 하는 것을 쉽게 짐작할 수 있다.

후에 당현 일가가 모두 사멸해버려 조기는 구출된다. 조정 삼부三府는
그의 억울한 사정을 듣고 그의 명예를 회복시키지만, 그는 사도司徒 호광
胡廣의 간청에야 비로소 벼슬에 응한다. 연희 9년(166)의 일이다. 그는 남
흉노南匈奴, 오환烏桓, 선비鮮卑가 반란을 일으켜 조정을 흔들자 그는 발
탁되어 병주자사幷州刺史가 된다. 그리고 또 당사黨事에 연루되어 면직되자
물러나 그의 경험을 살려『어구론禦寇論』을 집필하였다. 이후의 자세한 내
력은 내가 소개하지 않는다.『후한서』권94,「열전」제54에 조기의 열전
이 실려있다. 조기는 동한 왕조 마지막 황제 헌제, 군웅할거의 시절에 한
실漢室의 보전을 위해 진력을 다하였으며 천수를 다하고 태상太常으로
죽었다. 그의 삶에는 우리가 『삼국지연의』를 통하여 잘 알고 있는 동탁
董卓, 원소袁紹, 조조曹操, 공손찬公孫瓚, 동승董承, 유표劉表와 같은 영웅들
의 이야기가 얽혀있다.

건안建安 6년(201), 그가 죽었을 때도 그는 재미난 에피소드를 남겼다.
그는 죽기 전에 이미 그의 무덤을 만들어 놓았다. 그의 무덤의 벽에다가
그림을 그렸는데 고대의 현인 계찰季札, 자산子産, 안영晏嬰, 숙향叔向, 4사
람을 빈객의 위치賓位에 그려넣고, 자기를 주인의 위치主位에 그려넣고, 매
그림마다 찬송贊頌을 썼다. 그리고 그의 아들에게 다음과 같이 분부하였

다: "내가 죽는 그날 당일로 묘실 한가운데 모래를 두둑하게 올려 쌓아 침상을 만들고, 댓자리 위 시체는 흰옷을 입히고 머리는 풀어헤치고 그 위에 한 겹의 천만을 덮어라. 죽은 당일로 무덤에 넣고 봉해버려라." 아마도 그는 지금까지도 저승에서 현인들과 재미있는 대화를 즐기면서 살고 있을 것이다.

조기의 저술은 대단히 많았으나, 오직 『맹자장구』가 전하고 있을 뿐이다.

우리나라 곳곳에 좋은 향교가 많이 남아있지만 경남 사천泗川에 있는 향교는 특별히 아름답다. 사천이라는 이름도 공자의 고향에 흐르는 개천 사수泗水에서 유래된 것이다. 2012년 2월 25일 나는 그곳에서 근고謹告하였다. 양쪽으로 증자·맹자(서쪽), 안자·자사(동쪽)의 신위가 있다.

범례 凡例

1. 『맹자』 텍스트는 한국에서 가장 많이 쓰여지고 있는 『사서집주 四書集註』본을 기본으로 하였다. 따라서 분장도 주희의 방식을 따랐다. 『사서집주』본은 우리나라 내각본(정유자丁酉字, 1777년)보다는 상해고적출판사上海古籍出版社에서 2002년에 나온 『주자전서朱子全書』판을 기준으로 하였다. 이것은 송판본을 기준으로 여러 판본을 참조하여 교점한 것이다. 그리고 십삼경주소본과 초순焦循, 1763~1820의 『맹자정의孟子正義』를 같이 참고하였다.

2. 『맹자』라는 텍스트도 문헌비평의 대상으로 삼는다면 많은 의문이 제기될 수 있다. 그러나 『맹자』는 전국시대의 어느 문헌보다도 역사적 실상을 전하는 문헌으로 정평이 나있다. 나는 「양혜왕」편의 편집체제도 맹자가 생애의 중·후반에 열국을 주유한 순서를 그대로 반영하고 있다고 간주한다. 본 『한글역주』는 텍스트 크리티시즘이나 자의字義·문법文法의 세밀한 논의보다는 맹자라는 인간이 추구했던 삶의 역정과 이상을 생생하게 잡아내는 대의 파악에 역점을 둔다.

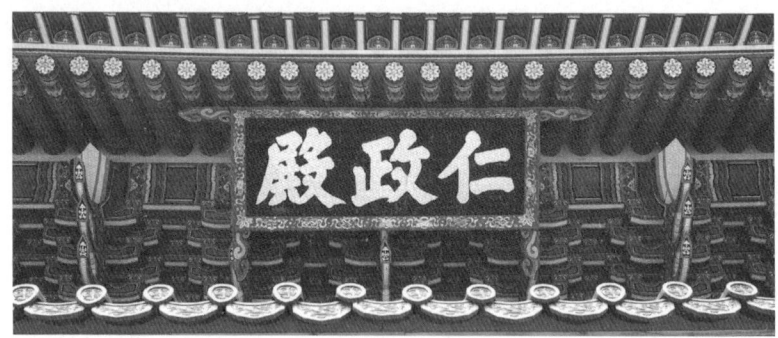

창덕궁昌德宮 인정전仁政殿: "인정仁政"이라는 말은 맹자에 의하여 가장 정확하게 그 의미가 규정되었다. 조선왕조가 맹자를 존중하였다는 것을 이런 편액에서도 느낄 수 있다. "인정"이라는 말은 『논어』에 없다.

양혜왕장구梁惠王章句 상上

1a-1. 맹자께서 양혜왕을 알현하시었다. 왕은 기뻐하면서 다음과 같이 말하였다: "노선생께서 추鄒나라에서 대량大梁까지 천리를 멀다하지 않으시고 이렇게 오셨으니, 또한 장차 내 나라에 무슨 이로움이 있겠나이까?" 맹자께서 이에 대답하여 다음과 같이 말씀하시었다: "왕께서는 하필이면 이利를 말씀하십니까? 단지 인의仁義가 있을 뿐이오니이다. 왕께서, '어떡하면 내 나라를 이롭게 할꼬?'라고만 하시면, 대부들은 당연히, '어떡하면 내 집을 이롭게 할꼬?'라 말할 것이요, 사士와 서인庶人들도 당연히, '어떡하면 내 몸 하나 이롭게 할꼬?'라 말할 것이외다. 그리하면 윗 사람이건 아랫 사람이건 서로서로 이익만을 쟁탈하려 할 것이니 그렇게 되면 나라가 위기에 빠질 것은 뻔한 이치올시다. 만 대의 전차를 가지고 있는 대국의 나라에서 그 임금을 시해하려고 노리는 놈은 반드시 천승의 전차를 가지고 있는 대부大夫 정도의 가로家老일 것입니다. 천 대의 전차를 가지고 있는 나라에서 그 임금을 시해하려고 노리는 놈은 반드시 백승 정도의 전차를 가지고 있는 대부임에 틀림이 없습니다. 만승의 나라에서 천승을 거느릴 강역을 차지하고, 또 천승의 나라에서 백승을 거느릴 강역을 차지했다면 그놈들은 이미 처먹을 대로 처먹은 놈들이올시다. 그런데 만약 공의公義를 뒤로 하고 사리私利를 앞세우는 풍조가 성행하면, 그런 놈들

은 임금의 모든 것을 빼앗지 않고서는 못 배기옵나이다. 예로부터 인仁한 마음이 있으면서 그 어버이를 돌보지 아니 하는 자는 있어본 적이 없으며, 공의公義를 지키는 마음이 있으면서도 임금을 깔보는 자는 있어본 적이 없습니다. 왕께서는 단지 인의仁義를 말씀하시옵소서. 어찌하여 반드시 이익을 말씀하려 하시나이까?"

1a-1. 孟子見梁惠王。王曰:"叟不遠千里而來, 亦將有以利吾國乎?" 孟子對曰: "王, 何必曰利? 亦有仁義而已矣。王曰, '何以利吾國?' 大夫曰, '何以利吾家?' 士庶人曰, '何以利吾身?' 上下交征利而國危矣。萬乘之國, 弑其君者, 必千乘之家; 千乘之國, 弑其君者, 必百乘之家。萬取千焉, 千取百焉, 不爲不多矣。苟爲後義而先利, 不奪不饜。未有仁而遺其親者也, 未有義而後其君者也。王亦曰仁義而已矣。何必曰利?"

沃案 『장자莊子』라는 서물을 역사적인 한 인간 장주莊周의 저서로 보는 것은 명백한 오류에 속한다. 마찬가지로『순자荀子』라는 서물을 역사적인 한 인간 순황荀況의 저서로 보는 것도 명백한 오류에 속한다. 그것은 장자학파나 순자학파의 앤톨로지anthology일 수밖에 없다. 그 중에 핵을 이루는 어떤 부분이 장주나 순황 본인의 작품일 가능성은 배제되지 않는다. 그러나『맹자』라는 서물을 맹자학파의 앤톨로지로 보는 것은 명백한 오류에 속하는 일이다.『맹자』속에서는 맹자라는 인간이 살아 움직이고 있으며, 전편을 통하여 우리는 그의 분노·좌절·희망, 그 칠정의 얼굴표정과 숨결을 느낄 수 있다. 우선『장자』는, "북명유어北冥有魚, 기명위곤其名爲鯤"(북녘 바다에 물고기가 있다. 그 이름을 곤이라 한다)라는 말로 시작된다. 그것은 사실의 기술이 아니라 자신의 웅대한 철학체계를 과시하기 위한 알레고리적 기술이다. 그리고『순자』는, "청출어람青出於藍"의 이야기로 시작된다. "권학勸學"에 관한 추상적 논문인 것이다. 그러나『맹자』는 이와

같이 시작한다: "맹자가 양혜왕을 만났다." 이것은 철학적 체계를 구성하기 위한 추상적 논변이 아니라, 역사적 사실의 기술이다. 『맹자』는 전국시대에 실제로 있었던 "이벤트"들의 기술이다. 『맹자』는 『논어』와도 다르다. 『논어』는 공자의 말씀을 일방적으로 적어놓은 어록체의 로기온 모음집이다. 그러나 『맹자』는 어록이 아니라, 대화이다. 그것은 치열한 문답형식을 취한 것이다. 「양혜왕」「공손추」「등문공」, 이 첫 3편은 문답이 이루어진 역사적 상황설명이 친절하게 묘사되어 있다. 일종의 전기문학인 것이다. 그 뒤의 「이루」「만장」「고자」「진심」 4편은 어록 스타일의 짤막짤막한 기술도 있고, 내면적 유기적 관련성은 있으나 첫 3편에 비해 통일성이 부족하여 잡연雜然한 느낌을 준다. 현장성이 부족한 대신 심오한 역사논쟁·철학논쟁이 편집되어 있다. 그래서 앞 3편을 상맹上孟이라고 부르고 뒷 4편을 하맹下孟이라고 부르기도 한다. 대체적으로 보면 상맹은 맹자가 15년간 유세를 하는 동안에 현지에서 이루어진 필기노트에 기초한 것이고, 하맹은 은퇴 후에 편찬된 자료라고 사료된다.

어떤 사람은 『맹자』에서 기술된 열국 왕후의 이름이 모두 죽은 후의 시호諡號이며, 또 등장하는 문인들이, "악정자樂正子" "공도자公都子" 등 자칭子稱되어 있으므로 맹자의 제자의 문도들이 편찬한 것이며, 맹자 본인의 저술일 수 없다는 것이다. 맹자가 은퇴한 후 제자들과 함께 썼다는 것이지 이 『맹자』라는 저작이 맹가 본인의 단일 저작임을 주장하는 것은 아니다. 맹자가 은퇴했을 때는 양혜왕은 이미 죽은 후이므로 시호라 해서 이상할 것이 없다. 더구나 꾸어 뭐루어郭沫若의 『금문총고金文叢攷』에 의하면 그 시대의 시호諡號라고 생각되는 것들이 생호生號일 수 있다는 것이다. 그리고 제자들의 호칭문제도 맹자가 제자를 높여서 자칭子稱할 가능성은 얼마든지 있다는 것이다(「진심」하25에서 맹자 스스로 제자를 자칭하는 용례가 나온다). 그러니까 그러한 사소한 문자상의 문제로서 맹자저작설을 부정할 수는 없다.『맹자』7편은 모두 맹자 본인과 제자들의 집필과 퇴고推敲를 중핵으로 하는 것임에 틀림이 없다. 그러니까 BC 300년 전후로 그 우르텍스트Urtext가 성립하고 그 후로 문인들에 의하여 계속 보완·재편이 이루어졌다고 보는 것이 가장 정확한 견해일 것이다.

맹자가 양혜왕을 만난 것이 역사적 사실이라면 그것은 언제였을까? 그것은 주나라 신정왕愼靚王 원년(BC 320)의 사건이며 이때 맹자의 나이 53세였다. 양혜왕이 맹자를 "수叟"라고 부르기 때문에 독자들은 양혜왕이 젊은 사람이고 맹자가 나이 많은 노인으로 생각하기 쉽다. 그러나 상황인즉 정반대다. 이때 양혜왕은 81세였다. 양혜왕은 햇수로 51년 동안 재위했는데(BC 369~319), 양혜왕이 맹자를 만난 것은 죽기 1년 전의 사건이다. 양혜왕은 맹자를 만난 그 다음 해에 세상을 뜬다(BC 319). 그리고 다음해에 그의 아들 양왕襄王이 즉위했는데, 만나보니 왕의 품격을 영 갖추지 못한 "같지 않은 놈"이라 생각되어 맹자는 양나라를 떠나 제나라로 간다(BC 318).

이러한 역사적 사실은 매우 정확히 추론될 수가 있다. 그러나 역사가들의 해석 여하에 따라, 양혜왕의 사적은 고정되어 있다 해도, 맹자의 나이와 행보는 변경될 수가 있다. 맹자의 생년을 올려잡고(양 뿨쥔楊伯峻은 BC 385년, 치엔 무錢穆는 BC 390년), 맹자의 유세역정을 양나라를 최초의 거점으로 잡는 것이 아니라, 여러 나라를 거친 후에 양나라로 간 것으로 보면, 맹자의 나이 72세 때 양혜왕을 만난 것으로 볼 수도 있다. 그러면 "수叟"(노인)라는 표현이 그럴 듯하게 들린다는 것이다.

사마천의『사기』「맹순열전」에 보면 태사공 자신의 말로써 다음과 같은 탄식이 기술되어 있다: "내가『맹자』서를 읽다가 양혜왕이 '어찌하면 내 나라를 이롭게 할 수 있겠습니까?'라고 질문한 대목에 이르게 되면, 일찍이 책을 덮고 탄식하지 않은 적이 없었다. 아~ 이로움이라는 것은 진실로 어지러움의 시작이로구나!余讀孟子書, 至梁惠王問'何以利吾國,'未嘗不廢書而歎也。曰: 嗟乎, 利誠亂之始也!"

여기 "… 라고 질문한 대목에 이르게 되면"이라는 표현은 『맹자』라는 서물에 있어서 이국문답장利國問答章이 한참 어딘가 뒤에 자리잡고 있었다는 것을 의미할 수도 있다. 『맹자』라는 책 첫머리에 나오는 장면에 대하여 "… 에 이르러"라는 표현을 쓰지는 않았을 것이다. 『맹자』라는 책을 즐겨 읽었는데, 한참 읽다 보면 맹자가 양혜왕을 만나 "하필왈리何必曰利"를 설파하는 대목에 이르게 되면 무릎을 탁 치게 되는 깨달음과 감동이 매번 일어나게 된다는 것이다("미상불未嘗不…"이라는 표현에는 그런 뜻이 포함되어 있다). 그리고 사마천은 맹자의 주유일정을 제선왕을 만난 후에 제선왕이 맹자를 기용하지 않자 양나라로 가서 양혜왕을 만나는 것으로 기술하고 있다. 이것은 분명 「양혜왕」편의 기술과는 정반대의 역정이다(道旣通, 游事齊宣王, 宣王不能用。適梁, 梁惠王不果所言, 則見以爲迂遠而闊於事情。). 사마천은 맹자의 최초의 유세의 대상이 제齊나라였다고 말하고 있는 것이다.

사마천의 이러한 역사기술의 문제점을 지적하기 전에, 사마천의 개인적 진술을 어느 정도 진실하게 받아들인다면, 최소한 사마천이 본 『맹자』라는 텍스트에 있어서는 이국문답利國問答이 맨 앞에 있질 않고 어딘가 한참 뒤에 있었다고 생각할 수도 있다. 그런데 이국문답의 내용이 너무도 맹자사상 전체를 대변하는 강력하고도 요약된 것이라고 생각되어 『맹자』라는 서물 전체를 관冠하는 프라그먼트로서 모두冒頭에로 이동시켰다는 것이다. 코바야시 카쯘도小林勝人는 그 작업을 감행한 사람이 조기趙岐였을 가능성이 높다고 말한다. 「외서外書」 4편을 잘라버리고, 7편을 상·하로 나누는 작업을 하고, 장구·주해를 만든 그의 형안이라면 충분히 그러한 작업을 감행했을 만하다고 말한다.

나는 단지 『맹자』 텍스트에 관한 이러한 이의제기가 있다는 것을 소개할 뿐, 하등의 견해를 첨가하고 싶지 않다. 사마천의 역사정보의 부정확성은 이미 소문날 대로 소문나버린 것이다. 그는 위대한 사가이지만 위대한 문학가이며 수사학자이다. 그의 붓끝에서는 픽션과 넌픽션이 자유자재로 융합된다. 사마천은 참고의 대상일 뿐 맹신되어야 할 우상은 아니다.

조기가 이국문답을 앞으로 옮겼다 해도 그것은 역사적 실황을 반영하여 그릇된 것을 바로잡았을 뿐이다. 맹자가 그의 주유일정을 양혜왕으로부터 시작한 것은 움직이기 어려운 역사적 사실이다. 「양혜왕」편은 다음과 같은 시퀀스로 23개의 장들이 할당되고 있다: 양혜왕梁惠王(5장), 양양왕梁襄王(1장), 제선왕齊宣王(12장), 추목공鄒穆公(1장), 등문공滕文公(3장), 노평공魯平公(1장). 그러니까 맹자는 양梁→제齊→추鄒→등滕→노魯로 15년간 주유하였다(BC 320~305). 「양혜왕」편은 이 15년간의 주유생활시기에 직접 필기한 자료들을 편집하여 구성한 것으로 맹자의 삶의 대강을 펼쳐놓은 것이다. 그 주요사상은 인의설仁義說과 그것을 발전시킨 왕도론王道論이다. 그리고 다음에 오는 「공손추」장은 맹자의 제자로서 제나라 사람인 공손추와의 문답내용인데 그것은 제나라에서의 체재기간(약 7년) 동안에 일어난 대화들을 엮은 것이다. 아마도 공손추 개인의 제나라 현지 수록手錄이었을 것이다. 그리고 「등문공」장은 등나라에서의 기사이다. 따라서 「공손추」「등문공」 두 편은 「양혜왕」편의 역정의 일부단락이 상술된 것으로, 「양혜왕」편과 유기적 연속체를 이룬다. 역으로 말하자면,

「양혜왕」편의 제나라 기사는 「공손추」에서, 등나라 기사는 「등문공」에서 발췌되어 온 것으로 볼 수도 있다. 그러니까 「양혜왕」편은 맹자의 주유천하 전체를 보여주기 위한 특별한 편집인 셈이다.

대강 상맹上孟의 편집체제와 그 성격에 관하여 일가견을 획득했을 것이다. 다음에 우리가 알아야 할 것은 양혜왕과 맹자의 만남이 어떻게 이루어진 사건인가, 하는 것에 관한 것이다. 양혜왕, 과연 그는 누구인가?

양혜왕, 즉 위혜왕魏惠王은 진晋이라는 대국을 삼진三晋, 즉 한韓·위魏·조趙로 분립시킨 장본인이며 걸출한 전국 초기의 정치가였던 위문후魏文侯, ?~BC 396의 손자이다. 위문후가 공자의 제자 자하子夏(성은 복卜, 이름은 상商, 자字가 자하, 그래서 복자하卜子夏라고도 부른다)를 모셔다가 후대에 제나라 직하학파의 모델이 된 학단을 형성한 사실은 전국시대의 문화적 덮스트럭쳐를 출발시킨 상징적 사건이다. 자하는 공자의 학단 내에서 연소한 신진그룹 중에서도 가장 뛰어난 인물이었다. "문학文學"으로써 자유子游(언언言偃)와 함께 꼽히었는데(『논어』11-2), 공자의 "회사후소繪事後素"라는 시詩에 대한 코멘트를 유발시킨 그의 질문(3-8)의 성격에서 볼 수 있듯이 탁월한 언어적 감각의 소유자였다. "문학"이란 일차적으로 문자의 세계에 대한 다양한 감성을 의미하지만, 폭넓게는 시·서·예·악 전반에 걸친 교양을 의미한다. 자하는 이러한 교양을 매우 착실하게 닦아 나갔다. 송대 『근사록』이라는 책이름의 출처가 된 "절문이근사切問而近思"라는 유명한 문구(19-6)는 바로 자하가 자신의 학문적 태도를 일러 말한 것이다. 자하는 학문이란, 대장장이가 대장간에서 쇠를 달구며 착실히 노력하는 과정 속에서 공구를 만들어내듯이, 배움의 세계 속에서 어김없이 지식을 달구어 도를 만들어내는 것이라고 믿었다. 그는 학문을 장인의 세계에 비유한 첫 사람이라 말해야 할 것이다(19-7).

자공이 어린 후배인 자장子張과 자하子夏에 관해 공자에게 묻자, 공자는 자장 사師는 너무 튀고 빨리 가는 데 비해 자하 상商은 너무 느리고 착실하기만 하다고 평한다. 그러자, 자공이 그렇다면 자장이 더 훌륭하지 않겠냐고 반문하자, 공자는 과한 것은 불급한 것에 못 미친다고 말함으로써 자하를 두둔한다(11-15). 공자는 자하를 큰 그릇으로 인식했다. 그리고 그의 너무도 소극적이고 착실한 성격을 염려하여 이와 같이 훈계한다: "너는 소인유小人儒가 되지 말고, 반드시 군자유君子儒가 되어라"(6-11).

자하의 이러한 착실한 이미지는 전국시대 합리주의Rationalism in the period of Warring States의 한 원형이 되었다. 위문후 본인이 자하의 제자가 되어 이러한 자하의 철학과 삶의 태도를 착실하게 배웠다.『사기』「유림열전儒林列傳」에 보면 자하의 문하에서 전국 초기의 탁월한 인물들이 많이 배출되었다고 기록해놓고 있다.

이들은 대부분 위문후 주변에서 위문후의 창업을 도우면서 활약했던 사람들이다. 탁월한 농업경제정책가였으며 문후의 고문으로서 성문법을 제정한 이극李克(혹은 이회李悝), 청렴한 고사高士로서 문후의 훌륭한 고문 역할을 했지만 끝내 문후의 재상 제의를 거절하고 은거한 단간목段干木, 희대의 병가 오기吳起, 하백의 미신을 타파한 서문표西門豹, 위나라 국보로서 칭송을 받은 인인仁人이며 문후의 스승이었던 전자방田子方, 훗날 묵가의 대표적 인물이 된 금활희禽滑釐 등등 이 모든 사람들이 자하의 문하생들이다.

오기吳起는 본시 위衛나라 좌씨左氏 사람이다. 그는 노나라의 관직을 맡고 있었을 때 제나라가 침공해오자 장군으로 임명될 참이었다. 그러나 그의 부인이 제나라 사람이라서 신용을 얻지 못하고 있다는 것을 알게 되자 오기는 아내를 죽여버렸다. 그의 철저한 출세주의에 노나라의 유생들은 질려버려서 그를 배척했다. 오기는 위문후가 인재를 구하고 있다는 소문을 듣고 위魏나라로 간 것이다. 오기가 관직을 희망했을 때, 위문후는 이극에게 그의 사람됨을 물었다. 하문 받은 이극은 오기는 탐욕스럽기는 하지만 용병술이 뛰어나기로는 사마양저司馬穰苴도 그를 따를 수 없다고 평했다. 오기는 등용되었고 장병의 인망을 한 몸에 모아 진秦나라를 쳐서 그 다섯 성을 빼앗고 하서河西의 수守가 되었다. 오기는 장군이면서도 가장 신분이 낮은 사졸들과 같은 옷을 입고 식사를 같이 하고, 행군할 때도 말이나 수레를 타지 않고 자기 먹을 식량을 친히 가지고 다니는 등 사졸들과 수고로움을 함께 나누었다. 사졸 중에 독창으로 고생하는 자가 있었는데 오기가 그것을 친히 입으로 빨아 주었다. 그 사졸의 어머니가 훗날 그 소식을 듣고 통곡하였다는 유명한 이야기도 이 때의 일이다. 그 사졸은 오기에게 충성을 다할 것이고 그러면 그의 죽음은 기약된 것이나 마찬가지였기 때문이다. 위문후의 사후에도 그는 계속해서 위무후魏武侯를 도와 위나라의 강역을 넓혔다. 그러나 무후의 재상 공숙좌公叔座의 시기와 음모로 위무후에게 사양의 뜻을 밝히게 된다. 그러나 불행하게도 무후는 그 음모를 알아차리지 못하고 오기를 말리지 않았다. 오기는 위나라를 떠났다. 그리고 그는 초나라로 가서 재상이 된다. 그는 초나라 도왕悼王을 도와 매우 시기적절한 변법의 정책을 폈다. 왕권을 강화하기 위하여 귀족세경貴族世卿의 세록제世祿制를 철폐시켜 그들의 세력을 약화시키고 그들을 변경지대로 이주시켜 광허廣虛한 땅들을 개간하게 했다. 불필요한 관직을 없애버리고 능력주의로 사람을 임용하고, 절약한 비용으로 병력을 증강하고 군공을 강화시켰다. 그렇게 함으로써 국력이 충실해지고 진陳나라와 채蔡나라를 병합해서 삼진三晉의 남하를 물리쳤다. 진나라에서 상앙이 변법을 시도한 것의 선구적 모범을 수십 년 전에 보여준 것이다.

　그러나 공신의 위훈僞勳을 삭제한 조광조趙光祖가 능주綾州의 붉은 꽃이 되어 억울한 죽음을 맞이하듯이 오기의 죽음은 예정된 것이었다. 도왕이 죽자 반대파의 공족들은 오기타도의 그날이 왔다고 거병하였다. 오기는 달아나면서도 도왕의 주검 위에 엎드렸다. 그를 쫓아온 병사들이 잇따라 활을 쏘아댔는데, 오기는 물론 화살에 맞아 죽었지만 병사들의 화살은 도왕의 유해에도 꽂혔다. 이 사건 후 즉위한 태자, 곧 숙왕肅王은 선왕의 주검에 활을 쏘았다고 해서 궐기한 자들은 모두 주살하고, 연좌해서 일족을 몰살했는데 70여 가문이나 되었다. 오기는 죽는 순간에도 복수의 병법을 활용한 것이다. 오기는 각박하고 박복하기는 했으나 역시 철저한 합리주의자라고 해야 할 것이다. 이러한 병가兵家 오기가 자하의 제자라는 것을 우리는 기억할 필요가 있다.

　자하의 문인이면서 위문후의 치세정신을 크게 선양한 사람으로서 우리는 업鄴(지금의 하북성河北省 임장현臨漳縣 서남쪽) 땅의 령슈 서문표西門豹를 꼽을 수 있다. 그의 이야기는 『사기』 「골계열전」에 실려있는데 그 시말이 통쾌하기가 그지없다. 그가 위문후에게 임명되어 업령으로 갔을 때, 그 지역이 매우 분위기가 스산하고 빈곤하다는 것을 알게 된다. 그 까닭을 묻자 업의 삼로三老와 아전이 해마다 백성에게 돈을 수백만 전을 거두어 가는데 그 중에서 2·30만 전을 써서 하백이 아내를 취하는 제식을 올린다는 것이다. 하백의 아내로서 여자를 바치지 아니하면 물이 범람하여 백성들이 익사할 것이라 하면서 젊은 처녀들을 물위에 띄워 보내는 성대한 제식을 열흘이나 걸려 지내고 남은 돈은 무당과 함께 나누어 가지고 돌아간다는 것이다.

서문표는 삼로三老와 무축巫祝과 부로父老가 동네 처녀를 물에 띄울 때 알려달라고 요청한다. 그리고 물가에 가서 이들을 만나니 3천여 명이 모여 그 광경을 쳐다보고 있었다. 서문표는 하백의 아내로 바칠 여자를 불러오게 한다. 그리고 그 처녀의 미추를 살핀다. 그리고 왈: "이 여자는 못생겼다. 그러니 수고스럽지만 큰 무당 할멈이 하백에게 가서 고하라. 다시 아름다운 여자를 구하여 후일 보내마 하고." 그리고 아전과 군사를 시켜 큰 무당 할멈을 물속에 첨벙 던져버린다. 그리고 좀 기다리다가 용타던 할멈이 왜 돌아오지 않느냐 하고 그 무당 할멈에게 열 명의 수제자가 있었는데, 한 명씩 첨벙첨벙 던져 버린다. 그리고 좀 기다리다가 왜 신과 내통하는 무당들도 소식이 없냐하고, 아마도 여자들이라서 하백이 잘 대꾸를 안 해주는 모양이라 하고, 고위관료인 늙은 삼로三老(제일 많이 해처먹던 놈)를 풍덩 던져 버린다. 그리고 한참 기다리다가 서문표가 돌아보며 말한다: "무당과 삼로가 모두 돌아오지 않는다. 이를 어찌 한단 말이냐? 이제 아전과 고을 유지들이 한 명씩 들어가서 하백께 아뢰어야겠다." 모두가 머리를 조아려서 이마가 깨지고 피가 땅에 흐르며 얼굴이 흙빛이 되었다. 이 일로 다시는 업 땅에 "종교적 사기"가 있을 수 없게 되었고, 그리고 일상생활 속에서도 사람들이 서로를 속일 생각을 하지 못하였다. 서문표는 그 대신 강의 치수사업을 크게 일으켰다. 12개의 도랑을 파고 강물을 논에 대어 민생을 풍족하게 만들었다. 이러한 서문표의 지혜와 권한을 오늘 한국에 또 하나의 서문표에게 줄 수만 있다면, 하백에게 띄워 보내야 할 "대형교회 목사님"(현재 통용되는 언어상의 상징체계로만 활용한 단어임) 또한 적지 않을 것이다. 서문표 또한 자하의 제자이다. 공자가 평가한 자하의 신중함, 그리고 치밀함, 그리고 장인적 엄밀함은 위문후의 백업으로 당대의 합리주의적 시대정신을 진작시켰던 것이다. 자하의 말 중에 이런 말이 있다: "배우고 남음이 있다고 생각되면 벼슬길에 오르라學而優則仕"(19-13).

『천자문』에 "학우등사學優登仕"라는 말이 실려있어 우리 조선조에서도 이 말은, 부정적이든 긍정적이든, 여러 맥락에서 회자되었는데, 이 말은 본시 공자의 말이 아니라 자하의 말이다. 그런데 자하의 이 말 앞에 이 한마디가 또 있다: "벼슬하고서 남음이 있으면 학문에 정진하라仕而優則學." 사실 이런 말들의 정확한 함의를 다 알 수는 없는 것이지만, 하여튼 자하는 학문과 정치를 분리해서 생각하지 않은 것 같다. 학문의 적극적인 정치참여, 정치의 적극적인 학문참여, 그러니까 일종의 "정학협동政學協同"을 주장한 인물이었던 것 같다. 자하는 공자 밑에 있을 때 실제로 거보莒父의 읍재 노릇을 했다. 거보는 노나라의 읍邑이었으므로 곡부에서 멀리 떨어져 있지 않았다. 그래서 공자를 계속 뵈올 수가 있었다. 자하가 공자에게 여쭌다: "정치는 어떻게 하는 것이오이까?" 공자는 타이른다: "속히 성과를 내려고 하지 말라. 작은 이익에 구애되지 말라. 속히 성과를 내려고 하면 전체적으로 통달할 수 없고, 작은 이익에 구애되면 큰 일을 이루지 못한다.無欲速。無見小利。欲速, 則不達; 見小利, 則大事不成。"(13-17). 자하는 위문후와 함께 성급하지 않게, 소리小利를 탐하지 않고 대의大義를 구현해 나갔다.

자하의 문도들의 성향을 보면 유가라고는 하지만, 이미 하학이상달이나 수신의 내면성을 추구하는 수도修道형의 인간들이 아니라 철저히 현실세계를 경영하는 실무정치적 인간들이다. 오기나 금활희는 모두 병가로 분류될 수 있는 사람들이고 이극李克이나 서문표는 법률·경제·산업의 실무에 전념한 법가들이다. 꾸어 뭐루어郭沫若, 1892~1972는 자하의 그룹이 법가의 원조라고 보는 신선한 견해를 제출했는데, 일리가 있는 설이라고 생각한다. 제자백가가 그 본원에 있어서는 유가로 회통된다고도 말할 수 있는 것이다. 이미 전국시대로 접어들면 유가의 사상도 법가적 트랜스포메이션을 안 일으킬 수 없었다. 한비는 당대의 현학顯學으로서 유

儒와 묵墨을 들고 유의 조종으로서 공구孔丘를 들고, 묵의 조종으로서 묵적墨翟을 들었다. 그리고 공구는 8파로 나뉘고 묵적은 3파로 나뉘었다고 말한다. 유의 8분파를 한비는 자장지유子張之儒·자사지유子思之儒·안씨지유顔氏之儒·맹씨지유孟氏之儒·칠조씨지유漆雕氏之儒·중량씨지유仲良氏之儒·손씨지유孫氏之儒·악정씨지유樂正氏之儒로 들고 있는데, 여기에 그 유니크한 "자하지유子夏之儒"를 거론치 않는다는 사실이다(『한비자』「현학顯學」편). 이것은 한비가 자하지유를 몰랐거나 중요시하지 않았기 때문이 아니라, 이미 자하는 유儒로서 여겨지지 않을 만큼 문호門戶를 별립別立했다고 보았던 것이다. 자하는 아마도 법가의 조종으로 받들어졌을지도 모른다(參看, 郭沫若,『十批判書』「前期法家的批判」).

하여튼 위문후는 자하의 이념적 틀 속에서 전국시대의 새로운 합리주의적 정신을 개척하였고 제자백가가 노방怒放하는 정학협동의 기풍을 열어 위국을 전국시대의 주축으로 만드는 기틀을 닦았다. 그리고 그의 아들 자격子擊, 즉 위무후魏武侯는 25년(BC 395~370)의 재위기간 동안에 초나라·조趙나라·제나라를 꼼짝 못하게 대파하고 위나라의 강역을 최대로 넓힘으로써, 위나라를 합종의 중심축이 될 수밖에 없는 지위로 격상시켰다. 이 위무후의 아들 자앵子罃이 바로 위혜왕魏惠王이다. 위혜왕이 32세로 위나라의 군주로 등극했을 때 그는 거의 전국7웅 중에서 가장 촉망받는 리더십을 장악할 수 있는 위치에 있었다. 혜왕은 위문후와 무후가 닦아놓은 모든 물리적·정신적 기반을 물려받았으며 또 혜왕은 그러한 기반을 물려받을 정도의 역량이 있는 인물이었다. 그러나 그의 문제는 인재를 좋아해서 잘 기용하기는 하지만 실제로 그 인재가 제시하는 청사진을 실천할 수 있는 결단력이 부족하다는 데 있었다. 항상 이것도 저것도 아닌 채로 우유부단한 가운데 국운을 홍성시킬 수 있는 기회를 놓쳐버리고 마는 것이다. 그의 집권 초기에는 매우 의욕있게 국가를 운영하고 왕성한 병력으로 국토를 지켰다. 그러나 그의 문제는 급변하는 시대가 요구하는 새로운 국가 패러다임을 과감하게 실천하는 그러한 근원적 개혁 마인드를 갖지 못했다는 데 있다. 진효공秦孝公이 등장하기 이전에만 해도 위혜왕은 중원의 최강자였다. 그렇다면 왜 위혜왕은 진효공에게 최강의 이니시어티브를 바치게 되었는가? 이 문제를 설명하기 위해서는 우리는 상앙商鞅, BC 390~338이라는 인물을 등장시키지 않으면 아니 된다. 우리가 보통 이 사람을 상앙이라고 부르는 것은 훗날 진나라에서 상商이라는 땅의 군君으로 봉해졌기 때문이다. 상군商君이라고 불리기도 한다. 그러나 이 사람은 본시 위衛나라 사람으로 위왕의 서자였고 공손씨였다. 그래서 위앙衛鞅 혹은 공손앙으로 불린다. 공손앙公孫鞅은 어려서부터 형명지학刑名之學에 정통했고 위나라의 이극李克을 스승으로 모셨다. 그러니까 크게 보면 공손앙 또한 자하계열의 사람이다. 공손앙은 위나라의 재상 공숙좌公叔座의 가신 노릇을 했다(중서자中庶子라는 벼슬을 함).

공숙좌는 오기를 내쫓았던 인물이다. 그러나 공숙좌는 공손앙이 시대를 변혁시킬 거대한 인물이라는 것을 잘 알고 있었다. 그러나 그의 현실에 대한 생각이 너무도 래디칼했기 때문에 위혜왕에게 공손앙을 함부로 추천할 수 없었다. 그러던 차에 공숙좌가 병에 걸려 죽게 되었다. 위혜왕은 직접 찾아가 문병을 했다: "그대의 병이 회복될 길이 없다면 장차 이 나라의 사직을 어떻게 하겠소?" 이때 공숙좌가 정색을 하고 왕에게 말했다: "공손앙은 비록 나이는 적지만 특출난 재능의 사나이오니, 이 나라의 대사를 그에게 위임하십시오."

이 순간 만약 위혜왕(훗날의 양혜왕)이 공숙좌의 말을 받아들였다면, 전국7웅을 통일하는 패자는 위혜왕이 되었을지도 모른다. 하여튼 위나라가 요지부동한 패권을 장악했을 것이다. 그러나 위혜왕은 공숙좌가 죽음을 앞두고 정신이 혼미해져서 오락가락 황당한 말을 하는 것이라고만 생각했다. 그래서 묵묵히 서있기만 했다. 위혜왕이 떠나려 할 때 공숙좌는 주위사람들을 물러나게 하고, 위혜왕에게 간곡히 귓속말로 청했다: "대왕께서 공손앙을 기용하지 않으신다면 반드시 그를 죽여 버리십시오. 그가 이 나라 국경을 넘게 해서는 아니 됩니다." 공숙좌의 말대로 위혜왕이 공손앙을 죽여 버렸다면 슬픈 패배의 고배를 계속 마시면서 몰락하는 위나라 역사의 주인공은 되지 않았을 것이다.

공숙좌는 공손앙을 불러 말했다: "오늘 대왕께서 재상이 될 만한 인물을 묻기에 나는 그대를 추천하였소. 그러나 대왕의 안색으로 보아 내 말을 듣지 않을 것이라는 것을 알았소. 나는 신하로서 군주를 먼저 생각해야 하는 사람이오. 그래서 그대를 기용치 않으시려면 그대를 죽여야 한다고 말하였소. 그러니 하루속히 이곳을 떠나시오." 공손앙은 대답한다: "대왕께서는 당신의 말을 받아들이지 않기에 신을 임용치 못하는데, 어찌 또 당신의 말씀을 받아들여 신을 죽일 수 있겠나이까?" 공손앙은 비굴하게 도망치지 않았다. 위혜왕도 공손앙의 추측대로 공손앙을 죽이지 않았다. 위혜왕은 돌아와 주위사람들에게 말하기를, "공숙좌의 병이 위중하여 슬프구나! 과인으로 하여금 나라를 공손앙 같은 피라미에게 맡기도록 하다니 어찌 제정신이겠는가!"라고만 하였다. 이 고사는 위혜왕의 사람됨을 너무도 잘 말해준다. 훗날 맹자와의 대화 속에도 유사한 패턴이 반복되고 있다고 보아야 할 것이다.

공손앙은 진효공秦孝公(BC 361~338 재위)이 전국에 포고령을 내려 어진 이를 구하여 장차 진목공秦穆公(BC 659~621 재위. 제환공·진문공과 함께 반드시 춘추오패春秋五覇 중의 한 사람으로 꼽힌다. 덕망이 높은 인품의 소유자로서 인재를 잘 썼고 강역을 넓혔다. 이오夷吾를 환국시켜 진혜공晉惠公으로 만들었고,

또 공자公子 중이重耳를 환국시켜 진문공晉文公으로 만들어준 장본인이다. 진문공, BC 636~628 재위, 보다도 7년이나 더 오래 살았다. 『시경』에 나오는 「황조黃鳥」라는 전율의 노래는 그가 죽었을 때 훌륭한 자거씨子車氏의 세 아들을 순장하는 슬픈 장면을 묘사한 걸작이다. 목공穆公은 목공繆公이라고도 쓴다. 『사기』에는 목공繆公으로 되어 있다)의 위업을 계승하여 동쪽의 침략당한 땅을 탈환하려 한다는 것을 듣고, 당당히 진나라로 가서 효공의 총신 경감景監(성이 경景인 태감太監)의 주선으로 효공을 만난다. 제1차면담 시에 위앙衛鞅은 오제五帝의 도리를 말하였는데 효공이 졸았다. 닷새 후에 제2차면담이 이루어졌는데 그때 위앙은 삼왕三王의 도리를 말한다. 효공은 또 졸았다. 효공은 옛이야기는 너무 먼 세상이야기라서 실천하기가 어렵다고 말했다. 경감을 졸라 어렵게 제3차면담이 이루어졌다. 그러자 위앙은 오패五霸의 도리를 진언하였다. 그러자 효공은 경감에게 이와 같이 말했다: "그대가 소개한 손님은 더불어 담론할 만한 인물이요." 여기서 위앙은 효공의 관심과 품격과 실천능력을 파악한 것이다. 위앙은 드디어 효공을 다시 만났다. 제4차면담이 이루어진 것이다. 드디어 이 두 사람은 몇날 며칠 동안 열정적으로 담론에 빠져들어 무릎이 점점 앞으로 다가가는 것을 서로 눈치채지 못하였다.

이러한 사마천 열전의 드라마틱한 이야기 속에서 우리가 파악해야 할 중요한 사실은 상앙의 문제의식과 그 지식의 폭에 관한 것이다. 상앙의 지식세계에는 오로지 하나의 레시피만 준비되어 있는 것이 아니다. 유가에서 말하는 선왕지도의 모든 통시적 가치를 상앙은 이해하고 있었다. 그러나 상앙은 상대방이 어떠한 요리를 원하는지에 따라 근원적으로 그 레시피를 달리할 수 있는 다양한 가치관의 소유자였다. 이것은 맹자가 양·묵의 이단을 배척하고 오로지 "공자"를 머리에 이고 다니는 공문의 적통주의와는 매우 대조적인 것이다(공자의 사숙자로서 자임. 「이루」하22). 상앙에 있어서 지식이란 적통의 문제가 아니라 변통의 문제일 뿐이었다.

그리고 이 이야기에서 또 하나의 중요한 사실은 진효공이라는 캐릭터의 사람됨에 관한 것이다. 효공은 목공의 위업을 계승한다는 뚜렷한 문제의식이 있다. 그리고 상대방에게서 자기가 원하는 것을 끌어낼 수 있는 역량의 소유자이다. 상앙과의 일차면담에서 마음에 들지 않았다고 그를 잘라버렸다면 역사를 개변시키는 위대한 계기는 생겨나지 않았을 것이다. 그는 일차면담에서 조는 척 하면서 이차·삼차면담을 유도하였고 드디어 자기가 원하는 사유의 틀을 상대방으로부터 끌어내었다. 다시 말해서 처음부터 효공은 상앙의 그릇을 파악하고 있었다는 뜻이다. 상앙이라는 그릇을 그릇으로 만들 수 있는 그릇이 효공에게 있었다. 이 두 사람의 만남은 『중용』 20장에서 말하는 바 두 "기인其人"의 만남이었다.

그런데 과연 몇날 며칠 동안 이 두 사람은 무엇을 얘기했는가? 우리는 보통 상앙이라면 엄형을 주장한 법가라든가, 자기가 만든 형벌에 오히려 개죽음을 당하고 만 조롱거리처럼 가볍게 넘기고 말 수가 있다. 그의 열전 드라마가 던져주는 피상적 인상이 그의 본면을 감싸고 있기 때문이다. 유가중심의 역사가 그런 베일을 덮어버린 것이다. 그러나 우리는 상앙이라는 피 끓는 인간의 진면목을 이해해야 한다. 그래야 비로소 맹자라는 인물의 진면목이 드러난다. 상앙을 법가의 원조로, 맹자를 유가의 적통으로 이해하는 것은 온당치 못하다. 상앙은 결코 법가라 말할 수 없다. 그때는 아직 "법가法家"라는 개념이 있지도 않을 때였다. 그렇다면 상앙은 누구인가?

상앙은 비록 "법法"이라는 것에 착안하여 세상을 개변시키려고 노력한 사람이지만, "법가法家"는 아니다. "법"이란 단지 그가 구상하는 국가체계의 한 주요한 방편일 뿐이었다. 그렇다면 상앙은 무엇을 주장한 사람인가? 나는 이렇게 생각한다: 상앙을 극단적인 리얼리스트로서, 그리고 맹자를 극단적인 아이디어리스트로서 생각해보면 훨씬 더 용이하게 이해의 실마리가 풀려나갈 수도 있다고. 상앙과 효공이 몇날 며칠을 두고 이야기한 내용은 매우 명백한 것이다. 그것은 "국가의 비젼"에 관한 것이다. 상앙은 이 국가의 비젼에 관하여 매우 래디칼한 리얼리즘을 견지한 것이다.

그렇다면 상앙의 리얼리즘이란 무엇인가? 여기서 말하는 리얼리즘이란 서양철학에서 말하는 본체에 관한 리얼리즘(실재론)을 말하는 것이 아니다. 지금 여기, 우리가 당면한 현실적 과제상황에 대하여 가장 실현가능한, 그리고 가장 문제해결에 도움을 주는 구체적 현실적 방안realistic solution을 의미하는 것이다. 이러한 문제해결의 가장 초보적 첫 실마리는 "당면한 현실적 과제상황"이 무엇인지를 정확히 아는 것으로부터 시작될 수밖에 없다. 그것은 무엇인가? 전국시대의 국가들이 당면한 가장 시급한, 가장 중요한 문제상황이란 다름 아닌 "전쟁"이었다. 평화나 도덕이나 이상을 논할 겨를이 없다. 전쟁이 나면 말짱 황이다. 전쟁은 내가 안 일으킨다고 해서 안 생겨나는 것이 아니다. 전쟁은 강도처럼 밀어닥친다. 다시 말해서 전국시대의 국가는 전쟁을 아니 할 수 없는 나라들이었다. 그야말로 전쟁을 위해서 존속하는 국가들이었다. 국민들은 전쟁을 좋아하는가? 전쟁으로 피폐해지는 것은 국민의 삶이다. 국민이 전쟁을 좋아할 리가 없다. 국민들의 소망이란 전쟁 없는 삶을 사는 것이다. 전쟁이 없어지기를 염원하는 것이다. 그러니까 전국시대 국가들의 최대의 염원은 전쟁을 없애는 것이다. 전쟁은 어떻게 없애는가? 전쟁은 오로지 전쟁을 통하여 없앨 수밖에 없다. 이것이 상앙의 가장 초보적인 현실인식이다. 전쟁을 통해서 전쟁을 없앤다는 것은 무수한 전쟁을 끊임없이 승리로 이끌어 천하를 통일하는 것이다. 상앙에게 있어서 왕도란 "왕천하王天

下"를 의미하는 것이며, 그것은 전국을 하나로 통일하는 것을 의미했다. 그는 명료한 시대정신의 현실적 청사진을 가지고 있었다. 왕천하는 곧 전쟁을 이기는 것을 의미하고, 전쟁을 이기는 것은 다름 아닌 "힘力"이다. 상앙의 철학은 한마디로 "힘의 철학"이라고 말할 수 있다. 니체는, 쇼펜하우어가 칸트가 말한 물자체를 "삶에 대한 맹목적 의지blinder Wille zur Leben"라고 새롭게 규정한 것을, "힘에로의 의지Wille zur Macht"로 대치시켰다. 힘에로의 의지를 우주의 근본원리로 삼아 인간세의 모든 가치를 새롭게 평가하고 변혁하자는 것이다. 맥락은 다르다 해도 상앙의 "힘의 철학"은 니체의 "힘에로의 의지"와 매우 상통한다. 니체는 신의 죽음과 동시에 인간에게 "대지에 충실할 것"을 권유한다. 마찬가지로 상앙은 힘의 원천을 땅에 둔다. 그것은 바로 "농본주의"를 의미하는 것이다. 그의 철학이 내세우는 가장 중요한 개념은 바로 "농전農戰"이다. 사실 "법"은 "농전"에 부수되는 방편이다. 그는 말한다: "국가가 힘을 기르는 가장 중요한 근본이 바로 농전이다.國之所以興者, 農戰也。"(『상군서』 3-1).

"농전"이란 무엇인가? 그것은 농업과 전쟁을 유기적 일체로서 파악하는 것이다. 전쟁은 국가의 부富가 없이는 절대로 일으킬 수 없다. 일으켜서도 아니 된다. 얄팍한 병가전술의 차원에서 전쟁의 승패가 가름 나는 것은 아니다. 전쟁을 승리로 이끄는 것은 압도적인 힘이다. 힘이란 전쟁에 참여하는 모든 물리적·정신적 요소의 호응에서 우러나오는 것이다. 그 힘은 국가의 부에서만 나온다. 그런데 국가의 부는 농업에서만 나온다. 그가 부르짖는 중농주의는 상업이나 수공업이나 시·서를 암송하는 지식의 종사자들을 배제하는 의미를 갖는데, 그것은 전쟁과의 관련에서 가장 유리한 국가체제의 스트럭쳐를 의미하는 것이다. 상인이나 수공업자나 지식인들은 우선 땅에 대한 아이덴티티가 없으며, 삶의 성향이 순박하지 않으며, 또 국제적 감각의 소유자들이라서 유동성이 강하다. 이러한 문제를 좀더 깊게 이해하기 위해서는 당시 "전쟁"이라는 것의 구체적 의미를 상고할 필요가 있다.

우선 춘추시대의 전쟁은 전차 즉 수레가 전투의 주체였다. 『논어』에 보면 공자는 평생 수레하고만 씨름한다. 수레(여행용) 타고 여행하며, 수레(전투용) 타고 전쟁하는 자신의 이미지를 그린다. 그리고 제자 장례식 때도 수레를 파냐 마냐 하고 실갱이 친다. 춘추시대 때에는 전투의 규모가 그리 크질 않았다. 당시 가장 큰 대국이었던 진晉나라가 대전大戰에 사용한 전차는 700대·800대 정도였다. 하나의 전차에 보병이 30명 정도 붙어다니니까 전체 군대규모는 2만여 명 정도였다. 그러니까 춘추 중기 이전의 대국의 병력은 2·3만 정도였다. 그리고 춘추시대 때는 병기가 청동으로 제작되었다. 그러나 청동이란 대량생산이 불가능하다. 동銅의 생산량이 제한되어 있기 때문이다. 그러니까 청동의 무기를 소유한 것은 소수의 귀족계급일 뿐이었다. 그러나 병기가 철로 제작되면서 온갖 병기의 공급이 대량화되면서, 자연히 전투는 전차중심에서 보병중심으로 옮아가게 된다. 그리고 사람의 완력腕力에 의존하는 활은 멀리 나가지 않는다. 그런데 기계적 힘을 활용하는 노弩(쇠뇌)가 발명되면서 다량의 화살이 일시에 멀리 나가며, 그 강력한 쇠촉은 방패를 뚫는 힘까지도 갖게 되어 전술이 일변하게 된다. 따라서 각국의 병력이 노부대弩部隊를 편성하게 된다. 그리고 공성攻城을 위한 높은 사다리 "운제雲梯"가 개발되면서 전쟁의 양상이 달라진다. 『묵자墨子』「공수公輸」편에 보면 공수반公輸盤이 초나라에 고용되어 송나라를 공격하기 위하여 "운제"를 만들었다고 적혀있지만, 그것은 공수반이 발명한 것이 아니고 그 싸움을 말리고 있는 자묵자子墨子 자신이 발명한 것이다. 묵자는 "겸애"의 평화주의자로서 알려져 있지만, 그는 실제로 전쟁전문가였으며 용병집단의 우두머리였다. 운제는 자묵자가 발명한 것이다. 이와 같이 맹자의 시대에, 맹자가 배척하고 있는 사상가들 대부분이 명확한 현실진단 속에서 시류를 선도해나가고 있었던 인물들이었다.

다시 말해서 춘추시대의 국가라는 것은 중원중심의 자연발생적인 성읍국가들이며 주나라 봉건체제 하에서 이념적으로 느슨하게 배열되어 있던 다양한 소국들이었다. 이러한 나라들간의 싸움이란 대평원에서 전차끼리 맞부딪히는 전투였다. 그러나 전국시대에는 이미 성읍국가, 즉 희랍세계에서 볼 수 있는 폴리스적인 도시국가의 모습은 점점 자취를 감추고 대규모의 영토국가로 변모하게 된다. 영토국가란, 성읍간의 위계질서를 인정하고 분봉체제를 유지하는 것이 아니라, 정확한 영토개념이 있고, 그 영토내의 모든 권력이 전제군주 하에 통합되고 일원화된다. 그리고 영토가 중원에서 변방으로 확장됨에 따라 산악지대에서는 전차는 무용지물이 되고 만다. 따라서 대규모 민중 보병부대가 등장하게 되면, 농병이 원칙적으로 분립되고, 상비군이 생겨나며, 행정관료체계와 군대체계가 분리되며 전자는 재상이 통할統轄하고 후자는 장군將軍이 통할하게 된다. 뿐만 아니라 전국시대의 새로운 양상은 전차에 쓰였던 말들이 개별화되고 기동력이 강력한 기병騎兵의 수단으로 탈바꿈하게 된다는 것이다. 알렉산더대왕의 동정東征과 비슷한 시기에 이미 중원에는 기병부대가 등장한다. 이와 관련하여 유명한 사건은 조趙나라의 무령왕武靈王이 신진문물을 과감히 받아들여 "호복기사胡服騎射"(오랑캐와 같은 기마복장을 하고 말을 타고 활을 쏜다)를 추진한 역사적 사실이다.

알렉산더대왕이 인더스강을 건넌 것이 BC 326년 봄이었고, 무령왕이 등극한 것이 BC 325년이었고 이때 맹자의 나이 48세였다. 무령왕이 알렉산더 동정으로부터 직접 영향을 받았다고는 볼 수는 없을 것 같다. 북방민족은 변방오랑캐가 아니라 서방의 문물을 적극 수용하는 선진문명이었다. 무령왕은 과감하게 북방민족의 문물을 수용한 것이다. 진秦나라가 강성해질 수 있었던 것도 북방의 융戎과의 끊임없는 접촉을 거쳐 융戎을 제압하고 융의 서방문물을 수용했기 때문이었다. 융은 인도·이란계의 민족으로서 고도의 문명을 지닌 나라였다. 진나라도 조나라에 뒤이어 기병제도를 도입했다. 말타고 활을 쏜다는 것은 진법에 있어서 새로운 기동력과 돌파력을 의미하는 것이다.

전국시대에 이르게 되면 민중 보병부대의 규모는 보통 춘추시대의 2·3만 규모의 10배 이상으로 불어나게 된다. 국력의 증강으로 초나라만 해도 전차를 4천 대 보유하게 되고 그에 따라 군사는 30만에서 100만에 이르게 된다. 지금 상앙이 효공과 무릎을 맞대고 머리를 조아리고 침을 튀기며 이야기하고 있는 상황이란 바로 이러한 전쟁의 현실을 놓고 토론하는 것이다. 이 군대의 막대한 보병을 동원하는 유일한 현실적 방법이 농업흥성국가를 만드는 길이라는 것이다. 농민만이 국가의 근간이 되어야 한다는 것이다. 전쟁의 근간은 국부이다. 국부의 근간은 농업이다. 그렇다면 농업은 어떻게 흥성케 하는가? 농업을 흥성케 하는 길은 너무도 쉬운 일이다. 그런데 쉬운 것일수록 실행하기가 어렵다. 쉽다는 것은 특수한 사태가 아닌 일반적 사태라는 것이며, 일반적 사태는 전반적 개혁을 요구하는 것이다. 그래서 모든 정치에 있어서 가장 쉽고 명백한 부강의 원칙일수록 실행에 옮기기가 어려운 것이다.

우선 농지의 확보이다. 그런데 농지는 요즈음과 달리, 인구의 밀도가 높지 않았던 과거시대에 있어서는 개간하면 되는 것이다. 특히 섬서성 지역은 지대가 높고 배수가 잘되어 농업에 최적지였다. 지금은 섬서성 지역이 매우 건조하고 각박한 땅이 되어버렸지만 우리가 알아야 할 것은 문명이 고도화 될수록 대체로 그 지역이 건조하게 된다는 것이다. 고대사회에서 섬서성 지역은 오히려 비옥한 땅이었고, 수해에 자주 시달리는 중원의 저지대에 비해 훨씬 관개 등 모든 여건이 용이했다. 그리고 다양한 철제 농기구가 개발되면서 개간의 여건이 좋았다. 문제는 개간 인구의 확보이다. 개간 인구를 확보하는 가장 효율적인 방법은 대가족제를 무너뜨리고 끊임없이 소가족제도로 분가를 시켜 인구를 분산시키는 것이다. 대가족제도가 되면 인의·염치를 따지고 놀고먹는 불한당들이 자연 불어나게 된다. 분가가 자발적으로 적극적으로 이루어지려면 어떻게 해야 되는가? 이러한 목표를 위해서 우리가 생각할 수 있는 효율적 방법을 다음의 3개원칙으로 정리해볼 수 있을 것이다. 첫째, 개간의 인센티브를 주어야 하는데, 그 최대의 인센티브는 어느 한도 내에서는 개간한 땅의 사유를 허락하는 것이 가장 효율적인 방법이다. 사유를 허락한다는 것은 땅을 매매할 수도 있다는 것이다. 그렇다면 사람들은 너나 할 것 없이 새로운 땅을 개간하려 할 것이다. 둘째는 그러한 개간의 사유를 허락하는 조건으로 작제爵制를 도입하고 작제를 군공軍功과 연결시키는 것이다. 다시 말해서 전쟁에 나아가 군공을 세우게 되면 작위를 받게 되고 그에 따라 토지를 소유하게 되는 것이다. 그렇게 되면 농민 청년들은 전쟁에 나아가 용감히 싸우는 것을 꿈으로 여기면서 살아가게 되고, 전쟁에서 이기고 돌아오면 풍요로운 삶을 누리게 된다는 희망을 갖게 될 것이다. 전장에서 명예롭게 죽더라도 고향에 있는 가족들이 자기로 인하여 부귀를 누릴 수 있으리라는 희망을 지니며 원망 없이 죽어갈 것이다. 바로 이러한 농農과 전戰의 피드백 시스템이 상앙의 "농전農戰" 개념인 것이다. 셋째로 이러한 농전개념을 진실로 효율적으로 실행하기 위해서는 가장 중요한 원칙은 농민의 부의 축적을 빨아먹는 일체의 지배계급·특권계급, 그러니까 지방의 서리로부터 왕족에 이르기까지, 일체의 무위도식하는 무리들을 일소해버리는 것이다. 바로 여기에 상앙의 개혁의 핵심을 이루는 "법"의 원리와 정신이 도입되는 것이다. 내가 상앙을 "법가"라고 단순히 말해서는 아니 된다고 주장한 것은 "법가"라는 개념의 선입견이 주는 너무도 피상적 이미지 때문인 것이다. 국가를 법으로 다스려야 한다는 단순한 이념이나 추상적 원리가 아닌 것이다. 상앙의 "법"은 오직 "농전"의 구체적 방법론이다. 그리고 그것은 농전의 부국강병을 실천하기 위한 보편적·제도적 원리이며, 그 원리의 객관성은 누구도 범할 수 없는 것으로 보장되어야 한다는 것이다. 다시 말해서 봉건적 도시국가의 윤리적 구태를 벗고 전제적 영토국가로 다시 태어나기 위해서는 객관적 치세의 원리objective governing principle가 필요하다는 것이며 그 원리를 상앙은 "법法"이라고 부른 것이다. 그리고 법은 반드시 제도적 보편성institutional universality을 지니는 것으로서 객관적으로 보장되어야 한다는 것이다. 법法은 단순히 민중을 괴롭히기 위한 형벌을 의미하는 것이 아니라, 진정한 애민愛民·리민利民의 요체이다. 법이야말로 국치國治, 국부國富, 병강兵强의 첩경이다.

전통적으로 "형불상대부刑不上大夫, 예불하서인禮不下庶人"이라는 말이 있다. 『예기』「곡례曲禮」상에 나오고, 사마천의 「보임소경서報任少卿書」에 인용되어 있는 것을 보면 선진시대에도 꽤 보편화되어있던 관념으로 여겨지는데 결정적인 것은 이 문제에 관하여 염유冉有와 공자 사이에 매우 자세한 논의가 오가고 있다는 사실이다. 그 전말이 『공자가어』「오형해五刑解」에 자세히 실려있다. 간백자료의 발굴로 『가어』의 저작성이 『맹자』이전으로 확실하게 올라갈 수 있으므로 이 논의는 상군, 맹자와 더불어 동시대의 담론이라고 확언할 수 있다. 염유는 묻는다: "선왕의 제법制法에 형刑은 대부 이상으로 올라가지 않고 예禮는 서인에게 내려가지 않는다고 했는데 그렇다면 과연 대부는 마음대로 범죄를 저질러도 되고, 서민은 예의에 어긋나게 마구 행동해도 되는 것이오니이까?" 공자는 이 질문에 대답한다: "물론 그렇지 아니 하다. 형이 대부에게 올라가지 않고 예가 서인에게 내려가지 않는다는 것은 군자는 예로써 자기 마음을 다스려야 한다는 것이니 이것은 염치의 절개를 소중히 여긴다는 뜻이다. 대부가 죄를 저질렀을 때는 바로 형벌을 적용하지 않고 에둘러 변명을 해준다. 그러나 본인은 직접 짤막한 갓끈에 흰 갓을 쓰고 소반에 물을 떠서 올려놓은 다음 칼을 쓰고 대궐 안으로 들어가서 스스로 자기의 죄를 청해야 한다. 그리고 대죄를 지었을 때도 임금이 형벌로 그를 죽이지 않는다. 본인이 북쪽을 향하여 두 번 절하고 꿇어앉아서 자결해야 한다. 예가 서인에게 내려가지 않는다는 것은 서인들은 일상생활에 열중해야 하므로 예로부터 자유로울 수 있는 공간을 마련해주어 일일이 예를 갖추어야 한다고 책망치 아니 하는 것이다."

이것은 소위 도덕적 자발성에 기초한 유가적 관용주의Confucian tolerationism의 매우 합리적 논변이지만, 상앙은 바로 이러한 도덕주의의 함정을 거부하는 것이다. 이러한 도덕적 자발성이야말로 격조 높은 소수의 양심가들 사이에서는 통용될 수도 있을지 모르겠으나 그것이 국가의 제도로서 정착된다면 온갖 부패가 발호하는 온상을 마련해주는 것일 뿐이라고 치열하게 배격한다. 법은 만민에게 동일하게 적용되어야 한다. 단 한 명, 그 법을 만민에게 시행할 수 있게 만드는 권세의 상징적 근원인 군주 한 사람만을 제외하고는 모든 사람은 법에 복속되어야 한다. 그렇다고 상앙이 군주 한 사람의 권력을 위하여 법치를 주장하는 것은 아니다. 그의 궁극적 목표는 국가의 부강이며, 군주 또한 그 부강의 수단일 뿐이다. 군주에게조차 법이 동일하게 적용되어야 한다는 생각까지 상앙의 생각이 진행되지 못한 것은 매우 유감으로 여겨질 수도 있겠으나, 마그나 카르타Magna Carta, AD 1215가 제정되는 상황과는 매우 다른 역사적 정황이 있다. 마그나 카르타는 귀족세력이 어떻게 왕권을 제약하냐 하는 과제상황 속에서 탄생된 것이지만, 상앙의 변법은 귀족세력을 제거하여 어떻게 군권강화에 의한 대일통을 이룩하느냐의 문제였던 것이다.

 법은 도덕이라는 인간의 내면에 기초하기보다는 행위의 결과를 더 중시한다. 상앙에게 있어서 법이란 상과 벌, 그 두 개의 칼자루일 뿐이다. 법은 인간의 가장 보편적인 심리에 기초하고 있다. 인간의 가장 보편적 정감은 벌을 싫어하고 상을 좋아한다는 것이다. 법은 반드시 쉬워야 하며 모든 사람이 이해할 수 있는 것이어야 한다. 그래서 백성이 법의 저촉을 회피할 수 있게 해주어야 한다. 백성이 형벌을 피하고자 하는 마음이 있을 때 국가는 강성해질 수 있다. 형벌을 통하여 겁약한 백성들을 용감하게 만들고, 형벌을 통하여 가난한 백성들을 부유한 백성들로 변모시킨다. 그리고 부유한 백성들은 마냥 부유해지도록 방치하는 것이 아니라 상을 통하여 그 부를 흡수하여(작위를 주어 부를 빼앗는 등의 여러 방법 동원) 가난하게 만들어야 한다(貧者益之以刑則富, 富者損之以賞則貧). 상앙의 원칙은 세 마디의 말로 집약된다: "빈자부貧者富, 부자빈富者貧, 국강國强." 가난한 자가 부유해지고 부유한 자가 가난해지면 국가는 강해지기 마련이라는 것이다(『상군서』「설민說民」편을 참고하라). 이것은 곧 신흥중산층지주계급을 형성시켜 이들을 새로운 영토국가의 근간으로 삼고, 이들의 자발적 준법정신에 의하여 병력을 강화하고 국가를 부강케 한다는 것이다. 우리의 시인 신동엽은 남산에 올라 서울을 쳐다보며 보리밭을 보습으로 갈아엎듯 전부 갈아엎었으면 좋겠다고 했는데, 실제로 상앙은 그러한 꿈을 실현할 수 있는 절호의 기회를 얻은 것이다. 무릎을 맞댄 두 사람, 상앙과 효공은 어떠했을까?

 상앙의 논리가 이쯤 이르렀을 때, 효공은 무릎을 쳤다: "좋소! 그대 말대로 전적으로 이 나라를 바꿔보리다. 유감없이 그대 꿈을 펼치시오!" 효공은 상앙을 좌서장左庶長으로 삼았다. 그리고 효공 3년 제1차 변법개혁이 시작되고 효공 12년에 제2차 변법이 시행된다. 효공은 재위기간 24년 동안(BC 361~338) 단 한순간도 상앙을 좌절시키지 않았고 전적으로 그의 아이디어를 확실하게 실천하였다. 제환공과 관중의 관계도 진효공과 상앙의 관계에 훨씬 못 미치는 것이다. 유비와 제갈량의 관계나, 송 신종神宗과 왕안석의 관계가 모두 이 두 사람의 의기투합의 실천력에 비하면 크게 괴색愧色이 있을 뿐이다.

우선 제1차 변법의 내용을 살펴보자.

1) **십오법什伍法**: 열 집을 십什으로, 다섯 집을 오伍라는 주민자치단위로 조직하였다. 이 조직을 밀고를 위한 연좌제라는 식으로만 왜곡하는데, 이것은 새로운 영토국가의 토대를 만드는 필수적 작업일 뿐이다. 전국민의 호구조사를 명료하게 하여 일정한 단위로서 묶어 법률시행에 관한 자체적 연대책임제를 만든다는 것이다. 전국민의 주민등록화이며, 이것은 연좌라는 부정적 이미지만 아니라 상호부조하고 상이나 작위를 공동으로 받는 긍정적 기능도 있는 것이다. 지방의 아전·서리들의 세력을 약화시킬 경우 이러한 자치조직은 법시행의 건강한 기초가 될 수 있다.

2) **분가分家**: 한 집에 성인 남자가 두 사람 이상 있으면서 분가하지 않으면 세금을 두 배로 늘린다.

3) **군공軍功**: 싸움터에서 얻은 적의 목의 수로 결정한다. 우리가 보통 "수급首級"이라는 말을 쓰는데 적의 모가지 하나가 군공의 한 급級에 해당된다는 뜻이다. 토요토미 히데요시는 임란 때 머리 전체를 운반하기 어려우니까 코로 대치했다. 조선 민중과 명군明軍 수십 만의 코가 일본병사들에 의하여 토요토미 히데요시 앞에 군공으로서 제시되었던 것이다.

4) **사투私鬪 금지**: 진나라 사람들은 본시 성격이 거칠어 사적인 일로써 싸움을 많이 했다. 내가 어릴 때만 해도 우리나라에서 길거리에서 보통사람들이 피튀기게 쌈박질을 하는 광경은 다반사였다. 지금은 그것이 "고소" 때문에 사라진 것이다. 상앙은 일체의 사투를 금지시키고 사안의 경중에 따라 엄하게 형벌을 내렸다. 사투로 인하여 습속이 악화되고 국력이 감퇴된다고 보았던 것이다.

5) **생산의 장려**: 남자는 밭을 갈고 여자는 베를 짠다. 곡식이나 피륙을 많이 수확하는 사람은 부역과 부세를 면제받았다. 그러나 말리末利(상업이나 수공업)에 종사하는 자나, 게을러 가난한 자는 전부 체포하여 관청의 노비로 삼았다.

6) **귀족의 특권철폐**: 군주의 종실이라 할지라도 군공이 없으면 국가의 호적에도 올라갈 수 없었다.

7) **이십등작二十等爵**: 전 국민을 작위제도 속에 집어넣었다. 군공이 없으면 높은 작위를 받을 수 없다. 높은 작위일수록 받기가 어려워진다. 그러니까 이 작제는 서민과 병사의 의욕을 높이는 데 그 주안점이 있었다. 전 국민의 작위화는 결코 어려운 일이 아니다. 우리사회도 암암리 치작齒爵이라는 것이 있다. 실제로 나이가 많아질수록 대접을 높게 받는 것이다. 그래서 나이를 따지는 것이다. 상앙은 이러한 작위제도 군공 중심으로 철저하게 만들었다.

제2차 변법 때는 군현제도를 강화하고 도량형을 통일시켰다. 중앙집권적 관료체제를 강화한 것이다.

하여튼 상앙의 변법은 매우 효율적인 사회개혁이었으며 처음에는 반발이 심했지만 국민 모두가 이러한 제도가 우리의 살길이라는 의욕과 비전을 갖게 되었고, 불과 수년 안에 가시적인 효과가 있었다. 그리고 강력한 군대를 갖게 되었으며 출병하는 족족 승리를 거두었다. 그리고 직접 군대를 끌고나가 위혜왕에게 패배를 안겨주었다. 위혜왕은 수도를 안읍安邑으로부터 대량大梁으로 옮길 수밖에 없었다. 위나라가 안읍을 포기했다는 것은 진나라의 동진을 막고있는 가장 중요한 길목을 포기했다는 것을 의미하는 것이다. 위혜왕은 안읍을 포기하면서, 그때서야, "과인이 공숙좌의 말을 듣지 않은 것이 한스럽다"라고 한숨을 내쉬었다고 한다. 위혜왕은 상앙이 국경을 넘도록 내버려둠으로써 양혜왕이 되었고, 진나라는 강성대국으로서 뻗어나갈 수 있는 모든 기초를 닦았다.

양혜왕의 또 하나의 실수는 손빈을 알아보지 못하고 방연을 장군으로 삼아 그 유명한 마릉의 전투(BC 341)를 치른 것이다. "방연! 너는 이 나무 아래서 죽는다.龐涓死于此樹之下." 이것은 너무도 유명한 병가의 일화지만 실로 그것은 방연의 죽음일 뿐 아니라, 위나라의 몰락이자, 양혜왕 개인의 패업과 카리스마가 사라지는 역사적 에포크를 의미했다. 방연이 죽었을 때 맹자의 나이 32세였고, 맹자는 한참 왕성하게 노나라와 제나라에서 학업을 연마하고 있었을 시기였다. 마릉의 전투가 있은 지 3년 후에 진효공이 죽는다. 상앙의 죽음은 이미 필연의 종말을 향해 달려가는 드라마의 마지막 씬이 될 수밖에 없었다. 상앙은 태자(훗날의 혜문군惠文君)가 새로 반포된 변법에 저촉되는 행동을 하자 그를 직접 처벌하지는 않았지만 그의 사부其傅인 공자건公子虔을 벌하고, 그의 태사其師인 공손가公孫賈를 경형黥刑에 처하였다(그의 얼굴을 찢고 죄인임을 표시하는 문신글자를 새겨넣는다). 그리고 후에 공자건이 다시 법을 어기자 요번에는 코를 베어버리는 의형劓刑에 처해버렸다.

상앙은 효공의 죽음을 알았을 것이다. 그렇다면 자신의 운명이 어떠리라는 것도 잘 알았을 것이다. 조량趙良이라는 진나라의 현자가 상군의 가혹함을 지적하며 곧 공자건 등의 무리가 그를 죽일 것이라는 예언을 하지만 상앙은 그의 충고를 따르지 않았다. 상앙의 위대성은 자신의 신념의 일관성을 고수하고 자신의 삶 속에서 구차스러운 타협을 하지 않았다는 데 있다. 만약 그가 그러한 타협을 했더라면 그는 얼마든지 사전에 보신의 길을 모색할 수 있었다. 나는 그가 거열형에 처해진 순간에도 그의 제도가 이미 어느 누구도 건드릴 수 없을 정도로 정착된 것을 확인하고 해피하게 죽었을 것이라고 생각한다. 상군이 도망치다가 함곡관의 객사에서 묵으려 할 때 여인숙의 주인이 "여권驗이 없는 사람에게 숙소를 제공하면 상군의 법에 의하여 연좌되어 형벌을 받습니다"라고 했다는 고사는 길로틴의 이야기처럼 코믹하게 회자되고 있지만, 실상 그것은 엄형주의의 비참한 말로가 아니라 객관적 법제질서 정착의 희망찬 미래를 예견하는 행복한 순간이었다고 말해야 옳다.

태사공이 상군을 가리켜 천자天資가 각박刻薄한 사람이라 평한 것은 결코 상군에 대한 정당한 평가일 수 없다. 후대의 유가적 가치에 의해 상군을 평가할 수 없는 것이다. 우리가 소위 "중국China"이라고 말하는 대제국의 현실적 원형은 모두 상앙과 진효공에 의하여 만들어진 것이다.

『순자』「강국彊國」편에 보면 순자가 훗날 직접 진나라를 방문해보고 그 소감을 기술한 대목이 있다: 그 민속이 순박하고, 지방의 하급관리들이 한결같이 공손하고 검소하고 인정이 넘치며, 도성 안의 사대부 벼슬아치들도 아첨하거나 당파를 짓지 아니 하며 공평무사하며 퇴근하는 즉시 가정으로 돌아간다는 것이다. 조정을 들어가 보아도 깨끗하고 조용하며 백 가지 일들이 그때 그때 즉석에서 처리되어 너무도 한가롭고 편안한 모습이라 마치 정치를 하지 않는 태평한 나라라는 느낌이 든다고 회술해놓고 있다. 상앙의 패러다임이 그대로 지속되었음을 입증해주는 소중한 기록이라 할 것이다. 진나라에는 상앙의 시대가 끝나고 장의의 외교적 활약이 시작된다. 그리고 결국 여불위가 등장함으로써 상앙이 배제했던 상인계급들을 포용하게 된다. 진시황의 통일은 이러한 배경으로 이루어진 것이다.

양혜왕은 마릉의 전투에서 대패한 후에도 끊임없이 당대의 인물들을 초치하여 쇠약해져가는 위나라의 패업을 다시 일으키려고 노력하지만 모두 상앙의 상황과 같은 패턴을 반복했을 것이다. 장자의 절친한 친구 혜시惠施도 양혜왕 밑에서 재상을 하면서 입법立法을 했다. 『장자』「추수」편에 나오는 "봉황鵷鶵과 썩은 쥐腐鼠"의 이야기도 바로 혜시가 양혜왕 밑에서 재상노릇 하고 있을 때를 배경으로 한 것이다. 장자가 친구 혜시가 그리워 찾아오는데 혜시는 재상자리를 빼앗길 것을 두려워했다. 그리하여 혜시는 삼일삼야 밤낮으로 국중을 다 뒤져 장자를 수색하게 했다. 장자는 그 소식을 듣고 불쑥 자진해서 혜시에게 나타났다. 그리고 말했다: "그대는 아는가? 저 남쪽바다를 박차고 드높게 솟아 북해로 날아가는 봉황을! 그 새는 오동梧桐이 아니면 앉지를 않고 연실練實이 아니면 먹지를 않고 예천醴泉이 아니면 마시질 않네. 이때에 올빼미새끼는 썩은 쥐 하나를 물고 있다가 봉황이 날아가는데 치켜보고는 캬악 소리를 지르는 거야. 그대 겨우 양혜왕 수상자리 하나 물고 나에게 캬악 하는 거냐?"

어느 정도 회화된 고사이기는 하지만 상당히 진실된 사실에 근거한 이야기라고 간주되는 것이다. 혜시가 양혜왕 밑에서 수상노릇 한 것이 바로 맹자가 양혜왕을 만나기 몇 년 전의 일이다. 혜시는 지대무외至大無外, 지소무내至小無內를 말하며, 범애만물氾愛萬物, 천지일체天地一體를 말한다. 그는 수상으로서도 평화주의적 입장을 취했을 것이라고 사료된다. 양혜왕은 맹자가 양혜왕을 만나기 두 해 전에 장의張儀를 수상으로 삼아 연횡정책을 취하면서 혜시를 해임한다. 그리고 또다시 장의는 본시 위나라의 모사인 합종파의 공손연公孫衍이 재상이 되면서 해임된다. 실로 맹자가 양혜왕을 만났을 때는 이러한 합종과 연횡으로 국론이 분열되어 있던 시기였다(전국시대 사건들에 관하여 정확한 연대를 묻기는 곤란하다. 사마천의 기사가 시간 순서에 따라 따져보면 마구 얼크러져 있기 때문이다. 양혜왕의 후원後元 1년이 양왕襄王 원년元年으로 오인되는 등 선후가 맞질 않는다. 요즈음의 학자들은 사마천의 「육국연표六國年表」보다는 진晉나라 무제武帝 태강太康 2년, AD 281 급총汲冢[양양왕梁襄王의 무덤일 가능성]에서 나온 『죽서기년竹書紀年』을 기준으로 한다. 그러나 현존하는 『죽서기년』도 고본 그 자체가 아니다).

직하의 거물 순우곤淳于髡도, 음양가의 대표적인 인물 추연鄒衍도 다 양혜왕의 초빙을 거쳤다.

이제 맹자와의 만남은 그가 죽기 일 년 전에 이루어진 것이다. 맹자는 불행하게도 막차를 탄 셈이다. 그리고 양혜왕은 이미 치세 50년을 통하여 달관할 대로 달관한 인물이지만 더 이상 새로운 의욕을 가질 수 있는 나이가 아니었다. 그의 나이 이미 81세였다. 맹자는 전국시대의 가장 먼저 칭왕稱王했고 가장 성대했던 맹주의 기울어져가는 황혼의 마지막 모습을 목격하고 있을 뿐이다.

"맹자, 양혜왕을 만나다!" 이 첫마디에서 우리는 이제 양혜왕이라는 인물에 관하여 대강의 그림을 그릴 수 있게 되었다. 그러나 그 다음에 우리가 반드시 던져야 할 질문은 맹자가 과연 누구인가 하는 것에 관한 것이다. 맹자가 누구이길래 양혜왕을 만날 수 있었는가? 이 두 사람의 만남은 과연 어떻게 이루어진 것인가?

 맹자, 그는 누구인가? 이런 질문을 새삼 던지는 나를 독자들은 이상하게 생각할 것이다. 여태까지 말하지 않았는가? 우리가 여태까지 맹자라는 사람에 관해서 이야기한 것은 조기의 「제사」에 나타난 맹자기술을 상술하는 과정에서 『사기』열전이나 『열녀전』 등등의 자료를 소개한 것뿐이다. 그러나 우리가 맹자라는 인간에 관해서 알 수 있는 가장 정확한 일차자료는 『맹자』밖에 없다. 『사기』열전이나 한영, 유향의 기술은 모두 후대의 기술이며, 구전 등의 소문이나 추측에 의한 것일 뿐이다. 최근에 "정봉주鄭鳳株 깔때기"라는 말이 유행하고 있는데, 『맹자』라는 문헌은 기본적으로 "맹자 깔때기"의 기록이라고 확언할 수 있다. 맹자라는 인간이 있고, 그 인간이 지속적으로 깔때기 까는 생생한 모습이 들어있다. "깔때기"라는 것은 자신의 신념이나 행보에 대한 확신이다. 한 사람이 일관되게 깔때기 까고 있다는 것이 느껴진다는 것은 그 문헌의 신빙성을 높여주는 것이다. 즉 『맹자』는 맹가라는 역사적 인간이 자신의 신념이나 비전을 피력하기 위하여 모든 문답이나 어록, 그리고 당면한 주변상황을 자기중심으로 엮어놓은 문헌이다. 그런데 이 맹자깔때기의 첫 구절이 "맹자견양혜왕孟子見梁惠王"으로 시작되고 있는 것이다. 여기서 우리는 매우 중요한 하드 팩트에 직면하게 된다. 즉 우리가 맹자에 관하여 알 수 있는 확실한 정보는 맹자가 양혜왕을 만난 시점 이전으로는 소급이 되질 않는다는 것이다. 만약 맹자가 맹자 깔때기를 간 후에 "나의 인생역정"이라는 소전小傳을 따로 써서 친절하게 부록으로 붙여놓았다면 얼마나 좋았으랴마는, 옛 사람들은 그런 친절한 짓을 하지 않았다. 맹자가 양혜왕을 만난 시점은 BC 320년이 확실하고 그 다음해에 양혜왕이 죽었으므로, 맹자는 53세의 나이였다. 다시 말해서 우리가 『맹자』라는 서물을 통해서 알 수 있는 맹가는 양혜왕을 만난 53세 이후의 모습이다. 그렇다면

53세 이전의 맹자는 어떻게 알 수 있는가? 어디서 뭘 하는 사람이었을까? 그 대답은 매우 확실하다: "모른다!"

실로 53세 이전의 맹자가 어떤 사람인지는 아무도 모른다. 안다고 하는 사람들의 이야기는 모두 "구라"다! 4복음서의 원형이라 말할 수 있는 마가복음은 이렇게 시작한다: "광야에 외치는 자의 소리가 있어 가로되 …" 즉 예수가 요한에게서 세례를 받는 사건으로부터 시작하는 것이다. 그때 이미 예수 나이 서른 살 정도였다. 서른 살 이전의 예수는? 그 대답도 똑같다: "모른다." 다시 말해서 예수이든 맹자이든, 그들의 공생애 활동을 기준으로 그들의 삶의 역사적 가치를 형량하는 것이다. 그 이전의 사생애는 기본적으로 후대에 형성된 설화의 반영일 뿐이다. 다시 말해서 마가복음은 예수의 공생애의 기록이고 『맹자』는 맹가의 공생애의 기록이다.

그렇다면 이 맹가의 역사적 공생애의 첫 장면에서 맹가와 양혜왕 이 두 사람의 만남은 어떻게 이루어졌을까? 우선 그 장면 그 자체를 섬세하게 검토해볼 필요가 있다. "맹자견양혜왕孟子見梁惠王。왕왈王曰: "수불원천리이래叟不遠千里而來, 역장유이리오국호亦將有以利吾國乎?"라는 첫마디를 잘 검토해보면 명료하게 기술되어 있지는 않지만, 초청한 사람을 양혜왕이 직접 나아가 마중하는 듯한 분위기가 있다. 그런데 맹자의 모습은 어떤 모습일까? 예수는 혼자 터벅터벅 걸어가서 요단강 하류에서 약대털을 입고 허리에 가죽띠를 띠고 메뚜기와 석청을 먹으면서 사람들에게 물세례를 베풀고 있는 광야의 사나이 요한을 만난다. 그것은 그야말로 뜨거운 사막의 뙤약볕 아래 광야의 두 헐벗은 사나이가 죄많은 시대의 울분 속에서 어떤 혁명을 모의하기 위하여 만나는 장면이다. 그러나 맹자는 혼자 가지 않았다. 그리고 상대는 썩어도 준치라고 당대의 최고의 패권을 누렸던 대왕이다. 「등문공」하4에 보면 이런 장면의 실제정황을 묘사하는 매우 리얼한 문답이 있다. 맹자의 제자인 팽갱彭更이 좀 속이 캥겨서 묻는다: "일개의 선비로서 뒤에 따르는 수레가 수십 대요, 또 종자 수백 인을 거느리고 다니면서 이 제후에서 저 제후에로 밥을 얻어먹는 것이 너무 지나치지 아니 합니까?" 이에 맹자가 대답한다: "그 도가 아니라면 한 그릇의 밥이라도 남에게 받아서도 안되지만, 만일 그 도라면 순임금은 요임금의 천하를 받으시면서도 지나치다고 여기지 않으셨으니, 그대는 이것을 지나치다고 여기는가?" 팽갱이 대답한다: "아니올시다. 선비가 별로 하는 일도 없이 남의 밥을 얻어먹는 것이 불가하다는 생각이 들 따름이오니이다."

여기 중요한 것은 맹자가 양혜왕을 만났다는 사건이 맹자 혼자 만난 것이 아니라, 수레 "수십승數十乘," 종자 "수백인數百人"을 거느리고 만났다는 사실이다. "수십" "수백"을 어떻게 해석한다 해도, 최소한 20승, 200인은 될 것이다. 그렇다면 한번 생각해보자! 한국의 여당 당수가 나 도올에게 치세의 경략을 묻기 위해 만나기를 청했다고 하자! 그의 저택에서 만나기로 되어있는데 내가 까만 에쿠스 리무진 20대와 200명 정도의 종자를 거느리고 나타났다고 하자! 누가 보든지 좀 과하다泰는 생각이 들지 않겠는가? 결국 대화인즉슨 사상가인 나와 정치가인 당수 두 사람만이 하는 것이다. 맹자의 경우도 동일하다. 그 맹자그룹에 끼어 있던 제자 한 사람이 스스로 캥겨서 반문했다고 하는 것은 그것이 상식적으로 지나친 상황이라고 하는 그 정황을 여실히 보여주는 것이다.

그러한 꺼림칙할 수도 있는 정황을 두고도 맹자는 당당히 변호한다: "나에게 치세의 방법을 묻는다고 하는 것은 순임금이 요임금에게 천하를 물려받는 것과도 동일한 가치가 있는 것이다. 순임금은 천하를 받아도 과하다고 생각치 않았는데, 어찌 수레 수십 대 종자 수백 인 정도의

양혜왕 상 | 99

신세를 지나치다고 생각하는가!" 하여튼 그 "깔때기"의 수준이 우리가 상상하는 수준을 뛰어넘는다. 인류역사상 맹자처럼 별 볼일 없으면서도 "당당한" 대장부를 찾아보기는 힘들다. 또 그러한 대장부를 대접할 줄 아는 전국시대의 문화적 풍토에 관하여 우리는 새로운 인식이 필요하다. 극도의 혼란과 전란의 시기였지만, 극도의 아이디얼리즘과 로맨스가 허용된 시기였다.

여기 "수叟"라는 표현으로 보아도 맹자는 별다른 관직이나 지위가 없는 평범한 선비에 불과했다. 그런데 여기 "불원천리不遠千里"라고 했지만 실제로 추나라에서 대량까지는 천리千里가 훨씬 넘는다. 수레에 탄 사람, 그리고 그 뒤를 따라 걸어가는 사람을 합치면 최소한 300명은 된다고 치자! 그 300명의 인원이 추 땅에서 대량까지 간다는 것은 엄청난 비용이 든다. 더구나 이 정도의 행렬이 가려면 방어용 군사를 고용하지 않으면 안된다. 그리고 최소한 한 달 이상의 시간이 소요될 것이다. 이 비용은 누가 댔는가? 그것은 물론 양혜왕이 댄 것이다. 맹자는 평생 초청 없이 어디 가서 기웃거리는 것을 수치로 여겼다. 그는 원칙적으로 초청에 응해서만 움직였다. 그의 은퇴는 더 이상의 초청이 없었기에 이루어진 것이다. 은행에서 대출받으려고 하는 사람일수록 삐까번쩍 하는 외제고급 승용차를 굴리는 성향이 있다. 맹자는 이왕 초청받는 마당에 공자처럼 "상가집개喪家之狗"로 보이기는 싫었을 것이다. 맹자의 성격은 현시적이고 당당하고, 신세를 져도 그것을 신세로 생각하지 않는다. 그 몇 배의 이득을 상대방에게 주고 있다고 자신하는 것이다. 하여튼 우리는 『맹자』라는 문헌을 읽을 때 이러한 소소한 생활사적인 문제들을 곱씹어봐야 한다고 나는 생각한다.

그렇다면 도대체 맹자가 뭐길래, 위나라의 찬란한 패업의 꿈이 스러져

가는 판에 그 많은 돈을 들여서 그를 초청한단 말인가? 바로 이러한 사실로부터 우리는 맹자라는 인간을 추론할 수밖에 없다. 양혜왕에게는 전국시대 전반 당대의 최고의 지성인들이 거쳐갔다. 그렇지만 별 효험을 보지 못했다. 그가 효험을 보지 못한 것은 그들의 문제가 아니라 일차적으로 양혜왕 본인의 문제이다. 그렇지만 양혜왕 본인은 그렇게 생각하지 않았다. 그런데 양혜왕을 거쳐 간 사람들을 일별해 보면 법가·병가·명가·음양가·종횡가라 부를 수 있는 사람들이고, 이들을 탄생시킨 조종에 해당되는 공자의 적통을 이은 인물은 없었다. 아마도, 이것은 나의 소박한 추측이기는 하지만, 맹자가 추나라에서 태어났고 현모 슬하에서 성장하여 곡부지역에서 유학을 했다면, 50여 세의 맹자는 그 지역의 정통 유학을 대변하는 "추로鄒魯의 진신선생搢紳先生"으로서 확고한 학통과 학단을 장악하고 있는 대학자로서 명망이 높은 인물이었을 것이다. 그러기에 양혜왕은 죽기 전에 최후로 추로의 본향에서 대석학을 초빙한 것이다. 이것이 우리가 맹자라는 인간에 관하여 말할 수 있는 전부다. 더 알고 싶은 사람은 『맹자』라는 텍스트를 통하여 추구해들어갈 수밖에 없다.

양혜왕의 입장에서는 모처럼 거금을 들여 당대의 대석학을 초청한 마당에 "리오국利吾國"을 말하는 것은 너무도 당연한 기대의 소산이다. 그런데 그러한 양혜왕에 대하여 다짜고짜 "하필왈리何必曰利"를 말하는 맹자의 배포는 요즈음 우리가 말하는 "깔때기" 수준의 문제가 아니다. 거기에는 깔때기를 뛰어넘는 무슨 절박한 가치나 소망과 비젼의 고차원적 에너지가 맹자의 가슴에 들끓고 있지 않으면 아니 된다. 우리는 이미 상앙의 리얼리즘을 충분히 검토한 바 있다. 상앙의 리얼리즘은 양혜왕이 추구했어야만 하는 당대의 시의적절한 가치였다. 상앙은 말한다: "예와 법은 시세에 맞추어 정하고, 제도와 명령은 각각 오늘의 마땅함을 따라 이루어져야 한다. 禮法以時而定, 制令各順其宜." "성인은 옛 것을 모범으로 삼지 않고 오늘날 것을 고집하지 않는다. 聖人不法古, 不脩今.""시대상황에 따라 거기에 맞는 정책을 세우고, 백성들의 습속을 헤아려 거기에 맞는 법령을 제정하라!因世而爲之治, 度俗而爲之法."

이토록 명료한 방편적 시대정신에 비한다면, "리利"에 대하여 "인의仁義가 있을 따름"이라고 외치는 맹자의 사고방식은 확실히 아둔하고 우활하기 그지없다. 맹자가 과연 상앙과 같은 현실적 감각이 없는 인물이었을까?

맹자는 과연 왜 양혜왕을 만났을까? 돈 대줘서 부른다고 그냥 간 것일까? 맹자의 입장에서 양혜왕을 만나야만 했던 이유, 그 이유를 우리는 맹자의 내면적 정신세계로부터 설명하지 않으면 아니 된다. 조기는 맹자가 열국을 주유한 것이나 공자가 주유천하한 것이 모두 같은 동기에서 우러나오는 같은 패턴의 행동이라고 말하고 있지만, 양자는 성격이 매우 다르다는 것을 우리는 우선 명료하게 지적해야 한다. 공자가 주유천하한 것은 명료한 목적이 있다. 그것은 벼슬을 얻기 위한 것이다. 자신의 신념을 모국인 노나라에서 실현해보려고 했는데 그것이 실패로 돌아가자, 노나라를 떠나 타국에서 대부의 자리를 얻고자 했다. 자기의 신념을 구현해볼 수 있는 이상향을 얻고자 한 것이다. 대부의 자리면 식읍을 받기 때문에 그곳을 자기 마음대로 운영해볼 수가 있다. 공자의 꿈은 매우 소박한 것이다. 조그만 이상촌을 꾸려보고 싶은 것이다. 만약 공자에게 그러한 지위가 주어졌다면 공자는 매우 평범한 인간으로 죽고 말았을 것이다. 공자의 위대성은 대부의 지위를 얻지 못하고 노나라로 다시 귀국하여 뚜렷한 지위는 없지만 국부國父로서 만민만대를 위하여 시·서를 편찬하고 제자를 길렀다는 데 있다. 공자가 어느 나라에선가 확고한 벼슬자리를 얻었다면 춘추시대의 평범한 대부의 한 사람으로서 이국땅에서 소리없이 사라졌을 것이다.

맹자가 열국을 주유한 것은 공자의 문제의식과는 매우 다르다. 맹자는 벼슬하기 위하여, 확고한 토지의 분봉을 받기 위하여 출유한 것이 아니다. 그럼 무엇 때문인가? 이미 전국시대는 공자와 같은 소박하고도 안정적인 꿈이 무의미한 시대였다. 벼슬자리 하나 해본들, 분봉을 받아본들, 그것은 어느 순간에 잿빛 무덤이 되어버리고 말 수가 있다. 전국시대의 유세객들은 대체적으로 개인의 상향이나 영달보다는 통일천하를 향해 달리는 시세의 격랑 속에서 어떻게 국가와 민중을 구원할까 하는 보다 긴박한 사명감을 지닌 인물들이었다. 그리고 전국시대에는 모든 로컬한 사건도 국제적 감각이 없이는 해결할 길이 없었다. 따라서 맹자는 벼슬을 추구하는 것이 아니다. 진정으로 자기 말을 들어줄 수 있는 군주를 만나기를 원했다. 그런 의미에서 상앙과 진효공의 결합은 전국시대 지성인이 추구한 가치의 지고태의 한 실현이라고 말할 수 있다. 맹자는 항상 "왕의 고문"으로서 자처했다. 다시 말해서 왕 아래 있는 행정관료의 직책을 원하지 않았다. 그것은 왕의 명령을 효율적으로 수행하는 수동적 자리일 뿐이다. 자기는 왕 위에서 왕을 부리는 능동적 주체라고 생각했다. 그래서 그가 왕을 바라보는 태도는 야훼가 다윗을 바라보는 듯한 시각이 있다. 그러한 시각이 없으면 "혁명"이론은 탄생되지 않는다. 민중의 소리를 들을 수 있는 능력이 없으면 항시 갈아치울 수 있는 것이 왕이다.

『맹자』라는 서물과 『논어』라는 서물은 여러 가지로 성격이 다르지만, 가장 두드러지는 본질적 차이는 나는 "민중관"에 있다고 생각한다. 공자는 결코 "민중"을 생각한 사람이 아니다. 공자는 "민중"을 깔보지는 않았지만(약간 깔본 듯한 구석도 찾아보면 없지는 않다), 인간에 대한 보편적 사랑이 있지만, 가장 하층민의 일반대중을 위하여 자기생명의 가치를 전적으로 불사르겠다는 생각은 없다. 공자의 일차적 관심은 무엇인가? 그것은 "사士"의 전범을 창조하기 위한 것이다. 그는 사의 교양, 그 커리큘럼의 전범을 그의 삶 속에서 구현하려고 했다. 그것은 "하학이상달下學而上達"의 내면적 수양이다. "나는 하늘을 원망치 않노라. 나는 사람을 탓하지 아니 하노라. 나는 비천한 데서 배워, 지고의 경지에까지 이르렀노라. 이 나를 아는 이는 저 하느님이실 것이로다. 知我者, 其天乎!"(14-37). 그의 궁극적 관심은 하늘로 향하고 있다. 서구적 의미에서 종교적이지는 않지만 그의 삶의 지향처는 매우 형이상학적이다. 공자에게는 평생 "상향上向"의 갈망이 있었다. 공자는 그의 삶의 이상을 토로하는 자리에서도 다음과 같이 소박하게 말할 뿐이다: "늙은 이들을 편안케 해주고, 친구들에게 믿음을 주고, 젊은이들에게 끊임없는 그리움의 대상이 되는 그런 사람이 되고플 뿐이야. 老者安之, 朋友信之, 少者懷之。"(5-25) 그 얼마나 소박한 이상인가! 여기에는 민중의 고난에 대한 열렬한 사명감 같은 것은 엿보이지 않는다. 시대적 문제의식이 근원적으로 다른 것이다.

공자가 "상향"의 발돋움을 한 사람이라면 공생애의 맹자는 철저한 "하향"의 사명감이 있다. 맹자에게 있어서 가장 두드러지고 있는 것은 당대 민중의 고초에 대한 열렬한 공감이다. 그의 민중의 삶에 대한 묘사는 『맹자』라는 텍스트에 즉하여 보면 너무도 처참하다. 민중은 일상적 삶 속에서도 뙤약볕, 가뭄, 홍수, 한해寒害, 기근에 시달린다. 이들은 이러한 악조건에도 굴하지 않고 경작, 제초, 관개 등의 노동에 전력을 다한다. 그러나 이렇게 괴롭게 달성하는 작은 평화도 군주의 학정에 항상 무너지고 만다. 청장년의 힘있는 농부들은 모두 노역에 끌려가고 농번기에 경작을 돕는 것이 불가능하다. 오직 반백頒白의 노인들만이 무거운 짐을 등에 지고 머리에 이고 힘든 행보를 할 뿐. 게다가 전쟁이 속발하면, 전사자가 너무 많아 한둘의 과부가 소식을 듣고 눈물을 흘리면 전 마을의 과부들이 통곡을 한다. 세율이 높고 착취가 심하다. 농민은 곡물과 직물을, 상인은 상품세와 시장세를, 여인旅人은 관세關稅를 와장창 뜯길 뿐이다. 식량·의료는 물론, 연료·재목도 없다. 따라서 기근이 들면 도랑이나 웅덩이에 노인과 어린이의 시체가 뒹굴고 여우와 이리떼가 달려들고 나면 파리와 구더기가 드글드글. 멀쩡한 청년들이 수천 명의 부랑민이 되어 도적으로 영락하기가 일쑤. 군주와 관료는 이런 참상에도 무위무책無爲無策, 선심 쓴다는 것이 고작 강제이민 아니면 식량방출. 그러나 다음해에는 엄청난 고리高利가 붙는다. 군주와 귀족이 대토지를 독점하고 그곳만이 초목이 번성하고 금수가 군서群棲하지만 그곳을 개방하여 민중에게 부식副食이나 연료를 보충해주는 사례는 있어본 적이 없다. 금령을 어기고 사슴이라도 죽이면 당장 사형. 궁정의 곳간에는 맛있는 고기가 치렁치렁 걸려있고 군주와 측근의 인물들만이 미식을 흠상하고 있다. 이런 학정에 시달리는 민중이 군주나 관료의 명령에 항거하며 하루 빨리 나라가 망하기를 기대하는 것은 당연한 것. 폭군을 타도하는 해방자가 나타나면 누구인들 환영하고 참여하지 않을소냐!

맹자나 상군이나 민중의 삶을 구원해야만 한다는 시급한 사명감은 동일하다. 그런데 왜 우원하게 인의仁義를 말하고 있는 것이냐! 맹자여! 자아~ 여기 잠깐만 "인의仁義"라는 말을 분석해보자. 공자는 "인仁"을 말했을 뿐, "인의仁義"를 말한 적이 없다. 여기 "리利"에 대하여 "인의仁義"를 말한 것은 맹자의 독특한 포뮬레이션이다. 자사도 "인의"를 말하지 않았다. 그런데 여기 제1장에서 맹자가 "인의"를 말한 것을 보면 결론부분에 "인仁"이 "친親"과 결부되고, "의義"가 "군君"과 결부되어 있다는 것을 발견하게 된다. 그런데 맹자는 양·묵과의 대결을 선언하고 나선 사람이다. 묵적墨翟은 겸애兼愛를 주장했는데 그것은 무부無父를 의미하는 것이라고 맹자는 비판한다. 그리고 양주楊朱는 위아爲我를 주장했는데 그것은 무군無君을 의미하는 것이라고 맹자는 비판한다. 다시 말해서 공자가 말했던 인간의 도덕적 심미안의 총체적 근거였던 인仁이라는 감성적 느낌이 맹자에 이르러서는 대학파對學派적 논쟁argument의 핵심개념으로서 개념적 분화를 일으킨 것이다. 즉 맹자의 "인仁"은 공자의 "인仁"이 아니다. 그것은 묵자의 겸애설을 비판하기 위한 가족윤리로서의 인仁이다. 공자는 "의義"도 개념화해서 사용하지 않았다. 그러나 맹자는 "의義"를 "인仁"과 짝하는 가치로서 개념화시킨다. 그것은 양주의 아나키한 위아설爲我說을 비판하기 위한 사회적 가치이며 군신도덕을 핵으로 하는 것이다. 그런데 과연 전국시대의 공리주의적·리얼리즘적 "리利"의 가치에 대하여 맹자가 말하는 대자적對自的인 "인의仁義"의 가치가 긴박한 현실을 개변하는 리얼한 대안이 될 수 있다고 생각하는 것일까? 물론 대답은 명료하다: 맹자는 그렇게 생각한다. 인의설을 실천하는 패도覇道 아닌 왕도王道만이 전국의 현실을 구원할 수 있는 유일한 방도라고 생각한다. 그렇다면 맹자는 무슨 근거 위에서 그렇게 생각하는가? 바로 이 질문에 해답을 주는 것이 맹자의 "민중관"이다.

맹자가 살았던 시대는 오늘날 트위터가 발달하고 온갖 엔지오 그룹들이 활약하는 시대양상과는 너무도 달랐기 때문에 민중이 스스로 역사를 개변할 수 있다는 생각을 하지 못한다. 군중이 자율적인 정치력을 형성하기에는 너무도 장애가 많고 가야할 길이 멀다는 것을 그는 잘 안다. 전국시대의 어느 사상가도 이러한 신념을 갖지는 못했다. 이러한 신념은 인류사에서 산업혁명Industrial Revolution 이후에나 가능해진 것이다. 따라서 역사를 개변시킬 수 있는 힘은 군주에게서만 나올 수 있다고 믿기 때문에 맹자는 그토록 왕의 멘토 노릇을 하려고 주유천하 한 것이다. 그러나 한편 오늘날에도 국민이 뽑은 대통령 한 사람이 잘하고 못하는 데 따라 국운이 그토록 좌우되는 꼴을 본다면 맹자의 믿음의 정당성은 만고에 통용되는 측면이 있다는 것 또한 부정할 수만은 없다. 유력군주의 천하통일과 민중의 평화갈망을 섬세한 이해득실이나 제도적 장치의 고려가 없이 막바로 일치시켰다는 것이야말로 전국시대의 사상가들이 범한 공통의 오류라고 할 수 있다. 그런 의미에서 맹자는 민중의 갈망을 인간 본연의 자리에서 분석하고자 하는 것이다.

상앙은 전쟁을 없애는 유일한 길은 전쟁뿐이라고 말했지만(이전거전以戰去戰, 이살거살以殺去殺), 맹자는 그러한 패도의 길로서 전쟁이 없어지는 대일통의 세계가 온다고 해봤자, 그것은 잠정적인 현상일 뿐 인간 본연의 자리에서 생각해볼 수 있는 진정한 평화로운 세계가 아니라고 생각한다. 상앙은 전국의 혼란을 현실적으로 해결한 가장 위대한 사상가임에 틀림이 없다. 그러나 그가 만든 진제국은 순식간에 무너졌을 뿐 아니라, 그 이후의 세계에 대해서도 심원한 악영향을 끼쳤다. 중국역사를 통하여 통일제국의 코스모스보다 전국의 카오스를 가치론적으로 우위에 두는 꾸준한 열망이 있다. 그렇다고 맹자가 우활한 이상향에 집착한 것은 아니다. 맹자는 상앙 못지않은 긴박한 시대의식이 있었다. 그리고 자신의 왕도론이야말로 가장 현실적 대안이라고 생각했다. 과연 어떠한 근거 위에서 맹자는 그렇게 생각한 것인가? 많은 사람들이 『맹자』를 읽을 때, 이러한 간단하지만 미묘한 문제를 건드리지 않는다. 맹자는 과연 무슨 근거 위에서 왕도론이 가장 현실적 대안이라고 믿은 것일까? 이 질문에 해답을 주는 것도 그의 민중관이다.

자기가 당면한 전국시대야말로 민중이 너무도 피폐한 상황에 놓여있기 때문에 현명한 군주가 조금의 "은혜"라도 베풀면 민중은 너무도 쉽게 감격하게 되어 있다는 것이다. 민중의 "심복心服"의 에너지는 법치보다 훨씬 더 효율적으로 국부를 이룩할 수 있는 방편이 된다고 보는 것이다. 이렇게 되면 민중의 귀복권歸服圈은 메마른 야산의 들불처럼 번져나갈 수가 있다. 한 군주라도 진정한 왕도를 실현하기만 하면 천하가 다 그를 따르지 않을 수 없게 된다. 더구나 위나라 정도의 성세를 가지고 있는 나라라면 충분히 가능하다고 맹자는 계산하는 것이다. 이상적 군주의 왕도정치야말로 치자의 천하통일과 피치자의 평화갈망이 일치하게 되는 유일한 첩경이다.

이런 문제와 관련하여 맹자가 구상한 미래사회가 과연 상앙이 생각한 것과 같은 무력에 의한 획일적 제국의 꿈이었나 하는 것도 생각해볼 필요가 있다. 맹자는 한 제국에 의한 획일적인 통일을 기대한 것 같지 않다. 그는 전국의 모든 나라들이 왕도를 구현하면서 서로가 전쟁을 포기할 때 느슨한 연방과도 같은 새로운 제국이 생겨나리라고 생각했을 것이다. 주왕실은 이미 쇠퇴하였지만 그를 대치하는 새로운 왕도의 나라가 생겨나면, 각국이 자신의 아이덴티티를 유지하면서도 서로 자유롭게 소통되는 그런 통일체가 형성되리라고 생각하였을 것이다. 이러한 문제는 매우 미묘한 주제이며 『맹자』라는 텍스트 속에서 그 해답을 찾아야 할 것이다.

럿셀은 『나의 철학적 발전My Philosophical Development』(제18장 비판에 대한 대답Some Replies to Criticism)이라는 책 속에서 20세기에 영국철학계를 지배한 가장 강력한 세 조류가 있다고 본다. 첫째는 『트락타투스Tractatus』를 중심으로 한 비트겐슈타인의 전기사상이고, 둘째는 논리실증주의자들Logical Positivists의 영향이며, 셋째는 『철학적 탐구Philosophical Investigation』를 중심으로 한 비트겐슈타인의 후기사상이다. 첫째는 럿셀 자신이 스승으로서 길러낸 사유의 세계이며 매우 명료한 사고와 열정이 엿보이는 좋은 철학이라고 말할 수 있다. 둘째는 세부적으로 약간의 문제는 있다 해도 기본적으로 철학적 문제를 명료하게 만드는 데 공헌한 훌륭한 철학이라고 본다. 그런데 셋째의 비트겐슈타인 후기사상(WII)은 도무지 흐리멍텅 하여 뭐가 뭔지 알 길이 없다는 것이다. 그 따위를 철학이라고 말한다면 철학은 사전편찬자들을 위한 참고서 수준이나 다방에서 나누는 우스개담론an idle tea-table amusement에 머물고 말 것이라는 것이다. 도대체 왜 그토록 많은 사람들이 비트겐슈타인의 후기사상에서 그토록 많은 지혜를 발견한다고 떠벌이는지 도무지 이해할 수가 없다고 혹평한다.

나는 럿셀의 이토록 무지막지스러운 평론을 매우 사랑하고 존경한다. 솔직한 자기 느낌을 그대로 토로하는 것이다. 철학적으로 20세기 인류에게 가장 큰 영향을 미친 비트겐슈타인을 이렇게 폄하하는 럿셀의 자세는 비방 아닌 진정의 표시라 말해야 할 것이다. 그러나 럿셀이 후기 비트겐슈타인을 그렇게 느끼는 것은 럿셀이 오직 자기가 생각하는 "철학"이라고 하는 문제의식의 맥락에만 사로잡혀 있기 때문이다. 자기가 추구해 온 분석철학 제문제 속에서 게임을 해야만 철학적 엄밀한 사유의 논리적 구조가 생겨난다고 보는 것이다. 그러나 비트겐슈타인은 본시 철학을 공부한 사람이 아니다. 철학 밖에서 철학 속으로 틈입闖入한 사람이며, 그 속에서 문제가 있다고 생각하게 되었을 때 다시 뛰쳐나간 사람이다. 그는 철학자들이 철학이 인간의 문제를 해결할 수 있다는 망상을 하루속히 버려야 한다고 생각했다. 그는 철학을 위해서 철학을 하는 사람이 아니다. 그는 근원적으로 철학을 부정한 사람이다. 그렇기 때문에 비트겐슈타인은 철학적 논리에 얽매여 숨도 못 쉬는 많은 사람들에게 자유로운 사유의 숨통을 틔워 주었다. 비트겐슈타인은 영국철학의 인너 써클에 서보다는 세계인의, 그리고 철학 밖의 분야에 종사하는 수없는 사람들에게 탁월한 예지의 혜망慧芒을 허락하였던 것이다.

맹자를 우리는 우활迂闊하다고 비난할 수도 있겠으나, 우리가 반드시 전제해야 할 사실은 맹자는 시대에 순응한 사람이 아니라 시대에 역행한 사람이며, 시대에 적절하기만 한 현실방안을 내놓은 사람이 아니라 시대를 초월하는 이상방안을 제시한 사람이라는 것이다. 철학은 반드시 현실적 문제를 대변해야 하지만 현실의 해결 그 자체만으로 만족할 때에는 그 현실을 제기한 시대적 패러다임이 바뀌면 꼭 폐기되어 버리고 만다. 철학은 영원한 인간의 문제를 다루어야 한다. 그리고 영원히 비판자적인 젊음을 유지해야 한다. 맹자가 어떻게 인간의 문제를 접근했는지, 이제 독자들 스스로 원문을 대하면서 궁금증을 풀어가야 할 것이다.

제1장의 언어에서 이미 우리는 당대사회의 하이어라키로서 "왕王 - 대부大夫 - 사서인士庶人"이라는 관념을 읽어낼 수 있다. 제후가 "왕"이 되었음을 알 수 있고, "사士"와 "서인庶人"이 같은 급으로 처리되고 있음을 볼 수 있다. 그리고 "만승지국 - 천승지가" "천승지국 - 백승지가"의 대비도 전국시대의 현실적 언어라는 느낌을 강하게 준다.

이렇게 한 장 한 장 해설해나가다 보면 원고지 1만 매가 있어도 모자랄 것이다. 이제 『맹자』라는 텍스트의 분위기를 독자들이 파악했다고 보고 원문 중심으로 나는 텍스트를 읽어나갈 것이다. 독자들이 세밀하게 그 행간의 언어들을 분석하여 자기 스스로의 "관觀"을 만들어 나가야 할 것이다.

1a-2. 맹자께서 양혜왕을 뵈시었다. 왕은 때마침 큰 정원의 연못가에 서있었는데, 크고 작은 기러기와 크고 작은 사슴이 노니는 것을 둘러보면서 이와 같이 말하였다: "현자賢者 또한 이런 것들을 즐

거워하시나이까?" 맹자가 이에 즉각 대답하여 말씀하시었다: "현자래야 비로소 이런 것들을 즐길 수 있지요. 어질지 못한 사람은 이런 것들을 가지고 있다 할지라도 즐길 수가 없습니다. 시詩(『시경』 대아 「영대靈臺」편)에 이런 노래가 있지요: '문왕께옵서 처음 정원 영대靈臺를 만들려 하실 때, 설계를 뜨고 방위를 정하니, 뭇 백성들이 자발적으로 돕는지라, 불과 몇날 안 걸려 모습이 갖추어지네. 문왕께서는 그리 빨리 서둘지 말라고 편안히 말씀하셔도 뭇 백성들이 문왕의 덕을 사모하여 슬하의 자식처럼 모여드누나. 문왕께서 영유靈囿 동물원에 계시니, 암수 사슴이 편안히 엎드려 있고, 암수 사슴이 살이 쪄서 털에 윤기가 흐르네. 백조白鳥도 건강하고 눈부시게 하이얀 날개를 퍼득인다네. 문왕께서 영소靈沼 연못에 계시니, 아~ 고기들이 가득차 뛰어오르네. 문왕의 덕성은 이와 같이 동물에까지 미치고 있네.' 이 노래는 문왕께서 백성의 힘을 빌어 높은 관망 토대(솟터)를 만들고 연못을 만들어도 백성들이 같이 환락하는 모습을 읊고 있습니다. 백성들은 그 토대를 존숭하여 영험스러운 영대라고 부르고, 그 연못을 존숭하여 영험스러운 영소靈沼라 부르며, 그곳에 작고 큰 사슴과 물고기와 자라가 있는 것을 같이 즐거워하였습니다. 예로부터 현인은 반드시 백성들과 더불어 같이 즐길 줄을 알았기 때문에 비로소 즐길 줄 안다고 말할 수 있는 것이올시다. 이와는 반대로 탕왕湯王이 하夏나라의 폭군 걸왕桀王을 토벌하는 격문인 「탕서湯誓」(『서경』 상서商書)에는 뭇 백성들이 태양에 자신을 비유한 걸왕을 저주하여 다음과 같이 노래부르고 있습니다: '이놈의 태양이여! 너 언제나 없어질 것이냐? 네놈이 없어지기만 한다면 우리가 다 멸망해도 여한이 없으리라.' 백성들이 군주와 더불어 같이 멸망하기를 갈망하고 있는데, 토대와 연못과 새와 동물이 있다한들 이것들도 다 곧 멸망할 텐데 어찌 군주 한 사람이서 편안하게 이런 것들을 즐길 수 있겠나이까?"

1a-2. 孟子見梁惠王。王立於沼上, 顧鴻鴈麋鹿曰: "賢者亦樂此乎?" 孟子對曰: "賢者而後樂此, 不賢者雖有此, 不樂也。『詩』云: '經始靈臺, 經之營之, 庶民攻之, 不日成之。經始勿亟, 庶民子來。王在靈囿, 麀鹿攸伏, 麀鹿濯濯, 白鳥鶴鶴。王在靈沼, 於牣魚躍。' 文王以民力爲臺爲沼, 而民歡樂之, 謂其臺曰靈臺, 謂其沼曰靈沼, 樂其有麋鹿魚鼈。古之人與民偕樂, 故能樂也。湯誓曰: '時日害喪, 予及女偕亡。' 民欲與之偕亡, 雖有臺池鳥獸, 豈能獨樂哉?"

沃案 처음에 맹자가 등장하는 분위기는 기획된 자리가 아니라, 우연히 정원에서 맞부닥친 것 같은 느낌이다. 그리고 이야기는 양혜왕이 먼저 꺼낸 것이다. 은근히 자기 자랑을 하려 한 것 같은데, 순식간에 그 틈새를 타고 시詩와 서書를 인용하여 자신의 왕도론王道論을 과격하게 피력하고 있다. 늙은 왕의 허세의 틈을 파고드는 그의 순발력이 놀랍다.

왕도의 세계는 폐쇄된 시스템closed system이 아니라 개방된 시스템 open system이 되어야 한다. 그리고 왕의 가치는 반드시 백성대중과 동고동락하는 보편성을 획득해야 한다는 것을 설파하고 있다. 시·서를 적절한 상황에 자유자재로 인용하는 맹자의 능력은 당대 유학의 최고봉에 도달한 학자라는 느낌을 갖게 한다. 그리고 그의 민첩예리한 두뇌회전, 기지종횡機智縱橫의 재변才辯은 가히 일품이라 말해야 할 것이다.

1a-3. 양혜왕이 말하였다: "과인은 내 나라를 다스리는 데 있어서 세심하게 있는 힘을 다하여 노력하고 있습니다. 하내(河內: 위나라 황하 북쪽땅. 지금의 하남성河南省 북단 제원현濟源縣 일대인데 비교적 저지대이다) 지역에 흉년이 들면, 그 지역 백성들을 하동(河東: 위나라 황하 동쪽땅. 지금의 산서성山西省 안읍현安邑縣 일대. 비교적 고지대이다. 하동과 하내는 풍흉의 조건이 다르다)

지역으로 이주시켜 주고, 아쉬운 대로 우선 하동의 곡물을 하내로 이동시켜 흉작의 피해를 메꿔줍니다. 그리고 하동 지역에 흉년이 들어도 또한 동일한 방책을 씁니다. 주변의 이웃나라들의 정치를 살펴보아도 과인이 마음을 쓰는 것과도 같은 그런 선정이 없습니다. 그렇다면 당연히 이웃나라들의 백성이 내 나라에 와서 살기를 원할 것이므로 이웃나라의 백성들이 줄어들어야 할 텐데 줄지 않고, 과인의 백성이 불어나지 않는 것은 무슨 이유 때문이오니이까?" 이에 맹자께서 대답하여 말씀하시었다: "왕께서는 전쟁을 좋아하시니, 전투에서 일어나는 일을 비유 삼아 한번 말씀드려보겠습니다. 둥둥 북을 치며 병사들이 진격해 나아가도록 하는데, 막상 병기의 칼날이 부딪히며 치열한 접전이 이루어지자, 갑옷을 벗어던지고 병기를 끌면서 줄행랑치는 놈들이 많았습니다. 어떤 놈은 백 보를 줄행랑치다가 후유 하고, 어떤 놈은 오십 보를 줄행랑치다가 후유 하는 것이었습니다. 그런데 말씀이죠, 오십 보를 도망간 놈이 백 보를 도망간 놈 보고 비겁한 새끼라고 깔깔대고 웃는다면, 임금님께서는 어떻게 생각하시겠습니까?" 양혜왕이 말하였다: "안될 말이요. 오십 보 도망친 놈도 백 보를 도망치지 못했을 따름, 도망친 것은 똑같은 주제에 뭘 지가 더 낫다고 남을 조롱하는가?"

맹자께서 말씀하시었다: "왕께서 이런 이치를 잘도 이해하고 계시다면, 위나라의 백성이 이웃나라들에 비해 더 불어나는 것을 바랄 수는 없는 노릇이올시다. 왕께서 취한 조치들은 미봉책일 뿐, 근본적인 문제해결이 아니었기 때문입니다.

농사철에 딴 짓을 하지 않고 어김없이 농사에만 전념케 하면 곡물은 다 먹을 수 없을 정도로 많이 수확되는 것은 자연의 이치올시다. 웅덩이나 연못에 그물눈이 촘촘한 어망을 넣지 못하게 하면(망안網眼 4촌 이하는 넣지 못한다. 오늘날 도량형으로 계산하면 92㎟ 정도), 물고기나 자라는

다 먹을 수 없을 정도로 많이 자라납니다. 도끼와 자귀로써 산림을 벌목할 때에도 제한된 시기에만 허용하면 재목은 다 쓸 수 없을 정도로 풍요로워집니다. 생각해 보십시오. 곡식과 물고기와 자라가 다 먹을 수 없을 정도로 많고, 재목이 수요 이상으로 항상 공급될 수 있다면, 이것은 백성들로 하여금 살아있는 자를 봉양하는 것, 죽은 자를 장사지내는 것에 관하여 아무런 유감이 없다는 것을 뜻하는 것이외다. 살아있는 자를 봉양하는 데 유감이 없고 죽은 자를 장사지내는 데 유감이 없는 것, 바로 이것이야말로 왕도의 시작이올시다.

농부 일 세대의 할당면적인 5묘(畝: 우리 평수로 930평 정도)의 택지宅地 주변에 뽕나무를 삥 둘러 심기만 해도 나이 쉰 살이 넘은 자는 가볍고 따스한 비단옷을 입을 수 있게 되고, 닭과 돼지와 개(식용)를 기르는 데 번식의 때를 놓치지 않으면 칠십 세 이상의 노인이 고기를 먹는 것이 용이해집니다. 일 세대분의 100묘의 전지田地를 한 가족이 부역에 끌려 나가지 않고 전념하여 농사를 짓게만 해준다면 단란한 한 식구가 굶을 일이란 있을 수 없을 것입니다. 상庠과 서序와 같은 지방 서민학교 교육을 진흥시켜 부모님께 효도하고 형제간에 우애 있게 사는 의로움을 반복해서 가르치면, 반백頒白의 노인이 무거운 짐을 등에 지거나 머리에 이고 길거리를 다니는 일은 있을 수가 없게 될 것이외다. 50세 넘는 자가 따스한 비단옷을 입고 70세 넘는 자가 맛있는 고기를 먹고 일반 민중이 굶을 걱정, 춥게 살 걱정을 하지 않게 되고서도 천하에 왕노릇 하지 않은 사람은 있어본 적이 없습니다. 천하가 다 그에게 귀순할 것이외다.

흉년이 들어 사람이 죽어나가는데, 개·돼지가 사람이 먹어야 할 것을 먹고 있는데도 그것을 단속하지 않고, 길거리에 굶어죽은 시체가 나뒹굴고 있는데도 진휼곡식창고를 열 생각을 아니 하고, 사람이 죽으면 말하기를, '이건 내 잘못이 아니야! 세월의 어쩔 수 없는 운명이야!'라고만 말한다면, 이것은 칼로 사람을 찔러죽이고 나서, '이건 내 잘못이 아니야! 칼이 잘못한 것이야!'라고 말하는 것과 뭐가 다르겠습니까? 왕께서 세월에게 죄를 묻지 아니 하시고 근원적인 왕도의 정치개혁을 당장에라도 행하신다면 천하의 백성이 몰려들게 될 것이외다."

1a-3. 梁惠王曰: "寡人之於國也, 盡心焉耳矣。河內凶, 則移其民於河東, 移其粟於河內。河東凶亦然。察鄰國之政, 無如寡人之用心者。鄰國之民不加少, 寡人之民不加多, 何也?" 孟子對曰: "王好戰, 請以戰喩。填然鼓之, 兵刃旣接, 棄甲曳兵而走。或百步而後止, 或五十步而後止。以五十步笑百步, 則何如?" 曰: "不可。直不百步耳; 是亦走也。" 曰: "王如知此, 則無望民之多於鄰國也。不違農時, 穀不可勝食也; 數罟不入洿池, 魚鼈不可勝食也; 斧斤以時入山林, 材木不可勝用也。穀與魚鼈不可勝食, 材木不可勝用, 是使民養生喪死無憾也。養生喪死無憾, 王道之始也。五畝之宅, 樹之以桑, 五十者可以衣帛矣。鷄豚狗彘之畜, 無失其時, 七十者可以食肉矣。百畝之田, 勿奪其時, 數口之家可以無飢矣。謹庠序之敎, 申之以孝悌之義, 頒白者不負戴於道路矣。七十者衣帛食肉, 黎民不飢不寒, 然而不王者, 未之有也。狗彘食人食而不知檢, 塗有餓莩而不知發。人死則曰, '非我也, 歲也。'是何異於刺人而殺之曰, '非我也, 兵也。' 王無罪歲, 斯天下之民至焉。"

沃案 우리가 일상적으로 너무도 잘 쓰는 "오십보 백보"라는 말의 출전이 된 사실적 대화의 기록이다. 『맹자』에는 우리가 현실적으로 쓰는 말의 전고가 많다. "교육敎育" "양심良心" "생활生活" "선생先生" 이런 등등의 말들이 모두 『맹자』라는 텍스트에서 유래된 것이다. 맹자의 사상을 한마디로 표현하라면 "왕도王道"라 말할 수 있는데, 그 왕도의 구체적 내용이 여기 진술되고 있다. 그가 얼마나 인민의 물질적 삶의 기반, 즉 민생民生을 중시했는가를 알 수 있다. 그리고 그 위에 "학교"라는 일반대중교육을 통한 도덕적 질서를 중시한 것은 공문으로부터 내려오는 유가적인

특성이다.

민생질서와 도덕질서, 이것이 그의 왕도론의 핵심이라고 말할 수 있다. 『논어』에도 「자로」9에 보면, 공자가 위나라에 당도하였을 때 염유와 대화하는 장면이 있다. 염유가 참 인구가 많기도 하다고 감탄하니까, 공자는 "이들을 풍요롭게 해주어야 한다富之"고 말한다. "그 위에 또 무엇을 해야 할까요?"하고 물으니까, 공자는 "이들을 교육시켜야 한다敎之"고 말한다.

"왕도王道"라는 말은 본시 『서경』 「홍범洪範」편에 나오는 말이다: "편벽됨이 없고 편당함이 없으면 왕도가 탕탕하며, 편당함이 없고 편벽됨이 없으면 왕도가 평평하고, 상도에 위배됨이 없고 치우침이 없으면 왕도가 정직하다. 無偏無黨, 王道蕩蕩; 無黨無偏, 王道平平; 無反無側, 王道正直." 그러나 왕도를 패도와 대비되는 특별한 어휘로서 개념화한 것은 맹자의 독창적 발상이라고 말할 수 있다. 그의 왕도론은 『맹자』 전편에 깔려 있지만, 재미있게도 "왕도王道"라는 말은 오직 여기에 단 한 번 출현한다. 마지막에 사람을 칼로 찔러죽이고서도 그것은 내 죄가 아니라 칼의 죄라고 말한다는 식의 논법의 전개는 맹자의 변설이 얼마나 서슬퍼런 담대함에서 우러나오는가, 오늘을 사는, 비판적 지성을 자부하는 이들에게도 반성의 칼날을 들이대는 통렬함이 느껴진다. 심사숙고하면서 읽고 또 읽어볼 만한 명문이라고 생각된다.

1a-4. 양혜왕이 말하였다: "과인은 좀 편안하게 그대의 가르침을 듣고 싶소." 그런데도 맹자께서는 이렇게 대답하여 말씀하시었다: "사람을 몽둥이로 때려죽이는 것과 칼로 쳐죽이는 것이 차이가 있습니

까?" 왕이 말하였다: "별 차이가 없소." 맹자께서 말씀하시었다: "그렇다면 칼로 사람을 죽이는 것과 정치로 사람을 죽이는 것이 뭔 차이가 있습니까?" 왕이 말하였다: "차이가 없소." 맹자께서 이어 말씀하시었다: "그렇다면 말씀드리지요. 당신의 푸줏간에는 살찐 고기가 있고 당신의 마구간에는 살찐 말이 있는 데 반하여 이 나라의 백성들의 얼굴에는 굶은 기색이 완연하며, 들판에는 아사자餓死者의 시체가 뒹굴고 있나이다. 이것은 짐승을 거느리고 나아가 사람을 먹게 하는 것과 하등의 차이가 없습니다. 짐승이 서로를 잡아먹는 것만 보아도 사람은 그것을 끔찍하게 생각합니다. 백성의 존경받는 부모로서 정치를 행한다고 하면서 짐승을 거느리고 나아가 사람을 먹게 하는 폐정을 면치 못한다고 한다면, 어찌 그 임금을 백성의 부모 된 자격이 있다고 말할 수 있겠나이까? 공자께서도 순장의 폐해에 관하여 이렇게 말씀하신 적이 있지요: '맨 처음에 나무 용俑(사람과 같은 형상의 부장품)을 만든 놈은 반드시 자손의 씨가 말라버리는 저주를 받을 것이로다!' 사람 비슷하게 생긴 것을 부장품으로 쓴 것만으로도 이런 저주를 받았는데, 다수의 인민을 굶어죽게 만든다는 것이 도무지 있을 수 있는 일이오니이까?"

1a-4. 梁惠王曰: "寡人願安承敎." 孟子對曰: "殺人以梃與刃, 有以異乎?" 曰: "無以異也." "以刃與政, 有以異乎?" 曰: "無以異也." 曰: "庖有肥肉, 廐有肥馬, 民有飢色, 野有餓莩, 此率獸而食人也. 獸相食, 且人惡之. 爲民父母, 行政, 不免於率獸而食人, 惡在其爲民父母也? 仲尼曰: '始作俑者, 其無後乎!' 爲其象人而用之也. 如之何其使斯民飢而死也!"

沃案 조기의 주에 의하면 진목공의 시기에 세 사람의 훌륭한 청년을 산 채로 순장하게 된 것이, 그 이전에 용俑을 만들어 부장한 버릇이 계

기가 되어 그런 불상사가 생겼다는 것이다. 그러니까 공자의 저주의 배경에는 용의 매장에서 진짜 사람의 순장으로 발전된 역사적 정황이 깔려있다고 보는 것이다. 그러나 실제 상황인즉슨, 사람의 순장이 역사적으로 선행하는 풍습이었고, 나중에 갈수록 살아있는 사람의 노동력이 소중하게 느껴지는 사회가 되면서 목용, 토용으로 대체된 것이다. 그러나 여기서의 논의는 용俑에 대해서도 공자는 그토록 저주를 했는데 실제로 사람을 대낮에 죄없이 굶어죽게 만드는 정치는 그 이상의 저주를 받아야 마땅하다고 보는 것이다. 마지막의 비명에 가까운 맹자의 탄식은, 이념의 경직성 때문에 사람을 굶어죽게 만드는 오늘날의 이 조선땅의 현실을 경각케 만든다. 비단 북한만 사람을 굶어죽이는 것이 아니라, 상대적 빈곤이지만 남한사회도 정치의 횡포가 다수를 빈곤하게 만들어 소수를 살찌게 만드는 것만을 역사의 진보라 생각하고, 미국식 리버럴 정치의 위대함이라 생각하며, 이 민족의 유일한 활로라고 선전하는 것이다. 그래서 4대강을 파헤치고 FTA를 강행하는 이 정부의 행태가 양혜왕의 솔수식인率獸食人의 정치와 다를 바가 무엇이냐?

본 장의 분위기는 앞 장의 맹자의 논리의 치열함에 딘 나머지 또다시 당하기 싫으니까, 요번에는 아예 양혜왕이 점잖게 가르침을 받겠다고 고개를 숙인 듯한 느낌이다. 앞에서는 항상 양혜왕 자신이 먼저 깔대기를 들이댔다가 역습을 당했기 때문이다. 하여튼 그런 편집상의 묘미가 있다. 그런데 좀 편안히, 릴랙스 된 분위기에서 가르침을 받고 싶다고 하는 늙은 양혜왕에게 가차없이 더 시퍼런 논리의 칼날을 들이대는 맹자의 배포는 참으로 치열한 지성의 자세라 할 것이다. 그 배경에 깔린 것은 민본의 휴매니즘이요, 내가 말하는 플레타르키아Pletharchia의 정신이다.

1a-5. 양혜왕이 말하였다: "나의 나라 진국(晉國: 이것은 실제로 위魏나라를 가리킨다. 요즈음 출토된 유물로써도 당시 위나라를 진국晉國이라고 불렀음이 확인된다)이야말로 천하에 이처럼 강한 나라가 없다는 것은 맹자 당신께서도 잘 아시는 바입니다. 그런데 불행하게도 과인의 시대에 이르러서는, 동쪽으로는 제나라에 패하였고 장남이 전사하였습니다(BC 341년의 유명한 마릉馬陵전투를 가리킨다. 장자 신申이 포로가 되었다). 서쪽으로는 진나라에게 700리의 땅을 잃었고(양혜왕 31년의 일), 남쪽으로는 초나라에 굴욕을 당하였습니다(양혜왕 후원後元 11년의 일: 이상의 사건이 『사기』 「육국연표」에 의하면 양혜왕 사후의 사건이 된다. 그런데 사마천의 연대추정이 틀린 것이다. 그만큼 이 양혜왕의 대화는 진실한 사실의 기록임이 입증된다). 과인은 진실로 이를 치욕으로 생각합니다. 원컨대 죽은 동포들을 위하여 한번 화끈하게 전부 설욕해보고 싶은 마음이 간절합니다. 노선생이시여, 어떻게 하면 제가 죽기 전에 이 목적을 달성할 수 있겠나이까?"

맹자께서 말씀하시었다: "왕이시여! 나라를 키운다고 장땡이 아닙니다. 땅이 사방 백 리만 되어도 제가 말씀드리는 왕도를 실천하기만 하면 천하에 왕노릇을 하실 수가 있습니다. 위나라 정도만 되면 천하가 모두 귀순할 것입니다. 만약 왕께서 백성에게 인정仁政을 베푸시어, 형벌을 감면하고, 부세賦稅를 경감하고, 백성들로 하여금 땅을 깊게 갈고 제때에 일찍 제초를 하여 비를 기다릴 수 있게 하며, 또한 장성한 청년들이 농사의 여가가 생기기만 하면 효孝·제悌·충忠·신信의 덕성을 닦아 집에 들어가서는 부모·형제를 잘 섬기고 나와서는 윗 어른들을 잘 섬기도록 하게만 한다면, 전쟁이 난다 하더라도 백성들은 모두 나무몽둥이라도 치켜들고 나아가 진나라·초나라 병사들의 견고한 갑옷이나 예리한 무기를 모조리 쳐부수고 말 것입니다.

이와는 반대로 진나라나 초나라에서는 백성들을 시도 때도 없이 부려먹으니 밭을 깊게 갈고 김매어 부모를 봉양하는 일이 도무지 불가능합니다. 돌보는 자식 없는 부모들은 얼고 굶주리고, 형제와 처와 자식들이 모두 뿔뿔이 흩어지고 맙니다. 그 나라에서는 인민을 도탄에 빠뜨리고 있을 뿐이니, 이런 상황에서 왕께서 나아가 정벌하신다면, 사람들이 모두 왕께 귀순하고자 할 텐데 감히 누가 왕께 대적하오리이까? 옛말에 '인자무적仁者無敵'이라는 말이 있지 않습니까? 왕이시여! 부디 의심치 마소서! 부디 왕도를 실천하소서!"

1a-5. 梁惠王曰: "晉國, 天下莫强焉, 叟之所知也。及寡人之身, 東敗於齊, 長子死焉; 西喪地於秦七百里; 南辱於楚。寡人恥之, 願比死者一洒之, 如之何則可?" 孟子對曰: "地方百里而可以王。王如施仁政於民, 省刑罰, 薄稅斂, 深耕易耨; 壯者以暇日修其孝悌忠信, 入以事其父兄出以事其長上; 可使制梃以撻秦楚之堅甲利兵矣。彼奪其民時, 使不得耕耨以養其父母。父母凍餓, 兄弟妻子離散。彼陷溺其民, 王往而征之, 夫誰與王敵? 故曰: '仁者無敵。' 王請勿疑!"

沃案 역시 맹자의 진언은 무모하다. 어떻게 견고한 갑옷과 예리한 병기를 갖춘 대국의 군대를 도덕적인 민중의 나무몽둥이로 쳐부술 수가 있단 말인가? 그것이 비록 보다 근원적인 해결책이라 할지라도 이미 시류의 대세는 상앙이 말하는 "이전거전以戰去戰"의 논리로 치닫고 있었다. 양혜왕은 맹자의 간곡한 논리를 수긍했을지도 모른다. 그러나 그는 이미 늙었다. 더 이상 맹자의 논리를 실천할 수 있는 여력을 갖지 못하는 나이였다. 불행하게도 우리의 주인공 양혜왕은 『맹자』라는 서물에서 불과 다섯 장의 기록만을 남기고 역사의 무대 뒤로, 저 현부玄府의 세계로 사라지고 만다. 맹자를 만난 다음해 불귀의 객이 되고 마는 것이다. 맹자에게 호되게 쿠사리만 맞고 쓸쓸히 패도의 뒤안길로 사라지는 그의 모습에 연민의 정까지 느낀다. "인자무적"의 캐치프레이즈를 내세우며 "왕이시여! 의심치 마소서!"라고 매달렸지만, 그러한 맹자의 절규는 결국 공허한

메아리만을 남겼을 뿐이다. 그러나 그 공허한 메아리는 2300년을 넘어, 오늘날까지 우리의 가슴을 울렁거리게 만들고 있는 것이다.

위나라에 관한 기사는 다음에 나오는 한 장이 더 있다. 양혜왕이 죽고 그의 아들 사嗣가 등극했는데 그가 곧 양양왕梁襄王이다. 양양왕은 BC 318~296년간 재위했는데 등극 시의 나이는 잘 모른다. 혜왕이 오래 살았으니까 어느 정도 나이가 있었을 것이다. 맹자는 혜왕이 죽고 난 후 곧 양왕을 만났는데 영 "같지 않은 인물"이라는 생각이 들었다. 그래서 위나라를 떠나 제나라로 간다. 다음 장은 위나라를 떠나기 전의 맹자의 심정을 그린 파편이다.

1a-6. 맹자께서 얼마 전에 작고한 양혜왕의 아들 양양왕을 만나시었다. 만나시고 난 후 조정을 나와 주변의 사람들에게 다음과 같이 말씀하시었다: "멀리서 봐도 백성을 다스리는 임금 같다는 느낌이 전혀 안 들고, 가까이서 얘기해봐도 외경스러운 느낌이 전혀 들지 않는 인물이더군. 게다가 초면의 인사치레도 없이 느닷없이 묻더군: '천하가 지금 어지러운데 도대체 어떻게 정리될 것 같소?' 그래서 내가 말했지: '반드시 하나로 정리될 것이외다.' 또 묻더군: '누가 과연 천하를 하나로 만들 것 같소?' 그래서 내가 대답했지: '사람을 죽이는 것을 가슴속으로부터 좋아하지 않는 인물이어야 천하를 하나로 만들 수 있소.' '그렇다면 과연 누가 그런 인물과 더불어 할 수 있을 것 같소?' 그래서 내가 대답했지: '진정으로 사람을 죽이기를 좋아하지 않는 인군만 있다면야, 천하사람 모두가 그와 더불어 하지 않을 사람이 없을 것이외다. 왕께서는 모종한 벼의 새싹을 잘 아시지요! 7·8월에 가뭄이 들면 이놈들이 펴나지 못하고 비실비실 말라 쪼그라들어

버립니다. 그런데 어느 날 갑자기 짙은 뭉게구름이 드리우더니 패연沛
然하게 굵은 장대비가 쏟아지면 이 말라버린 벼싹들이 버쩍버쩍 기운
을 차리고 발연浡然하게 솟아오릅니다. 이와 같다면 과연 누가 이 솟
아오르는 생명의 기운을 막겠습니까? 지금 천하에 사람의 목자 노릇
을 한다는 임금치고 사람을 죽이기를 좋아하지 않는 자가 없습니다.
만약 진실로 사람을 죽이는 것을 좋아하지 않는 임금이 있기만 하다
면 천하의 백성들이 모두 목을 빼고 경쟁적으로 그를 바라보려고 할
것입니다. 진실로 이와 같다면 천하의 백성이 그 임금에게로 귀순하려
는 모습이 마치 거대한 폭포물이 아래로 쏟아지는 것과도 같이 패연
할 터이니, 과연 누가 이것을 막을 수 있겠나이까?'"

1a-6. 孟子見梁襄王。出, 語人曰:"望之不似人君, 就之而不見所畏焉。卒然問
曰:'天下惡乎定?'吾對曰:'定于一。''孰能一之?'對曰:'不嗜殺人者能一之。''孰
能與之?'對曰:'天下莫不與也。王知夫苗乎? 七八月之間旱, 則苗槁矣。天油然
作雲, 沛然下雨, 則苗浡然興之矣。其如是, 孰能禦之? 今夫天下之人牧, 未有不
嗜殺人者也。如有不嗜殺人者, 則天下之民皆引領而望之矣。誠如是也, 民歸之,
由水之就下沛然, 孰能禦之?'"

沃案 양혜왕은 BC 319년에 승하하였고, 양양왕은 그 다음 해인 BC
318년에 즉위한다. 즉위한 바로 직후 양양왕은 아버지의 손님이었던 맹
자를 만난다. 그러나 양왕은 전혀 시대감각이나 사명이나 비젼이나 열정
같은 것이 없는 인물이었던 것 같다. 양혜왕은 자기보다 한참 어린 맹자
에게 그토록 쿠사리를 맞으면서도 맹자를 깍듯이 존경했다. 이 나라의
삼척동자라도 다 아는 명백한 비리와 실정을 지적했다고 대법원을 임의
대로 조종하여 비판자를 감옥에 집어넣는 작금의 최고권력자의 꼬락서니
에 비교해봐도 양혜왕 같은 전국의 군주들의 기본소양과 그릇됨이 어떤

수준의 것인가 하는 것은 쉽게 가늠할 수 있다. 그러나 그의 아들 양왕은 그러한 그릇을 지니지 못했다. 여기 "불사不似"라는 표현은 "같지 않은 놈"이라는 뜻이니, 임금으로서의 풍도와 인격을 전혀 갖추지 못했다는 뜻이다. 그리고 "졸연문卒然問"이라는 뜻은(졸연卒然은 졸연猝然과 같다), 밑도 끝도 없이 다짜고짜 묻는다는 뜻이니, 초면의 의례를 전혀 갖추지 못했을 뿐 아니라 논리적으로도 좀 터무니없다는 뜻이 내포되어 있다. 따라서 맹자가 대답하는 것을 보면 상대방을 존중해주지 않는 쿨한 느낌이 강하게 배어있다. 맹자에게도 어떤 진실을 전하려는 열정이 느껴지지 않는 문답이라는 것이다. 그리고 천하를 누가 통일할 것 같냐는 식의 질문은 전혀 질문자 자신의 앙가쥬망이 배제되어 있는 것이다. 책임감이나 자신감이 없는 질문인 것이다. 그래서 맹자는 냅다, "지금 천하에 사람 죽이기를 좋아하지 않는 군주는 없다"라고 쿨하게 선언해버리는 것이다.

맹자의 이런 말은 너무 심한 극언 같이 느껴질지 모르지만, 오늘날 한국사회의 패자霸者들도 사람 죽이기를 좋아하지 않는 자가 없는 것 같다. 대기업이라는 패권을 장악한 자들은 동네동네마다 온갖 마트를 독점하고 있다. 하나의 대기업마트가 들어서면 동네의 수십 년 정감 어린 구멍가게들은 다 죽는다. 민주의 법질서를 저촉 안한다는 핑계를 대겠지만 실제로 갑자기 나타나서 따발총을 쏘아대는 미친놈과 하등의 차이가 없다. 이 사회의 모든 패자들이 자기만의 이익을 위하여 타인을 죽이는 것을 리버럴리즘의 지선至善으로 여긴다. 대기업은 하청업체를 쥐어짜 죽이는 것이 좋은 운영이고, 국가는 대기업중심으로 중소기업을 죽이는 것이 좋은 정책이고, 미국과의 자유무역은 한국의 농촌을 죽이는 것을 너무도 자연스러운 추세로 받아들인다. 북한의 인민은 모두 죽여야 할 빨갱이들이고, 대학의 인기 없는 인문학과는 모두 죽여 없애야 마땅한 것이다. 도대체 "죽이는 것을 진심으로 좋아하지 아니 하는 권력"이

이 땅에 있어본 적이 있는가? 맹자의 절규는 전국시대에 대한 과장된 진단이 아니라 오늘 여기 우리의 현실에 대한 개탄이다.

그리고 여기 맹자가 "정우일定于一"이라고 한 것만 보아도 맹자 또한 천하통일에 대한 비전이 있었던 것은 분명하다. 공자처럼 주나라의 분봉제도를 고수하려는 것은 아니며, 전국의 현실을 인정하고 그 중에서 누군가가 천하를 하나로 통일하리라는 기대가 서려있는 것이다. 그러나 맹자는 "정우일定于一"을 오직 왕도와 인정仁政으로써 달성할 수 있다고 믿은 것이다. 위나라에서 맹자는 마지막까지 자기 소신을 한 치도 양보하지 않았다. 그리고 이미 자신의 이상을 실현할 수 있는 인물이 사라졌다고 생각하자 그는 가차없이 위나라를 떠난다. 그의 다음의 행선지는 제나라였다.

대량大梁에서 제나라의 수도 임치臨淄까지 결코 만만한 거리가 아니다. 더구나 한 300명의 대부대를 거느리고 이동한다는 것은 결코 만만한 사건이 아니다. 앞서 말했지만 우선 비용이 엄청 든다. 이 비용은 누가 대었을까? 양양왕이 댔을 리가 없다. 제선왕이 댄 것이다. 맹자는 결코 초청받지 않고 가지 않는다. 초청받지도 않았는데 그 대부대를 거느리고 갔다가 거절당하면 그 낭패와 창피는 수습하기 어렵다. 초청 안 받으면 맹자는 고향으로 돌아간다. 그러니까 맹자는 비록 종횡가와 같은 책략가는 아니지만 전국시대의 영웅다운 연출을 한 것이다. 맹자가 거느리고 다니는 대부대는 당대 수천 명의 식객을 거느린 맹상군孟嘗君의 행렬을 오히려 초라하게 만든다. 그러니까 300명의 식솔을 거느리고 다니는 대사상가의 위용은 전국시대 분위기에서는 매우 매력적인 것이다. 뭔가 있을 법한 인물이라는 위압감과 권위를 주는 것이다. 맹자가 위나라에 갔다는 사실 자체가 이미 열국의 군주들에게 일단 호기심을 자극했을 것이다. 그래서 위나라에 있을 동안에도 맹자는 끊임없이 추파를 받았을 것이다. 거렁뱅이라도 진짜로 쎄게 놀면 위대하게 보이는 것이다. 게다가 맹자는 진짜 실력이 있는 인물이었다. 맹자에게 추파를 던진 사람은 다름 아닌 제나라의 군주 제선왕齊宣王이었다.

제나라는 우리가 잘 아는 강태공姜太公의 나라이다. 낚시꾼 강태공이 서백西伯 즉 문왕文王을 도와 혁명의 기업을 닦고 그의 아들 무왕武王을 도와 혁명을 완수시킨 위대한 영웅담은 우리가 잘 아는 일이다. 이 그릇이 큰 인물, 강태공이 분봉된 나라가 제나라이다. 강태공은 봉국에서 매우 모범적인 정치를 폈다. 그래서 금방 대국이 되었다. 그 후 관포지교의 관중, 포숙아와 같은 훌륭한 신하를 거느린 제환공齊桓公, BC 685~643 재위 때에 이르러 제나라는 매우 견실한 나라가 되었고 춘추오패 중에서도 아주 강건한 나라로 꼽히었다. 그러나 그 이후 제나라는 계속 몰락한다. 제환공 14년(BC 672)에 진陳나라라는 소국의 공자 완完이 국내에 내란이 일어나 제나라로 도망쳐왔는데, 제환공이 완을 후대했고 공정工正이라는 벼슬을 주었다. 진완陳完은 제나라에 정착하면서 성을 갈아 전완田完이라고 했다. 이것이 전씨田氏가 제나라에 정착하게 된 최초의 계기이다. 제나라가 점점 혼미하게 되어가는 와중에 이 전씨는 민중의 마음을 사로잡는 술책을 써서 제나라 사람들의 민심을 얻고 국정을 전횡하기에 이른다. 그리고 결국 제강공齊康公 19년(BC 386)에는 전화田和가 전권을 장악해버렸고 주周나라의 천자는 정식으로 그를 주실周室의 제후로서 인정한다. 이로써 강태공의 제나라는 끝이 나버린다. 강씨의 제사가 술주정뱅이였던 강공康公으로 끝나버린 것이다. 여기까지를 보통 강제姜齊라 하고, 전화田和로부터 시작되는 제나라를 전제田齊라 부른다. 그러니까 같은 제나라이지만 실제로는 완전히 다른 나라가 된 것이다. 『사기』 세가에도 강제는 「제태공세가齊太公世家」로, 전제는 「전경중완세가田敬仲完世家」로 분립되어 있다.

전화田和는 태공太公이라 불리고, 전화의 아들 전오田午는 환공桓公(같은 제환공이라도 춘추5패의 제환공과 다르다. 『사기』를 읽을 때 혼동하지 말 것)이라 부른다. 전오田午의 아들 전인제田因齊(영제嬰齊라고도 불림)에 이르러 칭왕하니 이가 바로 그 유명한 제위왕齊威王이다. 위왕이 바로 손빈을 전략가로 대접하여 양혜왕에게 결정적인 패배를 안겨준 마릉대첩의 주인공이며, 지금 맹자를 모셔가고 있는 제선왕의 친아버지이다.

중국역사에서 강국 진晉나라가 삼진三晉으로 분립하여 그 중 위魏나라가 패권을 장악한 사건과 강제姜齊가 전제田齊로 바뀌는 사건이 대체적으로 전국시대의 개막이라고 보면 된다. 이 전국시대의 개막에 두 위대한 문화적 영웅이 태어났으니 그들이 바로 위문후魏文侯, BC 445~396 재위와 제위왕齊威王, BC 356~320 재위이다. 항상 문화적 영웅들은 세종대왕의 역사적 상황을 더듬어보면 잘 알 수 있듯이, 새로운 왕조의 출발 초기에 태어난다. 위문후도 진晉나라의 적통을 이었지만 새로 탄생된 위魏나라의 창업리더이고, 제위왕도 새로 탄생된 전제田齊의 군주이다. 이들은 새로운 적통을 수립하기 위해서는 전통적 인습에 젖어있는 귀족세력을 배제하고 시류에 조응하는 새로운 인재군을 형성하여 직접 민중의 마음을 얻기를 원한다. 그런 배경에서 위문후의 자하학단이 형성된 것이고, 그 바톤을 이어 탄생한 것이 그 유명한 제위왕의 임치의 직하학파이다. 자세한 설명은 회피하겠으나 이미 위문후를 도와 위나라의 문물을 재정비한 재상 이극李克(중국 최초의 본격적이라 말할 수 있는 성문법 『법경法經』을 썼다), 오기吳起, 단간목段干木, 서문표西門豹, 전자방田子方, 적황翟璜(위나라의 상경上卿), 악양樂羊(위나라의 장수) 등등의 인물에 관한 이야기는 전술한 바와 같다. 그런데 이 인물들의 특징은 법가계열의 합리주의를 주축으로 하며 실무관료형에 해당되는 사람들이라는 것이다. 이들은 당장의 부국강병에 도움을 주는 현실적 방안을 내는 사람들이었으며 개인의 내면적 도덕수양과는 좀 거리가 있었다. 상앙도 이들 계열에서 배출한 탁월한 인물이다. 그 일차적 원인은 이미 연횡이냐 합종이냐를 둘러싸고 대진對秦전략을 어떻게 짤 것인가를 고민해야만 하는 가장 지정학적 요충을 차지하고 있는 전위적 나라가 위나라였다는 데 있다.

전국시대 지도를 펼쳐놓고 보면, 극서極西에 진秦나라가 위치하고 극동極東에 제齊나라가 위치한다. 다시 말해서 제나라는 광활한 농지를 배경으로 워낙 기반이 탄탄한 나라이기도 했지만 중원으로부터 동쪽으로 치우쳐 있어서 진나라의 동진東進에 대한 압박감을 덜 받았다. 게다가 춘추전국의 고등한 문명의 진원지인 노나라와 가장 밀접하게 하나의 문화권을 형성하고 있는 것이다. 따라서 위문후의 지원으로는 사회과학이 발달했지만 제위왕의 지원으로는 순수한 인문과학이 발달한 것이다. 직하에 모인 인물들은 위문후의 휘하에 모인 인물들과는 달리 실무형 인간들이 아니었다. 제멋대로의 다양한 생각을 가진 사람들이 편안하게 자기의 이즘(-ism)을 펼 수 있는 인문학적 공간을 마련해준 것이다. 이 직하학파의 융성은 제위왕齊威王-제선왕齊宣王-제민왕齊湣王 3대에 걸친 것이다. 아마도 전제田齊가 전국시대에 태어나 비록 6국의 한 나라로서 마지막까지 버티다가 최후로 진나라에게 멸망하였지만, 직하학파의 융성 하나만으로 인류사에 너무도 위대한 업적을 남기었다. 다시 말해서 오늘날까지 중국문명의 위대함을 인정하게 되는 것은 전국시대의 백가쟁명百家爭鳴의 역사가 있기 때문이다. 백가쟁명의 유산이 없다면 중국은 지루한 로마제국의 지속 이상의 의미를 갖지 못할 것이다. 헤겔이 중국문명을 "지속의 제국," "역사 없는 역사unhistorical history"라고 규정하여 그 정체성을 비판했지만, 그 지루한 듯이 보이는 지속의 이면에 서구역사가 따라올 수 없는 사상적 다양성과 역동성이 엮어있다는 것을 깨달을 수 없을 정도로 동양문명에 대한 관이 천박하고 무식하고 관념적이었다. 헤겔의 두뇌 속의 역사철학이야말로 역사 없는 역사라고 말해야 할 것이다. 내가 말하는 중국역사의 다양성과 역동성은 그 본원이 전국시대의 백가쟁명에 있으며 그 백가쟁명의 본원이 바로 직하에 있었다. 사마천은 「전완세가田完世家」에서 바로 맹자를 초빙한 제선왕에 관하여 다음과 같이 말하고 있다.

> 제나라의 선왕은 문학유세文學游說의 학자들을 너무도 좋아하여, 추연·순우곤·전병·접여·신도·환연과 같은 당대의 선비들 76명에게 모두 같은 지역에 나란히 대저택을 하사하였고, 또 그들을 상대부上大夫로 삼았으며, 관직에 얽매이거나 정치에 종사하지 아니 하고 자유로이 토론하게 하였다. 이리하여 제나라의 직하에는 학사學士들이 다시 많아졌고, 그 수가 수백 명에서 천 명을 넘어섰다.
>
> 宣王喜文學游說之士, 自如騶衍、淳于髡、田駢、接予、愼到、環淵之徒七十六人, 皆賜列第, 爲上大夫, 不治而議論。是以齊稷下學士復盛, 且數百千人。

여기 "학사복성學士復盛"이라는 말을 쓰고 있는 것은 직하학파가 선왕 때에 이르러 "다시 성하게 되었다"는 뜻이므로 그 전에 위왕威王 때 이미 성盛했다는 것을 알 수 있다. 전제田齊는 이국의 사람들이면서 위대한 강태공의 나라 제나라를 배은망덕하게 삼켜버린 사람들이기 때문에 제나라를 도둑질했다는 느낌이 강할 것이고 그러한 죄의식은 상대적으로 문화적 포용성으로 표현된 측면도 없지 않을 것이다. 세종대왕이 집현전 학사들을 자기의 세력기반으로 삼고, 또 한글을 반포하는 행위를 통하여 국민과의 직접적인 소통을 갈망했다고 한다면 하여튼 제위왕에게도 그런 비슷한 역사적 상황이 있었을 것이다. 제위왕은 양혜왕과 만나 회견하고 같이 수렵을 즐기며 이야기를 나눈 적이 있다. 그때 양혜왕이 물었다: "그대 제나라는 대국인데 굉장한 보물이 있겠군요?" "보물이라니요, 그런 것은 변변한 것이 없습니다." 양혜왕은 자랑하면서 말했다: "과인의 나라와 같이 작은 나라에도 직경이 일촌이 되는 찬란한 보석구슬이 있습니다. 이것을 가지고 가면 앞뒤로 수레 12승을 환하게 비춰줍니다. 그러한 보석구슬이 10개나 있습니다. 당신의 나라와 같이 만승이나 되는 강대국에 그런 보물이 없다는게 말이나 됩니까?" 그러자 위왕이 말했다: "과인이 보물로 여기는 것은 양혜왕께서 보물로 여기는 것과는 다릅니다. 제 신하 중에 단자檀子라는 인물이 있습니다. 그로 하여금 남쪽의 성南城을 지키게 하면 초나라가 감히 얼씬거리지 못하며, 사수泗水가의 12 제후가 모두 충실하게 조공을 합니다. 그리고 제 신하 중에 반자盼子라는 인물이 있는데 그에게 고당高唐 지방(산동성 고당현高唐縣 동북쪽)을 지키도록 하면 조趙나라 사람들이 감히 동쪽으로 와서 고기를 잡지 못합니다. 그리고 제 신하 중에 검부黔夫라는 사람이 있습니다. 그로 하여금 서주徐州(산동성 등현滕縣의 남쪽. 설국薛國)를 지키게 하면, 우리가 침입할까 무서워서 연燕나라 사람들이 북문에 제사를 올리고, 조趙나라 사람들이 서문에 제사를 올리며, 또 그에게 귀순하는 자들이 7천여 가호나 되었습니다. 그리고 제 신하 중에 종수種首라는 인물이 있는데 그에게 도적들을 방비·단속하도록 하면 사람들이 길거리에 떨어진 것도 주워가지 않습니다. 이 네 신하야말로 천리를 밝히는 보물들입니다. 어찌 열두 수레를 밝히는 것들을 보물이라 말할 수 있겠나이까?" 양혜왕은 얼굴을 붉히고 씩씩거리며 사냥을 거두고 떠나버렸다.

양혜왕이라는 캐릭터와 제위왕이라는 캐릭터의 대비가 매우 극렬하다. 위왕은 인재를 중시했고, 국방을 탄탄히 했다. 그는 국방을 탄탄히 함으로써 생기는 여력을 모두 백가쟁명의 인물들을 키우는 데 썼다.

그런데 위왕은 등극 직후에는 매우 술과 여색에만 빠져 지내고, 밤새도록 주연을 베풀었다. 국정을 경卿과 대부大夫들에게 위임해버리고 국사를 거의 돌보지 않았다. 그리하여 이런 상태가 9년이나 계속되었는데, 주변의 제후들이 번갈아 제나라를 침범하여 나라사람들은 계속 불안에 떨었다. 즉위 원년에는 삼진三晉(한·위·조)이 제나라의 상喪을 틈타 내습하였고, 6년에는 노魯나라가 침공하였으며 7년에는 위衛가 제나라의 땅을 빼앗았고, 9년에는 조趙나라가 공격해왔다. 이것은 모두 역사적 사실이다. 그러니까 위왕은 매우 흐리멍텅하고 능력없고 음락淫樂에 빠져 있는 철없는 인물처럼 보였다. 그는 왕으로 등극한 후에 주변의 신하나 제후들에게 깔보이는 인물이었던 것이다.

그런데 9년이나 지난 어느 날, 세상이 확 변하였다. 놀랄만한 사건이 벌어졌다. 위왕이 갑자기 즉묵卽墨(산동성 평도현平度縣의 동남) 지방의 대부를 소환하였다. 그리고 말했다: "그대가 즉묵에 재임하고 있는 동안에 나의 귀에는 매일매일 그대에 관한 험담이 끊이지 않았소. 그래서 내가 몰래 사람을 파견하여 즉묵을 시찰하게 해보니, 전야가 잘 개척이 되어 물자가 풍부하게 돌아갔고, 관청官廳에는 밀린 일들이 없이 깔끔히 처리되어 있어 우리 제나라의 동쪽이 탄탄하게 방비되고 있었고 인민들은 태평을 구가하고 있었소. 이것은 그대가 내 주변의 총신들에게 빌붙어 환심 사고 명예를 구하지 않았기 때문이라 생각하오. 나라의 어지러움과 무관하게 그대의 정도를 걸어갔소." 그리고 그에게 만호의 식읍을 봉하였다.

그리고 또 아阿(산동성 동아현東阿縣 서남) 지방의 대부를 소환하여 말

하였다: "그대가 아阿를 지키고 있는 동안에 나의 귀에는 매일매일 그대에 관한 찬사가 끊이지 않았소. 그래서 내가 몰래 사람을 파견하여 아를 시찰하게 해보니, 전야가 개척되지 않고 팽개쳐 있었고 백성은 가난과 고통에 신음하고 있었소. 예전에 조趙나라가 우리 땅 견甄(산동성 견성현甄城縣 북쪽)을 침공해 들어왔을 때 그대는 그것을 구원할 능력이 없었소. 뿐만 아니라 위衛나라가 우리 설릉薛陵(산동성 양곡현陽谷縣 동북)을 빼앗았을 때는 그 사실조차 알지도 못하였소. 이것은 명백하게 그대가 나의 좌우 총신들에게 뇌물을 바치고 그들을 구워삶아 명예를 구하였기 때문이오." 그리고 즉석에서 그를 모든 사람이 보는 앞에서 큰 가마솥에 삶아 죽이는 팽형烹刑에 처하였다. 그리고 그를 칭찬했던 총신들을 모조리 삶아 죽였다.

그리고 국정을 크게 개혁하여 추기鄒忌·전영田嬰과 같은 명철한 인물들을 차례로 재상으로 삼았고, 전기田忌를 장군으로, 손빈孫殯을 군사軍師로 삼고 국력을 증강시키면서 병을 일으켰다. 서쪽으로 조趙·위衛를 공격하였고, 위나라를 탁택濁澤에서 패배시키고 위혜왕을 포위하였다. 위혜왕은 관觀(하남성 청풍현清豊縣 남) 땅을 헌납하고 화해를 청하였다. 그리고 또 조趙나라는 제나라의 장성長城(당시 각국의 국경에 연하여 장성이 있었다. 진나라 통일 이후 무의미하게 되어 역사에서 사라졌다)을 반환하였다. 이로써 제나라의 국내사람들은 두려워 떨었고 가식과 비리를 저지를 생각을 못하였다. 그리고 백성이 모두 성심을 다하였기 때문에, 제후들이 이러한 국내사정을 알고는(내우가 사라짐) 감히 제나라에는 출병할 엄두를 못 내었다. 제나라는 20여 년 동안 평화를 구가하였던 것이다.

이 드라마틱한 이야기는 우선 역사적 사실에 기반하였다는 의미에서 매우 신빙성이 높다. 그런데 이 제위왕이라는 캐릭터에 관하여 우리는 매우 신비로운 느낌을 감출 수 없다. 어떻게 9년 동안이나 흐리멍텅하게 술주정뱅이 노릇하던 자가 그토록 상벌을 명료히 하고 간언을 허심하게 수용하며 부국강병의 판단에 조금도 흐림이 없는 위대한 성군으로 돌변하게 되었는가? 인간에게 찾아오는 어떤 내면적 트랜스포메이션은, 종교적 컨버전Conversion의 체험 같은 경우에는 쉽게 설명이 가능하지만(윌리엄 제임스의 『종교적 체험의 다양성The Varieties of Religious Experience』를 참고할 것), 정치적 행위에 있어서의 그러한 역설은 쉽게 설명이 가능하지 않다. 위왕은 당초로부터 아주 음험하게 영민한 인물이었을까? 세상을 방치하듯 관조하면서 흑백의 상벌을 정확히 가리기 위한 시간을 벌고 있었을까? 하여튼 이러한 위왕의 변신과 관계되어 『사기』에는 또 하나의 인물이 등장하니, 그가 곧 순우곤淳于髡이라는 희대의 걸물이다. 순우곤을 이해하면 위왕과 직하의 비밀이 풀려 나간다.

단도직입적으로 말하자면 순우곤은 직하궁의 초대총장이다. 거대한 학단의 총장이라고 하면 우리는 왕족이나 귀족 출신의 빈틈없이 화려한 인물을 연상하기 쉽다. 그러나 순우곤은 정반대의 인물이다. 다양한 철학을 가진, 개성 있는 사상가 집단의 영수가 되려면 우선 학문적 실력이 있어야 할 것이나, 만약 치열하고 엄격하기만 한 논리와 성품의 소유자라고 한다면 포용력을 결하여 그러한 다양한 인물군을 거느리기 어렵다. 그런데 순우곤은 돈과 권력을 우습게 알고 성품인즉 엉성하고 허술하게 보이지만 상대방의 심중을 정확히 간파했으며, 일체의 권위주의가 없었고, 무엇보다도 코믹한 인물이었다. 수수께끼와 유모아의 도사였다. 사실 순우곤이야말로 거대학단의 수장이 되기에 너무도 적절한 인물이었으며, 순우곤이야말로 전국시대의 자유분방한 학풍을 개척한 개조의 일인이라고 해야 할 것이다. 사마천은 『사기』에 「골계열전滑稽列傳」을 집어넣었는데, 「골계열전」은 순우곤 때문에 설정한 목차라 하여도 과언이 아니다.

사마천은 「골계열전」을 다음과 같은 매우 의미심장한 말로써 시작하고 있다.

> 공자는 말했다: "여섯 가지의 학문六藝이 있지만 그것들이 세상을 다스린다고 하는 기능에 있어서는 다 한 가지이다. 예禮라는 것은 사람을 절도 있게 만드는 기능이 있으며, 악樂이라는 것은 사람들을 조화롭게 뭉치게 하는 기능이 있으며, 서書라고 하는 것은 옛 일을 본받게 하며, 시詩라고 하는 것은 사람들의 내면의 기분을 창달하게 해주며, 역易이라고 하는 것은 우주의 변화를 신비롭게 인식하게 만들며, 춘추春秋라고 하는 것은 대의명분을 가리게 만든다."
>
> 이에 태사공은 말한다: "하늘의 이치는 너르고 넓어 엉성한 듯이 보인다. 이 세상 이치도 하도 많아서 문제해결방법이 하나만 있는 것이 아니다. 사람이 말하는 언어가 은미하면서도 급소를 찌른다면 또한 세상의 엉크러진 난제들을 풀 수도 있다. 그러니 골계 또한 육예와 같은 다스림의 기능이 있다고 볼 수 있지 않겠는가?"
>
> 孔子曰: "六藝於治一也。禮以節人, 樂以發和, 書以道事, 詩以達意, 易以神化, 春秋以義。" 太史公曰: "天道恢恢, 豈不大哉! 談言微中, 亦可以解紛。"

골계滑稽를 육예六藝와 같은 레벨의 사회적 기능social function을 갖는 해분解紛(분규해결)의 책략으로 인정하는 사마천의 자세에서 우리는 사마천의 육경관六經觀이 얼마나 경직되지 않은 자유로운 것이었으며, 또 학문의 사회적 실천기능을 얼마나 중시했는가 하는 것을 짐작할 수 있다. 역으로 인간세에 있어서 유모아의 중요성을 육경의 수준으로 높여 생각한 사마천의 통찰력에 경의를 표하지 않을 수 없다. 오늘날에도 유모아가 없는 학자는 B급, C급에 불과하다. 모든 A급 학자는 골계의 대가일 수밖에 없다. 학문 그 자체가 골계인 것이다.

"골계滑稽"라는 말의 의미에는 원래 술이 끊임없이 흘러나오는 술병酒器의 뜻이 있다. 그리고 "골滑"은 "어지럽다亂"는 뜻이 있다. 술병에서 거침없이 쏟아지는 술처럼 술술 쏟아지는 말이 마구 사람을 어지럽게 하면서도(변첩지인辨捷之人이 비非를 말해도 시是 같고, 시是를 말해도 비非 같다. 『사기』색은) 그 어지러운 가운데 계고할 만한 씨알맹이가 들어있다는 뜻이다. 그러니 천하의 분란紛亂을 해결하는 데 골계처럼 효율적인 것이 없다는 것이다. 그 골계의 일인자로서 사마천은 순우곤을 꼽았다.

순우곤은 본시 제나라 사람이다. 그런데 출신이 아주 천했다. 『사기』에 "췌서贅壻"라고 적혀있는데 보통 이것을 "데릴사위"라고 해석하지만 이것은 너무도 판에 박힌 평범한 해석이다. 여기 "췌贅"라는 말은 "우췌疣贅"(혹·사마귀), "여잉지물餘剩之物"(군더더기)이라고 주가 달려있으니, 이것은 한 집에 엄연히 적자가 있는데 남자가 또 필요해서 노비의 남편으로서 사들이는 형식으로 들여온 사위라는 뜻이다. 그러니까 노예와 같은 반열의 사람이다. 옛날에 여종의 남편을 또 종으로 부리는 것은 보통 있는 일이다. 순우곤은 노예출신이었다고 보아야 한다. 노예신분의 사람이 서울대학교 총장이 된다는 것은 요즈음 감각으로도 좀 생각하기 어렵다. 그러나 전국시대의 위대함은, 다시 말해서 그 격동의 소셜 모빌리티social mobility의 실상은 바로 순우곤이라는 캐릭터에 의하여 상징된다고 말할 수 있을 것이다. 순우곤이야말로 전국시대의 인물군의 모든 극단적 이데아 티푸스를 구현한 캐릭터였다.

순우곤은 키가 7척도 되지 않았다고 했으니(長不滿七尺: 7척을 요새 도량형으로 계산하면 160㎝ 정도), 한 155㎝ 정도의 작은 사람이었다. 성이 순우淳于고 이름이 곤髡이니, 아마도 대가리를 빡빡 밀었을 것이다. "곤髡"은 대가리를 빡빡 민다는 뜻이다. "곤겸髡鉗"은 대가리를 밀고 큰칼을 채우는 형벌이다. 155㎝에 대머리를 한, 보기만 해도 웃음이 저절로 나오는 코믹한 사나이, 그가 세상을 크게 움직였다. 그가 사신으로 나가기만 하면 골계다변으로 소신을 굽히거나 욕되게 행동한 적이 한 번도 없었다고 사마천은 기록하고 있다.

순우곤은 태어나면서부터 놀라운 기억력의 소유자였다. 당시 학문이란 학점이나 학위가 있는 것이 아니고 고정된 커리큘럼도 없었다(유가만이 6예를 기본으로 하는 커리큘럼이 있었다). 그러니까 놀라운 기억력의 소유자는 무수한 고사를 암송하고 타인의 이야기를 기억하니 자연 지식세계에서 우위를 점할 수밖에 없다. 강기박식強記博識으로 그를 따를 자가 없었다. 그리고 그는 타인의 안색을 살피면 그 사람의 심중을 읽는 놀라운 능력을 소유하고 있었다.

그는 양혜왕에게도 불려간 적이 있다. 순우곤이 워낙 유명했기에 양혜왕은 그를 불러 재상 자리를 주려고 했다. 우리의 주인공 양혜왕은 그가 도착하자 좌우의 신하들을 물리치고 혼자 앉아 그와 독대하기를 두 번이나 했다. 파격적인 대우였다. 그러나 순우곤은 양혜왕을 멍하게 쳐다보고 있을 뿐 끝내 아무 말도 하지 않았다. 그가 물러간 후에 혜왕이 이를 이상하게 여겨 그를 소개한 식객에게 야단을 쳤다: "그대가 순우곤 선생은 관중이나 안영이 못 미치는 훌륭한 사람이라 하여 과인이 만나보았지만 그 자는 꿀벙어리였다. 그를 상대하기에는 과인이 부족하다고 깔본 것이냐? 도대체 이게 뭔 까닭인고!" 그래서 식객이 순우곤에게 말하니, 곤은 말한다: "확실히 그렇습니다. 제1차 회견 때에 왕의 마음은 말달리는 데 사로잡혀 있었습니다. 그리고 제2차 회견 때에는 왕을 뵈오니 왕의 마음은 음악소리에 사로잡혀 있었습니다. 그래서 제가 침묵할 수밖에 없었습니다." 이 말을 전해들은 양혜왕은 무릎을 탁 치며 말했

다: "아~ 놀랍도다! 진실로 순우곤 선생이야말로 성인이시로다! 전에 순우곤 선생이 오셨을 때 어떤 사람이 좋은 말을 바쳤는데, 과인이 그 말을 보기도 전에 선생이 도착하였던 것이다. 뒤에 다시 선생이 오셨을 때도 어떤 사람이 노래를 기똥차게 잘한다는 사람을 소개하였는데, 내가 그를 시험해보기도 전에 역시 선생이 오셨던 것이다. 내 비록 좌우를 물리기는 하였으나 내 마음이 그들에게 있었으니 순우 선생의 말씀은 틀림이 없다."

그리고 제3차로 회동하였을 때는 한 번 말문이 터지자 마자 3일을 밤낮으로 계속 대화를 나누었는데 서로 지루한 기색이 전혀 없었다. 흥미진진하게 빨려들어갔던 것이다. 양혜왕은 그를 재상으로 대접하려 하였으나 순우곤은 사양하고 물러갔다. 그래서 혜왕은 그를 전송하는데 4두마차의 최고급 수레에 그를 앉히고 비단두루마리에다가 또 벽옥을 보태주었다. 그리고 황금을 백일百鎰(2,400냥)이나 주었다. 사마천은 말한다: "순우곤은 죽을 때까지 한 번도 벼슬을 하지 않았다.終身不仕。" 이 사건은 맹자가 양혜왕을 알현하기 얼마 전에 있었던 일이다. 우리의 주인공들은 전국 역사의 장에서 다 이렇게 얽혀있다.

이제 우리는 순우곤과 위왕의 극적인 만남으로 거슬러 올라가야 한다. 위왕이 즉위 후에 음락淫樂에 빠져 세월 가는지 모르고 장야지음長夜之飮만을 즐기는 사나이였다는 것은 전술한 바와 같다. 그런데 이때 위왕은 수수께끼를 내며 놀기를 좋아했다. 이때 제나라 사람으로 수수께끼의 도사인 순우곤이 불려온 것이다. 그런데 제나라의 운명은 경각에 달려 있었다. 경·대부들에게 정사를 일임했으나 그들은 도무지 문란하여 질서가 없었고, 주변의 제후들이 제나라를 마구 침범하여 백성들은 도탄에 빠졌으나 그 어느 누구도 위왕에게 바른 말을 하지 않았다. 이

때 순우곤이 용감하게 수수께끼를 빗대어 다음과 같이 말하였다: "나라 안에 큰 새가 있어 대궐 뜰에 멈추어 있습니다. 3년이 되어도 날지 않으며, 또 울지도 않습니다. 왕께서는 이 새가 과연 무슨 새인지 아시옵나이까?" 왕이 대답한다: "이 새는 날지 않으면 그뿐이나 한번 날면 솟아 하늘을 찌르며, 울지 않으면 그뿐이나 한번 울면 천하의 모든 사람들을 놀라게 하리라."

이것이 실상 「골계열전」에 쓰여져 있는 두 사람의 해후에 관한 기술의 전부이다. 앞서 말한 즉묵卽墨의 대부를 상賞하고 아阿의 대부를 팽형에 처한 이야기가 중복되어 연결되어 있을 뿐이다. 「전왕세가」에서는 정치적 사건만을 자세히 기술하였으나 그 배후를 밝히지 않았다. 「골계열전」에서 비로소 그 사건의 배후에 순우곤이라는 인물이 있었다는 것을, 수수께끼의 문답으로써 교묘하게 그 전말을 암시하고 있는 것이다. "대궐의 뜰에 멈추어 3년이 되도록 날지도 않고 울지도 않는 큰 새!" 순우곤은 "3년"이라 말했지만, 그것은 실상 "9년"의 세월이다. 그 수수께끼에 대한 위왕의 대답은 참으로 놀랍다. 그는 그 순간 지기자知己者를 만난 것이다. "한번 날면 솟아 하늘을 찌르며, 한번 울면 천하의 모든 사람을 놀라게 하리라!" 이러한 대답이 나오도록 위왕의 마음을 움직인 것이 곧 순우곤의 골계였고 그의 초탈한 인품이었다. 순우곤이라는 인물에 감화를 받아 위왕은 크게 뉘우쳤고 크게 변신했음에 틀림이 없다. 그리고 순우곤은 위왕에게서 직하를 따내었을 것이다.

그리고 또 이런 이야기가 있다. 위왕이 순우곤의 기지로 초나라를 물리치자 위왕은 크게 기뻐하여 후궁에 술자리를 마련하고 순우곤을 불러 미주를 하사했다. 그리고 물었다: "선생은 얼마나 술을 마셔야 취할 수 있소?先生能飮幾何而醉?" 그러자 곤이 대답하여 말한다: "신은 한 말을 마셔도 취하고 한 섬을 마셔도 취합니다.臣飮一斗亦醉, 一石亦醉." 위왕은 놀라 묻는다: "선생은 한 말만 마셔도 취한다 했는데, 어찌 한 섬을 마실 수 있단 말이오? 그 이유를 들을 수 있겠소?" 이후로 곤의 입에서 쏟아져 나오는 아름다운 골계의 언어는 내가 여기 다 소개할 필요를 느끼지 않는다. 술이란 작하는 상대와 그 분위기에 따라 취기가 좌우되는 것이지 결코 고정된 주량은 없는 것이라는 이야기다. 그리고 아무리 주량이 세다 한들 그것은 말짱 황이라는 식으로 논리를 유도해나간다. 그리고는 결론 짓는다: "술이란 극도에 이르면 어지럽게 마련이요, 즐거움이란 극도에 이르면 슬퍼지게 마련이요. 만사가 모두 이와 같소. 사물이란 극도에 이르면 아니 되는 것이며, 극도에 이르면 곧 쇠한다는 것을 말해줄 뿐이요. 酒極則亂, 樂極則悲. 萬事盡然, 言不可極, 極之而衰." 위왕은 이 말을 들은 후로 밤새 술 마시는 것을 그만두었다. 그리고 곤을 제후의 주객으로 삼았다. 그 후 왕실의 주연에는 항상 곤이 위왕을 곁에서 모셨다. 그러니까 순우곤은 위왕을 도덕적 교훈으로 가르친 것이 아니라 골계로써 그의 마음을 움직였다.

『전국책戰國策』「제책삼齊策三」에는 다음과 같은 의미있는 이야기가 실려있다. 순우곤이 하루 동안에 7명의 인물을 위왕에게 천거하였다. 그러자 위왕은 놀라서 이와 같이 말했다: "그대 와서 내 말 좀 들어보오. 과인이 듣기로는 천리사방에서 한 명의 선비만 얻어도 어깨가 부딪힐 만큼 많은 사람을 얻는 셈이요, 백세에 한 분의 성인만 나와도 뒤꿈치가 닿을 정도로 많은 사람들이 줄줄이 나오는 셈이라 했는데, 그대는 하루아침에 나에게 선비를 7명이나 추천하였으니 너무 심한 것이 아니요?" 그러자 순우곤은 아주 태연하게 다음과 같이 답한다: "새는 같은 깃을 가진 것끼리 모여 살고, 짐승도 같은 발굽을 가진 것끼리 몰려다닙니다. 지금 시호나 길경을 물가에서 찾는다면 몇 세대를 가도 한 뿌리도 캐지 못하지만 고서皋黍산이나 양보梁父산의 북쪽에 가면 빈 수레를 가지고 가도 가득 싣고 돌아올 수 있나이다. 무릇 세상 사물은 같은 것들끼리 모여 사는 밭이 있습니다. 저 순우곤은 바로 어진 선비들이 모여 사는 밭이올시다. 그러니 왕께서 선비를 저에게서 구하시는 것은 냇가에서 물긷는 것처럼, 부싯돌에서 불을 얻는 것과 같이 지당하고도 쉬운 일입니다. 아직도 추천할 사람이 많은데 어찌 고작 일곱 사람뿐이겠습니까?豈特七士也!" 바로 순우곤의 이러한 논리가 직하를 탄생시킨 것이다. 자아! 과연 직하란 무엇인가?

제나라의 수도 임치臨淄는 태산泰山의 동북쪽 약 150킬로 되는 곳에 위치하고 있다. 전국시대의 이곳은 굴지의 대도시였다. 진나라가 천하를 통일하자 한漢나라도 그것을 이어받아 수도를 장안長安으로 정했는데 한나라 시대에도 임치의 번화함은 수도 장안에 못지 않았다고 한다. 임치성의 유적으로 7킬로나 되는 성벽이 현존하는데 원래는 전장이 20킬로 정도였다고 한다.『전국책戰國策』「제책일齊策一」에 보면, 소진蘇秦이 조趙나라를 위하여 합종책을 강구하면서 제선왕齊宣王을 설득하는 말 가운데 다음과 같은 구절이 있다.

> 임치에는 7만 호가 있습니다. 신이 홀로 계산해보니, 하호에는 남자가 셋이 있게 마련이므로, 삼칠이 21만, 먼 현에서 군대를 징발해오지 않아도 이미 임치의 병사만으로도 21만이 됩니다. 임치는 너무도 부유하고 내실이 있습니다 ……
>
> 臨淄之中七萬戶, 臣竊度之, 下戶三男子, 三七二十一萬, 不待發於遠縣, 而臨淄之卒, 固以二十一萬矣。臨淄甚富而實 ……

이러한 말에서 유추해보면 장정이 21만 각출될 수 있다면 그 도시 인구는 6·70만은 충분히 될 수 있다고 보아야 한다. 70만의 대도시 임치의 풍요로운 모습은 이어 다음과 같이 표현되고 있다.

임치는 너무도 부유하고 내실이 있습니다. 성내의 사람들은 다음과 같은 음악이나 놀이로 삶을 향유하지 않는 사람이 없지요. 취우吹竽(생황 비슷한 악기를 분다), 고슬鼓瑟(25현금을 탄다), 격축擊筑(13현의 쟁箏 비슷한 악기를 탄다. 좌수로 안현按絃하고 우수로는 튕긴다. 거문고 스타일), 탄금彈琴, 투계鬪鷄(닭싸움 경기), 주견走犬(개달리기 경기에 돈 건다), 육박六博(흑·백 각 6개의 말을 쓰는 윷 비슷한 게임), 답국蹹踘(오늘날의 축구의 원조 게임: 축구의 유래는 중국으로 인정됨. 공은 우피牛皮로 만들었고 속은 가득 차있었다) 등의 놀이를 즐기지 않는 사람이 없지요. 또 임치의 거리는 어찌나 번화한지 수레는 바퀴가 서로 부딪히고 사람은 어깨가 쓸려 걸을 수가 없고, 지나가는 사람들의 옷깃이 이어져 휘장을 드리운 것 같고, 사람들이 소매를 들면 장막을 이루며, 땀을 뿌리면 비 오듯 할 정도입니다. 시민들의 집은 돈목하여 부유하며, 뜻이 고매하고 의기가 양양합니다. 이제 대왕(제선왕)의 현명하심과 제나라의 강성함을 합치면 천하에 그 누구도 당할 자가 없습니다.

臨淄甚富而實, 其民無不吹竽、鼓瑟、擊筑、彈琴、鬪鷄、走犬、六博、蹹踘者。臨淄之途, 車轂擊, 人肩摩, 連衽成帷, 擧袂成幕, 揮汗成雨。家敦而富, 志高而揚。夫以大王之賢與齊之强, 天下不能當。

과장적 수사도 있겠지만, 임치의 번화함을 사실적으로 묘사하는 말들이다. 우리나라 한양성은 문이 대문과 소문을 합쳐 8개가 있었지만, 임치성에는 13개의 성문이 있었다. 이 문들 중에 서쪽에 있는 문들 중의 하나가 직문稷門이었다(최근의 고고학적 발굴보고에 의하면 직문은 서문西門이 아니라 남문南門이어야 한다고 한다). 이 직문 부근에 큰 저택을 즐비하게 지어 천하의 학자들을 초빙한 것이 곧 직하학파인 것이다(서문측계수좌·우西門側系水左右라고 했는데 그것이 성안인지 성밖인지는 명확하지 않다. 혹자는 후직의 사당이 있는 직산稷山의 아래라고도 주장한다). 이들에게 정부의 관직을 맡기는 것이 아니라 학문과 사상에 관해 제각기 연구하고 토론하게만 했다. 이들은 상대부上大夫에 준하는 대우를 받았다(오늘날로 치면 차관급 정도). 이곳에 모여든 학자나 사상가를 그들이 사는 지역의 이름을 붙여서 "직하학사稷下學士"라 불렀던 것이다. 제위왕 때 시작하여 제선왕 때는 천여 명에 이르렀고, 제민왕 때는 만여 명에까지 이르렀다고 하니 그 융섭한 모습을 상상해볼 수 있다(한 학자 밑으로 수많은 제자들이 모여들기 때문에 수천·수만이라는 숫자가 허수는 아니다). 전국시대의 모든 학술활동의 중심지로서 기능하였으며 이후 중국문명의 모든 학술문화에 지대한 영향을 끼쳤던 것이다. 그 최초의 총장이 순우곤이었고 그 마지막 총장이 순자荀子였다.

한번 이렇게 생각해보자! 우리나라의 현재 대기업만 해도 세계적으로 만만한 기업이 아니다. 그리고 그 소득의 잉여 부분을 잘 처리하지 못해 난감해 할 때도 있다. 사원들에게 불필요하게 과도한 보너스를 지급한다든지 해서, 하청업체들의 원성을 살 때도 많다. 그러나 대기업 정도가 되면 어떤 효율적인 사회적 환원 시스템이 있어야 하는데 그런 문제를 대기업의 수준에 맞게 과감하게 실천하는 사례가 거의 없는 것 같다. 사회적 환원의 효율적 운영은 그 회사의 신용을 높게 만들며 보이지 않는 사회적 지원효과가 생겨나서 그 기업을 튼튼하게 만들며, 엄청난 선전효과가 발생한다. 그러니까 광고비용만 가지고도 그 몇 배의 효용을 거둘 수 있는 방법은 얼마든지 있다.

예를 들면, 내가 모기업의 결정권자라고 한다면, 종로 한복판, 그러니까 지금 종로타워가 들어서있는 그런 상징적인 구심위치에 100세대가 들어가 살 수 있는 아파트와 여러 부대시설을 짓고, 한 세대당 500만 원을 주면서(그 이상 주어도 좋겠지만 학자들에게 큰돈이 필요한 것도 아니다) 자유롭게 거주하게 하겠다. 국내·국외의 학자들이 1년이나 2년 정도의 기간 동안 그곳에 아무 부담 없이 와서 생활하면서 서로 토론하고 글 쓸 수 있는 환경을 만들어 주는 것이다. 미국 프린스턴대학에는 고등연구원(Institute for Advanced Study)이라는 비슷한 기구가 있다. 세계의 우수한 학자들이 편하게 기거하면서 자유롭게 토론하고 공부할 수 있는 환경을 만들어주는 것이다. 최고급 식당시설, 최고급 운동시설, 사우나시설을 확보해놓고 아주 자유롭게 놀게 해준다면 10년의 세월만 지나도 한국의 직하학파가 태동하기 시작할 것이다. 학자들이 집약적으로 아무 제약 없이 모여있다는 사실 하나만으로도 우리는 수없이 많은 부대적 프로그램들을 만들어낼 수 있다. 이런 프로그램을 통해 우리가 살고있는 시대의 문화의 핵을 형성할 수 있는 것이다. 이런 정도의 프로그램은 짭짤하게 운영하면 일 년에 200억만 네트로 써도 충분히 가능하다. 10년이래야 2000억! 무슨 큰 기계설비 하나 사는 돈도 되지 않는다. 헛된 시설투자 할 때도 얼마나 많은가! 이런 투자는 실패가 없는 투자가 아닐까? 하여튼 제나라의 위왕은 이런 비슷한 일을 저지른 것이다. 그리고 그 일을 저지르게 만든 장본인이 순우곤이었다.

혹설에 의하면 직하의 궁은 이미 제환공 시절부터 시작된 것이라고 하는데 어느 정도 일리가 있는 말이기도 하다. 왜냐하면 이들을 묶는 이념적 토대가 관중이라는 탁월한 제나라의 정치가이며 사상가였기 때문이다. 현재 관중의 작으로서 관중의 사상을 엿볼 수 있는 책으로서『관자管子』라는 서물이 현존하고 있다. 그런데 이 책을 관중 본인의 저작으로 간주하기에는 너무도 방대하고 너무도 다양하며 언어의 패러다임이 후대의 어휘나 사건, 문화, 풍습을 반영하고 있는 것이다. 그리고 공자 이전의 시대에 이미 한 사람의 사상가에 의한 단일저작이 있는 사례가 거의 없기 때문에 관중의 저작으로 볼 수 없다는 것이 사계의 통론이다.

이 『관자』는 크게는 경언經言(9편), 외언外言(8편), 내언內言(9편), 단어短語(18편), 구언區言(5편), 잡편雜篇(13편), 관자해管子解(5편), 관자경중管子輕重(19편)이라는 8개의 카테고리로서 분류되는데 이 8개의 카테고리 속에 총 86편의 논문들이 배속되어 있다. 이 중에서 경언·외언·내언의 부분은 관중의 정책이나 사적을 중심으로 기술한 일관성이 엿보이며, 특히 경언이라고 이름하여 묶은 모두冒頭의 아홉 편은 이 『관자』라는 서물의 중추를 형성하고 있다. 그러나 이 핵심적 부분마저도 그 언어를 분석해보면 전국시대의 패러다임이라는 것이 입증된다. 그렇다면 이것은 전국시대의 사람들이 관중의 사상임을 표방하여(물론 관중의 사상으로서 전승되어 내려오는 파편들이 많이 있었을 것이다) 편찬한 어떤 사상논문집이라는 것을 확인할 수 있다. 나의 생각으로는 이 『관자』야말로 직하학파에 모인 사람들이 만든 "관중기념논문집" 같은 성격의 앤톨로지라는 것이다. 오늘날 발굴되는 많은 죽간자료에 의해서도 이러한 가설은 점점 구체적인 증거를 확보해가고 있는 것이다. 나는 내 인생에서 한때 『관자』에 미친 적이 있다. 동경대학에서 수학할 때 오노자와 세이찌小野澤精一 선생님 슬하에서 『관자』를 강독하였고, 펜실바니아대학의 앨린 리켓트W. Allyn Rickett 교수가 『관자』 영역의 조수로서 나를 초빙하였기 때문에 나는 『관자』를 열심히 읽었다. 나는 그 사상의 깊이와 다양성에 관하여 경악하면서 고전한문의 미로들을 헤매었던 것이다(나는 펜실바니아대학에 한 학기만 머물렀다. 하바드대학에서 엄청난 장학금을 지급하여 나를 불러갔기 때문에 『관자』 영역의 꿈은 아쉽게 사라지고 만 것이다. 리켓트 교수는 휭 여우란馮友蘭의 『중국철학사中國哲學史』를 영역한 더크 보드Derk Bodde의 수제자이다).

너무 복잡하게 생각하지 말고 『관자』라는 서물의 첫 줄 하나만 생각해보자! 『관자』를 펴면 제일 먼저 나오는 편의 이름이 「목민牧民」이다. 정약용이 『목민심서牧民心書』를 썼는데 그 "목민"이라는 말은 정통 유가의 책에서 온 말이 아니고 바로 『관자』에서 온 말이다. "목민牧民"하면 양 떼를 몰고 가는 목자 예수의 모습과 오버랩되어(실상 예수는 목자 노릇한 적이 없었을 것이다) 아주 서구적 이미지가 떠오르는데, 예로부터 농경은 가축을 기르는 것과 분리되지 않았다. 그래서 소나 양 같은 가축의 방목은 고대중국에서도 흔한 풍경이었다(한문에는 양羊과 관련된 글자가 너무도 많다. 아름다울 미美 자도 큰 양의 아름다움에서 유래된 글자이다). 하여튼 "목민牧民"은 "치민治民"과 같은 뜻이다. 따라서 우선 『관자』의 첫 편의 이름이 "목민"이라는 사실은 관중 혹은 직하학파의 관심이 현실적으로 국가를 어떻게 운영하느냐에 대한 정치적 주체를 우선시했다는 것을 알 수 있다. 이것은 맹자의 경우도 동일하다. 맹자가 아무리 도덕주의moralism를 표방한다고 하지만 그의 궁극적 관심은 "목민"에 있었다. 공자의 "상달"의 초월적 관심과는 매우 대조를 이루는 것이다. 공자의 초월을 자사는 "내재적 초월"로 심화시켰지만, 맹자는 한 발자국 더 나아가 어떻게 민생을 구하느냐는 것을 그의 일차적 관심으로 삼았다. 그런데 그 「목민」편의 첫 구절은 다음과 같다.

> 대저 토지를 소유하고서 백성을 먹여 살리려고 하는 자가 힘써야 할 것은 사계절의 때를 존중하여 정치를 운영하는 것이고 지켜야 하는 것은 국가의 창고에 곡식이 가득해야 하는 것이다.
>
> 凡有地牧民者, 務在四時, 守在倉廩。

이 간단한 첫 구절에서 우리는 너무도 많은 정보를 캐낼 수 있다. 일단 주어가 "목민牧民"으로 되어있다는 사실에서 우리는 매우 중요한 함의를 끌어낼 수 있다. "목牧"의 의미에는 "소를 먹인다"와 같은 아주 구체적인 물질적 토대가 명시되어 있다는 것이다. 정신적으로 다스리는 것이 아니라 가축에게 사료를 제공하듯이 백성에게 먹을 것을 제공해야 한다는 것이다. "치민治民"과 "목민牧民"은 그런 의미에서 뉘앙스가 다르다. 후자가 훨씬 더 하부구조적이고 구체적이다. 그런데 더 중요한 것은 "목민牧民" 앞에 "유지有地"라는 한 단어가 더 있다는 것이다. 소를 방목하려면 반드시 땅이 필요하듯이, 백성을 먹이려면 반드시 토지가 필요하다는 것이다. 이미 "유지목민자有地牧民者"라는 단어에서 우리가 캐치할 수 있는 것은 이 단어가 "영토국가"라는 전국시대의 국가패러다임을 표방하고 있다는 것이다. 영토를 확실하게 소유하고 그 안에 거주하는 인민들을 확실하게 먹여살려야 한다는 뜻이 내포되어 있는 것이다. 이러한 치세의 근본이 어디에 있는가?

관중(직하학파)은 그것이 "사시四時"에 있다고 보았다. "무재사시務在四時"는 직역하면 다음과 같다: "힘써야 할 것은 사시에 있다." 이게 도대체 무슨 말인가? 이 "사시四時"라는 것은 자연률自然律 the laws of nature에 대한 준수와 순응을 말하는 것이다. 자연을 운행시키고 있는 절대적인 법칙이 있으며 그것을 "도道"라고 부르든 "성誠"이라 부르든, 그 생성의 법칙에 맞추어 인간세의 질서를 운영해야만 문명의 진정한 발전이 있을 수 있다는 것이다. 여기에는 이미 "시령時令"의 사상과 "오행五行"의 사상이 배태되어 있고, 그것은 농업생산중심의 문명구조를 전제로 하고 있다는 것을 깨닫게 된다. 따라서 "유지목민자有地牧民者"라는 주어는 두 개의 술부를 병행해서 갖는데, 처음 것이 "무재사시務在四時"이고, 두 번째 것이 "수재창름守在倉廩"이다. 그것은 사시에 순응하여 정령政令을 잘 운영하면 국가의 창고에 곡식이 가득차게 된다는 것이다. 이것이 "지켜야 할 것은 창름이다.守在倉廩"의 본뜻이다. 사시에 어긋나지 않게 정치를 운영하면, 다시 말해서 농번기에 전쟁을 일으킨다든가, 봄에 장정을 노역에 동원한다든가 하는 짓을 하지 않는다면 국가의 재정이 튼튼하게 된다는 것이다. 맹자가 말하는 "무항산無恒産이면 무항심無恒心"이라는 사상의 원형을 바로 우리는 『관자』의 벽두에서 접하게 되는 것이다. 『관자』의 핵심이 이미 전국 패러다임이라는 것은 너무도 명백하다. 너무도 구체적이고 하부구조적이다. 그리고 긴박한 국제상황의 경쟁구조를 전제로 하고 있다는 것을 알게 된다. 무재사시務在四時하여 수재창름守在倉廩하면 어떻게 되는가?

국가에 재화가 풍족하게 되므로 멀리서부터 사람들이 모여들어 인구가 증가하고, 토지가 구석구석 편벽한 데까지 다 개간되면 백성들이 자기 사는 곳을 떠나려 하지 않는다.

國多財則遠者來, 地辟擧則民留處。

그 다음에 또 매우 중요한 메시지들이 이어지고 있다.

국가의 창고가 가득차게 되면 인민들이 예절을 알게 되고, 의식이 풍족하게 되면 인민들이 영榮과 욕辱을 구분할 줄 알게 되며, 통치자가 법도에 어긋나지 않게 행동하여 모범을 보이면 인민들의 육친六親간에 화목이 단단하게 되며, 또 예禮·의義·염廉·치恥라는 네 가지 덕목이 사회윤리로서 긴장을 유지하면 임금의 정령이 쉽게 실천되는 것이다. 그러므로 형벌을 줄이는 가장 기본적인 원칙은 지나친 사치나 문명의 기교를 금지시키는 데 있으며, 국가의 질서를 유지시키는 가장 기본적인 원칙은 예·의·염·치라는 사유四維를 잘 관리하는 데 있다. 인민을 순화롭게 만드는 기본적인 원칙은 귀鬼와 신神을 명료하게 대접하고, 산山과 천川의 정령들을 잘 제사 지내며, 종묘의 제사를 공경하게 받들고, 선조로부터 알고 지내는 사람들을 공손하게 대접하는 데에 있다.

倉廩實, 則知禮節; 衣食足, 則知榮辱; 上服度, 則六親固; 四維張, 則君令行。故省刑之要, 在禁文巧; 守國之度, 在飾四維。順民之經, 在明鬼神, 祇山川, 敬宗廟, 恭祖舊。

이 정도만 읽게 되어도 우리는 『관자』라는 디스꾸르의 핵심이 결코 『맹자』와 동떨어진 것이 아니라는 느낌을 받는다. 치세 즉 목민의 근본은 민중에게 있다. 민중의 욕구를 역이용하여 민중의 도덕을 흥성시킨다는 것이다. 민중에게는 이익추구의 본능적인 심리가 있다. 이 심리를 적극적으로 용인하면서 민생을 충실하게 함으로써 국가를 부강시키는 것이다.

"민중에게 줌으로써 취한다"는 것이다. 공리적 목민정책이지만 그 목표는 유가적 도덕을 다 포괄하는 어떤 사회윤리를 지향하고 있다. 그러나 그 사회윤리를 도덕 그 자체의 힘으로 달성하는 것이 아니라 "법"이라는 객관적 질서에 의하여 확보해야 하며, 군주의 사정私情이나 인혜仁惠에 의존해서는 아니 된다는 것이다. 노자가 말하는 "도道"를 유교적 도덕으로 환치하지 아니 하고, 그것을 오히려 "법法"과 상응시킨다. 노자의 "도"가 천지자연의 불인不仁한 법칙인 것과 같이 "법"도 군주에 우선하는 것이며 자연의 "도"처럼 절대적인 그 무엇이지 않으면 안된다. "도"가 만물에게 매우 합리적인 법칙인 것처럼 "법"도 민중에게 합리적인 것으로 수용되지 않으면 안된다고 보는 것이다. 그렇게 "도"와 "법"이 상응될 때에만이 진정한 부국강병의 법칙이 확립될 수 있는 것이다. 이것은 법가·유가·도가 등등의 사유를 포괄하는 어떠한 혼융의 사상이며 이것은 직하학파의 다양한 사유를 배경으로 한 것이다. 『관자』에 관하여 내가 할 말이 무척 많으나 전국시대사상의 거대한 샘물이라는 것만 지적하고 넘어가고자 하는 것이다.

맹자는 추나라에서 자랐고 노나라에서 공부하였다. 그러나 추로鄒魯의 지역은 제나라와 문화적 연속선상에 있다. 공자도 제나라에 가서 가장 풍요로운 선진문물을 접했고 알찬 필드웍을 많이 했다. 우리는 말했다: 『맹자』라는 서물은 양혜왕과의 만남으로부터 시작한다. 양혜왕을 만나기까지, 53세 이전의 역사적 맹가에 관해서는 확실한 정보가 없다. 그러나 우리가 만난 53세의 맹가는 너무도 놀라운 달변과 철학과 국가비젼과 대화술의 능자이다. 과연 맹자는 이러한 능력을 어디서 배웠을까? 젊은 시절의 맹자가 바로 이웃나라에서 벌어지고 있는 이 직하의 광경을 무시할 수 있었을까? 나의 가설은 맹자가 38세 전후하여 직하를 방문하였고, 거기서 머물면서 직하학사들과의 만남을 통하여 엄청난 사상적 자극과 계발을 받았다는 것이다. 공자가 30대의 젊은 시절에 제나라에서 공부하면서 많은 새로운 문물을 접했듯이.

우선 맹자는 순우곤에게서 그 골계와 달변을 배웠을 것이다. "사람을 칼로 찔러 죽이고서도 그것은 내 잘못이 아니라 칼의 죄라고 말하는 것과 뭐가 다르리오?"라고 말하는 맹자의 논법은 순우곤류의 달변이다. 순우곤은 일정한 학파의 예속감이 없는 사람이다. 그는 그가 달성하고자 하는 목적을 위하여 모든 논리와 골계와 상대방의 마음을 움직이는 독심술을 자유자재로 동원한다. 순우곤은 무엇보다도 비유적 화법을 매우 적재적시에 교묘하게 사용하는 시중의 달인이다. 그러한 천재적 웅변술을 맹자는 순우곤에게서 배웠을 것이다. 그리고 맹자는 직하에서 제나라에 전승되어 내려오는 『춘추』의 다양한 해석학을 체득하였을 것이다. 공자가 『춘추』를 작作하였다고 하지만 그것은 실상, 공자가 『춘추』를 지은 것이 아니고, 전해내려오는 구전의 노나라 역사를 강술講述하였다는 뜻일 것이다. 강술과정에서 다양한 해석을 제시하였고 그것이 유파를 형성하여 내려오다가 후대의 어느 시점엔가 성문화되었을 것이다. 맹자는 제나라에서 독자적인 역사철학을 발전시켰을 것이다.

맹자는 어려서부터 이미 공문의 적통을 이었기 때문에 공자·자사에 대한 아이덴티티를 확고히 지니고 있었다. 그러나 그 공문의 학통은 시대의 조류에 비하면 고루한 보수성이 있었다. 따라서 맹자는 그러한 아이덴티티를 새로운 사상조류와의 교우交遇 속에서 새 푸대에 담지 않으면 아니 되었다. 직하야말로 그러한 교유交遊의 신천지였다. 직하학사 중에서도 제후들의 관심을 가장 크게 끈 사람들은 음양가의 인물들이었다. 추연鄒衍이 한번 떴다 하면 제후들이 사족을 못쓰고 융숭하게 대접했다고 사마천은 기술하고 있다. 추연이 오자 양혜왕은 교외까지 마중나와 극진한 주빈의 예로써 대우하였고, 조趙나라에 갔을 때는 평원군平原君이 옆으로 걸어가면서 옷자락으로 자리를 쓸어 감히 주빈의 주인행세를 아니 하였고, 연燕나라에 갔을 때는 소왕昭王이 빗자루를 가지고 길을 쓸면서 앞에서 길을 인도하였고 갈석궁碣石宮을 건축하여 그를 머무르게 하면서 몸소 찾아가 스승으로 받드는 예를 다하였다고 사마천은 기술하고 있는 것이다. 이들이 제후들에게 이토록 대접을 받은 이유는 이들의 담론이 새로웠기 때문이다. 웅대한 우주론의 틀을 수리적 방식으로 이야기하여 과거와 미래를 관통하여 구라를 치기 때문에 환상적이고 어리둥절했을 것이다.

그러나 음양가의 이론은 전국시대의 사상가들에게 우주를 바라보는 거시적 담론의 기초적 틀을 제시했다는 의미에서 매우 새로운 차이트가이스트Zeitgeist였고 사이언스였다. 추연鄒衍의 생몰연대를 맹자보다 많이 늦게 잡는 성향이 있기 때문에 맹자가 직하를 처음 방문했을 때 과연 그가 있었는지는 모르겠으나, 추석騶奭, 추기騶忌와 함께 삼추자三騶子가 거론되고 있으므로(삼추가 모두 음양가이며 모두 제나라 사람이다), 맹자는 음양가와도 분명 교류가 있었을 것이다. 맹자는 이들로부터 거대담론을 배웠고, 또 역사의 순환을 거시적으로 바라보는 오덕종시五德終始류의 세계관을 자기 나름대로 흡수했을 것이다.

그러나 맹자에게 가장 큰 영향을 준 사람들은 후대에 도가로 분류되지만 당시에 도가라는 아이덴티티로써만 규정될 수 없는 웅혼한 사상가들이었으니, 그들이 바로 송견宋鈃·윤문尹文·환연環淵·접자接子(접여接予)·전병田駢 같은 무리들이다. 이들의 생각을 알 수 있는 저작이 『관자』에 보존되어 있다. 보통 「심술心術」상·하편, 「백심白心」편, 「내업內業」편, 4편을 "관자사편管子四篇"이라고 부르는데 이것은 매우 유니크한 사유체계로서 도가적 저작으로 분류되지만 그러한 규정성이 내가 보기에는 무의미한 것이다. 하여튼 「심술」상·하편만 읽어보아도 『노자도덕경』의 새로운 버전이라고 생각될 수 있을 정도로 그 사유체계가 유사점이 많다. 그러나 『노자』가 보다 비도식적이고 웅혼한데 비해 「심술」은 도식적이고 보다 구체적인 문제의식들이 노출되어 있다. 「심술」을 펼치면 다음과 같은 언어가 우리의 주목을 사로잡는다.

마음은 우리의 몸體에 있어서 군君의 위치를 차지한다. 아홉 개의 감각구멍은 제각기 색色·성聲·향香·미味·대소변·섹스의 직능을 가지고 있는데, 이것은 정부에 있어서 관리가 분화된 것과도 같다. 임금인 마음이 도道를 잘 지키고 있으면 아홉 개의 감각구멍은 리理를 따라 순조롭게 기능한다. 그러나 임금인 마음이 빔이 없이 기욕嗜欲으로 가득차 있으면 눈은 색을 제대로 보지 못하고 귀는 소리를 제대로 듣지 못한다. 그러므로 말하노라! 임금된 자가 도를 떠나 버리면, 신하된 자들은 모두 자기의 직분을 잃어버리고 마는 것이다. 어리석은 인간들이여! 왜 말처럼 뛰어가려고 발버둥치는가? 네가 뛰지 말고 말로 하여금 잘 뛰게 하면 그만이다. 어리석은 인간들이여! 왜 새처럼 날려고 발버둥치는가? 새로 하여금 그 날개를 유감없이 퍼득이게 해주면 그만이다. 너 자신이 사물에 앞서서 움직이려 하지 말라! 뒷짐지고 편안하게 사물의 법칙을 관찰하면 그뿐이다.

함부로 움직이면 그대의 정당한 자리를 잃고, 조용히 사유하면 만물의 이치를 저절로 얻게 마련이다. 도道는 결코 우리 일상에서 멀리 있지 아니 하지만 그것을 다 안다는 것은 지극히 어렵다. 사람들과 어깨를 나란히 하면서 같이 살고 있지만 그를 얻기란 지극히 어렵다. 욕망을 비우라! 그리하면 하느님이 나에게로 들어와 거하시리라. 내 몸의 불결한 것, 정욕을 싹 쓸어버려라! 그리하면 하느님이 편안히 나에게 거하시리라. 사람들은 지혜를 갈망하면서도, 어떻게 지혜를 얻을지를 참으로 생각하는 자는 없도다. 지혜! 지혜! 그 지혜일랑 저 바다 밖으로 내던져버려라! 지혜로 하여금 나를 빼앗지 않도록 하라! 지혜를 구하는 자는 지혜 속에 사는 자에 영원히 미치지 못한다.

대저 바른 사람(성인)은 지혜를 구하려고 노력하지 않는다. 그러므로 성인은 자신을 비우고 무위할 수 있는 것이다. 허무虛無하고 형체가 없는 것, 그것을 도道라 일컫고, 만물을 화육化育케 하는 것, 그것을 덕德이라 일컫는다.

心之在體, 君之位也; 九竅之有職, 官之分也。心處其道, 九竅循理。嗜欲充益, 目不見色, 耳不聞聲。故曰上離其道, 下失其事。毋代馬走, 使盡其力; 毋代鳥飛, 使獘其羽翼; 毋先物動, 以觀其則。動則失位, 靜乃自得。道不遠而難極也, 與人並處而難得也。虛其欲, 神將入舍; 掃除不潔, 神乃留處。人皆欲智, 而莫索其所以智乎。智乎! 智乎! 投之海外, 無自奪。求之者不得處之者。夫正人無求之也, 故能虛無。虛無無形謂之道, 化育萬物謂之德。

이 놀라운 문헌으로부터 우리는 노자의 논리가 새로운 개념적 틀 속에서 자사의 논리와 융합되어 있는 상황을 발견한다. 노자가 마이너하게 다룬 "심心"이라는 개념을 "도道"보다도 더 중요한 인간학적 과제상황으로 전면으로 내밀고 있다. "심心"은 우리 "몸體"의 군주이다. 그리고 모든 신체의 기관들, 그 감각기능들은 국토·신하·인민 등등의 다양한 직분을 부여받는다. 군주인 심心은 허정虛靜의 상태에 있을 때 신체의 각 기관들은 외부적 간섭이 없이 자기가 가지고 있는 기능을 충분히 발현할 수 있다. 여기 인용된 짧은 문장 속에서도, "심心"과 "기욕嗜欲"(욕망)의 문제, "외外"와 "내內"의 문제, "허虛"와 "무無", "동動"과 "정靜", "도道"와 "덕德," 그리고 "지智"(지식)를 거부하는 반주지주의anti-intellectualism적 경향, 그리고 "허정虛靜"을 중시하는 주정주의主靜主義quietism적 경향 등등을 읽어낼 수 있는데, 그것을 또다시 "가리可離, 비도야非道也"라는 자사의 "수신脩身"의 논리와 융합시키고 있다. 맹자에게 있어서도 "이목지관耳目之官"과 "심지관心之官"의 대비는 여기서 말하는 군신의 기능과 비슷한 논지를 가지고 있으며, 맹자가 인간의 "심心"의 보편성과 능동성을 강조하는 근원적인 모티프는 여기 「심술」편의 논리에서 크게 벗어나지 않는다. 여기서 성인은 마음을 청정하게 하고 공허하게 하여 기氣를 기를 필요가 있다고 말하는 것은 맹자의 호연지기론과 상통한다. 맹자는 이들의 기氣의 논리와 자사의 성誠의 논리를 융합시켜 "호연지기"라는 매우 신비로운 사상을 대장부론과 함께 제시했던 것이다. 「심술」하편에는 다음과 같은 말이 있다:

> 신체의 물리적 외관形을 반듯하게 하지 않으면 덕德이 깃들지 않는다. 인간의 내면이 정결하고 순결하지 않으면 마음은 다스려지지 않는다. 외관의 형체를 바르게 하고 내면의 덕을 쌓아 나가면, 만물이 모두 정당하게 제 모습을 얻어 날개를 퍼득이듯이 스스로 그러하게 발전해나가고 신묘한 기운도 제한을 알지 못한다. 그리하여 천하의 모든 사태를 명료히 파악하고 천지사방의 모든 이치에 통달할 수 있게 된다. 그러므로 말한다: 외물外物로써 신체의 감각기능을 어지럽히지 말고, 신체의 감각기능으로써 마음心을 어지럽히지 말라! 이러한 수양을 "내덕內德"이라고 부

른다. 그러므로 인간의 의기意氣가 정해진 연후에 신체는 바름으로 돌아 간다. "기氣"라는 것은 몸身을 충실케 하는 것이요, "행行"이라는 것은 바름의 의로움이다. 몸의 충실함이 아름답지 아니 하면 마음이 바르게 작동할 수 없고, 행동이 바르지 아니 하면 백성들이 복종하지 아니 한다. 그러므로 성인은 하늘 그대로의 모습과 같아서 사사로이 덮지 아니 하고, 땅 그대로의 모습과 같아서 사사로이 싣지 아니 한다. 사사로움이야 말로, 천하를 어지럽히는 근본이다!

形不正者, 德不來; 中不精者, 心不治。正形飾德, 萬事畢得, 翼然自來, 神莫知其極。昭知天下, 通於四極。是故曰無以物亂官, 毋以官亂心。此之謂內德。是故意氣定然後反正。氣者, 身之充也; 行者, 正之義也。充不美, 則心不得; 行不正, 則民不服。是故聖人若天然無私覆也, 若地然無私載也。私者, 亂天下者也。

"기자氣者, 신지충야身之充也; 행자行者, 정지의야正之義也"라는 말 속에서 우리는 맹자의 호연지기론의 프로토타입을 발견할 수 있다. 또 「백심白心」편에는 이런 말이 있다. "백심白心"이란 문자 그대로 마음을 하얗게 한다는 뜻이니, 마음 담박하게 하여 허정虛靜을 유지한다는 뜻이다.

타인이 나에 대하여 좋게 말할지라도 그 말을 듣지 말지어다. 타인이 나에 대하여 나쁘게 말할지라도 그 말을 듣지 말지어다. 자신의 신념을 견지하면서 그것이 스스로 평가될 때까지 기다려라! 마음을 텅 빈 채로 남겨두어라. 그것을 두 쪽으로 갈라 판단하려 하지 말라! 맑은 채로 스스로 깨끗해지도록 내버려두어라! 타인의 무책임한 언론에 귀를 기울여 실제로 사태가 그렇게 된 것처럼 착각하지 말라! 사태를 살펴 중험할 뿐, 타인의 변론에 귀를 기울이지 말라. 만물이 나의 신념과 일치하는 그런 때가 오면 아름다움과 추함은 스스로 드러나게 마련이다.

人言善, 亦勿聽; 人言惡, 亦勿聽。持而待之, 空然勿兩之, 淑然自清。無以
旁言爲事成, 察而徵之, 無聽辯。萬物歸之, 美惡乃自見。

이런 구절을 읽으면 맹자의 평소 인생관이나 신념을 견지하는 태도에 깔려있는 철학을 듣는 것 같다. 그리고 「내업內業」편의 첫머리를 소개하면 다음과 같다.

모든 만물의 정기인 음양이 교합하여 끊임없는 생성이 이루어진다. 아래(땅)로는 오곡을 생성하고 위(하늘)로는 반짝이는 별들이 생성된다. 천지지간에 가득 차 흐르는 생명의 기운, 그것을 우리는 "귀신鬼神"이라 부른다. 그 귀신을 가슴에 다 품은 자를 우리는 "성인聖人"이라 부르는 것이다. 그러므로 만백성의 기氣는 높게는 하늘에 다다르고, 깊게는 저 깊은 연못에 들어가며, 넓게는 저 바다에 펼쳐지지만 끝내 그것은 나 자신 속에 있는 보편적인 것이다.

凡物之精, 比則爲生。下生五穀, 上爲列星, 流於天地之間, 謂之鬼神。藏於胸中謂之聖人。是故民氣, 杲乎如登於天, 杳乎如入於淵, 淖乎如在於海, 卒乎如在於己。

이런 언어들은 맹자의 호연지기를 연상하기에 충분하다. 하여튼 맹자는 이들과의 교섭 속에서 유교의 새로운 심성론적 바탕을 구축했을 것이다. 그리고 묵자의 공리주의적 겸애론과 양주의 감각론적 위아주의爲我主義를 배척하고 공자 - 증자 - 자사의 적통을 고수한다고 하는 새로운 명분과 사상적 투쟁의 무기를 획득했을 것이다.

제위왕齊威王이 위대한 치세를 마감하고 세상을 뜬 것은 바로 맹자가 양혜왕을 만난 그 해의 일이다(BC 320). 그리고 그 이듬해에 제선왕齊宣王

이 즉위하여 제나라의 통치를 시작했고 직하를 융성하게 만들려는 의욕에 차있을 바로 그 시점에 양혜왕이 죽는다. 그리고 맹자는 상갓집개가 되고 만다. 이때를 놓칠세라 제선왕은 맹자를 초빙한 것이다. 제선왕의 나이는 확인할 수가 없다. 그러나 아마도 맹자와 비슷한 나이였지만 약간 맹자보다 어렸을 것이다. 그러니까 양혜왕은 노구에 죽어가는 몸이었고 제선왕은 의욕에 차, 이제 막 통치를 시작하려 할 때 맹자를 만나는 것이다. 맹자는 만감이 교차했을 것이다.

맹자는 제나라의 어디로 갔을까? 생각해보라! 300여 명의 식솔을 거느린 맹자가 살 곳은 직하밖에는 없다. 그러나 맹자는 직하의 일원으로 취급받고 싶은 생각은 추호도 없었다. 직하그룹의 한 "멤버"로 취급되는 것을 맹자는 극히 싫어했다. 많은 사람들이 『맹자』를 읽을 때, 이런 미묘한 텐션을 고려하지 않는다. 나의 가설에 의하면 맹자는 직하에 두 번째 간 것이다. 처음에는 무명인으로 배우러 갔지만, 지금은 전혀 다른 모습으로 갔다. 많은 사람들이 『맹자』를 피상적으로 앞대목만 읽고, "양혜왕과 맹자의 만남"이 가장 대표적인 대목인 것처럼 생각하는데 양혜왕과 맹자의 대화는 전편에서 5장에 그치는 것이다. 맹자의 문답의 메인 테마는 제선왕과의 관계에서 이루어지는 것이다. 「양혜왕」편만 해도 제선왕과의 대화는 12장에 이르고 있다. 맹자는 제선왕이 통치하는 제나라에서 자그마치 7년을 머물렀다.

앞서 말했지만 맹자는 왕이 모든 예의를 다하여, 맹자의 사상을 실천하고자 하는 의지를 보이며 초청할 때에 비로소 그에 응한다. 그는 왕과 군신관계를 원하지 않는다. 그가 원하는 것은 주·객, 즉 주·빈의 관계이며 대등한 친구로서의 만남이다. 아무리 대국의 군주大國之君라 할지라도 현인을 친구로 대할 때만이 진정으로 그 덕德을 공유할 수 있게 된다. 그가 원하는 것은 같은 수준의 내면적 덕을 소유한 사람으로서 천위天位를 공유하고, 천직天職을 더불어 다스리고, 천록天祿을 같이 먹는 것이다(「만장」하3). 그러한 수준에까지 이르지 아니 하면 왕자王者의 존현尊賢의 자세라 할 수 없다.

제나라에 두 번째로 가는 맹자에게 미묘한 갈등이 있을 수 있었다. 그가 젊은 시절에 만난 사람들이 대부분 계속해서 직하에 머무르고 있었기 때문이다. 물론 순우곤은 맹자가 제선왕을 만나러 갔을 때도 직하의 총장이었다. 맹자와 순우곤의 대화는 『맹자』라는 서물에 두 번 기록되고 있다(「이루」상17, 「고자」하6). 물론 맹자의 관점에서 기록된 문헌이므로 순우곤의 특색이 충분히 살아있지 아니 하지만 그래도 순우곤의 관점은 매우 날카롭다. 우리나라 번역자들이 마치 순우곤이 맹자의 수하의 제자인 것처럼 번역하고 있는데 가소로운 무지의 소치이다. 순우곤은 맹자보다 한 세대가 위인 사람이다. 순우곤은 맹자에게 "하게" 정도의 말투를 사용했을 것이다. 맹자는 직하의 사람들이 상대부의 지위를 부여받은 데 반하여 제국 제1위의 상경上卿, 국정의 최고고문의 지위를 받았다.

맹자와 제선왕의 대화를 잘 살펴보면 맹자는 비교적 정중하다. 양혜왕과의 대화처럼 직설적으로 쑤시고 들어가지 않고 조심스럽게 달래고 있는 느낌이 든다. 양혜왕과의 체험을 통해 맹자도 약간은 더 철이 들었을지도 모른다. 그러나 그의 왕도의 사상은 인간의 심성적 근거를 파고드는 깊이를 더해가고 있다. 제선왕宣王은 우리나라 조선조의 선조宣祖와 같은 선宣 자 돌림이라서 그런지 비슷한 성격의 소유자일지도 모르겠다. 선조 때도 우리나라에 가장 많은 학자군이 융성했다. 그리고 선조 또한 영민한 인물이었으며 정치적인 비전도 있었다. 그러나 결정적인 판단에 있어서 항상 유보적인 자세를 유지하다가 실기하고 만다. 제선왕은 선조가 전란으로 나라를 말아먹는 데 비하면, 제나라를 다시 강성하게 만들고 직하의 학자들에게 자유로운 강학의 기회를 주었다. 제선왕 치세하에서 전국시대의 백가쟁명의 자유로운 학문풍토가 생겨난 것이다. 그래서 맹자를 7년이나 머물게 했지만 결국 맹자의 이념을 적극적으로 수용하지 못했다. 제선왕은 독자 여러분들이 잘 아는 "계명구도鷄鳴狗盜"의 식객을 거느린 맹상군孟嘗君의 큰아버지뻘 되는 사람이다. 맹상군의 성도 전씨田氏이며, 정곽군靖郭君 전영田嬰의 아들이다. 마릉의 전투에서 전기田忌와 함께 전공을 세운 전영은 제위왕의 막내아들로서 제선왕의 이복동생이다. 자아~ 이제 독자들 스스로 맹자와 제선왕의 대화를 음미해가면서 머릿속에 스스로의 그림들을 그려보라!

1a-7. 제선왕이 물어 말하였다: "춘추시대의 패자 제환공齊桓公과 진문공晉文公의 사적에 관하여 잘 아시겠군요. 좀 말씀해주실 수 있겠습니까?" 맹자께서 이에 대하여 말씀하시었다: "공자의 가르침을 배우는 문도들은 제환공과 진문공과 같은 패자의 사적을 말하는 사람이 없습니다. 이 때문에 후세에 전해진 것이 없어, 저는 여태까지 그런 것을 들을 기회가 없었습니다. 그만두지 말고 기어이 말하라 하신다면 저는 왕도王道를 말하고자 합니다."

제선왕이 말하였다: "덕德이 어떠해야 왕노릇을 할 수 있습니까?" 맹자께서 말씀하시었다: "백성을 보호하여 민생을 편안케 하면 자연스럽게 왕도를 구현하는 사람이 되지요. 그리하면 아무도 그가 왕이 되는 것을 막을 자가 없습니다." 왕이 말하였다: "나 같은 사람도 백성을 보호하여 민생을 편안케 할 수가 있습니까?" 맹자께서 말씀하시었다: "암. 할 수 있구 말구요." 왕이 말하였다: "무엇에 근거하여 그

대는 내가 왕도를 구현할 수 있다는 것을 아십니까?"

맹자께서 말씀하시었다: "저는 임금님을 가까이 모시는 신하 호흘胡齕이 다음과 같이 이야기하는 것을 들은 적이 있습니다: 왕께서 당상堂上에 앉아 계시는데, 어떤 사람이 소를 끌고 당하堂下를 지나가고 있었다고 합니다. 왕께서 그것을 보시고는, '소를 어디로 끌고 가는 거냐?' 물으시니, 그 자가 대답하여 아뢰기를, '흔종釁鐘(종정鐘鼎·군기軍器·묘사廟社 등 국가의 중요한 물건이 만들어졌을 때 희생의 동물을 죽여 그 피를 발라 재액이나 불상不祥을 액땜하는 신성한 의식. 여기서는 종이 만들어졌을 때 피로써 그 틈을 메운다는 뜻도 있으나 실상 피로써 틈이 메워질 리는 없다) 하는데 쓰려고 합니다'라고 했다 합니다. 그러자 왕께서, '놓아주어라! 나는 저 녀석이 두려워 벌벌 떨면서 아무 죄도 없이 사지死地로 나아가는 것을 차마 볼 수가 없도다' 하시니, 대답하여 아뢰기를, '그리하면 흔종이라는 제도를 폐지하오리이까' 하니, 왕께서 말씀하시기를, '어찌 폐지할 수 있겠느뇨? 양羊으로 바꾸어 쓰라' 하셨다 하오니, 모르겠나이다, 정말 이런 일이 있었나이까?"

제선왕이 말하였다: "아~ 정말 그런 일이 있었습니다." 맹자께서 말씀하시었다: "바로 이 마음이면 임금님께서 충분히 왕도를 구현하실 수 있습니다. 백성들은 모두 왕께서 재물을 아끼셨다고 생각하고 있는 것 같습니다만, 제 생각은 다릅니다. 저는 왕께서 차마 소를 죽이지 못하는 그 속마음을 잘 알고 있습니다."

왕이 빙그레 웃으며 말하였다: "아~ 그럴 수도 있겠구나! 진실로 백성 중에는 내가 재물을 아꼈다고 생각하는 자들이 있겠구나! 그러나 제나라가 아무리 작다손 치더라도 그래 내가 어찌 소 한 마리를 아끼리오? 단지 두려워 벌벌 떨면서 아무 죄도 없이 사지로 나아가는 것을 차마 볼 수가 없어서 양으로 바꾸었을 뿐인데!"

맹자께서 말씀하시었다: "왕께서는 백성들이 우리 임금님이 재물을 아꼈다고 비난하는 것을 의아하게 여기지 마소서. 작은 양으로 큰 소를 대신했으니 그들은 물리적 가치만을 계산할 뿐, 임금님께서 왜 그렇게 하셨는지 그 속마음을 알 길이 없습니다. 왕께서 희생이 죄없이 사지로 나아가는 것만을 애통하게 여기셨다고 말씀하신다 해도 그들에게는 소와 양이 무슨 구분이 있겠냐고 생각될 것입니다." 왕은 쓴웃음을 지으며 말하였다: "아아~ 진실로 내가 뭔 마음을 먹었는지 알지 못하겠구나! 나는 진실로 재물을 아껴서 양으로 바꾸게 한 것은 아니건마는, 당연히 백성들은 내가 재물을 아꼈기에 그렇게 했다고 말하겠구나! 이건 원 참!"

맹자께서 말씀하시었다: "상심하지 마옵소서. 왕의 마음씨야말로 인술仁術(인으로 가는 길)이올시다. 여기 문제의 핵심은 왕께서는 소는 현장에서 바로 보았고, 양은 아직 보지를 않았다는 그 사실에 있습니다. 유덕한 군자는 새나 짐승에 대하여 갖는 마음이라는 것은, 일단 그 살아있는 것을 본 마당에는 그것이 죽는 꼴을 차마 보지 못하며, 그것이 우는 소리를 들은 마당에는 차마 그 고기를 먹지 못하는 것입니다. 그러므로 군자는 푸줏간을 멀리 하는 것입니다." 그러자 왕은 마음이 흡족해져서 말하였다: "시詩(소아小雅 「교언巧言」)에 다음과 같은 노래가 있어요: '타인의 마음을 내가 헤아린다.' 이건 정말 맹 선생께서나 부르실 수 있는 노래가사이지요. 내가 뭔가를 행行하고 그것을 돌이켜 생각해보아도 내 마음에 와닿는 설명이 생각나지 않았습니다. 그런데 선생께서 말씀해주시니까 갑자기 내 마음이 뭉클해지면서 훤히 뚫리는 것 같아요. 그런데 이런 마음이 왕도를 구현할 수 있는 인술에 합치된다고 말씀하신 것은 도대체 뭘 두고 하신 말씀입니까?"

맹자께서 말씀하시었다: "왕께 아뢰는 자가 있어 다음과 같이 말했다고 합시다: '제 완력은 족히 백균百鈞(삼천 근)은 들 수 있습니다만 지금 깃털 하나도 들 수가 없고, 제 시력은 추호秋毫(가을철의 가느다란 동물의 털. 아주 미세한 것)의 미세한 터럭 끝도 분별할 수 있습니다만 지금 한 수레의 장작더미도 볼 수가 없군요.' 왕께서는 이 말을 듣고 그것을 인정하시겠습니까?"

왕은 말하였다: "어떻게 그렇게 모순되는 쌩거짓말 같은 이야기를 인정할 수 있겠나!"

"그러면 또 말씀드리죠. 지금 왕께서 차마 어쩌지 못하는 은애恩愛의 정이 금수에게까지 미치고 있는 판에, 그 치세의 공이 백성들에게 미치지 않는 것은 유독 무슨 까닭이겠습니까? 그러니까 깃털 하나도 들지 못하겠다는 것은 완력을 쓰지 않겠다는 이야기일 뿐이며, 한 수레의 장작더미도 볼 수가 없다는 것은 시력을 사용하지 않겠다는 이야기일 뿐이며, 백성들을 보호하여 편안하게 해주지 못한다는 것은 은애恩愛의 마음을 사용하지 않겠다는 이야기올시다. 그러므로 왕께서 왕도를 구현하지 못함은 하지 않겠다는 것이지 할 수 없다는 뜻은 아니올시다."

제선왕은 말한다: "하지 않는 것과 할 수 없는 것의 구체적 모양새는 어떻게 다른 것입니까?" 말씀하신다: "태산泰山을 겨드랑이에 끼고 발해渤海를 넝큼 뛰어 건너라!라고 말하는데 어떤 사람이 말하기를, '난 그런 짓은 못하갔슈'라고 말한다면 이것은 진짜로 못하는 겁니다. 어른을 위하여 나뭇가지를 하나 꺾어라!(어른을 위하여 어깨 안마 좀 해드려라! 조기의 해석: 맹자가 출생한 지역의 방언에서 유래한 표현으로 관절을 꺾어 시원하게 해드린다는 뜻. 카이로프락틱의 원조인 듯)라고 말하는데 어떤 사람이 말하기를, '난 그런 짓은 못하갔슈'라고 말한다면 이것은 진짜로 안 하는 겁니다. 그러므로 왕께서 나는 왕도를 구현치 못한다라고 말씀하시는 것은 태산을 겨드랑이에 끼고 발해를 넝큼 뛰어 건너는 것은 못하겠다라는 류의 이야기가 아니올시다. 왕께서 나는 왕도를 구현치 못한다라고 말씀하시는 것은 나뭇가지를 꺾지 않겠다는 류의 이야기

올시다.

　나의 집 노인을 노인대접 해드리는 마음으로 남의 집 노인에게 미치고, 나의 집 어린애를 어린애대접 해주는 마음으로 남의 집 어린애에게 미쳐야 할 것입니다. 이렇게 미루는 마음으로 인혜仁惠를 베풀면 천하를 통일하는 것도 천하를 손바닥에 올려놓고 굴리는 것처럼 쉬울 것입니다. 시詩에 이르기를(『시경』 대아 「사제思齊」) '아내에게 모범을 보였고, 그 덕이 형제에 미쳐, 드디어 대소가와 나라를 다스리시었다'라는 가사가 있습니다. 이것은 가까운 가족에 대한 마음을 확대하여 인민에게 그 헤아림이 미친다는 뜻이오니, 그러므로 은혜를 미루어 확대하면 천하 사해를 다 보전하여 편안케 할 수 있지만, 은혜를 미루어 확대하지 않으면 내 처자식조차도 보호하여 편안케 할 수 없다는 뜻이오이다. 고대의 성현이 보통사람에 비해 크게 뛰어난 점이 있다고 하는 것은 별 것이 아닙니다. 바로 자기가 하는 행동을 미루어 타인에게로 잘 확대해나갔다고 하는 데에 있는 것입니다. 지금 임금님의 차마 못하는 은혜의 마음이 금수에게까지 미쳤음에도 불구하고 그 치세의 공이 백성에게 미치지 않는 것은 유독 무슨 까닭이겠나이까?

　추를 움직여 저울질을 해본 연후에나 경중輕重(무게)을 알며, 자로 재어본 연후에나 장단長短(길이)을 알 수 있습니다. 만사가 다 그렇습니다만 특히 인간의 마음이라는 것은 잘 헤아려보지 않고서는 알 수가 없는 것이외다. 인민에 대한 임금님의 은혜의 마음이라 할지라도 그 경중장단을 잘 헤아려보시기 바랍니다.

　왕이시여! 당신은 군대를 일으키어 병졸과 신하들을 위태롭게 하고, 제후들과 원한을 맺은 연후에나 비로소 내 마음이 유쾌하기 그지없다고 생각하실 것이오니이까?"

　왕이 말하였다: "천만에요! 내가 왜 그런 것을 유쾌하게 여기겠소? 나는 내가 크게 바라는 것을 성취하고 싶을 뿐이오."

맹자께서 말씀하시었다: "아~하~ 크게 바라다니요? 왕께서 크게 바라시는 것을 좀 들려주실 수 있겠습니까?"

왕은 화들짝 크게 웃으며 아무 말도 하지 않았다. 그러자 맹자께서 말씀하시었다: "묻겠나이다. 크게 바라시는 것이라니, 기름지고 달콤한 음식이 입에 부족하시겠습니까? 가볍고 따스한 옷이 몸에 부족하시겠습니까? 그렇지 않다면 화려한 색깔이 눈에 부족하시겠습니까? 아름다운 음악이 귀에 부족하시겠습니까? 마음에 드시는 총신들이 시중을 드는 태도가 앞 전에 부족하시겠나이까? 임금님의 여러 신하들이 이런 것쯤이야 다 잘 제공하고 있겠지요. 왕께서 어찌 이런 것들 때문이시겠나이까?"

왕은 말한다: "물론이지요. 이런 것들 때문에 뭔가를 크게 바라는 것은 아니지요."

맹자께서 말씀하시었다: "그렇다면 왕께서 크게 바라시는 것은 제가 알 만합니다. 토지를 개간하여 영토를 확장하고, 진秦·초楚와 같은 대국으로부터 조공을 받고, 중국中國(천하의 중심이라는 뜻)의 맹주가 되어 사방의 이적夷狄을 안무按撫하고 싶다, 이 말씀이겠군요. 이와 같은 소위所爲(행위)로써 이와 같은 소욕所欲(욕망)을 구하신다면 그것은 나무에 기어 올라가 물고기를 구하는 것과 별반 다를 바가 없겠나이다."

왕은 말하였다: "내가 바라는 것이 그토록 형편없단 말이요?"

맹자께서 말씀하시었다: "암요. 그보다 더 형편없지요. 나무에 기어 올라가 물고기를 구한다는 것은, 물고기를 잡지 못한다 할지라도 뒤에 재앙이 따르지를 않습니다. 그러나 생각하시는 소위所爲로써 생각하시는 소욕所欲을 구한다면, 심력心力을 다하여 정성스럽게 그것을 실천하셔도, 후에 반드시 크나큰 재앙이 뒤따를 것이오이다."

왕은 말하였다: "무슨 재앙이 일어날지 더 좀 자세히 말해줄 수 있겠소?"

맹자께서 말씀하시었다: "추鄒나라 사람(소국)과 초楚나라 사람(대국)이 싸운다면 왕께서는 과연 누가 이기리라고 생각하십니까?"

왕은 말하였다: "아~ 그거야 물론 초나라 사람이 이기겠지요."

맹자께서 말씀하시었다: "잘 아시는군요. 작은 것(영토)으로는 큰 것을 대적할 수 없고, 적은 것(인구)으로는 많은 것을 대적할 수 없고, 약한 것(세력)으로는 강한 것을 대적할 수 없습니다. 그런데 천하 구주九州의 일주一州를 사방천리라고 한다면, 지금 사방천리의 나라가 아홉 개가 있는 셈입니다. 제나라가 있는 영토를 다 모아보아도 사방천리, 그 하나밖에는 차지하지 못합니다. 그렇다면 하나를 가지고 여덟을 복속시키려 하는 것이니 그것이 추나라를 가지고 초나라에 대항하려는 것과 무엇이 다르겠습니까? 왕이시여! 어찌하여 왕도의 근본으로 돌아가려 하지 않으시나이까?

한번 생각해보시죠. 지금 왕께서 정치를 개혁하여 인덕仁德을 백성에게 베푸시기만 한다면, 천하에 벼슬하고 싶어 하는 자들로 하여금 모두 왕의 조정에서 벼슬하고 싶어 하게 만들 것이오며, 농사를 짓는 사람들로 하여금 모두 왕의 영토 내의 들에서 농사짓고 싶어 하게 만들 것이오며, 상고商賈(상인)들로 하여금 모두 제나라의 시장에 물건을 저장하고 싶어 하게 만들 것이오며, 여행객들로 하여금 모두 제나라의 도로로 통행하는 것을 원하게 만들 것이오며, 천하의 제국들 중에 그 임금의 폭정을 증오하는 지사들로 하여금 모두 왕께 달려와 그들의 통고痛苦를 호소케 만들 것이오니, 이렇게 되면 천하사람들이 모두 왕께 귀순하려고 하는 대세를 감히 그 누구가 막을 수 있겠사옵나이까?"

제선왕은 이 말에 감동하여 말하였다: "제가 좀 우매한 탓으로 나아가 과감히 인정仁政을 행할 방법을 알지 못합니다. 원컨대 선생이시여! 나의 뜻을 도와, 밝게 나를 가르쳐 주소서. 내 비록 불민不敏하오나 시험삼아 선생의 말씀을 실천해보도록 하겠습니다."

맹자께서 말씀하시었다: "항산恒産(안정된 생업)이 없으면서도 항심恒心(항상스러운 도덕적 마음)이 있을 수 있는 것은 오직 소수의 선비(교양을 갖춘 사士)만이 가능한 것입니다. 그렇지 아니 한 일반백성 대중은 항산이 없으면 그로 인하여 항심도 없어지고 맙니다. 항심이 없어지게 되면 방탕, 간사, 사악, 사치, 나쁜 짓은 무엇이든지 하게 되지요. 이렇게 백성들로 하여금 죄악의 구렁텅이에 빠지도록 한 다음에 속속 형벌을 주게 된다면, 이것은 법망으로 인민을 그물질하는 것입니다. 그물이란 보이지 않아 속는 것이니 이것은 치자의 기만술에 지나지 않습니다. 어찌 인인仁人의 지위에 있는 임금으로서 백성에게 그물질하는 그런 추저분한 짓을 할 수 있겠나이까?

그러므로 영명한 군주는 인민의 생업을 안정시키되, 반드시 우러러 부모를 섬기는 데 부족함이 없도록 해주고 굽어 처자를 먹여살리는 데 부족함이 없도록 해줍니다. 풍년이 계속되면 종신토록 배부르게 먹을 수 있게 되며, 흉년이 계속되어도 굶어죽을 염려는 없게 됩니다. 게다가 더욱 인민들을 격려하여 선善으로 이끌어주면, 그들이 왕도를 따르는 것이 너무도 쉬워집니다.

그런데 보십시오! 지금은 백성의 생업을 안정시킨다고 겉으로만 떠들면서, 우러러 부모를 섬기기에 부족하고 굽어 처자를 먹여 살리기에 부족합니다. 풍년이 계속되어도 종신토록 괴롭기만 하고, 흉년이 계속되면 사망死亡을 모면할 길이 없습니다. 이런 정치는 겨우 죽음을 모면케 해주는 것만으로도 급급하여 여유가 없으니 어느 겨를에 예의禮義를 다스리겠다고 운운하겠나이까?

왕이시여 왕도를 행하고자 하신다면 어찌하여 그 근본으로 돌아가지 않으십니까?

다섯 묘 정도의 택지五畝之宅(930평 정도의 택지를 한 가호당 확보해준다는 의미가 포함되어 있다) 주변으로 뻥 둘러 뽕나무를 심는다면 50세 이상의 사람들이 비단옷을 입을 수 있으며, 닭과 돼지, 개狗(식용 황구), 체彘(돼지는 돼지인데 일반 돼지豚와 구분되는 다른 종인 것 같다)를 기르면서 그들이 번식할 수 있는 때를 놓치지 않도록만 해주면 70세 이상의 사람들이 고기를 먹을 수 있습니다. 그리고 한 가호에 100묘의 전지田地를 지급하고 그들이 열심히 농사짓게 하며 징병·부역 등으로 그 때를 놓치지 않게만 해주면 여덟 식구의 한 가족이 굶주리는 일이 없이 안온한 살림을 계속할 수 있겠지요. 게다가 상서庠序와 같은 대중인민교육기관을 보편화시켜서 잘 교육받게 하면 부모에게 효순하고 형제간에 우애가 깊어져 반백頒白의 노인이 등에 짐을 지거나 머리에 이고 길거리를 다니는 슬픈 광경이 없어지겠지요. 노인들이 비단옷을 입고 고기를 먹으며 검은머리 일반 백성이 굶거나 춥거나 하는 일이 없는 사회가 된다면, 이리 하고서도 천하에 왕노릇하지 못하는 자는 있어본 적이 없나이다."

1a-7. 齊宣王問曰:"齊桓、晉文之事, 可得聞乎?" 孟子對曰:"仲尼之徒, 無道桓文之事者, 是以後世無傳焉, 臣未之聞也。 無以, 則王乎?" 曰:"德何如, 則可以王矣?" 曰:"保民而王, 莫之能禦也。" 曰:"若寡人者, 可以保民乎哉?" 曰:"可。" 曰:"何由知吾可也?" 曰:"臣聞之胡齕曰, 王坐於堂上, 有牽牛而過堂下者, 王見之曰: '牛何之?' 對曰: '將以釁鐘。' 王曰: '舍之! 吾不忍其觳觫若無罪而就死地。' 對曰: '然則廢釁鐘與?' 曰: '何可廢也? 以羊易之!' 不識有諸?" 曰:"有之。" 曰:"是心足以王矣。 百姓皆以王爲愛也, 臣固知王之不忍也。" 王曰:"然。 誠有百姓者。 齊國雖褊小, 吾何愛一牛? 卽不忍其觳觫若無罪而就死地, 故以羊易之也。" 曰:"王無異於百姓之以王爲愛也。 以小易大, 彼惡知之? 王若隱其無罪而就死地, 則牛羊何擇焉?" 王笑曰:"是誠何心哉? 我非愛其財而易之以羊也。 宜乎百姓之謂我愛也。"曰:"無傷也, 是乃仁術也, 見牛未見羊也。君子之於禽獸也, 見其生, 不忍見其死; 聞其聲, 不忍食其肉。是以君子遠庖廚也。"王說曰:"詩云:'他人有心, 予忖度之。'夫子之謂也。夫我乃行之, 反而求之, 不得吾心。夫子言之, 於我心有戚戚焉。此心之所以合於王者, 何也?"曰:"有復於王者曰, '吾力足以舉百鈞, 而不足以舉一羽; 明足以察秋毫之末, 而不見輿薪,'則王許之乎?"曰:"否。""今恩足以及禽獸, 而功不至於百姓者, 獨何與? 然則一羽之不舉, 爲不用力焉; 輿薪之不見, 爲不用明焉; 百姓之不見保, 爲不用恩焉。故王之不王, 不爲也, 非不能也。"曰: "不爲者與不能者之形, 何以異?"曰:"挾太山以超北海, 語人曰, '我不能。'是誠不能也。爲長者折枝, 語人曰, '我不能。'是不爲也, 非不能也。故王之不王, 非挾太山以超北海之類也; 王之不王, 是折枝之類也。老吾老, 以及人之老; 幼吾幼, 以及人之幼。天下可運於掌。詩云:'刑于寡妻, 至于兄弟, 以御于家邦。'言舉斯心加諸彼而已。故推恩足以保四海, 不推恩無以保妻子。古之人所以大過人者, 無他焉, 善推其所爲而已矣。今恩足以及禽獸, 而功不至於百姓者, 獨何與? 權, 然後知輕重; 度, 然後知長短。物皆然, 心爲甚。王請度之! 抑王興甲兵, 危士臣, 構怨於諸侯, 然後快於心與?"王曰:"否。吾何快於是? 將以求吾所大欲也。"曰:"王之所大欲, 可得聞與?"王笑而不言。曰:"爲肥甘不足於口與? 輕煖不足於體與? 抑爲采色不足視於目與? 聲音不足聽於耳與? 便嬖不足使令於前與? 王之諸臣皆足以供之, 而王豈爲是哉?"曰:"否。吾不爲是也。"曰:"然則王之所大欲, 可知已。欲辟土地, 朝秦楚, 莅中國而撫四夷也。以若所爲求若所欲, 猶緣木而求魚也。"王曰: "若是其甚與?"曰:"殆有甚焉。緣木求魚, 雖不得魚, 無後災。以若所爲求若所欲, 盡心力而爲之, 後必有災。"曰:"可得聞與?"曰:"鄒人與楚人戰, 則王以爲孰勝?"曰:"楚人勝。"曰:"然則小固不可以敵大, 寡固不可以敵衆, 弱固不可以敵彊。海內之地方千里者九, 齊集有其一。以一服八, 何以異於鄒敵楚哉? 蓋亦反其本矣。今王發政施仁, 使天下仕者皆欲立於王之朝, 耕者皆欲耕於王之野, 商賈皆欲藏於王之市, 行旅皆欲出於王之塗, 天下之欲疾其君者皆欲赴愬於王。其若是, 孰能禦之?"王曰:"吾惛, 不能進於是矣。願夫子輔吾志, 明以教我。我雖不敏,請嘗試之。"曰: "無恒產而有恒心者, 惟士爲能。若民, 則無恒產, 因無恒心。苟無恒心, 放辟邪侈, 無不爲已。及陷於罪, 然後從而刑之, 是罔民也。焉有仁人在位罔民而可爲也? 是故明君制民之產, 必使仰足以事父母, 俯足以畜妻子, 樂歲終身飽, 凶年免於死亡。然後驅而之善, 故民之從之也輕。今也制民之產, 仰不足以事父母, 俯不足以畜妻子, 樂歲終身苦, 凶年不免於死亡。此惟救死而恐不贍, 奚暇治禮義哉? 王欲行之, 則盍反其本矣。五畝之宅, 樹之以桑, 五十者可以衣帛矣。雞豚狗彘之畜, 無失其時, 七十者可以食肉矣。百畝之田, 勿奪其時, 八口之家可以無飢矣。謹庠序之教, 申之以孝悌之義, 頒白者不負戴於道路矣。老者衣帛食肉, 黎民不飢不寒, 然而不王者, 未之有也。"

沃案 참으로 위대한 대화라 아니 할 수 없다. 우선 그 현장감이 생생하다. 오가는 문답이 논리적으로 허수가 없이 정확히 맞물리고 있을 뿐 아니라, 너무도 자세하다. 요즈음 신문에 나오는 인터뷰기사보다도 훨씬 더 정교하고 논리적 일관성이 있다고 평가하지 아니 할 수 없다.

이 대화는 맹자가 제선왕을 처음 만났을 때의 대화라고 볼 수는 없다. 선왕의 총신 호흘의 이야기까지 나오는 것을 보면 이미 맹자가 제선왕의 통치집단 속으로 깊게 들어와 있다는 느낌을 받는다. 하여튼 초기의 대화일 것이나, 양혜왕과의 대화의 연속성을 고려하여 같은 왕도론의 주제를 표방하는 대표적인 파편이 여기 편집되었을 것이다. 이 장만 해도 1,313자로써,『맹자』 전체 중에서 가장 긴 대화이다.

앞서 말한 대로 제선왕은 매우 성격이 신중하고 사려가 깊으며 교양도 있고 시를 인용하는 등 맹자를 대하는 품격도 있다. 그러나 역시 맹자의 관심과는 달리 제나라의 패자 환공이나 진나라의 패자 문공(공자 중이公子重耳)의 이야기를 묻는다. 맹자는『춘추』의 달인이며 환·문공의 이야기는 익히 알고 있다. 『논어』에도 보면 공자는 환공에 대하여 많은 엇갈리는 평가를 내리고 있고, 또 문공에 대하여서도 분명한 평어를 발설하고 있다(14-16). 그러니까 공문에서 이 사람들 이야기를 하지 않는다는 것은 쌩 거짓말이다. 그러니까 맹자는 자기의 논지를 끄집어내기 위해 모르는 체 연출한 것이다. 이 첫마디의 입장의 차이는 결국 좁혀질 듯하다가도 7년의 평행선을 달린다. 그것이 지식인의 비극이다. 그 비극이 오히려 맹자 같은 지식인을 위대하게 만드는 역사의 간교일지도 모른다.

"선왕 그대여! 너는 왕도를 실천할 수 있는 충분한 심성의 바탕이 있는 자임에도 불구하고, 왕도를 실천하지 않고 있다. 결코 못하는 것이 아니다." "못한다不能"와 "안 한다不爲"의 논리는 동방인의 상식에 새겨져 있는 『맹자』라는 서물의 깊은 영향이다.

여기 이미 제선왕의 "불인不忍"을 말하는 것을 보면, 맹자의 논리가 단순한 정치적인 왕도론의 수준을 넘어서서 심성론적 바탕을 모색하고 있다는 것이 드러나고 있다. 그러니까 "성선론性善論"의 주장은 제나라에 와서 비로소 발전한 것으로 보여진다. 그 성선론의 단초가 여기 제선왕의 "불인"의 고사로 드러나고 있는 것이다. 맹자의 성선론이 선행하고 순자의 성악설이 그 반동으로 태동되었다고 보는 것은 매우 어리석은 중국사상사의 이해방식이다. 맹자의 시대에는 이미 성악의 시대였다. 성악론이라는 것은 인간의 본성이 악하다는 주장이 아니라 후천적인 예의禮義나 법도法度에 의한 교정이 필요하다는 것을 강조하는 성위지분性僞之分일 뿐이다. 따라서 제나라의 법가적 분위기에 이미 그런 사상은 깔려 있었다. 이러한 성악론적 분위기가 팽배한 가운데 맹자는 성선을 주장한 것이다. 순자는 직하의 전통을 나중에 포뮬레이션한 것이다.

여기 아직 성선론의 분위기는 노골적으로 나타나 있지 않지만, 맹자가 인의설을 표방한다 해도 그 근본에는 "인仁"의 사상이 깔려 있다는 것을 여기서 엿볼 수 있다. 그리고 그 인仁을 구현하는 왕王의 "은恩"이라는 개념이 명료하게 표출되어 있다. 그리고 유가의 핵심사상이며 자사에게서 웅장한 철학으로 발전한 "서恕," 즉 나중에 주희가 "추기급인推己及人"이라고 말한 혈구지도絜矩之道의 원형이 상술되어 있다. 국가의 기본은 인간이며, 인간의 기본은 가족윤리에 있다. 가족윤리는 한 가족의 이해만을 중시하는 편협한 패밀리즘familism의 이기주의가 아니다. 인간이 인간으로서 도덕심을 함양할 수 있는 최소한의 단위minimal moral unit를 말하는 것이다. 이 기본이 무시되는 사회는 아무리 외관이 훌륭하다 할지라도 인간이 인간다운 삶을 추구할 수 있는 국가가 될 수 없다는 것이 맹자의 입장이다. 가족의 윤리를 통하여 국가의 질서와 윤리를 정립하고자 하는 맹자의 도덕주의는 매우 아둔하게 보이지만, 결국 우리가 국가의 기본으로서 생각하는 "민중"(프롤레타리아라고 불러도 좋다)의 간절한 소망도 민생이며, 민생의 기본은 한 가정의 안락한 삶이다.

여기 맹자가 제시하는 항산과 항심의 문제는 맑시즘이 말하는 하부구조와 상부구조의 문제와 매우 유사하다. "항산이 없으면 항심이 있을 수 없다"라는 맹자의 명제는 너무도 유명한데 모두 이 명제만을 맹자의 사상으로 착각한다. 이 명제만을 가지고 맹자를 평가하면 맹자는 유물론자materialist처럼 들린다. 그러나 맹자는 선비에게 있어서는 "항산이 없어도 항심이 유지되어야 한다"라는 도덕주의를 명료하게 견지한다는 사실을 망각해서는 안된다. 즉 항산과 항심의 정합整合관계는 일반대중문화를 생각할 때, 정치가 기준으로 삼아야 하는 상식적 기준일 뿐이다. 정치의 일반이념은 항산과 항심의 정합관계이지만 그 실내용은 유물적 기저가 아니라 모든 상부구조의 도덕적 기저를 내포하는 것이다. 유물·유심이니 하는 서구적 개념 자체가 개똥만도 못한 것이다. 데카르트의 폐해를 가지고 어찌 맑시즘을 논하고 맹자를 논하리오!

맹자가 "권權"을 말하고 "탁度"을 말하는 것도 전국시대의 법가들의 상황주의적·공리주의적 언어이지만 맹자는 그것을 인간의 심성의 근원을 파악하는 언어로 둔갑시키고 있다.

이 장에서 가장 중요한 말은 내가 생각하기에는 "선추기소위先推其所爲"라는 말이고, "반기본反其本"이라는 말이다. 나의 행위를 잘 미루어 그 근본으로 돌아간다. 그 근본은 무엇인가? 그 근본은 왕도의 근본이다. 왕도의 근본은 무엇인가? 그것은 결국 한 가족 여덟 식구가 단란하게 살며 노인이 비단옷 입고 고기 먹으며 일반백성이 굶주림이나 추위에 떨지 않는 사회! 이 소박한 인민의 구체적 삶의 모습을 제시하는 맹자의 논리에 그 한계와 그 한계를 초극하는 영원한 이상성이 공재共在하는 것이다.

"합盍"은 "하불何不"의 합음合音에서 유래된 단어이다. 기타 자세한 어의語意나 문의文意에 관해서는 나의 번역 그 자체를 잘 살펴보라. 나의 번역이 매우 자유분방한 의역인 것처럼 보이지만 우리나라에서 나오는 어떠한 번역보다도 치열한 직역의 기초 위에서 변형·생성된 것이라는 점을 이해해주기 바란다.

맹자와 선왕의 대화의 기술은 긴박할 때는 그 긴박한 느낌을 살리기 위해 앞의 화자지시가 생략되기도 한다. 처음에는 "제선왕문왈齊宣王問曰" "맹자대왈孟子對曰"이라고 했지만, 그 다음에는 "왕왈王曰"로 했다가 그 다음에는 그냥 "왈曰"로 했다가, 그 다음에는 "왈曰"도 없애버리는 수법을 명료한 의식을 가지고 활용하고 있다. 놀라운 편집능력이라고 말하지 않을 수 없다. 나는 문장의 흐름을 명료히 나타내기 위해 화자를 다 지시해서 번역했다. 그리고 이 『맹자』라는 책은 맹자를 높이기 위해서, 맹자 사상의 가치를 선양하기 위해서 만든 서물이다. 그래서 맹자가 나올 때만 "…께서 말씀하시었다"로 존칭하고 나머지는 모두 "…은 말하였다"로 하였다. 우리 말에서만 생기는 문제이지만, 전체적 분위기를 살리기 위해 나는 그러한 수법을 썼다.

『맹자』라는 서물은 고전중국어, 즉 한문의 스탠다드 텍스트the standard text of Classical Chinese로 꼽힌다. 단어선택과 문법이 명료하여 한문의 스트럭처를 이해하는 데 가장 기준이 되는 텍스트로 꼽히는 것이다. 내가 어렸을 때도 어른들이 "한문을 배우려면 반드시 『맹자』를 읽어야 한다"라고 말씀하시곤 했던 것이 기억난다. 사서四書 중에서도 『맹자』가 한문을 배우는 데는 가장 중요한, 기초적 문장을 제공한다고 보았다. 살아있는 당시의 말이며, 의사소통을 전제로 한 대화이며, 논리적으로 정확한 기록이기 때문이다. 독자들은 『맹자』를 통해 한문의 묘미를 만끽해주기를 바란다.

창덕궁 인정전으로 들어가는 정문

양혜왕장구梁惠王章句 하下

1b-1. 제선왕의 신하인 장포莊暴라는 자가 와서 맹자를 뵈옵고 말하였다: "최근 저 장포는 임금님께 불리어 가서 뵌 적이 있습니다. 그 때 왕께서 저 포에게 음악을 매우 좋아한다고 말씀하셨습니다만, 저는 무어라 대답할 길이 없었습니다." 그는 이어 말하였다: "음악을 좋아한다는 게 정말 어떤 걸까요? 좋은 겁니까, 나쁜 겁니까?" 맹자께서 말씀하시었다: "왕께서 음악을 심히 좋아하신다면 제나라는 이상적으로 다스려질 희망이 보이는군요."

며칠 지나고 나서, 맹자는 제선왕을 알현할 기회가 있었다. 그때 말씀하시었다: "왕께서 일찍이 장 선생(莊子: 장포를 높이어 부른 말인데 이것은 매우 어색하다. 왕 앞에서는 그 신하의 이름을 부르는 것이 예의다. 높이어 "장 선생"이라고 말할 수 없는 것이다. 이것은 기록자의 착각에서 온 오류이다. 염약거閻若璩의 설인데 동의한다)에게 음악을 좋아하신다고 말씀하셨다고 하는데, 실제로 그런 일이 있었나이까?"

왕은 그 말을 듣자 당혹하여 정색을 하면서 말했다: "나는 선왕先王의 제례음악과 같은 고전음악을 좋아할 수 있는 능력은 없소. 단지 요즈음 세속에서 유행하는 자유로운 대중음악을 좋아할 뿐이외다."

이에 맹자께서 말씀하시었다: "왕께서 음악을 심히 좋아하신다면, 실로 제나라는 이상적으로 다스려질 희망이 보이는군요. 왕께서 말씀하

시는 대중음악이 곧 고전음악입니다. 음악에는 정악正樂과 속악俗樂의
구분이 없습니다."

말한다: "거참 듣기 좋은 말이구려. 뭔 말인지 좀더 자세히 그 까닭
을 설명해줄 수 있겠소?"

말씀하신다: "음악의 핵심은 정·속이나 고·금에 있질 않습니다.
여쭙겠습니다. 나 홀로 음악을 즐기는 것과 타인과 더불어 음악을
즐기는 것, 이 중 어느 것이 더 즐겁습니까?"

말한다: "그야 물론 타인과 더불어 즐기는 것이 더 즐겁지요."

말씀하신다: "그렇다면 소수의 사람과 더불어 음악을 즐기는 것과
다중의 사람들과 더불어 음악을 즐기는 것, 이 중 어느 것이 더 즐겁
습니까?"

말한다: "그야 물론 많은 사람과 더불어 음악을 즐기는 것이 더 즐겁
지요."

"그럼 이제 제가 임금님을 위하여 음악에 관하여 말씀드려 보겠습
니다. 지금 바로 여기서 왕께서 음악을 연주하신다고 가정해봅시다.
백성들은 왕의 편종편경 소리, 타악기 소리, 관악기 소리, 생황류의
소리를 듣게 될 것이며, 이때 이들은 모두 골치아파하고 이맛살을 찌
푸리며 서로 고하여 말하죠: '우리 임금님이 음악연주를 좋아하시니,
그것이 어찌하여 우리를 이런 곤궁에 빠지게 하느뇨? 아버지와 아들
이 서로를 볼 수가 없고, 형제와 처자가 다 흩어져버리고 마는구나!'
또 지금 여기서 왕께서 말 달리며 사냥을 하신다고 해봅시다. 백성들
은 임금님의 수레와 말의 소리를 들을 것이고 찬란한 깃발과 행렬의
장을 쳐다볼 것입니다. 이때 이들은 모두 골치아파하고 이맛살을 찌
푸리며 서로 고하여 말할 것입니다: '우리 임금님이 사냥을 좋아하시
니, 그것이 어찌하여 우리를 이런 곤궁에 빠지게 하느뇨? 아버지와
아들이 서로 볼 수가 없고, 형제와 처자가 다 흩어져버리고 마는구

나!' 왜 이런 소리가 백성의 입에서 나오겠습니까? 이것은 딴 이유가 아니죠. 바로 백성들과 더불어 즐기지 않기 때문입니다.

지금 왕께서 여기서 음악을 연주하시면, 백성들이 편종편경 소리, 타악기 소리, 관악기 소리, 생황류의 소리를 듣고 모두 흔연欣然히 얼굴에 희색喜色을 띠고 서로 고하여 말합니다: '우리 임금님께서 질병이 없으시고 건강하신 모양이다. 그렇지 않으면 어떻게 저토록 아름답게 음악을 연주하실 수 있겠냐?' 또 지금 여기서 왕께서 사냥을 하신다고 해봅시다. 백성들은 임금님의 수레와 말의 소리를 들을 것이고 찬란한 깃발과 행렬의장을 쳐다볼 것입니다. 이때 이들은 모두 흔연히 얼굴에 희색을 띠고 서로 고하여 말합니다: '우리 임금님께서 질병이 없으시고 건강하신 모양이다. 그렇지 않으면 어떻게 저토록 힘차게 말을 달리실 수 있겠냐?' 왜 이런 소리가 백성의 입에서 나오겠습니까? 이것은 딴 이유가 아니죠. 바로 백성들과 더불어 즐기시기 때문이지요. 음악의 본질은 고전음악·대중음악의 구분에 있질 않습니다. 그 음악의 즐김을 민중과 더불어 하느냐, 않느냐에 있을 뿐이올시다. 지금 왕께서 백성과 더불어 함께 즐기신다면 곧 왕도를 구현하시어 천하의 왕자가 되실 수 있습니다."

1b-1. 莊暴見孟子曰:"暴見於王, 王語暴以好樂, 暴未有以對也。"曰:"好樂何如?" 孟子曰:"王之好樂甚, 則齊國其庶幾乎!"他日, 見於王曰:"王嘗語莊子以好樂, 有諸?"王變乎色曰:"寡人非能好先王之樂也, 直好世俗之樂耳。"曰:"王之好樂甚, 則齊其庶幾乎! 今之樂猶古之樂也。"曰:"可得聞與?"曰:"獨樂樂, 與人樂樂, 孰樂?"曰:"不若與人。"曰:"與少樂樂, 與衆樂樂, 孰樂?"曰:"不若與衆。""臣請爲王言樂。今王鼓樂於此, 百姓聞王鐘鼓之聲, 管籥之音, 擧疾首蹙頞而相告曰: '吾王之好鼓樂, 夫何使我至於此極也? 父子不相見, 兄弟妻子離散。'今王田獵於此, 百姓聞王車馬之音, 見羽旄之美, 擧疾首蹙頞而相告曰: '吾王之好田獵, 夫何使我至於此極也? 父子不相見, 兄弟妻子離散.' 此無他, 不與民同樂也。今王鼓樂於此, 百姓聞王鐘鼓之聲, 管籥之音, 舉欣欣然有喜色而相告曰: '吾王庶幾無疾病與? 何以能鼓樂也?' 今王田獵於此, 百姓聞王車馬之音, 見羽旄之美, 舉欣欣然有喜色而相告曰: '吾王庶幾無疾病與, 何以能田獵也?' 此無他, 與民同樂也。今王與百姓同樂, 則王矣。"

沃案 최근 나는 유열·최성수·김동규 3인의 연말 디너쇼를 본 적이 있다. 유열과 최성수는 대중음악, 즉 유행가의 달인들이고, 김동규는 서양의 고전음악을 공부한 오페라가수(탁월한 바리톤)이다. 그런데 이 사람들이 같이 어우러지는 모습이 너무도 아름답고 감성적인 조화가 탁월했다. 그런데 어느 음악대학 성악과 교수가 나에게 말하기를: "동규가 너무 막가." 그래서 내가 대답했다: "그대가 생각하는 음악과 동규가 생각하는 음악은 그 본질과 정의가 다르오. 그는 서양 오페라가수가 아니라, 그냥 노래부르는 것을 즐길 뿐이오. 그에게 음악이란 여민동락與民同樂이라오."

얼마 전에 나는 일본에 다녀온 적이 있는데, 어느 일본 갑부의 사저에 초청받는 스케줄이 끼어있었다. 세계적인 수장가라 하는데 어마어마한 미술품 컬렉션이 그의 사적 공간에 전시되어 있었다. 주로 서양 근대 화가·조각가·사진작가들의 작품이었는데 피카소·달리·고야는 물론 내가 아는 많은 작가들의 유수의 작품이 전시되어 있었는데 웬만한 미술관을 초월하는 규모였다. 그런데 그것이 단지 한 사람의 사적인 공간이다. 그리고 그의 회사의 중역회의실 자체가 하나의 세계적 작품공간이었다. 왜 그것을 대중이 관람할 수 있는 미술관으로 만들 수가 없나? 도대체 무슨 의미가 있나? 그 작품의 소유주는 병들어 누워있었다.

미국 맨해튼의 메트로폴리탄 뮤지움엘 가면 인류역사상 모든 위대한 작품들이 다 전시되어 있는데, 그것도 공짜로 들어가 볼 수 있다. 메트로에 갈 때마다 그 위대한 전시에 나는 무한한 감명을 받는다. 미국이 인류에게 가르쳐준 문화의 위대한 특질은 바로 이런 여민동락의 개방성에 있다.

우리나라 재벌들은 현재 돈을 버는 데만 혈안이 되어 있다. 여민동락與民同樂의 기쁨을 그들은 알지 못한다. 돈을 버는 방식 그 자체가 인민대중을 질수축알疾首蹙頞케 하는 방식으로만 번다. 그러나 결국 그들이 버는 돈은 모두 인민대중이 낸 것이다. 그들이 잘나서 긁어모았다고는 할지 모르지만 그 "잘남"도 결국 대부분은 국가권력과 결탁하거나 기존의 금권을 계승하여 이룩한 것이다. 그들은 그들이 버는 돈의 잉여를 모두 사회에 환원해야 한다. 그렇지 않으면 그들도 결국 맹자의 사상에 의하면 혁명革命의 대상이 되어야 할 뿐이다.

우리나라 조선 초기이래 현재까지 궁중과 민간에서 연주되어오는 관현합주곡으로서 「여민락與民樂」이라는 것이 있다. 1시간 20여 분이 소요되는 장엄한 곡인데 아마도 그 원형은 세종조에 성립한 것으로 보이나 그 후 다양한 변형을 거쳐 오늘에 이르고 있다. 물론 그 이름은 본 장의 맹자 언어에서 유래된 것이다. 맹자사상이 조선왕조에 미친 영향의 일단을 엿볼 수 있다.

1b-2. 제선왕이 물어 말하였다: "문왕文王의 동산(유囿: 담이 없는 왕의 너른 정원으로서 궁과 떨어져 있으며 금수가 노니는 곳. 담이 있는 것을 원苑이라 한다)이 사방 70리의 큰 것이었다고 하는데 정말 그런 사실이 있었습니까?" 맹자께서 대답하여 말씀하시었다: "전해오는 문헌에 분명히 기록되어 있습니다."

말한다: "아하~ 그토록 크단 말이요?"

말씀하신다: "당시 백성들은 그것도 작다고 생각하였나이다."

말한다: "과인의 동산은 사방 40리밖에 안되는 것인데, 백성들이 오히려 크다고 생각하니, 그것은 뭔 까닭이오?"

말씀하신다: "문왕의 동산은 사방 70리의 넓은 것이지만, 꼴을 베는 사람이나 나무하는 사람들이 그곳에 가며, 꿩이나 토끼를 잡는 사람들도 자유롭게 들락거렸으니, 문왕께서는 그 동산을 백성들과 같이 소유하신 것입니다. 그러니 백성들이 그것도 작다고 여긴 것은 너무도 당연한 일이 아니겠습니까?

제가 처음 제나라 국경을 통과할 때, 먼저 제나라의 대금大禁(법령으로 크게 금지하는 것)이 무엇인지를 확인해보고 나서야 감히 국경을 넘을 수 있었습니다. 그런데 제가 듣기로 교관郊關(국도國都 밖 100리를 교郊라고 하고 그곳에 설치되어 있는 경계초소가 관關이다) 안으로 사방 40리가 되는 동산이 있는데, 그곳에서 사슴이나 고라니를 죽이는 자는 사람을 죽인 자와 같은 형벌로 처벌된다고 합디다. 그렇다면 이것은 나라 안에다가 사방 40리나 되는 거대한 함정을 설치한 것이라고 보아야겠지요. 백성들이 이건 정말 너무 크다고 여기는 것은 너무도 당연한 이야기가 아닙니까?"

1b-2. 齊宣王問曰: "文王之囿, 方七十里, 有諸?" 孟子對曰: "於傳有之." 曰: "若是其大乎?" 曰: "民猶以爲小也." 曰: "寡人之囿, 方四十里, 民猶以爲大, 何也?" 曰: "文王之囿, 方七十里, 芻蕘者往焉, 雉兔者往焉, 與民同之. 民以爲小, 不亦宜乎? 臣始至於境, 問國之大禁, 然後敢入. 臣聞郊關之內, 有囿方四十里, 殺其麋鹿者如殺人之罪, 則是方四十里爲阱於國中, 民以爲大, 不亦宜乎?"

沃案 제1장과 제2장은 같은 주제를 다른 방식으로 펼친 것이다. "여민

동락與民同樂""여민동지與民同之"는 사회의 지도급 인사들이 가져야만 하는 공덕심公德心이다. 오늘날 우리 사회에, 특히 보수정권을 표방하는 자들에게 가장 크게 문제가 되는 것은 퍼블릭 마인드Public Mind의 결여라고 볼 수 있다. 최고의 지도자가 국민이 장시간에 걸쳐 피땀 흘려 쌓아놓은 국고를 사재의 증식수단으로 생각하며, 국민의 복지와 관련된 국가기간사업을 사적 소유의 대상으로 전락시키며, 대기업의 폭리를 조잡한 방법으로 정당화시키고 은폐시키며, 사법, 감찰, 정보의 수단을 사적 감정의 시녀로 만드는 이런 흉악한 현실이 21세기 민주사회에서 벌어지고 있다는 사실 자체가 너무도 통탄스럽다.

앞 장에서 맹자가 "대중음악이 곧 고전음악"이라고 말하는 것을 보면 그가 음악에 대해서도 깊은 이해가 있는 것을 알 수 있다. 그리고 이 두 장에서 전개되는 맹자의 논리는 매우 날카롭고 정직하다. 예술과 경제에 대한 그의 생각은 매우 진취적이었다는 것을 알 수 있다. 그리고 우리가 명심해야 할 것은, 맹자는 근원적으로 인민을 국가에 복속되는 존재로 보지 않는다는 것이다. 오히려 국가가 인민을 위한 방편으로 존재한다고 생각한다. 그리고 군신君臣관계는 오륜의 한 항목으로서 "의義"의 대상이 되지만, 오륜관계에 "군민君民"관계는 빠져있다는 것을 알아야 한다. 군君과 신臣은 의리를 따질 수 있으나, 군君과 민民은 의리를 따질 수 없다. 그것은 인륜으로 접근되어야 할 것이 아니다. 군君은 민심을 얻지 못하면 군의 자격을 상실한다. 오늘날 한국의 대통령도 민심을 얻지 못하면 대통령의 자격을 상실해야만 한다. 심한 경우, 임기도 못 채우고 하야해야 하는 것은 너무도 당연한 일이다. 이것이 맹자사상이다.

1b-3. 제선왕이 물어 말하였다: "이웃나라와 사귐에 원칙 같은 것이

있습니까?" 맹자께서 대답하여 말씀하시었다: "암 있고말고요. 서로 대등한 관계라면 별 문제가 없지만 국가간에 실력차이가 날 적에는, 오직 인仁한 자만이 대국을 가지고서 소국을 섬길 수 있습니다. 은나라의 탕왕湯王이 작은 나라인 갈葛나라를 섬긴 것이나(「등문공」하5에 자세한 내용이 있다), 주나라의 문왕文王이 작은 나라인 곤이昆夷(주나라가 일어날 초기에 대적하였던 서융西戎의 나라이름인데 문왕이 복속시켰다. 그 자세한 시말은 지금 상고할 수가 없다)를 섬긴 것이 그 예에 속하는 것입니다. 그리고 또 지혜로운 자만이 소국을 가지고서 대국을 섬길 수 있습니다. 주나라의 개조인 고공단보古公亶父가 적인狄人인 훈육獯鬻(북방의 맹렬한 민족. 본편 15장에 나오는 적인狄人이 바로 훈육이다)을 섬긴 것이나 월왕 구천句踐이 오吳나라를 섬긴 것은(월왕 구천이 오왕 부차夫差에게 대패하여 회계산會稽山으로 물러나 모든 예의를 갖추어 청죄하고 용서를 구한 일. 후에 구천은 결국 부차를 사지로 몰았고 오나라를 멸망시켰다. 『국어』「오어吳語」, 『사기』「오태백세가吳太伯世家」「월왕구천세가越王句踐世家」 등에 기재됨) 모두 자신의 한계를 잘 알았기 때문입니다. 대국으로써 소국을 섬기는 자는 하늘을 즐길 줄 아는 자요, 소국으로써 대국을 섬기는 자는 하늘을 두려워할 줄 아는 자입니다. 하늘을 즐길 줄 아는 자는 천하를 보전할 수 있고, 하늘을 두려워할 줄 아는 자는 나라를 보전할 수 있습니다. 시詩(주송 「아장我將」편)에 다음과 같은 노래가 있지요: '내가 하느님의 위엄을 두려워하며 근신하니 비로소 이 나라를 보전해나갈 수 있도다!'"

왕이 말하였다: "하시는 말씀이 참으로 고명高明하오이다. 그런데 과인에게는 좀 나쁜 버릇이 있습니다. 과인이 혈기가 지나쳐 용맹을 좋아합니다. 그러니 인자仁者와 지자智者의 덕성에는 도무지 못 미치지 않겠나이까?"

맹자께서 대답하여 말씀하시었다: "왕께서 용맹을 좋아하시는 것은 아무 문제가 없습니다. 그러나 청컨대 작은 용맹을 좋아하지 마시옵소서. 한 손으로는 자기 허리에 찬 칼을 만지작거리면서 상대방을 뚫어지게 바라보고 말하기를, '네놈이 감히 나를 당해낼 수 있으랴!' 하고 구라치는 것은 필부의 용맹이올시다. 이것은 겨우 한 사람을 대적하는 용맹이올시다. 왕이시여! 거대한 용맹을 가지소서!

시詩(대아 「황의皇矣」편)에 다음과 같은 노래가 있습니다: '밀密나라 사람들이 함부로 전쟁을 일으키니 우리 문왕께서는 혁연赫然히 대노大怒하시었다. 이에 군대를 정비하고 친히 거느리어 거莒나라(『시경』에는 "여旅"나라로 되어있다)로 가는 밀나라 군대를 막아버리니, 신흥국가 주周나라의 복을 돈독히 하였으며, 평화를 갈망하는 천하사람들의 기대에 부응하시었도다.' 바로 이런 것이 문왕의 용기올습니다. 문왕께서 한번 대노하시니 천하의 백성이 평안을 얻게 되었습니다.

또 서書에(현재의 『서경』 주서 「태서泰誓」상7에 있다. 조기의 주는 이것을 『상서尙書』의 일편逸篇 이라고 규정하고 있다. 따라서 현존하는 텍스트는 조기가 못 본 위서僞書가 되는 셈이나 나는 그렇게 생각하지 않는다. 후대에 첨가된 텍스트라 하여 다 위서로 규정할 수는 없다) 다음과 같은 말씀이 있습니다: '하느님께서 이 땅에 사람을 내실 적에 오직 한 사람을 선택하시어 백성의 임금으로, 또 백성의 스승으로 삼으셨느니라. 그것은 그로 하여금 하느님을 도와 만백성을 사랑케 하려 함이니라(주희의 구독방식과 나의 구독방식이 다르다. 조기 주를 따랐다). 사방의 죄 있는 자는 벌하고, 죄 없는 자는 편안케 해주는 것은 오직 나 발發(무왕) 한 사람의 책임이로다. 천하의 그 누구가 감히 이러한 나의 의지를 방해할 수 있으리오!' 당시 어느 한 사람이라도(주紂와 같은 사람) 천도에 순응하지 않고 세간에서 패도를 전횡하면 무왕께서는 그것이 자기 책임이라고 여겨 부끄럽게 생각하시었습니다. 이것이 바로 무왕의 용맹이올습니다. 문왕처럼 무왕도 한번 크게 노하여 천하의 인민을 평안케 만들었습니다. 지금 왕께서도 한번 크게 노하시어 천하의 인민을 평안케 만드는 용기를 보이소서. 백성들은 단지 왕께서 용맹을 좋아하시지 않을까만 걱정할 따름이외다."

1b-3. 齊宣王問曰: "交鄰國有道乎?" 孟子對曰: "有. 惟仁者爲能以大事小, 是故湯事葛, 文王事昆夷. 惟智者爲能以小事大, 故大王事獯鬻, 句踐事吳. 以大事小者, 樂天者也; 以小事大者, 畏天者也. 樂天者保天下, 畏天者保其國. 詩云: '畏天之威, 于時保之.'" 王曰: "大哉言矣! 寡人有疾, 寡人好勇." 對曰: "王請無好小勇. 夫撫劍疾視曰, '彼惡敢當我哉!' 此匹夫之勇, 敵一人者也. 王請大之! 詩云: '王赫斯怒, 爰整其旅, 以遏徂莒, 以篤周祜, 以對于天下.' 此文王之勇也. 文王一怒而安天下之民. 書曰: '天降下民, 作之君, 作之師, 惟曰其助上帝寵之. 四方有罪無罪, 惟我在, 天下曷敢有越厥志?' 一人衡行於天下, 武王恥之. 此武王之勇也. 而武王亦一怒而安天下之民. 今王亦一怒而安天下之民, 民惟恐王之不好勇也."

沃案 맹자는 제선왕의 변해辯解를 역이용하여 아주 교묘하게 설득의 논리를 펼치고 있다. 지·인·용의 주제는 『논어』에서 이미 개념화되었고, 그것이 『중용』의 메인 테마가 되었으며, 여기 『맹자』에서도 드러나고 있다. 공자-자사-맹자로 이어지는 사상의 흐름을 감지할 수 있으나, 우리가 알아야 할 것은 『맹자』라는 문헌 속에서 맹자는 증자曾子나 자사子思에 대하여 특별한 아이덴티티를 표방하지는 않는다는 것이다. 그들과의 특별한 관계나 존경심을 표하지 않고 그들의 행동방식을 매우 쿨하게 기술할 뿐이다. 맹자를 증자·자사에 예속시키는 것은 모두 후대의 기술이다. 맹자는 오직 공자를 직접 사숙하였다는 의식만 있다.

『맹자』에는 시詩·서書가 매우 자주 인용된다. 그런데 『논어』에는 시詩의 중요성은 부각되어 있지만, 서書는 거의 부각되어 있지 않다. 추상적 개념으로 쓸 뿐이며, 직접 문헌으로 인용하는 경우는 오직 두 케이스(2-21, 14-43)밖에는 없다. 그 내용도 매우 소략하며 전혀 정치적 의미맥락을 띠고 있지 않다. 이것은 무엇을 의미하는가? 공자와 맹자의 근원적인 입장차이를 말해주는 것이다.

공자는 혁명을 말하지 않는다. 군주를 갈아치운다는 것은 상상도 하지못할 일이다. 그런데 『상서』는 기본적으로 혁명을 말하는 책이다. 『상서』의 핵심부분은 탕왕湯王이나 무왕武王 같은 혁명주체세력의 혁명메니페스토이며 또 혁명기에 태동한 포고문들이다. 따라서 이런 것들은 공자의 구미에 잘 맞지를 않는다. 그러나 맹자에게는 너무도 고마운 논리적 근거가 되는 것이다. 이것이 맹자가 특별히 『서書』를 사랑하는 이유이다.

여기서 말하는 "낙천樂天"과 "외천畏天"의 선린관계는 21세기에도 통용되어야만 할 정치외교철학의 대원칙이다. 미국이나 중국 같은 대국이 소국을 깔보게 되면 그것은 낙천의 기본이념을 저버리는 것이요, 한국 같은 소국의 우파·보수파들이 미국이 발길질하는 뒷다리만 꼭 붙잡고 있어도 살길이 있다고 생각하는 것은 하늘을 두려워할 줄 모르는 것이다. 민족주의가 없는 우파가 어찌 우파일 수 있으며, 오직 하나의 대국만을 두려워하는 것이 어찌 외천畏天의 정도正道일 수 있으리오! 한국의 정치인들은 반성할지어다.

1b-4. 제선왕이 맹자를 이궁離宮 별장인 설궁雪宮(궁에서 떨어져 있는 호화스러운 비원 같은 곳. 누각·호수·동산 등이 있다)에서 접견하였다. 왕이 말하였다: "옛 성현聖賢들도 이러한 고상한 즐거움이 있었습니까?" 맹자께서 대답하여 말씀하시었다: "암 있구말구요. 그렇지만 인민들이 이러한 즐거움에 참가할 수가 없으면 그 윗사람을 비난하는 상황도 있었겠지요. 그런데 자기가 직접 이러한 즐거움에 참여하지 못한다고 해서 무조건 그 윗사람을 비난하는 것도 잘못된 것이요, 또한 백성의 임금된 자리에 있으면서 그러한 즐거움을 백성들과 함께 나누지 않는다는 것도 매우 잘못된 일입니다. 군주가 백성들이 즐거워하는 것을 같

이 즐거워하면, 백성들은 반드시 군주의 즐거움을 즐거워합니다. 군주가 백성들이 근심하는 것을 같이 근심하면, 백성들은 반드시 군주의 근심을 근심해줍니다. 즐거움을 천하와 더불어 하고, 근심을 천하와 더불어 하고서도 천하의 인민이 그에게로 귀속되지 아니 하는 자는 일찍이 있어본 적이 없습니다.

옛날에 제경공齊景公(성은 강姜, 명은 저구杵臼, BC 547~490 재위. 공자와 동시대. 과음의 로맨티스트. 실정으로 제나라를 전씨田氏에게 기울게 만들었다)이 그의 신하 안자晏子(?~BC 500. 제나라의 명재상. 이름은 영嬰. 영공靈公·장공莊公·경공景公 삼군을 섬김. 절검節儉과 역행力行, 그리고 세금이나 노역, 형벌을 줄이는 합리적 민본사상, 천도天道보다 인사人事를 중시하는 무신론사상으로 유명. 공자가 제나라에서 대부 되는 것을 막았는데 그 또한 정당한 판단이다. 그의 판단이 오히려 공자를 위대하게 만들었다. 사마천은 안영의 인격을 흠모하여 지금 살아계시다면 그의 마부 노릇이라도 하고 싶다고 말하였다. 현존하는 『안자춘추晏子春秋』는 안영을 흠모하는 순우곤의 집단에서 그의 언행으로 전해내려오는 것들을 편찬한 것이다. 그러니까 직하의 작품이다. 경공과 안영에 관하여 추론할 수 있는 많은 사실史實적 분위기를 잘 전해준다)에게 다음과 같이 물었습니다:

'나는 지금 여행을 하고 싶습니다. 우선 전부산轉附山(현재 지부산芝罘山: 고대의 지명이 정확히 전승이 안되어 확실치 않다)과 조무산朝儛山(현재 산동성 영성현榮城縣 동쪽의 소석산召石山)으로 유람을 떠나 그곳에서 해안을 따라 남하하여 멋드러진 낭야琅邪(산동성 제성현諸城縣 동남)까지 가려고 합니다만, 문제는 제가 여행하면서 무슨 일을 해야만 위대한 선왕들의 유람에 비견될 수 있는 품격을 갖출 수 있는지, 그것을 잘 모르겠습니다.'
안영이 대하여 말하였습니다: '아~ 참으로 훌륭한 질문을 하시는군요! 천자天子가 제후諸侯의 나라를 방문하는 것을 순수巡狩라고 합니다. 순수라는 것은 제후가 지키고 있는(守=狩) 봉토封土를 순시巡視한다는 의미올시다. 그리고 천자가 봉토에 당도했을 때 그곳 제후가 천

양혜왕 하 | 183

자에게 참조參朝하는 것을 술직述職이라고 합니다(막연하게 "천자의 나라로 조회간다"고 번역하는 것은 잘못된 것이다. "술직"은 "순수"와 관련되어 일어나는 사건으로 해석되어야 한다). 술직이라고 하는 것은 제후가 맡은 바 직무(職)를 잘 이행하고 있다고 보고하는(述) 것을 의미합니다. 그러니까 천자든 제후든 여행을 한다는 것은 건성 놀러가는 것이 아니라 반드시 구체적인 용무를 가지고서 여행을 하는 것입니다. 봄에는 경작·파종의 상황을 잘 살피어 부족한 것을 보태주고, 가을에는 수확상태를 잘 살피어 인원이나 도구가 잘 수급되지 않고 있는 것을 도와줍니다. 하나라의 속담에 이런 말이 있다고 합니다: "우리 임금님이 여행 오시지 않으면 우리 농민들은 쉴 수가 없네! 우리 임금님이 놀러 오시지 않으면 우리 농민들은 어디서 도움을 받나? 한 번 여행 오시고 한 번 놀러 오시는 것이 모두 제후의 법도가 된다네!" 그러나 지금은 이런 속담이 생겨날 형편이 아닙니다. 임금님이 순행을 하면 엄청난 군대를 데리고 다니며 백성이 먹어야 할 식량을 징발하며, 굶주린 백성마저 먹을 것이 없어지고, 피로에 지친 농민들이 쉴 수가 없습니다. 이럴수록 연약한 백성들은 서로 눈을 흘기며 서로를 원망하고 서로를 비방하면서 결국 나쁜 짓이란 짓은 다하게 되는 것입니다. 임금이 천명을 어기고 제 백성을 학대하며 마시고 먹는 것을 물흐르듯이 낭비합니다. 이토록 "류련황망流連荒亡"한 짓을 일삼으니 제나라에 소속된 소제후들의 근심이 커지게 되는 것입니다(이것은 재상 안영의 말이며, 어디까지나 제나라 자체의 상황을 면대面對하여 이야기하는 것으로 해석되어야 옳다). "류流"라는 것은 배 띄우고 떵까떵까 방탕하게 놀면서 물 흐르는 대로 내려갈 뿐 돌아올 줄 모르는 것을 일컫는 것입니다. "련連"이라는 것은 배 띄우고 떵까떵까 방탕하게 놀면서 흐르는 물을 거슬러 올라갈 뿐 다시 돌아올 줄 모르는 것을 일컫는 것입니다. "황荒"이라는 것은 말 달리며 짐승을 쫓아다니는 데 열중하여 만족을 모르고 그 짓을 계속하는 것을 일컫는 것입니다(이렇게 되면 사람이 황폐화된다). "망亡"이라는 것은 술을 즐기되 끊임없이 마시는 것을 일컫는 것입니다(곧 돼지고 말기 때문에 "망"이라 한 것이다). 고대의 성왕(先王)들은 이러한 류련流連의 방탕한 즐거움이나 황망荒亡의 황폐한 행동이 없으셨습니다. 그러나 이런 선왕의 아름다운 행동과 지금 군주들의 횡포, 그 어느 것을 선택하실지는 오직 당신이 결단해야 할 문제이올시다.'

경공께서는 이런 비판을 듣고서도 크게 기뻐하시어, 나라 전체에 근신하라는 포고령을 내리시고, 당신 스스로 궁전을 나와 교외에 임시막사를 지으시고 국정을 시찰하시었습니다. 이에 처음으로 국정을 흥발興發시키고 창고를 열어 백성들의 부족한 것을 채워주셨습니다. 그리고는 악관樂官인 태사太師를 불러 다음과 같이 분부하시었습니다: '나를 위하여 군·신이 서로 기뻐하며 즐길 수 있는 음악을 지어다오!' 이런 연유로 만들어진 위대한 음악이 바로 치소徵招와 각소角招입니다(궁상각치우에서 치가 군음인 음악, 각이 군음인 음악을 말하며, 소招는 소韶를 의미한다). 그 노래가사 중에, '임금을 비판하는 것이 무슨 허물이 되랴!'라는 말이 있는데, 임금을 비판하는 것이야말로 임금을 사랑하는 것이올시다."

1b-4. 齊宣王見孟子於雪宮。王曰: "賢者亦有此樂乎?" 孟子對曰: "有。人不得, 則非其上矣。不得而非其上者, 非也; 爲民上而不與民同樂者, 亦非也。樂民之樂者, 民亦樂其樂; 憂民之憂者, 民亦憂其憂。樂以天下, 憂以天下, 然而不王者, 未之有也。昔者齊景公問於晏子曰: '吾欲觀於轉附朝儛, 遵海而南, 放于琅邪, 吾何脩而可以比於先王觀也?' 晏子對曰: '善哉問也! 天子適諸侯曰巡狩, 巡狩者, 巡所守也。諸侯朝於天子曰述職。述職者, 述所職也。無非事者。春省耕而補不足, 秋省斂而助不給。夏諺曰: 吾王不遊, 吾何以休? 吾王不豫, 吾何以助? 一遊一豫, 爲諸侯度。' 今也不然: 師行而糧食, 飢者弗食, 勞者弗息。睊睊胥讒, 民乃作慝。方命虐民, 飲食若流。流連荒亡, 爲諸侯憂。從流下而忘反謂之流, 從流上而忘反謂之連, 從獸無厭謂之荒, 樂酒無厭謂之亡。先王無流連之樂, 荒亡之行。惟君所行也。' 景公說, 大戒於國, 出舍於郊。於是始興發補不足。召太師曰: '爲我作君臣相說之樂!' 蓋徵招角招是也。其詩曰, '畜君何尤?' 畜君者, 好君也。"

沃案 제나라의 과거 명신의 이야기를 빌어 현재 제선왕을 비판하는 맹자의 정신은 일관된 흐름을 지니고 있다. "여민동락"의 주제가 "여행"이라는 장르에서도 일관되게 펼쳐지고 있는 것이다. 사회의 모든 지도급 인사들은 "논다"라는 개념을 명료하게 할 필요가 있다. 놀아도 건성 노는 것이 아니라, 즉 사적 쾌락의 충족이나 타임킬링의 "놈"이 되어서는 아니 되는 것이며, 반드시 "놈play" 그 자체가 여민동락의 사회적 행위social act가 되어야 한다는 것이다. 여행을 통하여서도 민정을 살피고 국가의 개선책을 마련하지 않는 자는 국가의 지도자가 될 수가 없다. 정치를 한다는 것 자체가 이런 "공적 부담"에서 일초도 해방될 수가 없다는 것이 맹자의 주장이다. 모든 정치인은 끊임없이 비판의 소리를 들어야 한다. 비판의 소리야말로, 사랑의 소리라는 것이다. 정치인이 비판을 싫어하고 수용하지 않는 것, 그것은 정치인의 죽음이다. 이것 또한 맹자의 신념이다.

1b-5. 제선왕이 물어 말하였다: "사람들이 옛날 천자가 제후를 순수할 때 썼던 태산의 명당明堂이 명목상 남아있을 뿐이니 부셔버리자고 하는데 그래도 그것이 유서 깊은 전통을 간직한 건물 아니겠소. 그것을 정말 부셔버릴까요, 말까요?(명당에 관해서 여러 설이 있다. 제국 영토에 남아있는 천자의 태묘라고도 한다)"

이에 맹자가 대답하여 말씀하시었다: "대저 명당이란 천하를 다스리는 왕자王者의 전당이니, 왕께서 진정 왕도를 구현하시어 천하를 통일하고자 하신다면 그 전당을 허물지마소서."

왕은 말한다: "거 참 좋은 말이구료. 그런데 왕도를 구현하는 정치에 관해 말해줄 수 있으시겠소?"

대답하여 말씀하신다: "옛날에 문왕께서 기岐(지금 섬서성 기산현岐山縣 일대) 땅을 다스리실 때, 농토를 우물 정자井字처럼 9등분 하고 8가족에게 그 등분한 땅을 하나씩 사전私田으로 주되, 가운데 하나는 공전公田으로 하여 바치게 하였으니 농민 세율이 9분의 1밖에 안되는 가벼운 것이었습니다. 그리고 관리 노릇하는 사람들은 그 봉록을 세습시키고 생활을 안정시켜 착취할 생각을 못하게 하였고, 국경세관이나 시장에서는 이상한 짓을 하는 놈들을 취조하기는 하였으나 통행세와 물품세는 전혀 징수하지 않아 자유무역을 성행케 하였으며, 나라의 저수지나 고기 잘 잡히는 어량魚梁을 계절 따라 통제하기는 하였으나 근본적으로 금지하는 일은 없었고, 죄인을 벌하는 것도 그 본인에게만 해당되고 그 처자식이 연좌되는 일은 없었습니다. 늙어서 처가 없는 홀아비를 환鰥이라 부르고, 늙어서 남편이 없는 과부를 과寡라 부르고, 늙어서 자식이 없어 돌보는 이 없는 사람을 독獨이라 부르고, 어린아이가 부모 없이 버려진 것을 고孤라고 부릅니다. 이 네 부류의 환과독고야말로 천하에 빈궁한 사람들이며 어디에도 기탁할 곳이 없는 불쌍한 사람들입니다. 문왕께서 정치를 행하시어 인정을 베푸심에, 반드시 이 네 부류의 환과독고를 먼저 보살피시는 복지정책을 시행하셨습니다. 시詩(소아 「정월正月」)에 다음과 같은 노래가 있지요: '난이 닥친들 부자들이야 뭔 걱정이 있으리오? 초췌하고 외로운 이들이 슬픔을 당할 뿐이지!'"

왕이 말한다: "아~ 참으로 좋은 말씀이시구려!"
말씀하신다: "아니 왕께서 그렇게 좋은 말씀이라고 생각하신다면 왜 이것을 당장 실천하지 않으시나이까?"

왕이 말한다: "과인이 병통이 좀 있소. 과인이 너무 재물을 좋아한단 말이오. 왕정을 실현하는 데 방해요소가 아니겠소?"

대답하여 말씀하신다: "주나라의 초기 성군 중에 시조 후직后稷의 증손으로서 공류公劉라는 분이 있지요(공류는 융적戎狄의 지역으로 쫓긴 상태에서 즉위하였지만 농경에 힘쓰고, 토지의 특성을 잘 살피고, 위수渭水를 건너 목재를 채취하여 사용하였고, 재화를 잘 활용하여 다스리는 영토 내에 재물이 쌓였다. 그래서 사람들이 모여들고 정교政敎가 흥성하였다. 공류는 빈豳[=빈邠]에 도읍하였고 그의 아들 경절慶節은 그곳에 나라를 세웠다. 『사기』「주본기」참고). 이 분은 매우 재물을 좋아하셨지요. 그 분이 서융西戎 지역에 사실 때에 그 분의 선정을 찬양하는 시詩가 있어요(『시詩』대아 생민지십生民之什 중의 「공류公劉」편): '노적가리가 산처럼 쌓였다. 창고 또한 곡물로 가득찼다. 말린 음식을 차곡차곡 쌓아 밑없는 푸대에(양쪽을 봉하여 둘러메는 용이다), 밑있는 푸대에 꽉꽉 담아 천도의 준비를 한다. 백성을 편안케 하고 국위를 광대光大하게 빛낼 그 날을 꿈꾸며. 활과 살을 준비하고, 방패 · 창 · 작은 도끼 · 큰 도끼를 갖춘 후에 비로소 안전하게 빈으로 천도의 길을 떠났다.' 그러므로 남아있는 인민은 창고에 충분한 곡식의 축적이 있으니 걱정이 없고, 길 떠나는 인민은 푸대에 휴대식량이 잔뜩 있으니 걱정이 없습니다. 그런 연후에나 천도의 길을 떠나 훌륭한 나라를 세운 것입니다. 왕께서 재물을 좋아하신다 한들, 그것을 백성과 더불어 함께 하신다면 왕께서 천하를 통일하는 왕정을 행하시는 데 무슨 어려움이 있겠나이까?"

왕이 말한다: "과인에게 그것 말고도 또 병통이 있습니다. 과인은 여색을 너무 좋아합니다. 이것도 왕정에 장애가 되겠지요?"

대답하여 말씀하신다: "옛날에 고공단보 태왕(문왕의 친할아버지)께서도 여색을 좋아하셔서 그 부인 강씨姜氏를 그렇게도 사랑하셨습니다. 빈豳에 사시던 고공단보께서 적인狄人들의 공격을 받아 말타고 도망가는 절박한 모습을 노래한 시가 있습니다(대아 문왕지십文王之什「면綿」): '고

공단보는 아침 날이 밝자마자 말을 달려 도망갈 때에도 그 부인을 껴안고 달렸다. 서쪽의 저수沮水와 칠수漆水 물가를 따라 기산岐山 아래에 이르시니 이에 같이 온 강씨 부인과 함께 새 집터를 보시고 그곳에서 행복하게 사시었다.' 목숨 걸고 부인을 사랑하는 태왕의 모습은 정당한 부부의 모습을 보여줍니다. 그러기 때문에 고공단보의 치세 당시에는 안으로는 혼기를 놓치고 집안에 쑤셔박혀 원한을 품은 여자도 없었고, 밖으로는 색시를 못 얻어 어슬렁거리는 외로운 남자도 없었습니다. 모두 단란한 가정을 꾸렸지요. 왕께서 여색을 좋아하신다면, 혼자서 처첩을 잔뜩 거느리지 마시고 백성들과 같이 즐기며 여자를 독점하지 않으신다면, 천하를 통일하는 왕도를 구현하시는 데 무슨 어려움이 있겠나이까?"

1b-5. 齊宣王問曰: "人皆謂我毁明堂, 毁諸? 已乎?" 孟子對曰: "夫明堂者, 王者之堂也。王欲行王政, 則勿毁之矣。" 王曰: "王政可得聞與?" 對曰: "昔者文王之治岐也, 耕者九一, 仕者世祿, 關市譏而不征, 澤梁無禁, 罪人不孥。老而無妻曰鰥, 老而無夫曰寡, 老而無子曰獨, 幼而無父曰孤。此四者, 天下之窮民而無告者。文王發政施仁, 必先斯四者。詩云: '哿矣富人, 哀此煢獨。'" 王曰: "善哉言乎!" 曰: "王如善之, 則何爲不行?" 王曰: "寡人有疾, 寡人好貨。" 對曰: "昔者公劉好貨, 詩云: '乃積乃倉, 乃裹餱糧, 于橐于囊。思戢用光, 弓矢斯張, 干戈戚揚, 爰方啓行。' 故居者有積倉, 行者有裹糧也, 然後可以爰方啓行。王如好貨, 與百姓同之, 於王何有?"

王曰: "寡人有疾, 寡人好色。" 對曰: "昔者大王好色, 愛厥妃。詩云: '古公亶甫, 來朝走馬, 率西水滸, 至于岐下, 爰及姜女, 聿來胥宇。' 當是時也, 內無怨女, 外無曠夫。王如好色, 與百姓同之, 於王何有?"

沃案 맹자의 사유의 위대함은 상대방의 논리를 정면으로 부정하여 대

립하는 것이 아니라, 그것을 긍정하면서 그 의미와 논리구조에 즉하여 반론을 펴고 자신의 주장을 관철시킨다는 것이다. 맹자의 사유는 항상 긍정적이고 적극적이다. 그러면서도 왕도의 철학적 일관성을 양보하지 않고 상대방을 계발시킨다. 그리고 인간의 기본적 욕망을 긍정한다. 그러나 그 긍정을 반드시 사회적 차원으로 승화시킨다. 인간의 욕망은 오로지 모든 사람이 같이 즐길 수 있는 보편성을 획득할 때만이 윤리적 가치를 띠게 된다는 것이다. 욕망도 공감의 유대성을 지녀야 한다.

명당明堂에 관한 논리는 공자가 고삭告朔의 희양餼羊을 폐지하기를 꺼려하는 논리와 연속성이 있다(『논어』3-17). 그리고 여기 맹자의 왕도론에 관하여 중요한 항목들이 첨가되고 있다: 1) 정전제井田制의 주장. 농민의 세금을 경감시켜야 한다. 2) 관료들의 일정한 봉급을 보장할 것. 3) 통행세와 물품세를 철폐하여 상인들이 제나라로 몰려들어 자유무역을 하도록 할 것. 시장경제의 활성화. 4) 군주의 사유지를 공개할 것. 5) 형벌에 있어서 연좌제를 폐지할 것. 형벌보다는 서민교육에 의하여 도덕을 진작시킬 것. 6) 환과독고의 최빈자를 최혜자로 취급할 것 등등의 구체적 치세론이 나타나고 있다. 이러한 치세론도 제나라에 머물고 있던 기간중에 발전된 것으로 보인다. 그의 왕도본은 변력기간 동안에 발전석으로 이루어졌음을 짐작할 수 있다.

1b-6. 맹자께서 제선왕에게 일러 말씀하시었다: "왕의 신하 중에 지금 초나라에 사신으로 가는 사람이 있다고 가정해보죠. 그 사람은 사신으로 가있는 동안 자기 친구에게 처자식을 돌봐달라고 부탁하고 떠났습니다. 그런데 초나라에서 돌아와보니 그 처자식이 모두 추위에 떨고 아사지경이었습니다. 이 경우 왕께서는 그 신하를 어떻게

하시겠습니까?"

왕이 말하였다: "나는 그 신하를 버리고 다시는 기용하지 않을 것이오. 자기 친구를 분별하는 능력도 없고 처자를 추위에 굶주리게 하였으니 나의 신하의 자격이 없소이다."

맹자께서 말씀하시었다: "그렇다면 또 왕의 군대를 통솔하는 참모총장격인 장수가 사졸士卒을 다스리지 못한다면 어떻게 하시겠습니까?"

제선왕은 말하였다: "나는 그 장수를 해임시키겠습니다."

말씀하시었다: "그렇다면 또 국내 사경四境 전체의 민생고가 가중되고 나라가 잘 다스려지고 있지 않다면 어떻게 하시겠습니까?"

말문이 꽉 막힌 왕은 좌우를 둘러보며 딴청을 하였다.

1b-6. 孟子謂齊宣王曰: "王之臣有託其妻子於其友而之楚遊者, 比其反也, 則凍餒其妻子, 則如之何?" 王曰: "棄之。" 曰: "士師不能治士, 則如之何?" 王曰: "已之。" 曰: "四境之內不治, 則如之何?" 王顧左右而言他。

沃案 불과 74글자밖에 안되는 짧은 담화이지만 『맹자』 전체 서물 중에서도 가장 맹자의 변론술의 묘미를 잘 나타낸 묘문妙文으로 이름 높다. 그리고 그 숨어있는 함의의 강력함은 맹자의 비판정신의 예리함을 잘 드러내고 있다. 사신으로 갈 정도의 신하의 경우에서 군대를 통솔하는 장군의 경우를 거쳐 왕 자신의 상황으로 올라가면 똑같은 논리가 적용될 수밖에 없다. 신하를 버리고, 장군을 해임했다면, 이제 왕이 국민에 의하여 버려지고 해임될 수밖에 없다. 즉 국민이 왕을 해임할 권리를 갖는다는 혁명사상이 노골적으로 드러나 있다. 그런데도 불구하고 그러한 논리를 면전에서 다 간파하는 제선왕의 태도는 너무도 귀엽다. 즉 "좌우를 돌아보며 딴청을 부린다"는 왕의 멀쑥한 태도의 묘사는 못난 왕의 모습이 아니라 오히려 과거 왕들의 품격을 전해주는 것이다. 누가 만약 청와

대에 들어가 대통령 면전에서 "해임되어야 할 사람은 바로 당신이요"라고 단도직입적으로 이야기했다면, 사찰과 세무조사, 그리고 검찰 압력 등 벼라별 더티한 추행이 이어졌을 것이다. 21세기 민주사회에서 오히려 맹자처럼 직언하는 사람은 사라지고 있는 것이다. 그러니 정치가 제대로 돌아갈 리가 없다.

앞 장에서도, "나는 재물을 좋아하는 병통이 있다"든가 "여색을 좋아하는 병통이 있다"든가 하는 고백도 왕의 순진무구한 성격을 나타내는 아주 실제적 디테일이 잘 묘사되고 있는 것이다. 혹자는 왕이 맹자를 조롱하는 분위기의 반론을 편 것이라 하지만 그렇게 해석될 가능성은 전혀 없다. 단지 왕도를 못 실천할까봐 걱정스러운 것이다. 여색을 밝힌다는 왕의 고백에 부인만을 사랑하라는 딴 차원의 여색을 말하는 맹자의 시치미도 참 코믹한 것이다. 서로가 진지하게 대화를 하면서도 여유가 있는 것이다. 현재 민주사회의 지도자가 오히려 그러한 비판정신을 접할 기회가 없어져가고만 있는 것이다. 언론이 정치에서 분리되고, 언론 자체가 또 하나의 권력으로 타락해버리는 작금의 세태에서는 정치에 대한 진정한 내면적 비판이 유실되고 있는 것이다.

본 장의 매우 짧지만 해석에 있어서 많은 이견異見이 있다. 우선 제일 먼저 맹자의 질문에서 "어떻게 하시겠습니까如之何?"의 대상이 친구라고 보는 견해이다. 다시 말해서 "기지棄之(그를 버린다)의 의미를 "친구와의 우정을 끊겠다"라는 식으로 해석하는 것이다. 조기가 그렇게 해석하였고(言當棄之, 絶友道也), 주자가 그를 계승하였다(棄, 絶也). 우리나라는 워낙 주자의 권위가 강해 오늘까지도 아무도 이에 반론을 펴지 않는다. 그러나 맹자의 물음 자체가 "왕지신王之臣"을 주어로 한 것이며, 대화의 포인트도 왕 자신의 태도나 결단을 물은 것이다. 그리고 "기棄"라는 동사의 함의도 왕의 입장에서 더 이상 기용할 생각이 없다라는 느낌이 더 강하다. 왕이 갑자기 자기 신하의 입장으로 내려가서 친구와 단교하겠다는 이야기는 도무지 어불성설이다. 혹자는 왕이 처자를 동뇌凍餒하게 만든 그 놈을 기용치 않겠다는 뜻으로 새겨야 한다고 말하기도 하나, 도무지 어불성설이다. 신하의 친구는 왕과 직접적인 관련이 없다.

두 번째 질문에 있어서 모든 사람들이 예외없이 "사사士師"를 옥사獄事를 다루는 관리로 푸는데, 이것도 매우 잘못된 해석이다. 그 최초의 오류가 조기의 주에서 비롯된 것이다: "사사는 옥관리이다. 옥을 잘 다스리지 못하면 어떻게 하겠냐고 묻고 있는 것이다.士師, 獄官吏也。不能治獄, 當如之何?"

『논어』에 보면 노나라의 현인 유하혜柳下惠가 세 번 "사사士師에 임명되었으나 세 번 다 파면되었다"(18-2)라는 구절이 있다. 그러나 실제로 이 "사사士師"가 무엇을 의미하는지 정확히 모른다. 우리가 사사士師를 판관判官이나 형리刑吏로 해석하는 것은 『주례周禮』의 추관사구秋官司寇의 직제에 대사구大司寇, 소사구小司寇, 사사士師, 향사鄉士 등등의 위계가 있기 때문이다. 그런데 맹자의 논리의 진행에 있어서 갑자기 대사구도 아닌 아랫 계급의 "사사士師"가 나오는 것은 너무도 이상하다. 우리가 알아야 할 것은 『주례』라는 문헌의 성립이 왕망王莽, BC 45~AD 23의 시대 이상을 거슬러 올라가지 않는다는 것이다. 『맹자』의 언어는 『주례』의 관명에 의하여 규정될 수 없는 것이다. 『맹자』의 자연스러운 언어가 『주례』의 도식적 언어보다 빠르고 더 일상언어적인 것이다. 『맹자』의 언어는 그냥 소박하게 전국시대의 상식으로 풀어야 한다.

그 전체 문장은, "사사불능치사士師不能治士, 즉여지하則如之何?"라는 매우 단순한 구문이다. 여기서 앞의 "사士"와 뒤의 "사士"는 문장구조상으로 동일한 명사 유니트를 형성한다. 그렇다면 문장구조는 명백해진다: "사士의 사師가 사士를 잘 다스릴 수 없다면 …" 그런데 사士나 사師가 모두 군대용어라는 것은 동네집 개라도 다 알아들을 수 있는 말이다. "사師"는 전국시대 때 장수(군대의 통솔자)의 의미로 수없이 쓰이는 말이며, "사士"는 원래 오늘날 "사관士官생도"라는 말에서 보여지듯이 장교를 뜻하는 말이었으나, 전국시대에는 "사졸士卒"을 총칭하는 뜻으로 잘 쓰였다. 따라서 상기의 구문은 "사졸의 장수가 사졸을 다스리지 못한다"는 뜻이 될 수밖에 없다.

맹자의 담론에 깔린 전체 논리구조는 이와 같은 것이다. 즉 첫째로 인륜에 의하여 처자식은 남편에게 위탁된 것이다. 따라서 남편은 처자식의 안위에 관하여 상황여하를 불문하고 책임이 있다. 둘째도 마찬가지로, 군대의 장군에게는 왕권에 의하여 사졸이 위탁된 것이다. 장군은 상황여하를 불문하고 사졸의 안위에 관하여 책임이 있다. 셋째도 마찬가지이다. 나라와 백성의 안위는 천명天命에 의하여 왕에게 위탁된 것이다. 나라와 백성의 안위와 복지를 지키지 못하면 최고의 지도자는 혁명되어야 한다. 더 이상 천명을 수명하지 못하기 때문이다. 나는 본 장을 어렸을 때부터 심히 사랑해왔다. 그래서 내가 이 장에 대한 느낌이 강렬한 것이다.

구약성서의 「여호수아」편 다음에 「사사기士師記」라는 편이 있다. 이스라엘의 열두 지파들이 여호수아가 죽고 난 후에 가나안땅에 정착되어 가는 과정에서 태동된 지파들의 영웅들의 이야기를 기록한 것이다. 이들을 "judge"라고 영역하기 때문에 "사사士師"라고 번역했다. 그러나 사사들의 실제행동양식을 보면 재판관이 아니라, 야훼의 명령을 바르게 판단하여 수행하는 군사적 지도자들이다. 하여튼 구약의 "사사"라는 표현도 이 맹자의 언어에서 비롯된 것임을 밝혀둔다.

1b-7. 맹자께서 제선왕을 알현하셨을 때, 다음과 같이 말씀하시었다: "이른바 우리가 평상적으로 고국故國(유서 깊은 나라)이라고 말하는 것은 그 영토에 교목의 수풀이 우거져 풍요롭다는 것을 일컫는 것이 아니요, 오직 그 나라를 지키는 대대로 내려오는 품격 있는 동량 같은 신하들이 버티고 있다는 것을 일컫는 것입니다. 지금 임금님께서는 진심으로 신임할 수 있는 친한 신하도 있는 것 같지 아니 하고, 어제 기용한 신하가 오늘 도망가 버려도 모르고 계신 형편인 것 같습니다."

왕이 말하였다: "그렇지만 내가 어떻게 처음부터 그런 인물을 보고 척 알아차려서 아예 기용하지 않는 그런 재간이 있을 수 있단 말이오?"

말씀하신다: "지금은 인재의 등용이 자유롭고 상하의 신분질서가 무너진 시대입니다. 그래서 더욱 임금께서 현자를 발탁하신다 해도 정말 부득이한 경우에만 허용하셔야 하는 것입니다. 일단 등용케 되면 신분이 낮은 자라도 신분이 높은 자의 윗자리에 앉을 수 있고, 나와 혈연이 무관한 자라도 나의 친족보다 더 높은 자리를 차지할 수도 있는 것이니, 참으로 신중하지 아니 할 수 있겠나이까? 사람을 쓸 경우를 생각해봅시다. 좌우의 친한 신하들이 모두 어질다고 말하여도 아직 그를 쓰시면 안됩니다. 뭇 대부들이 모두 말하기를 어질다 하여도 아직 그를 쓰시면 안됩니다. 나라사람들이 모두 어질다고 말한 연후에나 비로소 채용할 것을 고려하십시오. 그리고 임금님께서 직접 그가 과연 현명한지를 분별하신 연후에나 비로소 그를 채용하십시오. 사람을 파면시킬 때도 마찬가지입니다. 좌우의 친한 신하들이 모두 그 놈은 안됩니다라고 말하여도 아직 그 말을 들으시면

안됩니다. 뭇 대부들이 모두 그 놈은 안됩니다라고 말하여도 아직 그 말을 들으시면 안됩니다. 온 백성이 모두 그 놈은 정말 안됩니다라고 말한 연후에나 그를 버릴 것을 고려하십시오. 그리고 임금님께서 직접 그가 정말 안되는 놈인지를 분별하신 연후에나 그를 파면하시옵소서. 그리고 또 사람을 처형할 때도 마찬가지올시다. 좌우의 친한 신하들이 모두 그 놈은 죽일 만하다라고 말하여도 아직 그 말을 들으시면 안됩니다. 뭇 대부들이 모두 그 놈은 죽일 만하다라고 말하여도 아직 그 말을 들으시면 안됩니다. 나라사람들이 모두 죽일 만하다라고 말한 연후에나 비로소 죽일 것을 고려하십시오. 그리고 임금님께서 직접 과연 그가 죽을 만한 죄를 저질렀는지를 깊게 분별하여 판단하시고 나서야 비로소 그를 죽이십시오. 이렇게 되면 역사에 그는 나라사람들이 죽였다라고 평가될 것입니다. 이렇게 임금님께서 민의를 존중하신 연후에나 비로소 참된 백성의 부모가 되는 것이올습니다."

1b-7. 孟子見齊宣王曰: "所謂故國者, 非謂有喬木之謂也, 有世臣之謂也。王無親臣矣, 昔者所進, 今日不知其亡也。" 王曰: "吾何以識其不才而舍之?" 曰: "國君進賢, 如不得已, 將使卑踰尊, 疏踰戚, 可不愼與? 左右皆曰賢, 未可也; 諸大夫皆曰賢, 未可也; 國人皆曰賢, 然後察之; 見賢焉, 然後用之。左右皆曰不可, 勿聽; 諸大夫皆曰不可, 勿聽; 國人皆曰不可, 然後察之; 見不可焉, 然後去之。左右皆曰可殺, 勿聽; 諸大夫皆曰可殺, 勿聽; 國人皆曰可殺, 然後察之; 見可殺焉, 然後殺之。故曰, 國人殺之也。如此, 然後可以爲民父母。"

沃案 맹자의 논리는 참으로 정연하다. 소위 민본주의Pletharchia의 치열한 논의가 전개되고 있는 것이다. 우선 맹자가 산 시대를 알 필요가 있다. 이미 공자의 시대에 노나라와 같은 작은 나라의 대부가 천자의 팔일무를 춤출 수도 있었다는 것은 주실의 권위가 무너지기 시작하고 패도

의 시대가 도래하기 시작하였다는 것을 의미한다. 주왕실을 정점으로 하는 봉건제도Feudal System가 무너지기 시작하였다는 것을 의미하는 것이다. 이러한 패도의 경향은 점점 가속화되어가며 맹자의 시대에는 이미 주왕실은 유명무실해졌다. 따라서 전국의 군웅시대로 접어들면 국제간의 경쟁구조가 치열해지면서 진현進賢, 즉 "인재의 등용"이라는 문제가 심각한 과제상황으로 등장하게 되었다. 공자의 위대성은 이러한 시대경향을 예견하고 신분질서에 관계없이 진정한 실력자를 양성하여 제후들에게 공급하는 인재수급 교육시스템을 구축했다는 데 있다. 그 인재양성소가 바로 공문孔門이었다. 이 공문집단이 발전·분화하여 전국시대의 제자백가가 된 것이다. 맹자의 말 중에 "비유존卑踰尊, 소유척疏踰戚"이라는 명제는 단적으로 전국시대의 진현進賢의 과제상황을 표현해주고 있다. 족벌정치의 시대가 이미 끝났다는 얘기다! 진정한 실력자가 아니면 대접받아서는 아니 된다는 것이다. 진현에 실패하면 경쟁에 지고, 결국 나라는 패망하는 것이다. 국가의 흥망이 인재수급에 달려있는데, 그 인재는 신분이나 족벌이나 전통이나 인습과 무관하다는 것이다. 그러나 이러한 인재도 "검증과정"이 필요하다는 것이다. 그 "검증"의 기준이 무엇인가? 그것은 왕이나 고관들의 주관적 판단이 아니라 민중의 객관적 판단이어야 한다는 것이다. 맹자가 비록 민주주의Democracy를 말하지는 않았어도, 오늘날 민주라는 이상의 모든 철학적 원형을 제시하고 있다. 우리는 제도적으로는 민주를 이룩했다. 그러나 과연 실력자가 수급되는 제도가 확립되어 있는가? 이 21세기 대명천지에 오직 학벌이 같다고, 오직 개인적 안면이 있다고, 오직 같은 교회에서 장로·집사를 했다고 그들에게 국가의 대사를 관장하는 공복의 자리, 장관, 국영기업·국영기관의 장자리를 마음대로 원칙 없이 살포하는 이런 정치를 과연 "민주의 진보"라고 말할 수 있을 것인가? 오호! 통재라! 역사는 앞으로 가는 것이냐, 빠꾸하는 것이냐, 지그재그로 가는 것이냐? 도무지 종잡을 길 없고, 국민의 원성만

높아지고 있도다!

1b-8. 제선왕이 물어 말하였다: "은나라의 탕왕이 하나라의 걸桀 임금을 추방하고, 주나라의 무왕이 은나라의 주紂 임금을 토벌했다고 하는데, 실제로 그런 일이 있었습니까?"

맹자께서 대답하여 말씀하시었다: "예로부터 전해 내려오는 문헌에 확실히 기록되어 있습니다."

말한다: "그런데 신하된 자로서 그의 임금을 시해하는 것이 과연 옳은 일인가요?"

맹자께서 말씀하시었다: "인仁을 해치는 자를 적賊이라 일컫고, 의義를 해치는 자를 잔殘이라 일컫습니다. 잔적殘賊의 인간은 '한 또라이 새끼'라고 일컫지 임금이라 말하지 않습니다. 저는 무왕이 한 또라이 새끼 주紂를 주살誅殺하였다는 이야기는 들어본 적이 있으나, 임금을 시해하였다는 이야기는 들어본 적이 없나이다."

1b-8. 齊宣王問曰: "湯放桀, 武王伐紂, 有諸?" 孟子對曰: "於傳有之." 曰: "臣弑其君, 可乎?" 曰: "賊仁者謂之賊, 賊義者謂之殘. 殘賊之人謂之'一夫.' 聞誅一夫紂矣, 未聞弑君也."

沃案 맹자시대에도 "나꼼수"는 있었다. 오늘날의 "나꼼수"는 방송을 타고 간접적으로 이루어지지만, 맹자시대의 나꼼수는 왕의 면전에게 곧바로 이루어졌다. 피할 수 없는 직언이다. 그런데 사실 오늘날의 나꼼수가 신랄한 것 같지만 맹자의 나꼼수는 더욱 신랄하다. 오늘날의 나꼼수는 대통령이라도 인의仁義를 해치면 민중이 주살誅殺할 수도 있다는 이야기를 직접 말하지는 않는다. 그래도 나꼼수 방송의 한 사람은 억울하게

영어圉圄의 몸이 되었다. 맹자가 나쁜수를 말할 수 있고 또 그것을 면전에서 묵묵히 듣고 앉아있는 제선왕 "가카," 그 제나라 조정의 분위기는 오늘날의 정치판도보다는 더 관용이 있는 것 같다. 대인들의 게임이다. 맹자는 이런 얘기를 통치자를 아끼는 "친구"의 입장에서 이야기해줄 수 있었다. 맹자가 왕의 고문으로서 가는 데는 3가지 조건이 있었다. 첫째, 자설自說을 채용하여 실행할 것. 둘째, 가슴속으로부터 존경심을 가지고 경청하며 예의를 차릴 것. 셋째, 자기 집단에 대한 접대·증여 등을 후하게 하고 의식주를 여유있게 보증할 것. 이 세 가지 조건이 어느 정도 관철되는 정도에 따라 진퇴거취를 선언하고, 세 조건이 모두 거부될 때에는 빈객 되기를 거부하고 그 나라를 떠난다. 이러한 조건에도 불구하고 맹자가 7년을 제나라에 머물렀다는 것은 제선왕의 인품이나, 두 사람 사이에 오간 우정이 그래도 깊이가 있었다는 행간의 분위기를 우리는 짐작할 수 있다. 언론의 자유는 맹자의 신념이었다.

그런데 과연 과거 제왕들이 이 『맹자』를 어떻게 받아들였을까? 물론 끔찍하게 생각했다. 그래서 『맹자』는 읽히지 않았다. 앞서 말한 대로 주희의 『사서집주』 이전에는 실제로 『맹자』의 존재성은 대륙에서도 제로에 가까웠다. 그런데 재미있는 것은 주희 이후의 군주 중에도 『맹자』를 혐오한 자들이 있었다는 것이다. 그 대표적 인물이 음험하기로 유명했던 독재군주 명태조 주원장朱元璋, 1328~1398이었다. 주원장은 『맹자』를 읽고 군왕에 대한 불경不敬을 괘씸하게 느낀 나머지, "요 간교한 놈! 지금 이 세상에 살아있다면 내가 볼기를 치리라!"라고 말했으며, 맹자의 제사를 금지시켰다. 그리고 유곤손劉昆孫으로 하여금 『맹자절문孟子節文』이라는 책을 쓰게 하여 전제군주의 구미에 맞지 않는 부분은 전부 삭제케 했다. 나중에 유곤손이 과거의 부정사건에 연좌되어 사형을 당하게 되는데, 사람들은 유곤손이 『맹자절문』을 만든 업으로 저렇게 죽는다고 수군거리곤 했다.

일본만 해도 『맹자』는 금단禁斷의 책이었다. 일본의 통치자들의 구미에 맞지 않았던 것이다. 명나라의 사조제謝肇淛, 1564~1642가 쓴 『오잡조五雜俎』(천天·지地·인人·물物·사事에 대한 잡고雜考)라는 책에는 다음과 같은 재미있는 이야기가 실려있다: "왜놈倭奴들도 역시 유서儒書를 중히 여기고 불법佛法을 신信한다. 대저 중국의 경서經書란 책은 모조리 비싼 값으로 그것을 사들인다. 그런데 『맹자』는 사지 않는다. 들려오는 풍설에 의하면, 그 책을 휴대하고 돌아가는 배는 모조리 전복되어 침몰한다고 한다." 『맹자』를 싫어하는 지배계급의 논리가 이렇게 중국에서까지 신기하게 회자될 정도로 풍미했던 것이다. 이 침몰이야기는 칸다 아키나리上田秋成의 『우월물어雨月物語』에도 실려있고, 청초의 시인 왕어양王漁洋의 수필, 『고부우정잡록古夫于亭雜錄』에도 나온다. 일본에서 『맹자』라는 서물이 배척의 대상이 된다는 이야기는 명나라 모원의茅元儀의 『무비지武備志』에도, 에도 중·후기의 고증학자인 후지이 사다모토藤井貞幹, 1732~97의 『호고목록好古目錄』에도 나오고 있다. 또 에도 중·후기의 란가쿠蘭學 학자인 카쯔라가와 츄우료오桂川中良, 1754~1808의 『계림만록桂林漫錄』에는, "『맹자』는 썩 훌륭한 책이지만 일본日本의 카미神의 미코코로御意에는 잘 맞지 않는다"라고 쓰여져 있다. 이러한 정황은 일본 쇼오군 치세의 전제체제의 경직성과 『맹자』라는 서물의 과격성이 동시에 잘 부각되고 있다. 오늘날까지도 『맹자』는 일본인의 입에 잘 오르락거리지 않는다. 이에 비한다면 조선은 『맹자』의 나라라고 말할 수 있다.

우리는 막연하게 고려 후기에 송학, 즉 주자학이 들어왔다고 알고 있으나 실상 그 충격적인 핵심은 『맹자』의 유입이었다. 우리는 예로부터 『맹자』라는 서물이 있었고, 고려말에 안향安珦, 1243~1306으로부터 비롯하여 그를 계승한 학자군에 의하여 중국경서에 관한 주자의 해석이 들어온 것처럼 착각하는데, 『맹자』의 경우는 우리나라에 소개된 것이 인류지성사에 『맹자』가 본격적으로 등장한 지 얼마 안되는 시점의 사건이다. 예를 들면, 원효대사가 『논어』나 『시경』, 그리고 『노자』나 『장자』는 충분히 숙독했지마는 『맹자』라는 것은 읽어본 적이 없다. 읽어본 적이 없을 뿐 아니라 도무지 맹자라는 사람이 있는지도 알지 못했다. 예를 들면 통일신라시대의 독서삼품과讀書三品科에도 『맹자』라는 커리큘럼은 존재할 수가 없었다. 우리나라에서 『맹자』의 가치를 처음으로 숙지한 사람은 포은圃隱 정몽주鄭夢周, 1337~1392였다. 그리고 포은은 이 충격적인 신 문헌, 『맹자』를 약간 후배인 친구 삼봉三峰 정도전鄭道傳, 1342~1398에게 보낸다. 삼봉은 21세(공민왕 11년)에 진사시에 합격하고, 왕의 비서직에까지 이르렀는데 25세 때에 부친상·모친상을 함께 당하여 고향인 영주榮州에 내려가 3년간 시묘살이를 하고 있었다. 지금 경상북도 영주시 이산면伊山面 신암리新巖里에 가면 삼봉의 부모를 합장한 묘소가 있고 그가 3년간 시묘살이를 하던, 당시의 분위기를 짐작해볼 수 있는 동네의 고졸한 모습이 보존되어 있다. 여기서 시묘살이를 하고 있던 정도전에게 친구로부터 서적이 도착했다. 펼쳐보니 『맹자』였다.

이미 진사시를 합격한 그는 『맹자』라는 신천지를 자유롭게 헤멜 수 있는 한문실력이 있었다. 몇 줄 읽어보았을 때 이미 그의 가슴은 두근거리기 시작했다. 아마도 이 제선왕과의 대화에 당도했을 때, 그의 가슴은 혁명의 꿈으로 메어터질 듯, 그 벅찬 신진 사류 젊은 날의 개혁의지를 감당키 어려웠을 것이다. 삼봉은 역성혁명의 정당성을 친구 포은이 보내준 책을 읽은 지 며칠 내에 발견했을 것이다. 고려는 이미 썩을 대로 썩었다. 대형교회보다 더 큰 불교사찰의 농간에 썩었고, 미제국주의보다 더 오래되고 강력한 원나라식민지 타성으로 썩어 문드러졌고, 식민지체제에 빌붙어 착취만을 일삼는 탐관오리들의 폭정에 의하여 국민들의 민생은 처참하게 황폐화되었다. 도대체 이 젊은 나 삼봉! 너 그대 혁명을 안 일으키고 무엇을 하겠다는 것이냐? 트로츠키는 혁명을 광적 영감mad inspiration이라고 했다. 신암리의 고즈넉한 산하 그 전체가 광적 영감으로 물들기 시작했다. 나는 말한다. 신암리에서 삼봉과 맹자가 만난 사건이 이미 조선왕조의 탄생을 숙명 지었다! 이론적 무장이 없는 정치혁명은 성공하지 않는다. 삼봉은 성공한 혁명가이다. 맑스의 혁명은 불과 1세기만에 거품이 되었다. 그러나 삼봉의 혁명은 5백 년을 갔다. 삼봉은 맑스의 냉정과 레닌의 열정을 한 가슴에 품고 살았다. 그러나 무엇보다도 데카르트적 합리주의의 한계나 역사정칙주의歷史定則主義historicism의 빈곤을 초월하는 따사로운 맹학의 민본사상의 인간론이 그의 혁명론의 기본을 형성하고 있었다. 혁명이야말로 참다운 사람의 길이었다.

삼봉 정도전은 3년 동안 하루에 한 장 또는 반 장씩 정독했다고 적고 있다. 그리고 두 남동생 도존道存과 도복道復, 그리고 지역의 자제들과 집회를 만들어 강학 세미나를 했다. 자세한 의론은 회피하겠으나, 정도전이 구상한 조선왕조는 왕권보다 신권이 강화된 재상중심제의 국가였다. 이것은 맹자의 혁명정신을 철저히 구현키 위함이었다. 물론 이것은 혁명 초기에 절대적 왕권을 확보해야만 살아남을 수 있는 방원芳遠의 구상과는 대치되는 발상이었다. 결국 정도전은 정안군靖安君(방원)에게 참살당하고 만다. 그가 방원의 칼을 맞은 장소가 지금은 높은 빌딩이 들어서있는 옛 한국일보 자리, 바로 그곳 어디이다. 최근에 인기를 모은 SBS 드라마『뿌리 깊은 나무』가 세종의 한글반포의 갈등을 드라마타이즈하기 위하여 "밀본密本"이라는 가상의 조직을 만들었는데, 좀 유감스러운 것은 그것을 정도전과 관련지었다는 것이다. 시청자들은 그것이 전혀 허구적 장치라는 것을 이해해주었으면 한다.

크게 보자면 오히려 정도전의 구상을 방원은 수용하였고, 정적은 무참히 제거했으나 왕권을 제약하는 제도적 골격은 남겨두었다. 그래서 조선왕조는 귀족정치에 의하여 왕권이 제약되는 다양한 장치들이 활성화되었다. 사림의 등장도 『맹자』라는 민본사상의 존중이 없이는 불가능했던 것이다. 포은 정몽주, 야은 길재, 강호 김숙자, 점필재 김종직, 한훤당 김굉필, 정암 조광조로 이어지는 도통의 정맥이 모두 『맹자』를 골격으로 한 것이다. 정암의 지치주의의 순결성, 그러니까 그의 정치적 좌절은 그의 이념을 도덕적으로 순선純善한 인간의 표상으로 이상화시켰고, 이러한 이상주의를 계승한 것이 바로 퇴계의 리理의 능동적 자발성을 인정하는 특이한 성리학적 체계였다. 퇴계와 고봉의 사단·칠정논쟁이 결국 맹학의 핵심을 어떻게 이해하느냐에 관한 논쟁이라고도 말할 수 있는 것이다. 기철학적 우주론cosmology을 심성론적 구조로서 심화시킨 이들의 논쟁은 결국 맹자가 말하는 성선의 형이상학적 근거를 인간의 마음정서 속에서 확보하려는 노력이라고 말할 수 있다.

구한말에 태동한 동학東學 역시 맹자의 혁명사상이 없이는, 맹자의 호연지기론이 없이는 태어날 수 없는 사상이다. 그리고 20세기를 줄기차게 추동하며 진행된 신학문 학생들의 항거와 봉기, 혁명의 역사는 인류사상 유례가 없는 활력의 표출이며, 이 활력은 맹자의 민본사상을 고려치 않고서는 상상할 수 없는 것이라는 사실을 나는 재확인하고자 한다. 오늘날의 나꼼수현상도 조선민중에게 축적된 맹자의 깡다귀에서 발생하는 에너지를 바탕으로 하고 있다. 한·중·일 동방삼국 중에서도 『맹자』가 이렇게 존숭된 나라는 없다. 조선의 왕들은 예외 없이 동궁시절부터 서연書筵을 통해 사부로부터 『맹자』의 세뇌를 받았고, 또 홍문관 학사들과 경연經筵을 벌이면서 항상 『맹자』를 토론했다. 일반 촌부의 집까지 『맹자』는 가장 흔한 책 중의 하나였다. 조선은 『맹자』의 나라라고 말하지 않을 수 없다.

1b-9. 맹자께서 제선왕을 뵈었을 때 말을 거시었다: "왕께서 지금 거대한 궁실을 지으려고 하신다면, 반드시 궁정의 도목수로 하여금 거대한 목재를 구해오도록 하실 것입니다. 그런데 도목수가 마침 거대한 목재를 구해오면 왕께서는 기쁨을 감추지 못하시고 야아~ 이만하면 됐구나! 그 임무를 감당하겠구나 하실 것입니다. 그런데 원목재라는 것도 반드시 다듬어야 하는데 목장인들이 그것을 다듬다가 쬐끄맣게 만들어버리면 왕께서는 핏대가 나실 것입니다. 그리고 이 목재로는 내가 지으려는 집을 지을 수가 없겠다고 생각하실 것입니다. 대저 사람이 어려서부터 인의仁義를 익히고 실력을 쌓아 장성하여 큰 재목이 되어 자기가 배운 것을 한번 세상에 펼쳐보려고 하는데, 왕께서 말씀하시기를, '야 임마, 네가 여태까지 배운 것은 소용없으니 그것은 제켜두고 내가 말하는 것을 따르라'라고 말씀하신다면, 그것은 큰 재목을 깎아 쓸모없는 작은 목재로 만들어버리는 것과 무엇이 다르오리이까? 지금 여기 다듬어지지 않은 비싼 원석의 옥이 있다고 합시다. 그것이 만일萬鎰(금전의 단위로서 황금의 엄청난 양. 고가를 나타냄)이나 나가는 고가의 물건이라서 함부로 남에게 내어주기도 조심스러운 물건입니다만 왕께서는 그것이 원석인 이상 그 가치를 빛내기 위해서는 전문가인 옥인玉人에게 조탁彫琢케 하지 않으실 수 없을 것입니다. 그런데 나라를 다스리시는 데 있어서는 저같은 사람에게 말씀하시기를, '자네가 여태까지 배운 인의仁義의 도道는 소용이 없으니 그것일랑 제켜놓고 내가 말하는 것을 따르시오'라고 말씀하신다면, 그것은 전문가인 옥인에게 옥을 조탁하는 방법을 교수教授하겠다고 하시는 것과 무엇이 다르오리이까?"

1b-9. 孟子見齊宣王曰:"爲巨室, 則必使工師求大木。工師得大木, 則王喜, 以爲能勝其任也。匠人斲而小之, 則王怒, 以爲不勝其任矣。夫人幼而學之, 壯而欲行之, 王曰:'姑舍女所學而從我,' 則何如? 今有璞玉於此, 雖萬鎰, 必使玉人彫琢之。至於治國家, 則曰, '姑舍女所學而從我,' 則何以異於教玉人彫琢玉哉?"

沃案 많은 역자들이 이 문단의 의미를 정확히 파악하지 못하고 애매하게 번역하는데, 맹자의 논리의 맹렬함은 조금도 누그러지지 않은 훌륭한 비유의 활용이라고 생각한다. 인재를 쓴다고 하는 문제와 관련하여 1b-7의 논의와 상통하는 주제의식이 있다. 그 사람이 평생을 갈고 닦아온 장처長處를 활용할 생각을 하지 못하고 전혀 엉뚱한 틀 속에 인재를 가두어 병신으로 만드는 사례가 얼마나 많은가? 그리고 전문가들의 전공소양에 의존하지 않고 자기식의 개구라를 관철시키려는 정치지도자들을 얼마나 많이 보아왔는가? "준비된 대통령"이니 하면서 개구라를 피워 나라 경제의 근간을 불건전한 방향으로 흐트러놓고, "나는 정치구단" 운운하면서 절호의 절기에 엉뚱한 정책결단을 내려 남북문제·대미관계를 망가뜨리고, "나는 다 해보았다"고 막말하는 무소불위의 무지스러움으로써 국가의 기간基幹을 다 엉망으로 만들고 국고를 탕진하는, 슬픈 광경들을 속수무책으로 바라봐야만 했던 벙어리냉가슴들의 업業이 과연 어떠한 한恨이 되어 이 민족의 역사에 아롱질 것인가! 맹자의 탄식을 다시 한 번 새겨볼 수밖에 없다. 이 9장의 대화는 맹자가 일방적으로 말을 건 것처럼 되어있다. 그리고 내용상으로 볼 때도, 제선왕이 맹자에게 인간적으로 많은 실망을 안겨주었다는 느낌이 든다. 거의 제나라를 떠나가야만 하는 상황을 암시하는 분위기가 감돌고 있다.

1b-10. 제나라 사람들이 그 북방에 있는 연燕나라를 정벌하여 승리

를 거두었다. 제선왕이 의기양양해서 맹자에게 물어 말하였다: "연나라를 쳐서 일단 승리를 거두기는 했지만 그 나라를 취取할 것인지 취하지 않을 것인지에 관해서는 나도 고민이 많소. 어떤 사람들은 나에게 취하지 말라고 권유하고, 어떤 사람들은 나에게 취하는 것이 정당하다고 권유하고 있소. 그런데 돌이켜 생각해보면 제나라나 연나라나 같은 만승지국인데, 만승지국으로써 만승지국과 싸워서 불과 50일만에 완벽한 승리를 거두었으니 이것은 단지 인간의 힘으로 여기까지 이르렀다고는 생각되기 어려운 일이요. 천의天意에 힘입은 것이라 생각되오. 그러니 취하지 않는다면 오히려 반드시 하늘의 재앙이 미칠 것이라고 염려되오. 연나라를 취해버리는 것이 어떻겠습니까?"

맹자께서 이에 대답하여 말씀하시었다: "이런 문제는 근본적으로 천의를 평계 댈 문제가 아니올시다. 연나라를 취해서 당사자인 연나라의 인민들이 기뻐한다면 취하소서. 옛 사람 중에도 이런 경우에 해당되는 분이 있습니다. 은나라의 민심이 완전히 이반되어 은을 취한 주나라 무왕武王이 바로 그런 분이시죠. 연나라를 취해서 당사자인 연나라 인민들이 기뻐하지 아니 한다면 취하지 마소서. 옛 사람 중에도 이런 경우에 해당되는 분이 있습니다. 천하의 3분의 2를 다 차지하는 권세를 얻고도 때가 아니라고 생각되어 여전히 은나라를 섬긴 주나라의 문왕文王이 바로 그런 분이시죠(『논어』8-20).

제나라라는 만승지국이 연나라라는 만승지국을 정벌하는데, 연나라의 인민들이 바구니에 밥을 담고 호로병에 마실 것을 담아 제나라의 군대를 환영한다면, 그게 뭔 이유이겠습니까? 딴 이유가 아니죠. 오직 물난리·불난리와 같은 연나라의 폭정을 피하고 싶기 때문입니다. 그런데 만약 제나라의 연나라 점령정책이 오히려 물난리·불난리를 가중시키는 결과를 가져온다면 인민들은 단지 제나라를 피해 타국에 원조를 요청하거나 도망가 버릴 것이오이다."

1b-10. 齊人伐燕, 勝之。宣王問曰: "或謂寡人勿取, 或謂寡人取之。以萬乘之國伐萬乘之國, 五旬而擧之, 人力不至於此。不取, 必有天殃。取之, 何如?" 孟子對曰: "取之而燕民悅, 則取之。古之人有行之者, 武王是也。取之而燕民不悅, 則勿取。古之人有行之者, 文王是也。以萬乘之國伐萬乘之國, 簞食壺漿以迎王師, 豈有他哉? 避水火也。如水益深, 如火益熱, 亦運而已矣。"

沃案 이 제나라가 연나라를 정벌한 사건은 『전국책戰國策』 연책燕策 「연왕쾌기립燕王噲旣立」과 『사기』 「연소공세가燕召公世家」를 보면 잘 알 수 있다. 그런데 연대가 심하게 혼란되어 있다. 이것이 소진이 제나라에서 피살된 이후의 사건으로 기술되며, 또 『전국책』에는 제선왕 때의 사건으로, 또 『사기』에는 제민왕齊湣王 때의 사건으로 기술되어 있기 때문이다. 그러나 나는 어디까지나 『맹자』라는 문헌의 기술이 타 기록에 우선하여 신빙성을 가져야 한다고 생각하기 때문에 연대문제chronology problem는 특별히 문제 삼을 필요가 없다고 생각한다.

여기 문제 되고 있는 해프닝은 연왕 쾌噲가 연로하고 착한 사람인데 재상인 자지子之가 소진의 동생 소대蘇代와 짜고 농간을 부려 연왕 쾌로 하여금 왕위를 재상인 자지에게 물려주도록 한 사건에 관한 것이다. 연왕 쾌는 초楚·조趙·한韓·위魏 네 나라와 더불어 진秦나라를 공격하였으나 승리 없이 돌아오고 말았다. 연왕 쾌는 그 실패를 자인하고 재상 자지에게 정치의 재량권을 맡긴다. 그런데 자지와 소대의 패거리들이 요임금이 허유許由에게 천하를 양도하였으나 허유가 거절하여 실제로 양도되지 않았고, 위대한 명성만을 얻은 예를 들어 상국相國 자지에게 나라를 양도하라고 권유한다. 그래서 막강한 권력을 차지한 자지는 또다시 다른 놈을 시켜, 우임금이 자신의 아들 계啓에게 천하를 넘겨주지 않고 익益에게 천하를 맡겼지만 결국 아들 계가 익을 쳐서 천하를 빼앗은 사례를 들어 쾌왕에게 그의 아들 태자 평平을 제거할 것을 종용한다. 위기를 감지한 연왕 쾌는 자지에게 왕위를 들어 바치고 자기가 오히려 신하노릇을 한다. 쾌는 어진 사람이었다.

물론 쾌의 아들 평이 가만있을 리 없다. 평은 장군 시피市被와 함께 자지를 칠 준비를 서둘렀다. 자지가 국정을 장악한 뒤 연나라에서는 대란이 일어나 백성들이 비통과 원한에 빠졌던 것이다. 그래서 장군 시피와 태자 평이 연합하여 자지를 쳤는데, 장군 시피는 자지의 궁전을 공격하였으나 이겨내지 못하고 곤궁에 빠지자 오히려 같은 편인 태자 평을 공격하였다. 결국 시피는 죽음을 당하고 말았지만 이 싸움이 수개월을 끌면서 수만 명이 죽었고, 이에 연나라 백성들은 원망 끝에 태자에게까지 배반할 생각을 품게 되었다. 이러한 상황에서 제나라가 연을 정벌하는 당위성이 대두되었던 것이다. 이때 제선왕이 맹자에게 자문을 구하였을 때, 『맹자』라는 문헌에는 언급되어 있지 않지만(평화주의자인 맹자를 매파로 만드는 것은 어색했을 것이다), 『전국책』에는 맹자가 제선왕에게 적극적으로 정벌을 권유한 것으로 기록되어 있다: "지금 연나라를 공략하는 것은 마치 주나라의 문왕·무왕이 주紂와 같은 폭군을 칠 기회를 만난 것과도 같습니다. 실기하지 마십시오.今伐燕, 此文武之時, 不可失也." 나는 맹자가 이런 권유를 했다는 것도 역사적 사실에 가까운 일이라고 생각한다. 일단 도덕적 명분이 있었기 때문이다.

여기 이 장의 기록상으로 "50일만에 완벽한 승리를 거두었다"라고 쓰여 있는데, 이것은 연나라 자지의 군사들은 싸움에 지쳐 대항을 포기하였고 성문도 잠그지 않은 역사적 사실을 기록한 것이다. 연왕 쾌는 죽었고, 제나라는 대승을 거두었고, 자지도 결국 죽음을 당하고 말았다(士卒不戰, 城門不閉, 燕王噲死, 齊大勝燕, 子之亡. 『전국책』). 비도덕적인 자지의 정권을 무너뜨리고 왕실의 정통을 회복한다는 명분은 좋았지만, 연나라를 점령하는 문제는 별개의 문제였다. 연나라를 정복하여 대승을 거둔 제나라 군대의 약탈행위가 속출하였고, 연나라 백성들의 항거가 시작되었으며 국제여론이 악화된 것이다.

지금 이 문제는 꼭 최근 미국이 이라크를 쳐서 사담 후세인(자지子之에 해당된다)을 제거한 이후의 상황과 거의 흡사하다. 제선왕은 부시처럼 계속 주둔하여 특별한 이권을 따내기를 원하였던 것이다. 그러나 맹자는 주변국가들의 여론의 악화를 고려하면서 약탈한 연나라의 보물을 반환하고 연국의 왕자를 즉위시키고 빨리 제나라 군대를 철수시킬 것을 요청하였다. 그러나 제선왕은 맹자의 말을 듣지 않았다. 맹자는 어디까지나 왕도의 논리에서 벗어나는 사유를 하지 않는다. 점령이냐? 철수냐? 하는 문제는 연나라 인민대중의 의사에 따라야 한다는 것이다. 연나라 인민이 항거하는 판에 점령하는 것은 제나라의 곤욕만 증가시킬 뿐이라는 것이다.

맹자의 생애를 기술하는 사람들이 이 문제에 대한 제선왕과 맹자의 견해의 상이相異 때문에 맹자가 제나라를 떠난 것으로 간단히 얘기하지만 나는 그렇게 보지 않는다. 우선 연대의 불확실성 문제가 있다. 그리고 맹자가 제선왕을 떠나게 되는 상황에는 보다 복잡한 인간적 정감들이 얽혀 있다고 생각된다. 그 문제는 「공손추」하편에 자세히 기술되어 있다.

"제인벌연齊人伐燕"의 사건에 관한 기사는 「양혜왕」하에 두 장, 「공손추」하에 두 장이 나오는데, 이 4개의 기사는 원래 연속되어 있던 한 덩어리의 기사였다고 사료된다. 공손추는 제나라 사람으로 맹자가 제나라에 있을 때 문하로 들어온 제자인 것 같은데, 따라서 맹자의 제나라 기사는 맹자가 제나라에 머물렀던 기간(BC 318~312로 추정) 동안에 공손추가 현지 기록한 것으로 보인다. 그러니까 「양혜왕」하의 이 두 기사는 원래 「공손추」하편에 속해있던 것이다. 그 정당한 사건의 시퀀스는 다음과 같다.

1	2	3	4
「공손추」하8	「양혜왕」하10	「양혜왕」하11	「공손추」하9
심동沈同이 제나라 정벌을 맹자에게 묻는다.	제나라 사람이 연을 쳐서 승리하였다.	제후들이 장차 연나라를 구원할 것을 도모하다.	연나라 사람이 배반하자 제선왕이 맹자에게 부끄럽게 여겼다.

「공손추」기사에는 "왕王"으로만 되어있고, "제선왕齊宣王"이라는 말이 없다. 그러니까 2·3 부분을 「양혜왕」편으로 옮기면서 그 사건이 퉁명스럽게 튀어나오니까 "제선왕"이라는 구체적 인물의 상황을 지시하여 말한 것이다. 그러니까 「양혜왕」의 기사는 이와 같이 뒷 부분에 소속되어 있던 것을 앞으로 끄집어내어 맹자의 주유역정을 일목요연하게 보여줄 목적으로 편집된 것이다. 이러한 텍스트의 문제를 다 고려해가면서 『맹자』를 읽어야 한다. 즉 신약성서의 공관복음서에 내재히는 유사한 문제들이 중국 고전에도 있다는 것을 깨달아야 한다.

1b-11. 선왕은 맹자의 의견을 수용하지 않았다. 제나라 사람들이 연燕나라를 친 후, 그것을 취해버리고 말았다. 그러니까 주변의 제후들은 연합을 도모하여 연나라를 구하려고 하였다. 선왕은 덜컥 겁이 나기 시작했다. 그래서 맹자에게 상담하였다: "많은 제후들이 한데 모여 과인을 치려고 꾀하고 있는데, 이 상황에 어찌 대처하면 좋겠소?"

맹자가 대답하여 말씀하시었다: "제가 듣기로는, 불과 사방 70리밖에 안되는 땅을 가지고도 천하를 호령한 자가 있습니다. 바로 하나라의 걸桀왕의 군대를 물리치고 박亳에 상왕조를 건국한 탕왕湯王이 바로 그 분이시죠. 그런데 사방천리 대국의 군주인 당신과 같은 사람이 타국을 무서워하여 벌벌 떨고 있다는 이야기는 여태까지 들어본 적이 없나이다. 『서書』(상서商書 「중훼지고仲虺之誥」편: 탕임금의 좌상左相으로 탕의 혁명을 도운 중훼仲虺가 고誥한 문장)에 다음과 같은 말이 있습니다: '이웃 갈葛 땅의 백伯은 정말 나쁜 놈이었다. 그 놈은 제사를 위해 서직黍稷을 경작하는 농민을 죽이고, 하느님께 바치는 음식을 빼앗았다. 그래서 탕임금께서 처음 정벌하실 때 갈葛부터 시작하시었다.' 그러니 천하사람들이 모두 탕임금의 정벌이 정의로운 싸움이라는 것을 믿어 의심치 않았지요. 그리고 『서』에 이어서 다음과 같이 쓰여져 있습니다: '탕임금께서 동쪽을 향하여 정벌하시면 서이西夷가 왜 우리 쪽으로는 빨리 아니 오시나 원망하고, 남쪽을 향하여 정벌하시면 북적北狄이 왜 우리 쪽으로는 빨리 아니 오시나 원망하였다. 그리고 그들은 서로 말하였다: 어찌하여 우리를 뒷 순번에 놓으시는가? 빨리 오소서! 빨리 오소서!' 폭정에 시달리는 인민들이 탕왕의 군대를 기다리기를, 마치 큰 가뭄이 들었을 때 검은 구름을 초조하게 기다리는 것과도 같았습니다. 탕임금의 군대가 도착하여도 인민에게는 전혀 공포의 대상이 아니었으므로 시장 보러 가는 사람은 여전히 평일처럼 시장엘 갔고, 밭 가는 자들은 여전히 평일처럼 쟁기질을 했습니다. 드디어 그들의 포학한 군주를 주살하고, 폭정에 시달리던 인민을 위로하니, 기다리던 단비가 내린 것처럼 백성들이 크게 기뻐하였습니다. 『서書』에 연이어 다음과 같이 쓰여져 있습니다: '우리의 진정한 임금, 탕임금을 기다리노라! 탕임금이 오시면 만백성이 소생하는도다!' 지금 연나라의 군주가 분명 그 인민을 학대하고 있고 왕께서 출병하셔서 연나라를 정벌하시니, 그 연나라 백성들은 물난리·불난리와도 같은 폭정으로부터 자기들을 구해내준다고 생각하였고, 그래서 소쿠리에 먹을 것을 담고 호로병에 마실 것을 담아 왕의 제나라 군대를 쌍수 들고 환영하였던 것입니다. 그런데 왕의 군대는 기대와는 어긋나게 연나라의 장로들을 죽이고, 젊은 청년들을 체포하고, 그 종묘를 파괴하고, 중요한 국가보물을 제나라로 옮겨놓는 등(제나라가 나중에 정鼎을 반환했다는 역사적 기록이 있다), 이런 짓을 한다면 도대체 이게 될 말입니까? 제가 말씀드리지 않아도 이미 천하의 제후들은 제나라의 강성을 두려워해온 터입니다. 그런데 그런 제나라가 영토를 두 배로 늘이고 인정仁政을 행하지 않는다면 이것은 천하의 군대를 모조리 동원하여 제나라에 적대케 하는 꼴입니다. 왕께서는 지체 말고 속히 명령을 내리시어, 나이 든 포로·어린 포로들을 먼저 송환하시고, 그 연나라의 중요한 보물들을 제자리에 갖다 놓으시고, 연나라의 인민대중들과 상담하시어 마땅히 올라야 할 군주를 뽑아 세우시고 철병하시옵소서. 그렇게 되면 천하의 군대가 동원되는 것을 중지시키는 데 아직 늦다고 볼 수는 없을 것이외다."

1b-11. 齊人伐燕, 取之。諸侯將謀救燕。宣王曰:"諸侯多謀伐寡人者, 何以待之?" 孟子對曰:"臣聞七十里爲政於天下者, 湯是也。未聞以千里畏人者也。書曰: '湯一征, 自葛始。' 天下信之。'東面而征, 西夷怨; 南面而征, 北狄怨。曰: 奚爲後我?' 民望之, 若大旱之望雲霓也。歸市者不止, 耕者不變。誅其君而弔其民, 若時雨降, 民大悅。書曰: '徯我后, 后來其蘇。' 今燕虐其民, 王往而征之, 民以爲將拯己於水火之中也, 簞食壺漿, 以迎王師。若殺其父兄, 係累其子弟, 毁其宗廟, 遷其重器, 如之何其可也? 天下固畏齊之彊也。今又倍地而不行仁政, 是動天下之兵也。王速出令, 反其旄倪, 止其重器, 謀於燕衆, 置君而後去之, 則猶可及止也。"

沃案 맹자의 논리는 미국의 이라크 철병을 촉구하였던 세계인들의 논

리와 조금도 다르지 않다. 나는 이라크전쟁으로 인류의 위대한 고문명 유산들이 훼손된 것을 가슴아프게 생각한다.『수호지』의 영웅, 양산박梁山泊의 두령인 송강宋江의 별명이 "급시우及時雨"(때맞추어 내리는 비)인데, 그 이름은 본 장의 "약시우강若時雨降"이라는 표현에서 유래된 것이다.

「양혜왕」편에서의 맹자의 제나라 기사는 여기서 끝난다. 그리고 그는 일단 고향으로 돌아갔을 것이다. 고향인 추나라로 돌아가는 길에 송宋나라에서 당분간 머문 것으로 타편에 기록되어 있다. 그리고 송나라에서 당분간 머문 후에 또다시 설薛나라에서 머물렀는데, 설나라에서의 체재는 매우 짧았던 것 같다. 그리고 추나라 자기 고향으로 돌아간 것이다. 송나라와 설나라를 떠날 때 맹자는 상당한 전별금餞別金을 받았다. 이것은 이 두 나라에서 상당한 환대를 받았다는 것을 의미하는 것이다. 그런데 왜 이 두 나라에 관해서는 기록이 없는 것일까? 단순 누락이거나 특기할 만한 대화내용이 없었거나 했을 것이다.

「양혜왕」편에는 양혜왕, 양양왕, 제선왕을 제외하며는 추목공鄒穆公(1장 할당), 등문공滕文公(3장 할당), 노평공魯平公(1장 할당)이 나오는데, 추나라는 자기 나라이고, 등나라, 노나라는 모두 추나라에서 멀지 않은 소국들이다. 이 작은 나라는 이미 현실적인 천하통일의 왕도의 가능성은 없는 나라들이다. 따라서 맹자의 관심사에도 변화가 있다. 작은 나라에서 그가 시도해볼 수 있는 구체적인 사상실험이 이루어졌다고 보는 것이 정당한 견해일 것이다.

1b-12. 추鄒나라와 노魯나라가 군사적 충돌을 일으켰다. 이에 추나라의 목공이 추나라에 돌아와 있던 맹자에게 물어 말하였다: "평소 내가

데리고 있던 고관 중에서 군대의 대장으로 나가 싸운 사람이 33명이나 전사했는데, 졸병으로 나간 인민들은 대장을 지키고 전사한 사람이 한 명도 없소. 내가 얼마나 괘씸하다는 생각이 들겠습니까? 그래서 졸병으로 나간 인민들을 처형하려고 생각해도 너무 많아 이루 다 처형할 수도 없는 일이요, 그렇다고 처형하지 않고 방치한다면 자기의 장상長上이 죽는 것을 오히려 통쾌하게 바라보면서 구할 생각을 않고 못 본 체 한 꼴이니, 이런 인민들을 어찌하면 좋겠습니까?"

　맹자께서 대답하여 말씀하시었다: "그런 일이 어찌 거저 일어나는 일이겠습니까? 기근과 악역惡疫이 도는 흉년이 되면 임금님의 백성 중에 늙은이와 어린이의 시신이 도랑에 뒹굴고 장성한 자들은 흩어져 사방으로 가버리는 자 수천 명인데도 임금님의 곡물창고에는 곡물이 가득차고 재화창고에는 재화가 충만하거늘, 고관놈들은 당신께 그런 정황을 솔직히 아뢰는 자 한 새끼도 없으니, 이는 위에 있는 자들이 태만하여 아랫 백성을 잔해殘害하는 것이옵니다. 일찍이 증자께서 이렇게 말씀하시었습니다: '조심하여라! 조심하여라! 너에게서 나온 것은 반드시 너에게로 돌아가느니라!' 백성들이 전역을 당하여서야 비로소 윗사람들에게 되갚을 수 있었던 것이니, 임금님이시여! 부디 그들을 허물치 마옵소서! 그보다는 군주께서 인정仁政을 실천하시옵소서. 그리하면 이 백성들이 윗사람을 자기 몸처럼 생각하고, 대장을 위해 기꺼이 목숨을 바칠 것입니다."

1b-12. 鄒與魯鬨。穆公問曰:"吾有司死者三十三人, 而民莫之死也。誅之, 則不可勝誅; 不誅, 則疾視其長上之死而不救, 如之何則可也?"孟子對曰:"凶年饑歲, 君之民老弱轉乎溝壑, 壯者散而之四方者, 幾千人矣; 而君之倉廩實, 府庫充, 有司莫以告, 是上慢而殘下也。曾子曰: '戒之戒之! 出乎爾者, 反乎爾者也。'夫民今而後得反之也。君無尤焉。君行仁政, 斯民親其上, 死其長矣。"

沃案 참으로 위대한 맹자의 논설이요, 오늘날의 치세방으로도 적절한 명언이라 할 것이다. 여기 맹자의 논리의 위대성은 바로 "민중을 변호함"에 있다. 그는 변호사처럼 전 민중을 변호하고 있는 것이다. 이러한 변호의 이면에는 군주라도 정치를 잘못하면 인민이 군주에게 항거하는 것은 너무도 당연한 것이라는 혁명사상이 깔려있다. 신하는 군주에게 봉록을 받아 처먹으니 전쟁에서 죽는 것은 너무도 당연한 일이다. 그러나 백성은 윗사람을 먹여살릴 뿐 아무런 봉록을 받지 않는다. 현재도 국가의 재정을 국민의 혈세로 만들어가는 것일 뿐, 한 나라의 국민이라는 사실만으로 봉록을 받는 예는 없다. 따라서 군주와 인민 사이에는 인륜이나 의리가 통하지 않는다. 실제로 당시의 인민은 금수의 취급을 받았다. 기근이 들면 그들의 시체만 도랑에 뒹굴었다. 맹자는 인민이 금수 취급을 받는 존재가 아니라, 왕과 동일한 인간으로서의 존엄성을 보장받아야 한다는 것이다. 지금도 청와대에 앉는 자가 국민 모두가 자기와 동일한 존엄성을 가져야 한다는 것을 뼛속 깊게 체득한 자가 과연 몇 놈이나 있을까?

앞서 「양혜왕」하8의 "주일부誅一夫"의 논리나 「이루」하3의 "신시군여구수臣視君如寇讎"의 논리와 상통하는 논리가 여기 펼쳐지고 있는 것이다.

앞서 말했지만 맹자는 제나라를 떠나 추나라로 돌아오는 길에 송宋나라에 체류한 적이 있다. 이때 등滕나라의 정공定公의 세자가 초나라에 사신으로 가는 길에 송나라에 들러 맹자를 만난 적이 있다. 이 태자는 젊고 유능했으며 타인의 말을 들을 줄 아는 예의바른 청년이었다. 태자는 맹자가 말하는 성선性善과 요순의 치세를 듣고 감명을 받았다. 그래서 초나라에서 돌아오는 길에도 다시 들러 맹자의 말씀을 들었다. 그 후 얼마 안 있어 아버지 정공이 돌아가시매 그가 등극하였으니 그가 등문공이다. 정공이 돌아가셨을 때는 그는 그의 사부 연우然友를 맹자에게 보내 장례에 관한 정당한 예를 물었다. 그리고 국정을 도맡게 된 후로 맹자를 모셔갔다. 맹자가 등나라에 체재하는 기간 동안은 맹자는 행복했을 것이라고 생각되나, 대세는 이미 기울어갔고 등나라는 힘이 없었다. 맹자는 등문공과 함께 유토피아적인 사회주의 왕국a utopian socialist Kingdom을 꿈꾸었을 것이다. 그리고 또 그곳에서도 많은 사유를 개발했을 것이다.

맹자가 등나라에 체재했던 시기의 담론을 기록한 것이 「등문공」편이다. 물론 여기 「양혜왕」편에 편입된 3장의 담론은 원래, 제인벌연齊人伐燕의 기사처럼, 「등문공」에 있었던 것이다. 그 중에서 3장을 맛보기로 끄집어내어 편집한 것이다.

다음 장의 언어에서 특기할 사실은 맹자가 왕을 상대로 함에도 불구하고 일인칭을 "오吾"로서 표현했다는 것이다. 제선왕에게는 "신臣"을 썼다는 것을 생각하면 매우 격이 다른 표현이다. 그러나 맹자는 제나라에서 태상경에 준하는 지위를 가졌었기 때문에 "신臣"이라는 표현을 써야만 한다. 그러나 등나라에서는 순수한 한 인간으로서 초빙되어 갔고 나이도 이미 66세였다. 그러니까 맹자는 등문공을 제자로서 대한 것이다.

1b-13. 등문공이 물어 말하였다: "등나라는 작은 나라입니다. 대국들인 제나라와 초나라 사이에 껴서 시달리고 있습니다. 제나라를 섬겨야 할까요? 초나라를 섬겨야 할까요?"

이 난감한 질문에 맹자께서는 매우 명쾌히 대답하여 말씀하시었다: "이러한 책략의 문제는 제가 말씀드릴 수 있는 성격의 것이 아닙니다. 그러나 어찌 되었든 꼭 말해보라고 강요하신다면 제가 생각할 수 있는 묘안은 단 하나밖에 없습니다. 해자를 백성과 함께 깊게 파십시오. 그리고 성을 백성과 함께 높이 쌓으십시오. 그리고 백성과 더불어 성(나라)을 굳게 지키십시오. 그리고 백성들과 더불어 같이 죽을 각오를 하신다면 백성들은 왕 곁을 떠나려고 하지 않을 것입니다. 이렇게 되면 이 나라의 살길이 보입니다."

1b-13. 滕文公問曰: "滕, 小國也。間於齊、楚, 事齊乎? 事楚乎?" 孟子對曰: "是謀非吾所能及也。無已, 則有一焉。鑿斯池也, 築斯城也, 與民守之, 效死而民弗去, 則是可爲也。"

沃案 참으로 눈물겨운 맹자의 충언衷言이라 말하지 않을 수 없다. 맹자가 황당한 아이디얼리스트가 아니라는 것은 여기서 너무도 리얼하게 드러난다. 맹자는 더 이상 왕도王道를 말하지 않는다. "왕도"라는 것은 반드시 통일천하를 전제로 한 개념이다. 그러나 등나라는 통일천하를 운운할 수 있는 나라가 아니다. 소국으로서 대국의 강점야욕 사이에서 어떻게 살아남을 수 있는가, 그 서바이벌 게임을 묻고 있는 것이다. 맹자는 이러한 서바이벌의 현실적 문제에 대하여 명쾌한 대답을 내놓는다. 그것은 대국을 섬기는 지사·모사들의 술책이 아닌 "자주국방의 인정仁政"이다. 대국을 가지고 노는 외교전략의 한계는 빤한 것이다. 오직 자수自守와 자립自立이 선행되어야 하며, 그 자수·자립의 방식은 여민동고·동락의 인정仁政이라는 일관된 논리를 위배하지 않는 것이다.

지금 우리나라 또한 친미냐 친중이냐? 사미事美냐 사중事中이냐를 논할 계제가 아닌 것이다. 여기 사미·사중의 문제는 사제事齊·사초事楚의 문제와 완전히 동일한 문제이다. 여기 맹자가 제시하는 답안은 자수自守·자립自立이다.

"자수·자립"이라는 측면에서는 북한은 남한보다 훨씬 더 도덕적 우월성이 있다. 김정일은 죽어서도 뻬이징의 가빈소에서 천자의 나라 대중국의 중앙정치국 상무위원 9명 전원이 정중한 예의를 차리도록 만들었다. 북한은 남한보다 훨씬 빈곤하고 힘없는 나라이다. 그런데 북한이 중국에게, 아무리 외관상이라 할지라도, 대접받는 품격은 남한이 미국에게 천시 당하는 꼬라쟁이에 가히 비교할 성질의 것이 아니다.

"천안함"과 같은 애매한 소리를 하지 말고 자주국방에 힘쓰고, 미국에 대해서도 큰소리친다면 우리나라는 분명히 미·일을 포함한 세계우방국가들의 존경을 받을 수 있다. 미국의 뒷구멍을 빨 것이 아니라 미국의 머리를 쓰다듬을 줄 아는 아량과 역량을 지녀야 하는 것이다. 한국의 지도층은 이러한 이야기를 현실감각 없는 텍도 없는 이야기라고 빈축할 것이 뻔하다. 그러나 대한민국은 미국이 절대 포기할 수 없는 최고의 세계전략 요충지이다. 이러한 지정학적 위치, 그리고 우수한 두뇌, 그리고 피땀 흘려 쌓아올린 경제적 힘, 그리고 군사력을 자주적 호위護衛와 동고동락하는 국민일체감national solidarity의 바탕 위에서 활용한다면 미국은 오히려 우리에게 무릎 꿇을 수밖에 없다. 문제는 이러한 역사의 진로를 단 한 번도 실천해보지 못했다는 데 있다. 왜 그런가? 그것은 매우 단순한 이유이다. 정치과정에서 살아남는 자들이 모두 부패하여 도덕성을 상실했기 때문에 세계를 움직일 수 있는 내면의 뱃심이 없기 때문이다.

맹자가 왜 말년으로 갈수록 왕도정치론에서 성선의 심성론으로 그 주장이 심화되어갔는지, 그 문제의 핵심을 간파할 수 있을 것이다. 남한이나 북한이나, 근원적인 문제는 아무도 국민의 마음을 단결시킬 수 있는 인정仁政을 실현 못한다는 데 있다. 북한의 지도자들도 민생의 본원적 해결이 없이 "주체의 체조놀이"로써 주체의 외관을 유지하는 것은 그 한

계가 너무도 명백하다는 것을 하루 속히 깨달아야 한다. 그리고 남한의 지도자도 비비케이로 등쳐먹고, 인천공항, 그리고 KTX까지 사취하려고 발악하고, 관계된 친지들의 국적까지 외국으로 이관시켜놓고 있으면서 여기서 말하는 "효사이민불거效死而民弗去"의 국가일체감을 기대할 수는 없다! 이 절박한 사실을 하루 속히 깨달아야 할 것이다!

1b-14. 등문공이 물어 말하였다: "대국 제나라 사람들이 우리나라 코빼기 아래에 있는 설薛나라(설薛은 주나라 초기에 만들어진 임任성의 작은 나라. 춘추 초기에도 독립적 존재감이 있었다. 그 고성故城은 산동성 등현滕縣 동남 44리에 있다. 이때 설나라는 이미 제나라에 의하여 멸망되어 전영田嬰의 분봉지가 되었다. 맹자가 등나라에 있을 때 전영이 설 땅에 축성을 했다)에다가 군사요새를 건설하고 있습니다. 저는 이 일이 심히 두렵습니다. 이 일을 어찌하면 좋을까요?"

맹자께서 대답하여 말씀하시었다: "옛날에 주나라의 고공단보 태왕께서 빈邠(빈豳이라고도 쓴다. 섬서성 순읍旬邑 서西) 땅에 거하고 계실 때, 북방의 적인狄人(1b-3의 훈육獯鬻)들이 계속 쳐들어와 못살게 굴었습니다. 그러자 태왕께서는 그들과 맞서 싸울 생각을 안하고 아예 기산岐山(섬서성 기산현岐山縣 동북 60리에 있는 전괄산箭括山. 그 마루에 결缺이 있어 양기兩岐가 있기 때문에 그런 이름이 붙었다)의 아래로 이사해서 살았습니다. 물론 기산이 좋아서 자발적으로 선택하여 그리로 간 것이 아닙니다. 전란에 쫓기어 부득이하게 그곳으로 간 것입니다. 그렇게 본거지를 잃고 쫓겨산 신세라 할지라도 바른 정신을 가지고 선하게 살면, 후세 자손 가운데 반드시 천하를 통일할 수 있는 왕자王者가 출현하게 되는 것입니다. 진정한 군자라면 선업을 개창하여 그 전통을 남기고 자손들이 반드시 그 업을 계승할 수 있도록 만듭니다. 이러한 노력이 성공할까, 아니 할까는 물론 천명天命에 달려 있습니다. 지금 임금님은 제나라 사람을 어떻게 대처하면 좋을까, 이런 문제를 고민하기보다는 천명을 믿고 선업을 개창하는 데만 열심히 힘쓰시는 길밖에 딴 도리가 없습니다."

1b-14. 滕文公問曰:"齊人將築薛, 吾甚恐, 如之何則可?"孟子對曰:"昔者大王居邠, 狄人侵之, 去之岐山之下居焉。非擇而取之, 不得已也。苟爲善, 後世子孫必有王者矣。君子創業垂統, 爲可繼也。若夫成功, 則天也。君如彼何哉? 彊爲善而已矣。"

沃案 외환의 본질은 내우에 있다. 작은 나라일수록 내우를 다스리면 외환의 문제는 해소될 수 있는 길이 열린다.

1b-15. 등문공이 물어 말하였다: "등나라는 힘없는 작은 나라입니다. 있는 힘을 다하여 대국을 섬겨도 항상 침략당해 쌩피 보는 것을 면할 길이 없습니다. 어떻게 해야 좋겠습니까?"

맹자께서 대답하여 말씀하시었다: "옛적에 고공단보 태왕께서 빈邠 땅에 거하실 때, 북쪽의 적인狄人이 계속 침략해왔습니다. 태왕은 값비싼 모피와 비단을 바쳐 적인을 섬겼지만 또 침략당하기는 마찬가지였고, 개와 말을 바쳐 섬겼지만 또 침략당하기는 마찬가지였고, 주옥珠玉을 바쳐 섬겼지만 또 침략당하기는 마찬가지였습니다. 그래서 빈 땅의 장로들을 소집하여 고하였습니다. '결국 적인狄人들이 원하는 것은 우리의 토지이다. 내가 들은 바에 의하면, 군자는 사람을 양육하는 수단일 뿐인 토지 때문에 그 사람 그 자체를 해칠 수는 없는 것이라고 했다. 그대들이여! 어찌하여 그대들의 임금이 없어진다고 걱정이 있을 수 있겠는가? 내가 없어지면 적狄 나라의 훌륭한 사람이 와서 그대들의 임금이 될 수도 있는 것이다. 나는 떠나겠다.' 그리고 실제로 빈 땅을 떠나 양산梁山(현재 섬서성 건현乾縣 서북 5리)을 넘어 기산岐山 아래에 새로운 도읍지를 정하고 살았습니다. 그러자 빈나라 사람들이, '아~ 우리의 고공단보 태왕은 진실로 인仁한 분이로다! 우리는 그를 놓쳐서는 아니 된다' 하고 그를 따르는 자가 장보러 사람들이 운집하듯 하였습니다.

그러나 이 문제를 놓고 이렇게 말하는 사람도 있습니다: '국가라는 것은 조종祖宗 대대로 전해 내려오는 것이므로 고공단보 한 사람이 제멋대로 판단하여 방기할 성격의 것이 아니다. 목숨 걸고 그 땅을 지켜 끝까지 방기하지 아니 하고 사수해내지 않으면 아니 된다.' 임금님이시여! 이 두 가지 길 중에서 어느 것을 선택하실 지는 임금님 스스로 결단하셔야 할 문제입니다."

1b-15. 滕文公問曰: "滕, 小國也。竭力以事大國, 則不得免焉, 如之何則可?" 孟子對曰: "昔者大王居邠, 狄人侵之。事之以皮幣, 不得免焉; 事之以犬馬, 不得免焉; 事之以珠玉, 不得免焉。乃屬其耆老而告之曰: '狄人之所欲者, 吾土地也。吾聞之也: 君子不以其所以養人者害人。二三子! 何患乎無君? 我將去之。' 去邠, 踰梁山, 邑于岐山之下居焉。邠人曰: '仁人也, 不可失也。' 從之者如歸市。或曰: '世守也, 非身之所能爲也。效死勿去。' 君請擇於斯二者。"

沃案 이것 역시 위대한 맹자의 논설이다. 이 마지막 질문은 결코 단순한 문제가 아니다. 오늘날 20세기~21세기 민족국가nation state 개념에 사로잡힌 사람들은 오히려 후자의 논의가 정당치 아니 한가 하고 생각할 수도 있다. 실제로 일본 에도의 많은 주석가들이 맹자의 포인트는 후자에 있다고 주장했다. 『예기』나 『공양전』 『좌전』의 사례를 들어 국군國君은 사직社稷과 더불어 죽어야 한다는 것을 강조하였다. 과연 그럴까? 에

도 시대의 사무라이 유자儒者들의 관점에서는 당연히 후자가 정답이라고 말할 것이다. 일본은 "혁명革命이 부재한 역사"이기 때문이다. 마루야마 마사오는 헤겔의 진단대로 중국이 "역사 없는 정체의 역사"라는 논지를 들어 일본문명이야말로 다이내믹한 근대적 "작위作爲"를 이룩한 역사라고 말했지만 그것은 넌센스다! 일본은 혁명이 없다! 천황의 권위의 지속 하에 "쇼오군"의 호오시奉仕의 대체만 있는 것이다. 일본의 역사야말로 역사 없는 역사요, 시간 없는 시간이다.

맹자에게 국가는 절대적인 그 무엇이 아니다. 따라서 군주도 절대적인 그 무엇이 아니다. 따라서 영토조차 절대적인 그 무엇이 아니다. 오직 궁극적인 가치의 기준은 전 지구 위에서 살고있는 "인민의 삶"이다. 따라서 왕도의 구현은 오직 "민심을 얻는 것"일 뿐이다. 영토는 포기될 수도 있는 것이지만 민심은 포기될 수 없다.

모택동 군대와 장개석 군대의 가장 큰 차이는 무엇인가? 모의 홍군은 빨치산부대이며 자유롭게 36계 줄행랑도 칠 수 있지만 자신의 확고한 아이덴티티와 민심에 이반되는 짓을 하지 않았다. 그들에게는 진지나 영토보다는 "민심"이 승리의 기준이었다. 그러나 일본육군에 사관후보생으로 입대하여 서구적 훈련을 받은 장의 국민군은 진지전만을 고집하고 자신의 확고한 아이덴티티가 없었으며 민심의 행방에 관심이 없었다. 국민군의 내부적 부패는 극심했다. 결국 땅을 고집하지 않은 인민해방군은 전대륙을 석권하였고, 땅을 고집한 국민당군은 전대륙을 상실하고 대만인민에게까지 무한한 고통을 안겨주었던 것이다.

오늘 우리의 정세와 관련하여 우리가 맹자에게서 배워야 할 것은 실로 많다. 우리는 근대적 영토국가이기 때문에 땅을 버릴 수는 없다. 그러나 민심을 상실하는 위정을 계속하면 결국 영토조차 보위하는 것이 불가능해진다는 교훈을 『맹자』에게서 얻어야 한다. "독도는 우리 땅"이라는 노래조차 마음대로 부르지 못하고 더티한 정치로 분열되어 있는 이 민족이 과연 어떻게 독도를 지킬 것인가!

이제 맹자는 등나라를 떠나 마지막 행선지인 노나라로 간다. 젊은 날의 자신의 배움의 모든 원천이었던 그 자궁과도 같은 엄마 품으로 가는 것이다. 그러나 그를 기다리고 있는 것은 싸늘한 정치의 현실뿐이었다. 맹자가 만나려고 했던 노나라의 군주 평공平公은 재위기간이 BC 316~297이다. 그 이름을 숙叔이라고도 하고 려旅라고도 한다. 노경공魯景公의 아들이다. 『사기』에는 그의 시대는 이미 진·초·연·제·한·위·조의 7국이 모두 칭왕稱王하던 시대였다라고만 간략히 기술해놓았다. 다음의 기사내용으로도 알 수 있듯이 평공은 매우 평범한 인물이었던 것 같다.

1b-16. 노평공이 맹자를 맞이하기 위하여 외출 행렬을 준비시키고 있었다. 이때 노나라의 세세로 내려오는 권신이며 노평공이 총애하고 있었던 폐인嬖人 장창臧倉이라는 자가 공을 저지하면서 말하였다: "평일에는 임금께서 외출을 하시려면 반드시 담당관리에게 가실 곳을 미리 말하여 준비케 하셨는데 오늘은 웬일이시오니이까? 지금 임금님의 수레에 말까지 매달아 놓았는데 담당관리가 가시는 곳을 알지 못하오이다. 알려주시옵소서."

평공이 말하였다: "맹자를 만나러 가노라."

장창이 말하였다: "임금께서 웬일이시오니이까? 임금의 신분으로서 가볍게 맹자와 같은 필부에게 먼저 찾아가신다니, 그가 현자賢者이기 때문이오니이까? 예의禮義는 현자에게서 나온다고 들었습니다만 맹자

는 먼저 돌아가신 아버지의 장례보다 나중에 돌아가신 어머니의 장례를 아주 성대히 치렀으니 예의를 모르는 사람입니다. 현자라 말할 수 없습니다. 임금께서는 그를 만나지 마시옵소서!"

평공은 말하였다: "그래? 네 말대로 하겠다."

맹자의 제자인 악정자樂正子가 입궐하여 노평공을 알현하여 말하였다: "어찌하여 맹가孟軻를 만나지 아니 하시나이까?"

평공은 말하였다: "혹자가 과인에게 이르기를 맹자의 후상後喪이 전상前喪을 참월하였다고 이르기에 나는 그를 만나러 가지 않았노라."

악정자가 말하였다: "뭔 말씀이시오니이까? 임금께서 참월이라고 말씀하시는 그것이 뭘 두고 한 말입니까? 아버지 장례는 사士의 예로써 하고, 어머니의 장례는 대부大夫의 예로써 했기 때문입니까? 아버지 장례에는 삼정三鼎의 공물(돼지·생선·육포)을 쓰고 어머니의 장례에는 오정五鼎의 공물(양·돼지·절육·생선·육포)을 썼기 때문입니까? 이것은 다 예에 합당한 것이 아니오니이까?"

평공이 말하였다: "아니다. 관곽棺槨과 의금衣衾(시신을 싸는 장렴裝殮의 옷과 기물)이 지나치게 화려했음을 두고 하는 말이다."

악정자가 말하였다: "그것은 참월이 아닙니다. 예의에 합당한 범위 내에서 아버지 장례 때와 어머니 장례 때의 빈부가 달랐기 때문입니다."

악정자가 돌아와서 맹자를 뵈옵고 말하였다: "제가 임금께 선생님에 관한 것을 잘 말씀드렸기 때문에 임금께서 직접 마중나와서 선생님을 뵈오려던 참이었습니다만, 안타깝게도 간신 같은 폐인 장창이라는 놈이 임금을 저지하였습니다. 결국 임금은 아니 오는 것으로 결말이 나고 말았습니다."

맹자께서 말씀하시었다: "가는 것도 가게 만드는 뭔가가 있다. 멈추는 것도 멈추게 만드는 뭔가가 있다. 가고 멈추는 것이 어찌 인간의 의지대로 되는 것일까보냐! 내가 지금 노나라의 제후를 만나지 못한다는 것은 하늘의 뜻일 뿐이다! 일개 장가놈이 어찌 나로 하여금 평공을 만나지 못하게 할 수 있단 말인가!"

1b-16. 魯平公將出, 嬖人臧倉者請曰: "他日君出, 則必命有司所之。今乘輿已駕矣, 有司未知所之, 敢請。"公曰: "將見孟子。"曰: "何哉? 君所爲輕身以先於匹夫者, 以爲賢乎? 禮義由賢者出, 而孟子之後喪踰前喪。君無見焉!"公曰: "諾。" 樂正子入見, 曰: "君奚爲不見孟軻也?"曰: "或告寡人曰: '孟子之後喪踰前喪,'是以不往見也。"曰: "何哉? 君所謂踰者? 前以士, 後以大夫; 前以三鼎, 而後以五鼎與?"曰: "否。謂棺椁衣衾之美也。"曰: "非所謂踰也, 貧富不同也。"樂正子見孟子, 曰: "克告於君, 君爲來見也。嬖人有臧倉者沮君, 君是以不果來也。"曰: "行, 或使之; 止, 或尼之。行止, 非人所能也。吾之不遇魯侯, 天也。臧氏之子焉能使予不遇哉!"

沃案 여기서 맹자의 여로는 끝난다. 맹자가 이 긴 여로를 출발한 것이 BC 320년, 53세의 시기였다. 그리고 이 긴 여로를 마감한 것이 BC 305년, 68세의 시기였다. 「양혜왕」편은 이 긴 15년간의 여로를 너무도 간결하면서도 동시에 모두 서술되어야만 하는 분위기를 자세히 전달해주고 있다. 이 15년의 여로의 첫 순간은 "어찌하여 리利를 말하는가? 단지 인의仁義가 있을 뿐!" 하고 호통치는 패기 찬 젊은 맹자의 모습이다. 그리고 그 마지막 순간은 "하늘의 뜻이로다!" 체관諦觀의 달자達者의 모습이다. 시대의 추이와, 사상의 성숙, 그리고 한 사상가의 좌절과 동시에 새로운 은거의 시작을 알려주는 위대한 전기를 여운 있게 기록해놓고 있다.

장가놈의 농간이 아니었다면 오늘의 위대한 맹자는 태어나지 않았을 수도 있다. 그 체념이 결국 맹자가 제자들과 자기의 생애를 담은 저술에 전념할 수 있는 새로운 전기를 마련해준 것이다. 참으로 아슬아슬한 인류사의 전기라 말하지 아니 할 수 없다.

 악정자는 맹자의 제자로서 당시 노나라의 집정執政이었다. 따라서 어떻게 해서든지 평공과 맹자의 해후를 성사시키려고 노력했다. 맹자가 고개를 숙이고 평공을 찾아갈 처지가 아니다. 그래서 악정자는 감언으로 평공으로 하여금 맹자를 찾아가 뵙게 만들었다. 처음, 평공이 행선지를 말하지 않았다는 것은 악정자의 사려깊은 계책이었을 것이다. 그런데 간신 장창에게 들켜 파토가 나고 말았다. 평공은 무덤덤하게 또 녕신佞臣 장창의 이야기를 듣는다. 자기 판단이 없는 인간이라 할 수 있다. 맹자가 자기 엄마 장례와 묘소를 과하게 쓴 것은 이미 당시에 유명한 이야기인 모양이다. 그리고 폐인 장창이 지적한 것은 과히 틀리지는 않다. 『중용』18장에 보면, 장례는 죽은 자의 위로써 하고 제사는 받드는 자손의 위로써 한다는 원칙이 제시되어 있다(나의 『중용한글역주』를 참고하라). 장례 자체를 받드는 자의 위에 따라 한 것은 잘못이다. 그러나 악정자는 그 범위가 크게 벗어난 것은 아니며 단지 빈부라는 경제적 여건의 문제였기 때문에 결례가 될 수 없다고 주장한다. 마지막에 맹자를 찾아온 악정자의 분위기는 다 성사된 끝판이 깨진 것을 분개하는 어투이다. 그 분개에 대하여 맹자의 체관諦觀이 서리고 있다. 맹자는 이미 15년의 공생애를 거쳤다. 그리고 군주들의 실태도 다 파악하였다. 그리고 노나라가 이미 국운이 다한 것도 간파하고 있다. 더 이상 기대심을 가지고 에너지를 북돋을 상황이 아닌 것이다. 그것은 천명天命일 뿐이다! 어찌 일개 간신의 농간에 나의 운명이 놀아날 수 있겠는가!

 나 도올도 최근까지 사회참여의 권유를 많이 받았다. 그러나 이제 내 갈 곳은 오직 나의 사유로 침잠하는 길밖에는 없다는 체관이 감돈다. 맹자의 나이와 나의 나이가 비슷하다. 이제 나도 내 인생에서 『맹자』라는 서물을 뛰어넘을 작품을 남기는 새로운 꿈을 모색하리라! 미련 없이 수레를 돌려라! 저 영원한 진리의 세계로 떠나라!

단종이 유배되었던 태백산록 영월 청령포淸泠浦

사천향교泗川鄕校. "학교學校"라는 말 자체가 맹자에서 유래되었다. 맹자는 체계적 서민교육을 강조한 유일한 고대사상가였다. 세계사적으로 유례가 없다.

공손추장구公孫丑章句 상上

2a-1. 맹자가 제나라에 간 초기에 있던 일이다. 제나라에서 입문한 제나라 사람 제자 공손추公孫丑가 맹자에게 여쭈어 말하였다: "선생님께서 만약 제나라에서 국정의 권좌에 앉으신다면, 제나라의 찬란했던 명신 관중管仲(제환공의 재상)과 안자晏子(제경공의 재상. 1b-4에 기출)의 공업功業을 다시 한 번 흥륭시킬 수 있겠군요?"

맹자께서 말씀하시었다: "너는 정말 지독한 제나라 사람이구나. 겨우 안다는 게 고작 관중管仲과 안자晏子뿐이냐? 일찍이 누군가 증자의 아드님인 증서曾西(증서를 증자의 손자로 본 조기나 주희의 견해는 적합하지 않다)에게 물었다고 한다: '증서 당신과 자로를 비교한다면 누가 더 현명합니까?' 증서는 황공스러운 표정을 지으며 말했다: '자로 선생은 나의 돌아가신 아버지 증삼曾參께서도 외경스럽게 여겼던 분이시다. 어찌 감히 나를 자로 선생께 비교한단 말인고!' 그러자 그 사람이 또 물었다: '그렇다면 당신과 관중과는 누가 더 현명하오?' 증서는 발끈 얼굴을 붉히며 기분나쁜 듯이 말했다: '여보게! 그대는 왜 하필 나를 관중에게 비교하는가? 관중은 제환공의 신뢰를 그토록 독점하였으며, 또 국정을 전횡한 것이 그토록 오래갔는데도 불구하고 그가 이룩한 공로라는 것은 왕도가 아닌 패도覇道를 행한 저열한 것일 뿐이다. 그대는 어찌하여 나를 하필 이런 자에게 비교하는가?'

그러니 나는 말하노라! 관중은 증서 같은 인물도 상대하지 않는 수준의 인간이다. 그대는 나의 제자로서 어찌하여 나보고 관중처럼 되라고 말하고 있는 것인가?"

공손추는 말하였다: "선생님! 발끈하지 마시고 제 말씀 좀 차분히 들어보십시오. 관중은 어찌되었든 그가 섬긴 임금을 춘추오패의 한 사람으로 만들었고, 안자는 그가 섬긴 임금을 그 이름이 천하에 현창顯彰되도록 만들었습니다. 이 만만치 않은 관중과 안자, 두 인물에 관하여 전혀 배울 건덕지가 없다는 것입니까?"

말씀하시었다: "이 녀석아! 지금 그런 게 문제의 핵심이 아니다. 제나라의 국력을 기반으로 천하를 통일할 수 있는 왕도를 실현해야 한다는 것이다. 그리고 그것은 현재 손바닥을 뒤집는 것처럼 쉬운 일이다!"

말하였다: "아이쿠 선생님! 선생님 말씀대로라면, 이 제자의 의혹은 점점 더 커져만 갑니다요. 관중이나 안영은 잠깐 제켜놓고 문왕 같은 분을 생각해봅시다요. 문왕은 그토록 위대한 덕의 소유자였으며 또한 백년 가까이 장수를 누린 후에야 승하하시었습니다(전설에 의하면 97세에 붕崩). 그런데도 불구하고 천하를 통일하는 데는 미흡했습니다(그 덕이 천하사람들에게 미치지 못했습니다). 그리고 그의 아들 무왕武王과 주공周公 대에 이르러서야 겨우 왕도가 크게 행하여졌습니다. 지금 선생님께서 천하를 통일하는 왕도의 구현이 손바닥 뒤집는 것처럼 그토록 쉬운 일이라고 한다면, 문왕은 본받을 것이 아무 것도 없는 사람이겠네요?"

말씀하신다: "허허~ 이 사람아! 어찌 문왕 같으신 위대한 분을 끌어다가 여기에 비교한단 말인가! 내가 얘기해줌세! 문왕께서 천하를 통일하시지 못한 것은 그 나름대로 피치못할 역사적 사정이 있는 것일세. 은나라의 시조이신 탕임금으로부터 중흥의 영주英主인 무정武丁에 이르기까지 현명한 군주가 6·7명이나 일어났고, 천하의 민심이 은

나라에 귀복歸服된 것이 매우 오래되었다네. 민심이 오래 안정될수록 혁명이라는 것은 지난한 사업이 되는 것이지. 중흥의 명군 무정武丁은 주변의 제후를 모두 조공케 하였고 천하를 장악하는 것이 장중掌中에 주무르듯이 쉬웠던 것일세. 은나라의 마지막 폭군인 주紂임금의 시대라 해봐야 찬란했던 무정의 시대로부터 그리 멀지 않아. 대대로 유서 깊은 집안들의 훌륭한 풍속이 남아있었고 훌륭한 군주들이 인민에게 끼친 감화의 류풍流風이나 선정善政의 은택이 아직 상존해있었지. 그리고 또 미자微子(주임금의 이모형異母兄. 혹은 친형. 이름은 계啓)·미중微仲(미자의 동생. 이름은 연衍)·왕자비간王子比干(주의 숙부叔父)·기자箕子(주의 친척인 현인)·교격膠鬲(주의 현신賢臣)과 같은 현자들이 있어서, 그들이 모두 같이 협력해가면서 주임금을 보좌하고 있었기 때문에, 주임금의 폭정은 오랜 세월을 견디어내다가 뒤늦게 천하를 잃어버리고 만 것이야. 주임금의 때만 해도 한 척尺의 땅이라도 주임금의 소유가 아닌 것이 없었고, 한 명의 백성이라도 주임금의 신하가 아닌 자가 없었네. 그러니 단지 사방백리의 작은 땅을 기반으로 일어난 문왕文王의 입지는 곤란한 처지가 한둘이 아니었다네.

제나라 사람들 속담에 이런 말이 있지: '지혜가 있을지라도 바른 때의 세勢를 타느니만 못하고, 아무리 좋은 쟁기가 있어도 농사의 제철을 기다리느니만 못하니라.' 지금 이때야말로 천하를 통일할 수 있는 왕도를 구현하기가 너무도 쉬운 적기란 말이다. 하·은·주 삼대의 전성기에도 제왕의 직할지가 천리사방을 넘는 것이라고는 있어본 적이 없다. 제나라는 지금 천리사방을 넘는 영토를 가지고 있다. 하·은·주 삼대의 전성시기에는 인구가 많아 도시에 꽉 들어찬 집에서 닭이 울고 개가 짖으면 그 소리가 서로 들려 사방의 국경에까지 시끄럽게 미쳤다. 지금 제나라 또한 그처럼 많은 인구를 확보하고 있다. 땅을 새롭게 개간하는 수고를 할 필요도 없고, 인구를 늘이느라고

타국에서 사람들을 끌어모으는 수고를 할 필요도 없으니, 단지 인정
仁政만을 실천한다면 곧 천하를 통일하는 왕도를 구현할 수가 있다
는 것이다. 감히 누가 그 대세를 막을 수 있으리오! 또한 진정한 왕
자王者가 출현하지 않은 지가 이토록 오랫동안 지속된 유례가 없으
며, 백성들이 학정에 시달려 초췌憔悴하고 황폐하게 된 것이 오늘처럼
이토록 심한 시대는 없었다. 굶주린 자는 맹렬하게 먹으려고 할 것이
며, 목마른 자는 맹렬하게 마시려고 할 것이다. 내가 존경하는 공자님
께서 이렇게 말씀하신 적이 있단다: '덕德이 흘러가는 것은 역참을 건
너뛰며 파발마로 명령을 전하는 것보다도 빠르다.' 지금 바로 이 시점
에 만승의 대국인 제나라가 인정仁政을 행한다면 인민들은 기뻐 날뛸
것이며, 고문당하는 사람이 천정에 거꾸로 매달린 쇠사슬에서 풀려난
것처럼 기뻐할 것이다. 그러므로 내가 말하는 왕도의 혁명이란 옛 성
인들의 절반의 수고만 들여도 그 공은 반드시 두 배가 넘을 것이다.
지금 이 시점이야말로 바로 그때로다!"

2a-1. 公孫丑問曰: "夫子當路於齊, 管仲、晏子之功, 可復許乎?" 孟子曰: "子
誠齊人也, 知管仲、晏子而已矣。 或問乎曾西曰: '吾子與子路孰賢?' 曾西蹵然曰:
'吾先子之所畏也。' 曰: '然則吾子與管仲孰賢?' 曾西艴然不悅, 曰: '爾何曾比予
於管仲? 管仲得君, 如彼其專也; 行乎國政, 如彼其久也; 功烈, 如彼其卑也。爾何
曾比予於是?' 曰, 管仲, 曾西之所不爲也, 而子爲我願之乎?" 曰: "管仲以其君霸,
晏子以其君顯。管仲、晏子猶不足爲與?" 曰: "以齊王, 由反手也。" 曰: "若是, 則
弟子之惑滋甚。且以文王之德, 百年而後崩, 猶未洽於天下; 武王、周公繼之, 然後
大行。今言王若易然, 則文王不足法與?" 曰: "文王何可當也? 由湯至於武丁, 賢聖
之君六七作, 天下歸殷久矣, 久則難變也。武丁朝諸侯, 有天下, 猶運之掌也。紂
之去武丁未久也, 其故家遺俗, 流風善政, 猶有存者; 又有微子、微仲、王子比干、箕
子、膠鬲, 皆賢人也, 相與輔相之, 故久而後失之也。尺地莫非其有也, 一民莫非其

臣也, 然而文王猶方百里起, 是以難也. 齊人有言曰: '雖有智慧, 不如乘勢; 雖有鎡基, 不如待時.' 今時則易然也. 夏后、殷、周之盛, 地未有過千里者也, 而齊有其地矣; 雞鳴狗吠相聞, 而達乎四境, 而齊有其民矣. 地不改辟矣, 民不改聚矣, 行仁政而王, 莫之能禦也. 且王者之不作, 未有疏於此時者也; 民之憔悴於虐政, 未有甚於此時者也. 飢者易爲食, 渴者易爲飮. 孔子曰: '德之流行, 速於置郵而傳命.' 當今之時, 萬乘之國行仁政, 民之悅之, 猶解倒懸也. 故事半古之人, 功必倍之, 惟此時爲然."

沃案 우리는 여기서 또다시 젊은, 패기 찬 맹자의 절규를 듣는다. 그의 이상주의는 가장 현실적인 방안이며, 그의 왕도의 혁명론은 "시중時中"의 타이밍을 가지고 있다는 절박한 호소, 그것을 이해 못해주는 권력자들에 대한 안타까움으로 그의 가슴은 불타고 있는 듯한 느낌을 받는다.

이 대화는 분명 맹자가 제나라에 왔을 때, 아주 초기에 이루어진 것이다. 「양혜왕」상7에서 맹자가 제선왕을 처음 만났을 때 한 대화도 같은 주제를 가지고 있다. 제선왕의 첫 질문은, "제환진문지사齊桓晋文之事, 가득문호可得聞乎?"였던 것이다. 제선왕을 대하는 것보다는 그의 제자 공손추의 질문을 대하는 태도가 매우 역사적이고 교훈적인 디테일을 담고 있다. 교육자로서의 맹자의 면모가 돋보인다.

공손추 역시 맹자의 제자이면서도 맹자의 입장을 충분히 이해 못하고 있는 것 같은 모습으로 등장한다. 이것은 맹자가 살았던 시대의 대세였던 것이다. "너 참 지독한 제나라 놈이구나!" 공손추는 제나라 사람이었고, 제나라의 갈망을 대변하고 있다. 그 갈망은 항상 제환공의 패업을 회복하는 것이다. 혹자는 공손추가 우문愚問을 계속 던지는 못난 제자인 것처럼 말하나, 나는 그렇게 보지 않는다. 공손추는 진지하고 진실한 인간이며 배움의 열정이 있는 인간이다. 공손추는 "공손公孫"이라는 성이 말해주듯이, 공실과 관계된 뿌리 있는 집안의 자손일 것이며 당대 직하에서 많은 선생의 훈도를 받은 인물일 것이다. 그런데 맹자를 만나는 동시에 맹자에게 필이 꽂혔던 것이다. 공손추는 솔직한 질문을 던지며 맹자가 이 세상을 떠나는 날까지 줄곧 그의 곁을 지킨 충직한 제자라고 보여진다. 그 덕분에 우리는 그의 질문을 통하여 맹자의 속마음을 접하게 된다. 맹자에 관한 상당 부분의 기록이 공손추에 의하여 기술된 것이다. 공손추는 "무벌선無伐善, 무시로無施勞"하는 안회의 모습과 겹친다(5-25). 맹자에게 있어서는 안회와도 같은 인물이었다고 보아야 할 것이다.

훌륭한 정책의 실현의 타이밍, 사반공배事半功倍의 적기를 말하는 맹자의 논리는 오늘 우리에게도 그대로 적용되는 것이다. 한국의 민생民生은 남북화해의 전제가 없이는 확보될 길이 없다. 남북대결을 빌미로 주변 강대국이 우리를 가지고 농간을 부리지 못하게 만들지 않으면 우리나라 경제는 안정될 길이 없다. 남북화해를 위해서는 이념의 질곡에서 해방되어야 하며, 이념의 질곡에서 벗어나기 위해서는 과거의 역사로부터 해방되어야 하며, 과거의 역사로부터 해방되기 위해서는 일변도의 강대국종속에서 벗어나야 한다.

그런데 이런 것들은 매우 쉬운 것이다. 실천하려면 당장 실천할 수 있는 것이다. 그런데 못하고 있다! 얼마나 우매한 동족상잔의 비극이냐? 한민족은 지금 가위에 짓눌려 있다. 뜀박질을 뛰고자 하면서 제자리를 맴돌고 있다. 가위에서만 풀려나면 질풍같이 달려갈 수 있으련만, 그 얼마나 치졸한 망상인고! 맹자와 더불어 오늘 이 시時를 통곡하노라!

2a-2. 공손추가 물어 말하였다: "만약 선생님께서 제나라의 경상卿相이라는 최고의 자리에 거居하시게 되어 뜻하시는 바 왕도의 정치를 구현하는 포부를 실천하실 수 있다면, 그 포부를 통해 제왕齊王을 패자로 만들든 왕자로 만들든 결국 그것은 선생님의 역량에 의한 것이므로 사람들이 이상하게 생각할 바가 없을 것 같습니다(주희의 해석을 따랐다. 조기는 "선생님의 도움으로 제왕齊王이 패자나 왕자가 되면 그들은 고대의 이상적 패자나 왕자와 다를 바 없는 훌륭한 인물이 될 것이다"라는 식으로 해석한다. 주희가 문맥상 더 자연스럽다). 그러한 지위에 계속 계시게 된다면 책임부담도 많을 것이고 또 권세도 많을 것이니 마음이 흔들리는 일이 있지 않겠습니까?"

맹자께서 말씀하시었다: "그런 일은 절대 있을 수 없다. 나는 40세에 이미 부동심不動心의 경지에 달했다."

공손추가 말하였다: "그렇다면 선생님의 경지는 용맹스럽기로 유명했던 제나라의 고대 용사勇士 맹분孟賁(위衛나라 사람이라는 설도 있음)의 경지를 뛰어넘어도 한참 뛰어넘으셨습니다그려."

말씀하시었다: "야 이놈아! 그게 뭐가 어렵다고 그렇게 호들갑을 떠냐! 고자(告子: 실제로 이 인물이 『맹자』에 많이 등장하지만 역사적으로 그 전기를 상고詳考할 길이 없다. 묵자의 제자로서 상당히 높은 수준의 학문경지를 개척한 사람으로 보인다. 인간의 본성은 근원적으로 선·악으로 규정할 수 없다는 생각을 가지고 있다. 맹자가 고자를 매우 비판하는 듯이 보이지만 실제로는 고자를 존경했다. 고자를 맹자의 제자로서 보는 견해는 모두 틀린 것이다. 고자는 맹자보다 윗세대의 사람이며 직하에서 같이 살았을 것이다. 그래서 제나라에 있을 동안 왕래가 많았고 논쟁도 많이 하면서 서로를 계발시켰다고 보아야 할 것이다) 선생만 해도 나보다 먼저 부동심의 경지에 달하신 분이다."

공손추가 말했다: "부동심을 기르는 좋은 방법이 있습니까?"

맹자께서 말씀하시었다: "암 있구말구. 우선 북궁유北宮黝가 용기를 기르는 방법을 들 수 있겠다(북궁유는 제나라 사람으로 전설적인 검객이었던 것 같은데 역시 상고할 길이 없다). 그는 칼이 피부를 갈라도 기가 꺾이지 않고, 눈을 찔러도 눈동자를 반듯이 노려보고 까딱하지 않았다. 털끝만한 작은 일로 사람에게 모욕을 당해도 시장 한복판 대중이 보는 앞에서 채찍질을 당한 것처럼 생각했다. 아무리 미천微賤한 갈관박褐寬博(느슨한 갈포를 두른 사람이라는 뜻으로 맹자 당대에 유행했던 어법이며 "비천한 인간"이라는 뜻이다)이라도 그를 모욕하면 용서치 아니 하며, 아무리 지체 높은 만승의 군주라도 그를 모욕하면 용서치 아니 한다. 만승의 군주를 칼로 찔러 죽이는 것을 마치 미천한 갈부褐夫를 칼로 찔러 죽이는 것과 똑같이 여기며, 천하에 그가 두려워하는 제후는 한 사람도 없다. 어느 제후든지 그에게 험담을 말하면 반드시 보복하고야 만다. 이것이 북궁유의 용기이다.

다음에 또 제나라 용사勇士 맹시사孟施舍(이 사람에 관해서는 정보가 전혀 없다. 성이 맹이고 이름이 시사라는 설, 성이 맹시라는 복성複姓이고 이름이 사라는 설이 있다) 스타일의 용기를 기르는 방법이 있다. 그는 이렇게 말하곤 했다: '도저히 이길 수 없는 적이라 할지라도 반드시 이길 수 있다는 신념을 가지고 돌진해야 한다. 전술에 능하다는 사람들은 보통 적의 형편을 잘 계산해보고 난 후에야 진격하고, 이길 수 있다는 계산이 든 후에야 합전合戰에 임한다. 이것은 삼군三軍과 같은 대군을 만나면 아무리 전술이 탁월해도 반드시 공포에 떨어 깨지고 만다. 나는 이런 비겁을 싫어한다. 어찌 나라고 어느 상황에서든지 필승한다는 법이 있을까보냐? 그러나 나는 어느 상황에도 적을 두려워하지 않고 돌진한다. 그것으로 나의 최선을 다할 뿐이다.'

내가 생각컨대 맹시사의 용기는 증자曾子에 가깝고, 북궁유의 용기는 자하子夏에 가깝다(어느 맥락에서 이런 말을 하고 있는지 잘 모르겠다. 증자는 주관주의적 성향이 강하고, 자하는 객관주의적 성향이 강하다는 맥락에서 비유될 수 있을지 모른다. 여기 자하子夏를 자로子路의 오자로 보아야 한다는 재미있는 설도 있다). 이 두 사람의 용기 중에서 과연 어느 쪽이 더 현명한지는 판단키 어려운 문제이지만, 그래도 맹시사의 지키는 바가 훨씬 더 요령을 얻고 있다.

옛날에 증자께서 자기의 문인門人 자양子襄에게 다음과 같이 말하신 적이 있단다: '너는 용기를 좋아하느냐? 나도 우리의 공자 선생님께 대용大勇에 관하여 문의해본 적이 있다. 선생님께서는 이렇게 말씀하셨지. 자기 내면을 반성해보아 바르지 못하면 갈관박 앞에서도 벌벌 떨게 되며, 자기 내면을 반성해보아 조금도 부끄러움이 없으면 비록 천군만마千軍萬馬의 대군이 밀어 닥쳐도 용왕매진勇往邁進할 수 있다고.' 맹시사가 기氣를 지키는 방법은 증자가 자기 내면을 지키는 방법만큼 요령을 얻고 있지 못하다."

공손추가 물었다: "감히 또 묻겠습니다만, 선생님의 부동심과 고자의 부동심의 차이에 관하여 들어볼 수가 있겠습니까?"

맹자께서 친절히 대답하여 주신다: "고자가 다음과 같이 말한 적이 있다: '남의 말이 도저히 이해되지 않을 때 그것을 말로서 끝내지 않고, 그것을 천착하여 내 마음을 괴롭히는 짓을 하지 말라. 남의 마음을 도저히 이해할 수 없을 때 그것으로 상심 받아 내 몸의 기를 괴롭혀서는 아니 된다. 그러다 보면 점점 부동심이 달성된다.' 이 말 중에서 후자인 남의 마음 때문에 내 몸의 기를 괴롭히지 말라는 얘기는 그런대로 옳은 얘기이지만, 전자인 남의 말을 내 마음에 천착하여 무리하게 이해하려고 노력하지 말라는 얘기는 별로 옳지 못하다. 인간의 말은 모르는 것이 있으면 이해할 수 있는 데까지 이해하는 것이 중요하다. 그것은 부동심과 별로 관계가 없다. 내가 생각하는 부동심의 핵심은 지志의 문제에 있다. 대저 지志는 기氣의 통솔자이다. 그리고 기氣는 우리 몸에 꽉 차있는 본원적인 에너지 같은 것이다. 그러므로 지志가 가는 곳에는 기氣가 자연스럽게 따라붙는다. 그러므로 지志를 잘 조절하여 기氣가 난폭하게 흐트러지지 않도록 해야 한다고 나는 말하는 것이다."

공손추가 말했다: "선생님! 방금 '지志가 가는 곳에는 기氣가 자연스럽게 따라 붙는다'고 말씀하시고는 또 새삼 '지志를 잘 조절하여 기氣가 난폭하게 흐트러지지 않도록 해야 한다'고 말씀하실 필요가 있겠습니까?"

맹자께서 말씀하셨다: "으음, 참 좋은 질문이다. 내가 말하려 한 뜻은 지志와 기氣는 일방적 관계가 아니라 쌍방적 교호작용이 있다는 것을 강조한 것이다. 우선 지志가 전일하게 잘 콘트롤되면 기氣를 잘 움직일 수 있다. 그런데 기氣가 전일하게 집중되어도 지志를 움직일 수 있다. 후자는 별로 바람직하지 않다. 지금 어떤 사람이 달려가다가 넘어졌다고 하자! 이것은 넘어지려는 의지가 작동한 것이 아니고 단지 무의식적 기氣의 주기적 작동 리듬이 깨져서 생긴 사건일 뿐이다. 그런데 이런 경우 자빠지고 상처가 나면 곧 사람의 마음을 움직여 칠정이 상하게 되는 것이다. 이렇게 되면 부동심이 이루어지기 어렵다."

(沃案: 이 단의 해석에 관하여 매우 다양한 갈래가 있으며, 아주 추상적 언어로 요약되어 있어 그 진정한 논리의 흐름을 명백하게 드러내기가 어렵다. 대부분의 주석가들이 애매하게 해석하고 넘어가는 것을 나는 매우 명료하게 처리하였다. 나의 해석이니 참고할지어다. 타인의 해석을 참고해도 좋으나 문제는 그들의 해석은 논리적으로 이해가 되지 않는다는 데 있다)

공손추는 또 물었다: "대강 알아들었습니다. 감사합니다. 그런데 감히 또 여쭙겠습니다. 선생님께서 잘하시는 것은 어느 방면의 것들입니까?"

맹자께서 말씀하시었다: "내 장기는 지언知言(남의 말을 잘 분석하여 알아듣는 능력)에 있고, 또 나의 호연지기浩然之氣를 선양善養할 줄 안다는 것이다."

말한다: "감히 묻겠나이다. 선생님께서 말씀하시는 호연지기란 과

연 무엇입니까?"

말씀하신다: "정말 그것은 인간의 언어로 설명하기가 어려운 것이다. 그것의 기氣됨이 지대至大하고 지강至剛하여, 정의감에 의하여 배양되고 사악함에 의하여 상해 받지 않는다면 6척 단신의 기라 할지라도 천지지간天地之間에 꽉 들어차는 것이다. 그 기氣됨이란 항상 의義와 배합되며 도道와 더불어 하는 것이니, 인간에게 이것이 결여되면 그 인간은 활력이 없어지고 시들어버린 쭉정이가 되고 만다. 그러기 때문에 호연지기라는 것은 의로움에 의하여 일상적으로 축적되어 인간 내면에서 온양·배양되는 것이지, 어떤 돌발적인 정의감의 우발적 행동에 의하여 취득되는 그런 것이 아니다. 인간이 행동을 하고, 그 행동을 마음에 돌이켜 볼 때 꺼림직 하거나 뒤가 켕기는 구멍이 있으면 그 인간은 결국 시들어버리고 만다. 호연지기가 상실되어 활력이 없는 인간이 되어버리고 마는 것이다. 그래서 나는 항상 말하기를 고자告子라는 분이 의義를 미처 알지 못했다고 하는 것이다. 그 분은 의義를 심외心外의 어떤 것으로 생각하시기 때문이다(고자의 "인내의외仁內義外"의 설說은 「고자」상4를 참고할 것). 의義는 외재적 존재일 수 없으며, 인간이 특정한 목적을 달성하기 위하여 하는 행동으로부터는 생겨나지 않는다. 반드시 호연지기를 배양하는 노력을 끊임없이 하면서도 그 노력의 결과를 예기豫期해서는 아니 되는 것이다. 끊임없이 마음속으로 의義를 배양한다고 하는 큰 목적을 잊어서는 아니 되지만, 빨리 효과를 얻기 위해 조장助長하는 짓을 해서는 아니 되는 것이다. 예를 들면 송宋나라 사람들이 하는 짓을 해서는 아니 된다는 것이다.

송나라에 자기 밭에 파종한 싹이 영 빨리 자라나지 않는 것을 심히 걱정한 나머지, 밭에 가서 싹을 일일이 다 조금씩 뽑아 올려놓은 사람이 있었다. 그 사람은 아주 지칠 대로 지친 모습으로 돌아오면서 그 부인에게 자랑스럽게 말했다: '오늘 정말 피곤하다! 내가 싹이 자라 올라오는 것을 일일이 다 도와주었다.' 그래서 그 아들이 깜짝 놀라 밭으로 달려가보니, 아뿔싸 싹들은 이미 다 시들어버리고 말았다. 이런 얘기가 송나라 사람들의 우화 같고 남의 얘기 같지만, 실은 천하의 모든 사람이 조장助長을 하지 않는 사람이 없다. 싹이 자라나는 것을 도와주는 것은 무익하다, 다시 말해서 인간의 기氣를 배양하는 것에 근원적으로 관심을 갖지 않고 방기하는 것은, 밭에 잡초가 우거지도록 내버려두는 것과도 같다. 그러나 호연지기를 기른다고 하면서 무리하게 빨리 조장하는 것은(앞에서 예로 든 북궁유나 맹시사의 용기 같은 것), 밭의 싹을 뽑아 올리는 것과도 같은 것이다. 그것은 게으름으로 무익無益하다고 할 수준의 것이 아니라, 근원적으로 해악을 끼치는 것이요, 인간 존재를 망가뜨리는 것이다."

공손추가 묻는다: "아까 말씀하신 지언知言에 관하여 여쭙겠습니다."

말씀하신다: "치우쳐서 공정하지 못한 말誠辭을 들으면 나는 그 인간이 무엇에 씌워져 있는지를 간파할 수 있다. 음란하게 씨부렁거리는 말淫辭을 들으면 나는 그 인간이 무엇에 빠져 있는지를 간파할 수 있다. 사악한 말邪辭을 들으면 나는 그 인간이 정도로부터 얼마나 멀어져 있는지를 간파할 수 있다. 교묘하게 피하려고만 하는 말遁辭을 들으면 나는 그 인간이 어떤 막다른 골목에 도달해 있는지를 간파할 수 있다. 이 네 가지 말, 피사誠辭 · 음사淫辭 · 사사邪辭 · 둔사遁辭가 위정자의 마음에서 생겨날 때에는 반드시 그것이 말에 그치지 아니 하고 그 정치에 해악을 끼치며, 정치 과정중에서 그런 말이 나오게 되면 그것이 말에 그치지 아니 하고 반드시 그 나라의 모든 사업에 해악을 끼친다. 이것은 너무도 중요하다! 옛 성인께서 지금 다시 출현하신다 해도 이 나의 말을 수긍하실 것이다."

공손추는 또 묻는다: "옛날에 공자의 문하에서 재아와 자공은 변설辯舌에 뛰어났으며, 염우(염경冉耕, 자는 백우伯牛) · 민자(민손閔損, 자는 자건子

騫)·안연은 덕행으로 뛰어났습니다(『논어』11-2에 나오는 평가와 놀랍게도 일치한다). 공자는 이 양 측면을 다 겸비하신 분이신 것 같은데, 스스로 솔직하게 말씀하시기를, '나는 말하는 데는 별 재주가 없다'고 하셨습니다. 그러나 맹자 선생님께서는 호연지기의 덕도 쌓으셨고 또 지언知言의 장기도 갖추셨으니 선생님이야말로 진짜 성인의 경지에 도달하신 분이 아니시겠습니까?"

말씀하신다: "데끼놈! 너 뭔 말을 하고 있는 거냐? 옛적에 자공이 공자에게 여쭈어 말하였다: '선생님은 성인이시죠?' 공자님께서 말씀하시었다: '내가 어찌 성인을 자처할 수 있으랴! 성인은 나의 능력 밖이니라. 나는 그저 배우는 데 싫증내지 아니 하고 사람들을 가르치는 데 게으름이 없을 뿐이로다.' 그러자 자공이 말하기를, '배우는 데 싫증내지 아니 함은 지智의 명증이요, 가르치는 데 게으름이 없는 것은 인仁의 명증이올습니다. 인仁하고 또 지智하면, 선생님이야말로 이미 성인이 아니고 또 무엇이겠나이까?'(이상의 대화는 정확하게는 『논어』에 나오지 않지만 대략 7-33과 상통한다. 당시의 로기온파편들이 같은 주제에 다양한 형태로 산재했음을 알 수 있다. 맹자는 오늘 우리가 말하는 『논어』를 읽은 사람은 아니다). 대저 성인에 관하여서는 공자께서도 자처하시지 않으셨는데, 네가 날 보고 성인이라니 뭔 무엄한 말을 하고 있는 게냐?"

공손추는 또 묻는다: "옛적에 제가 들은 바가 있는데, 자하子夏·자유子游·자장子張은 모두 공자라는 성인의 한 면만을 구현한 사람들이고, 염백우·민자건·안연은 성인의 전체를 구현하기는 했는데 조금 미흡하다고 했습니다. 선생님께서는 자기 자신을 어떠한 인물이라고 평가하십니까?"

말씀하신다: "야 이놈! 말을 너무 막하는구나! 그런 질문은 좀 삼가는 게 좋겠다!"

그러니까 또 묻는다: "그렇다면 백이伯夷와 이윤伊尹에 관해서는 어떻게 생각하십니까?"

말씀하신다: "각기 걸어간 길이 다르다. 섬길 만한 군주가 아니면 섬기지를 않고, 다스릴 만한 백성이 아니면 다스리지를 않고, 천하가 잘 다스려지면 벼슬하고 어지러워지면 은퇴하는 스타일의 인간이 백이伯夷였다. 어떠한 임금이라도 섬기며, 어떠한 백성이라도 다스리며, 천하가 잘 다스려져도 벼슬하고 개판이라도 벼슬하는 적극적 스타일의 인간이 이윤伊尹이었다. 그러나 출사할 만하다 할 때는 출사하고, 은퇴하는 것이 좋을 만하다 할 때는 은퇴하고, 오래 체재할 만하다 할 때는 오래 체재하고, 빨리 떠나야 할 만하다 할 때는 지체없이 빨리 떠나는 분이 공자이시었다. 이 3인은 모두 옛적의 위대한 성인이시다. 나는 이 세 분의 어느 측면도 충실하게 다 실천하지 못하지마는, 내가 소망하는 바는 곧 공자님의 인격을 배우는 것이다."

공손추는 궁금해서 계속 묻는다: "선생님, 그렇다면 백이伯夷와 이윤伊尹도 공자와 같은 반열의 성인입니까?"

말씀하신다: "아니다! 인간이 이 땅위에 생겨난 이래로 공자와 같은 위대한 인간은 있어본 적이 없다."

묻는다: "그렇지만 세 분 다 옛날의 성인이라고 언명하신 이상에는 뭔가 세 분에게 공통점이 있기 때문에 그렇게 말씀하신 것이 아니겠습니까?"

말씀하신다: "암! 그렇구말구. 겨우 사방 백리의 작은 땅을 얻어 임금이 되어도 세 사람 다 사방의 제후들을 조공케 하고, 천하를 보유하는 왕업王業을 성취하실 것이 분명하다. 그리고 하나의 불의라도 행하여, 하나의 무고한 인민의 생명이라도 죽여 설사 천하를 얻으실 수 있다 해도 그런 짓은 절대로 하지 않는다는 측면에서 세 분은 공통이다."

말한다: "이제 감히 묻겠나이다. 세 분의 다른 점은 무엇입니까?"

맹자께서 마지막으로 힘주어 말씀하신다: "공자의 문인인 재아宰我·자공子貢·유약有若은 모두 그 지혜가 출중한 사람들로서 성인을 알아볼 만한 사람들이다. 그리고 그 인물됨의 그릇이 조금 작다고는 해도 자기가 좋아하는 사람에 대하여 아첨하는 그런 말을 할 사람들은 아니다. 이 세 사람이 공자를 존경하여 평한 말들을 한번 살펴보기로 하자. 이들의 말을 통해 공자가 백이와 이윤과는 동급의 인물이 아니라는 것이 명백해질 것이다.

재아는 말했다: '나의 눈으로 공자 선생님을 바라보았을 때 공자는 분명 요임금·순임금을 훨씬 뛰어넘는 인물이었다.' 그리고 자공은 이와 같이 말했다: '한 나라의 예제禮制를 관찰하면 그 나라의 정치의 현주소를 파악할 수 있다. 한 나라의 음악을 들어보면 그 나라의 도덕의 현주소를 파악할 수 있다. 그런데 지금부터 백 세대 이후에 백 세대 연간에 등장한 임금들의 정치를 다 관찰한다 해도 그들의 정치는 공자가 세운 원칙에서 벗어날 수는 없을 것이다. 이로써 우리는 공자의 위대함을 알 수 있지 않을까? 이 땅위에 인간이 생겨난 이래 우리 선생님 같은 분은 없으셨다.' 유약이 또 이와 같이 말하였다: '우리가 동류同類라고 말해도, 동류 속에 차등이 있는 것은 비단 인간세계 속에 국한되는 것은 아니다. 기린은 땅위를 달리는 동물 중에 뛰어난 것이며, 봉황은 하늘을 날아다니는 새 중에 뛰어난 것이며, 태산은 이 땅위의 언덕 중에서 뛰어난 것이며, 황하나 황해는 흐르는 물 중에서 뛰어난 것이다. 같은 류이지만 그것들은 특출난 것이다. 성인과 백성도 또한 같은 류에 속하는 것이다. 그러나 그 같은 류 속에서 뛰어나고, 또 모든 성인들 중에서 뛰어남이, 이 땅위에 인간이 생겨난 이래로 공자처럼 지극한 성덕盛德을 지닌 유례가 있지 않았다.'"

2a-2. 公孫丑問曰: "夫子加齊之卿相, 得行道焉, 雖由此霸王, 不異矣。如此, 則動心否乎?" 孟子曰: "否, 我四十不動心。" 曰: "若是, 則夫子過孟賁遠矣。" 曰: "是不難, 告子先我不動心。" 曰: "不動心有道乎?" 曰: "有。北宮黝之養勇也, 不

膚撓, 不目逃, 思以一豪挫於人, 若撻之於市朝. 不受於褐寬博, 亦不受於萬乘之
君. 視刺萬乘之君, 若刺褐夫. 無嚴諸侯, 惡聲至, 必反之. 孟施舍之所養勇也,
曰:'視不勝猶勝也. 量敵而後進, 慮勝而後會, 是畏三軍者也. 舍豈能爲必勝哉?
能無懼而已矣.' 孟施舍似曾子, 北宮黝似子夏. 夫二子之勇, 未知其孰賢, 然而孟
施舍守約也. 昔者曾子謂子襄曰:'子好勇乎? 吾嘗聞大勇於夫子矣: 自反而不縮,
雖褐寬博, 吾不惴焉; 自反而縮, 雖千萬人, 吾往矣.' 孟施舍之守氣, 又不如曾子之
守約也."曰:"敢問夫子之不動心, 與告子之不動心, 可得聞與?""告子曰:'不得於
言, 勿求於心; 不得於心, 勿求於氣.' 不得於心, 勿求於氣, 可; 不得於言, 勿求於
心, 不可. 夫志, 氣之帥也; 氣, 體之充也. 夫志至焉, 氣次焉. 故曰:'持其志, 無
暴其氣.'""旣曰,'志至焉, 氣次焉.' 又曰:'持其志, 無暴其氣'者, 何也?"曰:"志
壹則動氣, 氣壹則動志也. 今夫蹶者趨者, 是氣也, 而反動其心.""敢問夫子惡乎
長?"曰:"我知言, 我善養吾浩然之氣.""敢問何謂浩然之氣?"曰:"難言也. 其
爲氣也, 至大至剛, 以直養而無害, 則塞于天地之間. 其爲氣也, 配義與道. 無是,
餒也. 是集義所生者, 非義襲而取之也. 行有不慊於心, 則餒矣. 我故曰, 告子未
嘗知義, 以其外之也. 必有事焉, 而勿正, 心勿忘, 勿助長也. 無若宋人然: 宋人有
閔其苗之不長而揠之者, 芒芒然歸, 謂其人曰:'今日病矣! 予助苗長矣!' 其子趨而
往視之, 苗則槁矣. 天下之不助苗長者寡矣. 以爲無益而舍之者, 不耘苗者也; 助
之長者, 揠苗者也. 非徒無益, 而又害之.""何謂知言?"曰:"詖辭知其所蔽, 淫辭
知其所陷, 邪辭知其所離, 遁辭知其所窮. 生於其心, 害於其政; 發於其政, 害於
其事. 聖人復起, 必從吾言矣.""宰我、子貢善爲說辭, 冉牛、閔子、顔淵善言德行.
孔子兼之, 曰:'我於辭命, 則不能也.' 然則夫子旣聖矣乎?"曰:"惡! 是何言也?
昔者子貢問於孔子曰:'夫子聖矣乎?' 孔子曰:'聖則吾不能, 我學不厭而敎不倦也.'
子貢曰:'學不厭, 智也; 敎不倦, 仁也. 仁且智, 夫子旣聖矣.' 夫聖, 孔子不居, 是
何言也?""昔者竊聞之: 子夏、子游、子張皆有聖人之一體, 冉牛、閔子、顔淵則具體
而微, 敢問所安."曰:"姑舍是."曰:"伯夷、伊尹何如?"曰:"不同道. 非其君不事,
非其民不使; 治則進, 亂則退, 伯夷也. 何事非君, 何使非民; 治亦進, 亂亦進, 伊

尹也。可以仕則仕, 可以止則止, 可以久則久, 可以速則速, 孔子也。皆古聖人也, 吾未能有行焉。乃所願, 則學孔子也。" "伯夷、伊尹於孔子, 若是班乎?" 曰: "否。自有生民以來, 未有孔子也。" 曰: "然則有同與?" 曰: "有。得百里之地而君之, 皆能以朝諸侯, 有天下。行一不義, 殺一不辜, 而得天下, 皆不爲也。是則同。" 曰: "敢問其所以異?" 曰: "宰我、子貢、有若, 智足以知聖人, 汙不至阿其所好。宰我曰: '以予觀於夫子, 賢於堯、舜遠矣。' 子貢曰: '見其禮而知其政, 聞其樂而知其德。由百世之後, 等百世之王, 莫之能違也。自生民以來, 未有夫子也。' 有若曰: '豈惟民哉? 麒麟之於走獸, 鳳凰之於飛鳥, 太山之於丘垤, 河海之於行潦, 類也。聖人之於民, 亦類也。出於其類, 拔乎其萃, 自生民以來, 未有盛於孔子也。'"

沃案 『맹자』 전체 260장 중에 긴 장이 3장이 있다. 「양혜왕」상7이 1,313자로서 가장 길고, 그 다음이 「등문공」상4, 1,118자로서 두 번째 길고, 그 다음이 본 장이다. 1,095자이다. 맹자의 논의가 단순한 정치상의 왕도론을 넘어서 인간의 심성의 문제를 파고들고 있다는 것을 알 수 있다. 제나라에서 여러 학자들과 교류하면서 생겨난 새로운 국면이라는 것을 감지할 수 있다. 본 장의 주제는 크게 부동심과 호연지기, 지언, 그리고 공자에 대한 로얄티의 표방, 이 세 테마로 압축된다고 볼 수 있다. 호연지기는 서양철학사에서 본다면 신비주의mysticism에 속하는 수양론의 일종이라고 볼 수 있으나, 서구인들은 항상 인간의 문제에 관하여 우주적 영역을 신에게 귀속시켰기 때문에 진정한 인간과 우주의 교섭에 대하여 올바른 발상을 할 수가 없다. 우리의 신비는 초월적 신비가 아니라 상식적 신비이며, 우리의 몸으로 달성될 수 있는 혼연의 우주적 일체감이다. 지금은 서양사람들이 동방의 무술을 잘 익히고 있지만, 내가 어릴 적만 해도 동방의 "꽁후우"에 관해서는 서양인들은 매우 신비로운 느낌을 가지고 있었다. 그만큼 몸의 단련에 관한 우주론적 인식이 없었다. 여기서 말하는 호연지기는 우리 한국인이 가장 사랑하는 보편적 어휘이기도

하지만 맹자의 인품을 잘 나타내주는 말이기도 하다. 맹자는 참으로 호연지기의 인간이었다.

그리고 언어에 대한 맹자의 생각은 당시 변론을 일삼는 소피스틱한 명가名家의 성향에 대하여 그 정치적 기능과 윤리적 실천을 강조하고 있다. 말이 중요한 것이 아니라, 말을 만들어 내고 있는 인간의 마음의 윤리성이 더 궁극적인 과제상황이라는 것이다. 공손추의 질문의 진지하고 집요한 추적, 그리고 그에 대처하는 맹자의 치열하면서도 여유있는 논리는 고대 문답의 극상의 한 전형을 보여주고 있다. 희랍인들의 너저분한 논리와 만연체의 낭비에 비한다면 그 압축된 느낌이 압권이라 할 수 있다.

호연지기는 이 장에서만 나오고 딴 곳에는 전혀 등장하지 않는다. 맹자의 호연지기는 "부동심" "조장"의 주제와 유기적 일체를 이루며, 특히 여민동락의 사회정의를 바탕으로 하고 있다는 사실을 망각해서는 아니된다.

2a-3. 맹자께서 말씀하시었다: "실제로는 힘에 의지하면서도 겉으로는 인仁의 명분을 빌어 정벌을 일삼는 자는 패자霸者이다. 패자는 반드시 강대한 국가를 소유해야 한다. 자기 내면의 덕에 의지하면서 인정仁政을 행하는 자는 왕자王者이다. 왕자는 반드시 대국을 필요로 하지 않는다. 탕임금은 사방 70리의 나라를 기초로 하여 혁명을 성공시켰고, 문왕은 사방 100리의 나라를 기초로 하여 혁명을 성공시켰다. 힘으로써 사람을 굴복시키는 것은 마음으로부터 우러나오는 복종이 아니다. 그것은 단지 대항할 힘이 부족하기 때문에 할 수 없이 복종하는 것이다. 내면적 도덕의 힘으로써 사람을 복종케 하는 것은

마음속 한가운데 깊은 곳으로부터 기쁨이 우러나와 진정으로 복종하는 것이다. 70제자가 공자에게 복종한 것은 바로 이런 도덕의 힘의 사례이다. 시詩(『시경』 대아, 「문왕유성文王有聲」)에 이런 노래가사가 있다: '무왕이 호경으로 천도하고 학궁을 지어 예를 행하니, 서쪽에서 동쪽에서, 남쪽에서 북쪽에서 심복하지 않는 이가 없어라.' 이 노래는 바로 왕도에 심복하는 인민의 모습을 그린 것이다."

2a-3. 孟子曰: "以力假仁者霸, 霸必有大國; 以德行仁者王, 王不待大。湯以七十里, 文王以百里。以力服人者, 非心服也, 力不贍也; 以德服人者, 中心悅而誠服也, 如七十子之服孔子也。詩云: '自西自東, 自南自北, 無思不服。'此之謂也。"

沃案 맹자에게 있어서 왕·패의 구분은 매우 본질적인 논의이며 그 전형을 보여주는 대표적인 장이다. 이런 논의에서 보면 맹자는 분명 영토국가로서의 대국에 의한 획일적 통일을 구상하지 않았다. 도덕적 질서에 의한 회통을 생각했으며, 기존 질서의 자연스러운 존립과 조정을 기대했다. 그러니까 맹자의 왕도가 실현되었다면 오늘의 중국은 존재할 수 없었으며, 중국대륙이 유럽과 같은 형태로 분립되었을 수도 있다. 맹자는 왕도라는 것은 대국을 필요로 하지 않는다고 언명하고 있다.

이 맹자의 논의는 당시 제후들에게는 크게 매력이 없었던 것은 너무도 당연한 일이었다. 이 장의 논의가 그냥 "맹자왈孟子曰"로 되어있는 것은, 이 논의가 직접 왕의 면전에서 이루어진 파편은 아닌 것 같다. 그리고 본 장에서 『중용』에서 말하는 "성誠"이라는 글자가 쓰이고 있다는 것도 주목할 만한 가치가 있다. 부사적 용법으로 쓰이기는 했지만 『중용』에서 말하는 "성誠"의 의미가 내포된 용법이다.

2a-4. 맹자께서 말씀하시었다: "인仁의 정치를 실천하면 곧 나라는 번영하게 되지만 불인不仁한 정치를 행하면 곧 나라는 쇠퇴하고 치욕을 입게 된다. 지금 대부분의 나라들이 치욕을 싫어하면서 계속해서 불인한 정치에 안주하고 있는 것은 마치 습기를 싫어하는 관절염환자가 습지대만 쫓아다니며 사는 것과 다름이 없다. 치욕을 싫어한다면, 덕행德行을 귀하게 여기고 지식인을 존중하여, 덕행을 구비한 현자를 있어야만 할 자리에 있게 하고 능력 있는 지식인이 적합한 직무를 담당케 하는 것, 그 이상의 시급한 처방은 없다. 지금 많은 국가들이 내우외환이 없고 비교적 평온하고 한가한 시기를 맞이하고 있다. 그러나 이럴 때일수록 정치의 기강을 세우고 형법을 공평하게 만들어 국가체제를 명료하게 정비하면, 강대국이라 할지라도 그렇게 인정을 실현하는 나라를 반드시 두려워하게 될 것이다. 시詩(『시경』 빈풍豳風「치효鴟鴞」. 치효는 올빼미류의 총칭. 남의 둥지를 점령하는 습관이 있다. 본 시는 첩에게 남편을 빼앗긴 여인의 절규를 읊은 노래일 수도 있는데 전통적 해석은 주공이 두 형제 관숙과 채숙을 주벌한 것과 관련하여 성왕을 깨우치기 위한 노래로 보고 있다. 별 타당성이 없어 보이나, 전통적 해석에 따라 풀이해야 할 것이다. 그러나 맹자의 이 시의 이해방식이 「치효」의 전통적 해석의 맥락과 맞는다고 볼 수도 없다. 맹자는 여태까지 국풍을 인용한 적이 없다. 처음으로 국풍을 인용한 것도 특기할 만하다)에 다음과 같은 노래가 있다: '올빼미가 나뭇가지 위에 있는 둥지에서 말한다: 하늘이 구름에 가려 폭우가 쏟아지기 전에 뽕나무 뿌리의 껍질을 주워다가 우리 둥지 틈과 구멍을 칭칭 감아 튼튼하게 보수해 폭우에 대비하여 놓으면, 저 밑에 있는 인간들도 우리를 업신여기지 못할 거야!' 공자께서는 말씀하시었다: '이 시를 지은 자는 세상의 이치를 깨달은 사람일 것이다. 국가를 그렇게 잘 다스리고 환난에 대비할 수 있게 만든다면 누가 감히 그 나라를 모멸할 수 있으리오!'

지금 국가가 태평, 한가하다 하여 이 좋은 호기를 당하여 정신차리지 못하고 향락에 빠지고 게으르며 놀러만 다니는 타락상을 노정露呈하면, 이것은 스스로 화禍를 자초하는 것이다. 인간의 화복이라는 것은 결국 자기 스스로 자초하지 않음이 없다. 시詩(『시경』 대아 「문왕」)에 이른다: '길이길이 천명天命에 배합配合됨이 스스로 많은 복을 구하는 길이니라.' 그리고 또 「태갑太甲」(『상서』의 편명. 매색梅賾의 위고문이라 하는 「태갑」중中에 나온다)에 이런 말이 있다: '하늘이 지은 재앙은 오히려 피할 수 있으나, 스스로 지은 재앙은 도저히 도망갈 길이 없나이다.' 바로 이것을 두고 하는 말이다."

2a-4. 孟子曰:"仁則榮, 不仁則辱。今惡辱而居不仁, 是猶惡濕而居下也。如惡之, 莫如貴德而尊士, 賢者在位, 能者在職。國家閒暇, 及是時, 明其政刑。雖大國, 必畏之矣。詩云:'迨天之未陰雨, 徹彼桑土, 綢繆牖戶。今此下民, 或敢侮予?'孔子曰:'爲此詩者, 其知道乎! 能治其國家, 誰敢侮之?'今國家閒暇, 及是時, 般樂怠敖, 是自求禍也。禍福無不自己求之者。詩云:'永言配命, 自求多福。'太甲曰:'天作孽, 猶可違; 自作孽, 不可活。'此之謂也。"

沃案 이러한 장의 말씀을 평범하게 읽을지는 모르겠으나, 참으로 맹자의 논리는 조금도 수그러들지 않는 치열함을 계속 과시하고 있다. 인정仁政의 핵심은 "존현사능尊賢使能"에 있으며 현자賢者를 바른 위位에 앉히고, 능자能者를 바른 직職에 앉히는 것이다. 작금의 우리나라 정치나 사법·행정의 인물행태를 보면 이러한 문제가 얼마나 절실한 과제상황인지 누구든지 땅을 치고 호곡해야 할 처참한 심정에 빠지지 않을 수 없다. 객관적으로 현자와 능자를 알 수 있는 방법은 얼마든지 있다. 단지 권력자의 개인적 연줄이나 사적 비리의 호신용이 아니라는 전제가 있다고 한다면. 그러나 이러한 문제는 최고의 권력자의 내면적 도덕성이 확보되지 않으면 줄줄이 개판이 될 수밖에 없는 필연적 고리로 묶여있는 것이다.

『중용』만 해도 "친친親親"과 "존현尊賢"을 같이 말했다. 그러나 맹자에게 있어서는 권력자의 "친친"은 부패의 온상일 뿐이다. 맹자는 "친친"의 네포티즘nepotism을 거부한다. 오직 객관적 능력자를 빨리 등용해야만 나라의 살길이 열린다는 것이다.

그리고 "길흉화복"은 신비로운 자연의 영역이나 초자연적 인격자의 장난이 아니라, 오직 인간 스스로 짓는 것이며 스스로 책임이 있다고 하는 생각은 철저히 민본사상을 인본주의적 비신화화된 세계 속에 정립하는 명쾌한 발언이다. 숙명론을 거부하는 인간의 자주정신! 이런 자주정신이 맹자의 성선性善의 주장과 연결되어 있다는 것을 명심해야 할 것이다. "천작얼天作孼"과 "자작얼自作孼"의 대비 또한 오늘날 "후쿠시마원전사태"를 반추해보아도 쉽게 이해가 가는 것이다. 쓰나미와 같은 끔찍한 재앙조차도 인간이 스스로 저지른 원전재앙에 비하면 오히려 가벼운 것일 수도 있다는 사실을 반성해야 할 시점에 와 있다는 것이 현재 우리 인간문명의 현주소이다.

2a-5. 맹자께서 말씀하시었다: "현자賢者를 존중하고 능력자能者를 마땅한 직책에서 부리고, 영준英俊하고 걸출한 인물들을 관위官位에 앉히면, 천하의 선비(士: 당대에는 대부분이 서인庶人 출신으로서 대부와 서인의 가운데 있는 자유로운 지식계층이었다. 1a-1 참조)들이 모두 기뻐하여 그러한 조정에서 벼슬하기를 갈망할 것이다. 시장에는 창고를 만들어 물건을 저장할 수 있도록 편의를 봐주되 저장한 물건에 대하여 보관세를 징수하지 않으며, 또 팔리지 않아 적체되는 물건은 법에 의하여 구매해주어 유통이 정체되지 않도록 해준다면, 천하의 상인들이 모두 기뻐하여 그러한 시장에 자기 물건을 저장하기를 원할 것이다. 국경의 관

소關所에서는 불법행위를 단속하는 일만 하고 통행세나 물품관세를 징수하지 않으면, 천하의 여인旅人들이 모두 기뻐하여 그런 나라 길을 자기들의 여로로서 선택할 것이다. 농사를 짓는 사람들에게는 정전제井田制를 실시하여 공전公田의 경작을 돕는 일 이외로는 따로 농민에게 세금을 징수하지 않는다면, 천하의 백성들이 모두 기뻐하여 그 나라의 들野에서 농사짓고 싶다고 갈망할 것이다. 그리고 주택용 토지에 대하여서는 토지세에 해당되는 리포里布나 부역 대신 내는 인두세에 해당되는 부포夫布를 징수하지 않으면, 천하의 인민들이 모두 기뻐하여 그 나라의 백성이 되고자 갈망할 것이다. 이 다섯 가지(존현·시장·관소·농경·주택) 항목의 정책을 진실로 실천할 수만 있다면, 이웃나라들의 백성들이 그 나라 군주를 자신의 부모처럼 우러러 흠모할 것이다. 만약 그 주변의 나라가 그 나라를 공격한다면, 공격하는 나라의 인민들이 이미 그 군주의 자식과도 같은 사람들이다. 그 자제들을 거느리고 그 부모를 공격한다는 것은 이 땅위에 인간이 생겨난 이래로 성공해본 적이 없다. 이와 같으면 천하무적天下無敵이 될 수밖에 없다. 천하에 적敵이 없는 자는 하늘의 명령을 대행하는 '천리天吏'일 수밖에 없다. 천리天吏가 되고서도 천하를 통일하여 왕도를 구현하지 못하는 자는 여태까지 있어본 적이 없다."

2a-5. 孟子曰: "尊賢使能, 俊傑在位, 則天下之士皆悅, 而願立於其朝矣; 市廛而不征, 法而不廛, 則天下之商皆悅, 而願藏於其市矣; 關譏而不征, 則天下之旅皆悅, 而願出於其路矣; 耕者助而不稅, 則天下之農皆悅, 而願耕於其野矣。廛無夫里之布, 則天下之民皆悅, 而願爲之氓矣。信能行此五者, 則鄰國之民仰之若父母矣。率其子弟, 攻其父母, 自生民以來, 未有能濟者也。如此, 則無敵於天下。無敵於天下者, 天吏也。然而不王者, 未之有也。"

沃案 왕도론의 국책의 세목이 여기 다섯 가지로 나열되어 있는데, 이미 1a-7, 1b-5에서 논의되었던 것이다. 그러므로 이 말씀자료가 제나라에서 이루어진 로기온자료라는 것은 너무도 명백하다. 앞의 대화의 일부분을 일목요연하게 다시 정리한 것이다. 정리자는 나는 공손추일 것이라고 확신한다. 비슷한 내용이 「등문공」상4에도 나오고 있다.

여기 맹자의 논의를 리버랄리즘의 경제정책으로 오해하면 아니 된다. 당대의 지배계급은 너무 부를 독점했고, 서민들의 삶은 금수와도 같은 수준의 처참한 것이었다. 따라서 상층계급은 얼마든지 국가의 부를 양보할 수 있는 여백이 있었다. 따라서 여기 세금을 징수하지 않는 항목에 관한 것은 모두 처참한 인민대중을 구원하기 위한 복지정책 같은 것이다. 인민의 삶을 구원하기 위하여서는 세금을 징수하지 않는 것이 상책이라는 것이다.

과도한 세금을 징수하지 않음으로써 인구를 증가시키고, 토지를 개간하며, 시장경제를 활성화시킴으로써 국가는 반사적 이득을 얻어야 한다는 것이다. 그리고 이러한 복지정책을 가능케 하기 위해서는 유능한 인재를 편견 없이 적재적소에 기용해야 한다는 것이다.

각종 세금 징수 ↓	인구의 증가 ↑	토지의 개간 ↑	시장경제 활성화 ↑	관료체제의 정비 ↑	유능한 인재의 유입 ↑	왕도의 실현 ↑

여기 왕도를 구현하는 과제상황과 더불어 맹자에게 매우 중요한 개념인 "천리天吏"라는 어휘가 등장하고 있다. 「공손추」하8에 한 번 더 나온다. 맹자에게 있어서 이 세계의 구원salvation이란 왕도의 실현이다. 그

런데 이 왕도의 실현은 현실적으로 왕이라는 권력자를 통해서 이루어질 수밖에 없다. 이 왕도를 구현하는 자격이 있는 왕은 신의 대행자와도 같은 것이다. 우리가 유학을 윤리체계로서만 파악하지만, 그 윤리체계 자체를 하나의 종교로서 파악하면 맹자에게도 "예수"는 있는 것이다. 예수가 "신의 아들"이기 때문에 인간임에도 불구하고 우리에게 특별한 의미를 갖는 것이다. 예수를 통하여 인간의 구원이 이루어지는 것이다. 예수를 통하여 얻어지는 구원이 초세간적인 것이 아니라 입세간적이라고 한다면(하늘의 질서가 이 땅에 임하시옵소서), 결국 예수와 왕도의 구현자는 별 차이가 없다. 그러기 때문에 왕도의 구현자를 특별한 말로서 부르는 말이 곧 "천리天吏"인 것이다. 하늘의 직무를 대행하는 하늘의 심부름꾼인 것이다. 맹자의 삶에 있어서 천리天吏는 나타나지 않았지만, 예수교도들에게 있어서도 예수는 실제로 나타난 적이 없다. 예수에 관한 소문만을 들었을 뿐이다. 그래서 예수의 재림에 대한 갈망이 있는 것이다. 예수의 재림에 대한 갈망이나, 천리天吏의 출현에 대한 갈망은 실상 동일한 것이다. 단지 후자는 종교적 제도를 만들지 않았으며 우리의 도덕적 이상에 대한 갈망으로서 심성의 내면으로 파고들었을 뿐이다.

2a-6. 맹자께서 말씀하시었다: "사람이라면 누구든지 사람에게 차마 어쩌지 못하는 마음을 가지고 있다. 고대의 제왕인 선왕先王들께서는 사람에게 차마 어쩌지 못하는 마음을 가지고 계셨기 때문에 사람에게 차마 어쩌지 못하는 인정을 베푸실 수 있었다. 이와 같이 차마 어쩌지 못하는 마음을 가지고 차마 어쩌지 못하는 인仁한 정치를 실천하기만 한다면, 천하를 다스리는 것도 손바닥 위에 물건을 놓고 주무르듯이 쉬운 일이다. 이제 우리는 왜 사람이 모두 사람에게 차마 어쩌지 못하는 마음을 가지고 있다는 것인지를 설명해볼 필요가 있

다. 생각해보자! 지금 어떤 사람이 여기 돌연히 아무 것도 모르는 어린아이가 우물을 향해 엉금엉금 기어가고 있는 것을 목격했다고 하자! 인간이라면 누구든지 그 순간 가슴이 철렁 내려앉으면서 측은한 마음이 엄습할 것이다. 그리고 구하려고 달려갈 것이다. 이것은 그 아이의 부모와 좋은 인연을 맺기 위한 것도 아닐 것이요, 동네사람들이나 친구들에게 칭찬을 듣기 위함도 아닐 것이요, 구하지 못했다고 욕을 먹을까봐 두려워서 달려간 것이 아닐 것이다. 이것은 이해득실을 가려서 한 행동이 아니요, 인간이기 때문에 인간에게 차마 어쩌지 못하는 마음 때문에 무조건적으로 움직인 것이다. 이로 미루어 생각해본다면 측은지심惻隱之心이 없으면 사람이 아니요, 수오지심羞惡之心이 없으면 사람이 아니요, 사양지심辭讓之心이 없으면 사람이 아니요, 시비지심是非之心이 없으면 사람이 아니다. 측은지심은 인仁의 단端(단서. 실마리. 맹아萌芽)이요, 수오지심은 의義의 단이요, 사양지심은 예禮의 단이요, 시비지심은 지智의 단이다.

사람이 누구든지 이 네 단서를 가지고 있다고 하는 것은 사람이 두 팔, 두 다리 사체四體(우리가 보통 사지四肢라고 말하는 것)를 가지고 있는 것과도 같다(沃案: 나의 몸의 일부로서 체화되어 있다는 의미일 것이다. 몸통에서 사지로 발출되어 나아간다는 이미지도 있을 수 있다). 이러한 사단四端을 가지고 있으면서도 스스로 말하기를 나는 인의예지를 실천할 수 없다고 하는 것은 자기 자신을 스스로 해치는 자이며, 자기가 모시는 임금으로 하여금 인의예지를 실천케 하지 못하는 자는 그 임금을 도적놈으로 만드는 자이다. 대저 사람들이 사단이 나의 내면에 구유되어 있다는 것을 자각하고 또 그것을 확대하여 충만케 하는 것을 알게 되면, 불이 처음에는 미약하게 타오르지만 거대한 들판을 태울 수 있고, 샘물이 처음에는 한 줌의 물로 솟아나지만 거대한 바다를 이룰 수 있는 것처럼 누구도 막을 수 없게 번져나갈 것이다. 사단을 잘 확충해나가면 족히 사해를 보전할 수 있지만, 사단을 잘 확충해나가지 못하면 부모님조차 변변히 모시지 못하게 될 것이다."

2a-6. 孟子曰: "人皆有不忍人之心。先王有不忍人之心, 斯有不忍人之政矣。以不忍人之心, 行不忍人之政, 治天下可運之掌上。所以謂人皆有不忍人之心者, 今人乍見孺子將入於井, 皆有怵惕惻隱之心, 非所以內交於孺子之父母也, 非所以要譽於鄉黨朋友也, 非惡其聲而然也。由是觀之, 無惻隱之心, 非人也; 無羞惡之心, 非人也; 無辭讓之心, 非人也; 無是非之心, 非人也。惻隱之心, 仁之端也; 羞惡之心, 義之端也; 辭讓之心, 禮之端也; 是非之心, 智之端也。人之有是四端也, 猶其有四體也。有是四端而自謂不能者, 自賊者也; 謂其君不能者, 賊其君者也。凡有四端於我者, 知皆擴而充之矣, 若火之始然, 泉之始達。苟能充之, 足以保四海; 苟不充之, 不足以事父母。"

沃案 여기 "불인인지심不忍人之心"이라고 말한 것은 맹자가 제선왕과의 대화를 처음으로 기록한 「양혜왕」상7에서 "견우牽牛"의 이야기로써 등장했던 것이다. 죄없는 소가 벌벌 떨면서 끌려가는 것을 "차마 볼 수가 없다"라고 말했던 그 마음을 여기 집중적으로 다시 토론한 것이다. 그러니까 이 장 또한 제나라에서 이루어진 것이 분명하며 원래 「양혜왕」상7과 이 장은 연접되어 있었던 것일 수도 있다. 아마도 공손추의 기록일 것이다.

이 장은 한국사람들에게 너무도 잘 알려져 있는 내용이지만 그 세부적 내용을 정확히 해석하는 사람들이 드물다. 퇴계와 고봉의 사칠논쟁도 이 장의 해석을 뼈대로 하여 이루어진 것이다. 그리고 이 장은 성선설의 궁극적 근거로서 잘 인용이 되기도 한다. 그런데 실상 인·의·예·지를 말하고 있지만, 실제 설명은 "인仁" 하나에 국한되고 있고, 의義·예禮·지智는 설명되고 있질 않다. 인 하나만의 예로써 나머지를 대변할 수 있다고 생각했을 것이다. 그만큼 인·의·예·지에서 인仁이 차지하는 비중이 크다고 할 것이다. 그런데 "측은지심"의 일상적 예例로서 든 "유자입정孺子入井"의 상황을 검토해보아도 맹자의 논리에 대한 반론은 무수히 가능하다.

예를 들면, 유자입정의 상황을 별 분별심이 없는 아동이 바라보았다고 하자! 과연 가슴이 철컹 내려앉으면서 순간 구하려고 달려갈 것인가? 아마도 그 아동은 별 생각 없이 돌멩이가 우물(옛 우물은 깊게만 파고 지평과 같이 되어 있어 테두리를 높게 쌓기를 않았다) 속으로 굴러 떨어지는 것처럼 쳐다보았을 수도 있다. 우리나라의 최한기崔漢綺, 1803~1877도 인간이 직접적인 감각경험이나 간접적인 감각경험을 거치지 않고서는 맹자가 말하는 그러한 측은지심의 행동패턴은 발생하지 않는다고 보았다. 최한기는 경험주의적 입장에서 맹자의 성선의 선천적 근거를 비판하는 것이다. 과연 맹자의 측은지심은 이러한 논의로써 반박될 수가 있는가?

맹자가 말하는 인간은 그 애초의 출발점 자체가 생리적 인과체계가 아니라, 선의지로 충만되어 있는 도덕적 인간Moral Man이다. 그러한 전제가 없으면 맹자와 백날을 얘기해봤자 말짱 꽝이다. 어린애가 우물로 기어들어가는 것을 보고 아무 전제 없이 출척怵惕하는 심사가 생겨 반사적으로 달려가는 것은, 이미 기나긴 역사를 통하여 도덕적으로 단련되어 온 인간이다. 측은지심은 인간이 문명사회를 건설한 이래 기나긴 세월의 사회교화를 거쳐 인간의 내면에 자연적으로 스며들게 된 존재의 기반이다. 다시 말해서 맹자에게는 이러한 문제에 관한 한 선천과 후천의 구분이 명확하지 않다. 그러한 후천적 학습이 선천적 도덕의식이 될 수도 있고, 선천적 도덕의식이 후천적 학습을 방향지을 수도 있다. 유자입정을 바라보는 인간은 사회화된 인간이며 언어화된 인간이며 역사화된 인간이며 문명화된 인간이며 도덕화된 인간이다. 다시 말해서 유자입정의 순간에 비공리적, 무전제적 선의지가 발동하지 않는 인간은 인간일 수가 없다는 것이다(무측은지심無惻隱之心, 비인야非人也). 그는 인간됨의 조건을 말하고 있는 것이지, 인간의 다자인Dasein을 생리적으로 분석하려는 것이 아니다.

다음에 "측은지심惻隱之心"은 "측은함"이라는 감정을 노출시키는 심적 현상일 뿐이다. 측은지심이 곧 인仁이라는 덕德은 아니다. 그것은 인간에게 내재화되어 있는 덕의 "단端, tip"일 뿐이다. 따라서 "단端"은 인이라는 덕이 표현된 심적인 현상이므로, 그것은 어디까지나 인간의 감정에 속하는 것이다. "가슴이 덜컹 하는 측은"도 감정이다. 따라서 "사단四端"은 기氣가 아니라 "리理"라고 말하는 후대의 논설은 매우 잘못된 것이다. 사단도 칠정의 선한 형태일 뿐이라고 하는 고봉의 논의는 정당한 것이나, 고봉은 애석하게도 퇴계의 논박에 대하여 자신의 입장을 관철시키지 못했다. 맹자의 논의를 후대의 "심통성정心統性情"이라고 하는 분별적 카테고리 속에서 논의하는 것은 잘못된 것이다. 주자학적 테제를 가지고 맹자의 웅혼한 융통融通의 심心을 성性과 정情으로 갈라 말하는 것 자체가 하나의 오류이다. 맹자에게 있어서는 심心 그것이 곧 성선性善의 근거일 뿐이다.

동중서董仲舒가 맹자의 인·의·예·지에 신信을 더하여 "오상五常" 운운한 것은 매우 졸렬한 것이다. 유학의 본령이라 말할 수 없다.

2a-7. 맹자께서 말씀하시었다: "화살을 만드는 사람이라 해서 어찌 갑옷을 만드는 사람에 비교해서 더 불인不仁한 인간이라고 말할

수 있으리오? 그러나 화살을 만드는 사람은 갑옷을 뚫어 사람을 죽일 것만을 생각하고, 갑옷을 만드는 사람은 화살에 갑옷이 안 뚫리어 어떻게 사람을 살릴 것인가만을 생각할 수밖에 없다. 의사와 장의사도 또한 마찬가지이다. 의사는 사람 살릴 것만 생각하고 장의사는 사람이 죽어야 먹고 산다. 그러므로 인간이 살아가면서 직업이나 기술을 선택하는 것도 신중히 하지 않을 수 없다. 공자께서 말씀하시었다: '인한 동네를 선택하여 사는 것이 아름답다. 택하여 인에 처하지 않는다면, 어찌 지혜롭다 할 수 있겠는가?'(『논어』4-1). 대저 인仁이라고 하는 것은 하늘이 인간에게 내려준 가장 높은 작위尊爵이며, 인간이 인간답게 살 수 있는 가장 편안한 집安宅이다(4a-10 참조). 아무도 사람이 인仁의 집에 사는 것을 막지 않는데도 바보스럽게 불인不仁하게 사는 것이야말로 너무도 지혜롭지 못한 것이다. 불인不仁하고 부지不智하며, 무례無禮하고 무의無義한 인간은 인간에게 부림을 당해야 싼 인간이다. 하늘이 내려주는 작위조차 없으니 비천한 인간일 수밖에 없다. 그런 인간이 인간에게 부림을 당하면서 그 부림을 당하는 것을 창피스럽게 여긴다는 것은, 마치 활의 장인이 활 만드는 것을 수치스럽게 여기고, 화살의 장인이 화살 만드는 것을 수치스럽게 여기는 것과도 같다. 자기가 사람에게 부림을 당하는 것이 창피스럽다고 느낀다면 인仁을 실천하여 사람을 부릴 수 있는 고귀한 인간이 되려고 노력해야 할 것이 아닌가!

인자仁者의 삶의 자세는 활 쏘는 사람의 자세와도 같다. 활 쏘는 사람은 자신의 몸을 바르게 하고 정신을 집중한 후에 화살을 발사하며, 발사하여 과녁에 맞지 않으면 게임에서 자기를 이긴 자를 원망하지 않고 모든 잘못이 자기에 있다고 생각하여 스스로를 반성할 뿐이다."

2a-7. 孟子曰: "矢人豈不仁於函人哉? 矢人唯恐不傷人, 函人唯恐傷人。巫、匠亦然, 故術不可不愼也。孔子曰: '里仁爲美。擇不處仁, 焉得智?' 夫仁, 天之尊爵也, 人之安宅也。莫之禦而不仁, 是不智也。不仁不智, 無禮無義, 人役也。人役而恥爲役, 由弓人而恥爲弓, 矢人而恥爲矢也。如恥之, 莫如爲仁。仁者如射, 射者正己而後發。發而不中, 不怨勝己者, 反求諸己而已矣。"

沃案 간결하지만 많은 주제가 함축되어 있다. "시인矢人"과 "함인函人"의 문제는 단지 교묘한 비유일 뿐, 인간세의 직업이나 기술에 대한 보편적 언어로서 이해되어서는 아니 된다. "시인矢人"도 반드시 인간세에 존속되어야 할 직업이며, 시인이라 해서 사람을 죽이는 것만 생각하는 것은 아니다. 천하의 검객 미야모토 무사시가 칼 가는 장인에게 칼을 갈아달라고 부탁하자, 그 칼날을 만져보고, "이것은 사람을 죽이는 자의 칼이지, 검도를 추구하는 달인의 칼이 아니다"라고 말하면서, 칼 갈기를 거부했다는 유명한 이야기도 있다. 장인의 세계는 시인이나 함인이나 다 동일한 경지를 추구한다고 보아야 할 것이다. 그러나 이러한 비유가 소기하는 대의를 파악해야 할 것이다. 맹자는 이런 류의 달변을 순우곤 같은 직하의 논객들과 교류하면서 개발했을 것이다. 그리고 인하지 못한 자는 인한 자에게 사역을 당할 뿐이라는 논리는 나이브한 유교의 사회계층논리를 암시하고 있다. 즉 인仁한 유덕자일수록 사람을 부릴 수 있는 높은 지위를 차지한다는 것이다. 그러나 인간의 현실은 이와 같지 않다.

그리고 마지막의 활쏘기의 비유는 『중용』14장의 논리를 그대로 계승하고 있다. 역시 "사맹학파"라는 규정을 회피하기 어려운 연속성이 드러나고 있다. 그러나 맹자는 자사로부터 지대한 영향을 받기는 했어도, 자사라는 인간에 대한 특별한 귀속감 같은 것은 표출하지 않는다. 활 만드는 사람의 비유로 시작하여 활쏘기의 비유로 끝난 것은 맹자의 화술의 달함을 나타내준다. 그 사이에 많은 다른 주제들을 담으면서도 비슷한 언어로써 시작과 끝을 장식하고 있는 것이다.

인간이 인간다웁게 사는 궁극적 소이연이 인작人爵을 얻음에 있지 아니하고 천작天爵을 얻음에 있다는 맹자의 사상을 나는 심히 좋아한다(「고자」상16).

나는 "무巫"와 "장匠"을 "의사"와 "장의사"로 번역했는데 나의 번역은 타당성이 있다. 여기서 무당은 단순한 무당이 아니라 사람을 치료하는 "무의巫醫"이며("醫"라는 글자를 보면 무당이 상처에 술을 부어 치료한다는 뜻이 내포되어 있다), "장匠"은 목수라고 해석했지만 이것은 단순한 목수가 아니라 사람 관을 짜는 것만을 전문으로 하는 목수이기 때문에 "장의사"라고 번역하는 것이 더욱 포괄적 원의에 접근한다. 독자들은 번역은 "의미의 상응성"이라는 나의 번역이론을 상기해주면 좋겠다.

2a-8. 맹자께서 말씀하시었다: "공자의 친구와도 같은 수제자 자로는 타인이 자기가 미처 생각하지 못한 잘못을 타일러주면 너무도 기뻐했다. 하나라를 개창한 우임금은 남에게서 선한 말을 들으면 그 순간 왕이라는 고귀한 신분도 잊어버리고 그 사람에게 엎드려 절하여 고마움을 표시했다. 그런데 위대한 순임금은 이들보다도 더 위대한 덕성을 가지고 계시었다. 좋은 일이 있으면 그것을 자기 혼자 실천하는 데 그치는 것이 아니라 반드시 타인들과 더불어 같이 실천하시었다. 뿐만 아니라 타인이 나보다 더 훌륭하다고 생각되면 그 훌륭한 점을, 나를 버리고 사심 없이 따랐으며, 그렇게 하여 타인의 훌륭함을 더욱더욱 받아들여 나의 훌륭함으로 만드는 것을 인생의 가장 고귀한 즐거움으로 삼으시었다. 역산歷山에서 밭 갈고, 씨 뿌리며, 황하의 언

저리에서 질그릇 굽고, 고기 잡는 시절부터 요임금의 제위를 선양받아 천자가 될 때까지 타인의 장점을 배우지 않은 적이 없으셨다. 타인의 장점을 취하여 나의 장점으로 만든다는 것은, 결국 타인과 더불어 같이 선을 실천한다는 것이다. 그러므로 유덕의 군자라고 하는 것은 사람들과 더불어 선을 실천한다는 것 이상의 위대한 삶의 자세는 없는 것이다."

2a-8. 孟子曰:"子路人告之以有過, 則喜。禹聞善言, 則拜。大舜有大焉, 善與人同, 舍己從人, 樂取於人以爲善。自耕、稼、陶、漁, 以至爲帝, 無非取於人者。取諸人以爲善, 是與人爲善者也。故君子莫大乎與人爲善。"

沃案 너무도 절절한 성현의 말씀이다. 평생을 두고두고 실천하려 해도 못 미칠 위대한 말씀이 아닐까? 지나가는 어린이에게서도 하늘의 소리를 들으면, 그 어린이에게 엎드려 큰절을 하시곤 했던 해월 최시형 선생의 위대한 인격이 생각난다. 해월은 우임금보다 더 위대한 우리 민족의 지도자라고 표창해야 할 것이다.

여기 가장 두드러지는 논점은 맹자사상의 개방성openness이다. "선함"은 나 홀로의 판단에 의하여 이루어지는 것이 아니라 반드시 많은 사람들이 같이 공유해야만 비로소 "선善"이라는 것이다. 이것은 비밀주의와 군주의 절대적 독재의 효율성을 강조하는 법가사상과는 매우 대조적인 것이다. 맹자는 법가적인 세勢와 술術을 말하지 않는다. 맹자는 웅장하면서도 진술하고 소박하다. 이 개방성이 맹자와 유교와 동아시아문명을 위대하게 만들어 온 것이다. 일본문명은 개방성과 보편성이 비교적 부족하다고 말할 수 있다.

2a-9. 맹자께서 말씀하시었다: "백이伯夷(은나라 말기, 혁명의 시기를 산 작은 제후국 고죽국孤竹國의 왕자)는 임금다운 임금이 아니면 아예 섬길 생각을 하지 않았고, 친구다운 친구가 아니면 아예 친구할 생각을 하지 않았다. 악인惡人의 조정에는 서지 않았으며, 악인惡人과는 더불어 말도 하지 않았다. 악인의 조정에 서며, 악인과 더불어 말한다는 것은 엄숙하고 화려한 조의朝衣 조관朝冠을 잘 차려입고 진흙길이나 석탄구덩이에서 뒹구는 것과도 같이 끔찍하도록 더러운 것으로 생각했다. 이렇게 백이가 악을 미워하는 그 심정을 미루어 살펴보건대, 동네 사람들과 같이 서있을 때에도 옆에 있는 사람이 관冠이라도 삐딱하게 쓰고 있으면 창피하게 생각하여 지체 없이 떠나 버렸으며, 이는 오래 머물다보면 자신이 물들어버리고 만다는 생각을 했기 때문이었을 것이다. 그러므로 당시의 제후들이 그에게 예의를 갖추어 정중한 초빙장을 보내어도 그는 그것을 받지 않았다. 왜 거절했을까? 그는 단지 섬길 만하지 않은 군주를 섬기는 것을 깨끗하지 못하다고 여겼기 때문일 뿐이다.

노나라의 가로家老인 유하혜는 백이와는 아주 대비되는 인물이었다(柳下惠: 노나라의 대부인 전무해展無駭의 아들. 명이 획獲이고 자가 금禽, 혹은 계季라고도 한다. 그가 사는 집에 거대한 버드나무가 있었는데 그 나무의 은혜를 입어 훌륭하게 되었다고 해서 유하혜라는 별명이 붙었다고도 하고, 그가 받은 채읍采邑이 유하柳下였고 혜惠는 시호라는 설도 있다. 『열녀전列女傳』에는 유하혜의 부인이 혜라는 시호를 내렸다는 재미있는 이야기가 실려있다. 보통 전금展禽이라 부른다). 유하혜는 오명이 있는 군주라도 부끄럽게 생각치 아니 하고 섬겼으며, 비천한 관직이라도 비천한 관직이라 생각치 아니 하고 받아들였다. 조정에 나아가면 자기의 재능과 덕성을 숨기지 않고 발휘하였으며, 반드시 사악한 환경 속에서도 자신의 신념에 따라 도를 행하는 의지를 굽히지 않았다. 임금이 자기를 버리면 버리는 대로 자리를 떠나 원망하지 않았으며, 곤궁한 생활에 처해도 걱정근심이 없었다. 이러한 기상으로 살았기 때문에 그는 항상 이렇게 뇌까리곤 했다: '너는 너고, 나는 나다. 네가 내 곁에서 발가벗고 개지랄을 한들, 그것은 너의 무례일 뿐, 그것이 어찌 나를 더럽힐 수 있으랴!' 그러면서 그런 인간들과도 즐겁게 자리를 같이 하면서도 자신의 정도正道를 조금도 잃지 않았다. 자기를 붙들어 주는 군주가 있으면 언제까지라도 그 자리에 머물러 있었다. 붙들면 그 자리에 머문다고 하는 것은 그가 떠나는 것만이 깨끗한 짓이라고 생각하지 않았기 때문이다."

맹자께서는 이 말씀에 총평을 다음과 같이 가하셨다: "백이는 너무 좁고, 유하혜는 너무 공손치 못하다. 좁음과 공손치 못함, 이 두 가지 덕성은 다 군자가 배울 바가 아니다."

2a-9. 孟子曰: "伯夷, 非其君不事, 非其友不友, 不立於惡人之朝, 不與惡人言。立於惡人之朝, 與惡人言, 如以朝衣朝冠坐於塗炭。推惡惡之心, 思與鄕人立, 其冠不正, 望望然去之, 若將浼焉。是故諸侯雖有善其辭命而至者, 不受也。不受也者, 是亦不屑就已。柳下惠, 不羞汙君, 不卑小官。進不隱賢, 必以其道。遺佚而不怨, 阨窮而不憫。故曰: '爾爲爾, 我爲我, 雖袒裼裸裎於我側, 爾焉能浼我哉?' 故由由然與之偕而不自失焉, 援而止之而止。援而止之而止者, 是亦不屑去已。"孟子曰: "伯夷隘, 柳下惠不恭。隘與不恭, 君子不由也。"

沃案 참으로 그 대비가 리얼하고 맹자의 총평 속에도 그 확고한 입장이 드러나 있다. "백이"는 우리나라 조선조의 향유들의 협애함을 잘 나타내고 "유하혜"는 도가적 인생관을 잘 나타내고 있다. 맹자는 이 양극단을 다 배제하고 있으나, 나는 이 양 측면이 모두 인간에게 필요한 것이라고 생각한다. 이 양면을 포섭해야만 참으로 폭넓은 인격이 형성될 수 있다. 중용은 가운데가 아니라, 양극단의 포섭이라는 자사의 논리를 다시 한 번 상기할 필요가 있다.

『논어』에는 백이와 숙제가 항상 같이 나오는데, 『맹자』에는 백이를 말할 때 숙제가 수반되지 않는다. 그리고 맹자는 백이의 결벽만을 강조하고 그가 수양산에서 죽었다는 이야기는 말하지 않는다(『논어』16-12). 설화전승의 복잡한 양식의 갈래들을 시사하고 있다.

맹자의 논리는 공자야말로 "성인다움의 시중을 얻은 분聖之時者"(「만장」하1)이라는 생각이 깔려있는 것이다.

안영晏嬰

관중管仲

- 제국역사박물관齊國歷史博物館 소장 -

공손추장구公孫丑章句 하下

2b-1. 맹자께서 말씀하시었다: "천시天時는 지리地利만 못하고, 지리는 인화人和만 못하다. 사방 3리의 내성內城, 사방 7리의 외성外城으로 둘러싸인 아주 조그만 성읍이라 할지라도, 그것을 에워싸 공격해도 이기지 못할 경우가 있다. 그러한 성을 에워싸 공격할 때 반드시 천기의 증후가 공격자에게 유리하게 돌아갈 때가 있음에도 불구하고 이기지 못하는 것은 천시天時가 지리地利만 못하다는 이치를 입증하는 것이다.

성이 높지 않은 것도 아니며, 해자가 깊지 않은 것도 아니며, 무기와 갑옷이 날카롭고 단단하지 않은 것도 아니며, 군량미가 많지 않은 것도 아닌데, 그렇게 모든 조건을 구비한 견고한 성을 끝까지 지키지 않고 사람들이 도망가 버리는 것은 지리地利가 인화人和만 같지 못하다는 이치를 입증하는 것이다.

그러므로 옛말에 다음과 같은 명언이 있다: '인민이 도망가지 않도록 일정 영역에 가두는 것은 국경선으로 될 수 있는 문제가 아니며, 나라를 견고하게 지키는 것은 산봉우리나 계곡이 험준하다고 해서 될 문제가 아니며, 천하에 위세를 과시하는 것은 병기와 갑주의 날카로움으로 이루어질 문제가 아니다.'

인정仁政의 정도正道를 실천하는 자는 항상 많은 협력자를 얻으며,

인정의 정도를 잃어버리는 자는 항상 협력자가 적다. 협력자가 적은
상황의 극단에는 가까운 친척親戚(친: 족내族內, 척: 족외族外)마저 배반해버
린다. 협력자가 많은 상황의 극단에는 하늘 아래의 모든 사람들이 귀
순하는 것이다. 하늘 아래의 모든 사람들이 귀순하는 대세를 몰아
친척마저 배반하는 그런 무도한 제후들을 공격하면 승패는 너무도
명백한 것이다. 그러므로 인정仁政의 성주聖主는 싸우지 않음이 있을지
언정(어디까지나 평화적 방법을 선호하지만), 일단 싸우게 되면 반드시 승리를
거두는 것이다."

2b-1. 孟子曰:"天時不如地利, 地利不如人和。三里之城, 七里之郭, 環而攻之
而不勝。夫環而攻之, 必有得天時者矣, 然而不勝者, 是天時不如地利也。城非不
高也, 池非不深也, 兵革非不堅利也, 米粟非不多也, 委而去之, 是地利不如人和
也。故曰: '域民不以封疆之界, 固國不以山谿之險, 威天下不以兵革之利。' 得道者
多助, 失道者寡助。寡助之至, 親戚畔之; 多助之至, 天下順之。以天下之所順, 攻
親戚之所畔, 故君子有不戰, 戰必勝矣。"

沃案 맹자 또한 전국시대 사상가라는 그 역사적 면모가 여실하게 드
러나고 있다. 본 장에서는 전략가로서 이야기하고 있는 것이다. 물론 "인
화人和"를 강조한다는 의미에서 왕도론의 논리를 벗어나지 않지만, 병가
에게 있어서도 "인화"가 얼마나 중요한 문제인가 하는 것은 충분히 병서
에도 설파되어 있다. 서양에서도 위대한 전승에 있어서는 반드시 군대의
리더의 위대한 스피치가 일반사병들의 사기를 진작시키는 데 결정적 역
할을 하는 것을 볼 수 있다.

인민을 묶는 힘은 국경에서 나오지 않고, 나라의 강건함은 지세에 있
지 않고, 나라의 위세는 병혁의 날카로움에 있지 아니 하다는 이야기는

오늘날 우리나라를 생각할 때, 정치가 바르게 돌아가 국민의 인화가 이루어질 때만이 독도를 지키고 백두산도 지킬 수 있다는 것을 명심해야 할 것이다. 그런데 아직도 대기업 중심의 정책만으로 국민의 인화를 해치면서 나라의 부강을 이룩할 수 있다는 일체의 네오리버랄리즘의 논리는 과연 무엇을 지향하고 있는 것인지, 도무지 끔찍한 생각만 앞선다. 대의大義가 없는 부국富國의 종말은 망국이다.

다음 제2장부터 「공손추」하의 마지막인 제14장까지는 모두 사상적 내용을 담은 로기온자료가 아니라 제나라에서의 맹자의 행적을 서술한 사건 중심의 기사들이다. 그 배열의 선후가 명료하지 않으나 대체적으로 연결하여 이해할 필요가 있다. 그러나 그 모든 기사가 맹자와 제선왕 사이의 관계가 금이 가면서, 맹자가 떠나지 않을 수 없는 상황에 놓이게 되는 제나라체류 말기의 사정을 말해주고 있다. 결코 떠나고 싶지는 않았지만 호연지기를 품은 대장부의 기개로써 당당히 떠나가지 않을 수 없는 서글픔이 잘 묘사되고 있다. 맹자는 본인이 자발적으로 왕을 알현할 수는 있으나, 왕이 맹자를 오라가라 할 수는 없다는 것을 원칙으로 내걸고 있다. 왕이 맹자를 만나고 싶다면 왕 본인이 스스로 맹자를 찾아와야 하는 것이다. 이러한 군신관계가 아닌 주빈관계의 논리를 전제로 하지 않으면 다음 장부터 전개되는 사건들을 잘 이해할 수 없다.

2b-2. 맹자가 제선왕을 뵙기 위하여 제선왕이 있는 조정으로 자발적으로 나가려고 하고 있던 참인데, 마침 제선왕이 사자使者를 보내와 다음과 같이 말하는 것이었다: "원래 과인이 선생 계신 곳으로 와서 뵈오려고 하였으나, 감기가 걸리는 바람에 바깥바람을 또 쐴 수가 없습니다. 선생께서 나와주실 수만 있다면, 제가 조정으로 나가있

을 테니 거기서 뵈올 수 있으면 좋겠습니다. 어떻겠습니까? 제가 선생을 뵈올 수 있을런지요." 맹자는 제선왕이 핑계를 둘러대는 것을 알고 김이 샜다. 그래서 대답하여 말하였다: "불행하게도 저 또한 병이 걸려서 조정에 나아갈 수가 없겠나이다."

그 다음날 맹자는 제나라의 대부 동곽씨東郭氏(제나라의 대부라는 것 이외의 정보는 없다) 집에 초상이 났기 때문에 문상을 하기 위하여 외출을 하려 하였다. 이때 제자 공손추가 불안한 심정이 들어 맹자께 여쭈었다: "어저께는 병이 들었다고 임금님께 사양을 한 마당에 오늘은 대부집으로 조문을 가면 소문은 다 날 것이 뻔한데 옳은 일이 아니지 않겠습니까?"

맹자는 아무일 없다는 듯이 대답한다: "어제는 아팠고 오늘은 나았으니 조문 못 갈 이유가 뭐가 있겠니?" 이렇게 맹자는 떠나갔는데 곧 제선왕으로부터 사자가 도착하여 병문안을 할 뿐 아니라 의사까지 같이 보내왔다.

맹자의 종형제로서 빈집을 지키고 있었던 맹중자孟仲子(맹자의 종형제로써 맹자집에 같이 머물면서 맹자에게 배웠던 사람인 것 같으나 자세한 인적 사항은 모른다)가 심히 곤혹스러워 둘러대어 말하였다: "어제 어명이 계셨으나 채신지우采薪之憂(당대의 관용구적 통용어로서 장작을 지고 오다가 너무 피곤해서 드러누웠다는 의미인데 어른을 병으로 찾아가 뵙지 못하는 것을 겸손하게 표현하는 말)가 있어서 조정에 이르지 못하였나이다. 지금 병이 조금 쾌차하였기 때문에 왕을 뵈옵기 위하여 부랴부랴 조정으로 달려갔나이다. 지금쯤 조정에 도착했는지 어쩐지 잘 모르겠나이다."

맹중자는 이렇게 둘러대어 놓고는 몇 사람으로 하여금 귀로의 길목을 지키게 하여 다음과 같이 전갈하였다: "제발 집으로 돌아오지 마시고, 그대로 빨리 조정으로 가십시오!"

맹자는 고민에 빠졌으나 조정으로 가지 않고 하는 수 없이 제나라의 가로인 경추씨景丑氏(이 사람에 관해서도 구체적인 정보가 없다)의 집으로 말머리를 돌려 유숙하였다. 유숙하는 동안 경자景子는 맹자에게 불만스러운 듯 말을 건넸다: "인륜관계로 말하자면 집안에서는 부자관계가 중요하고, 집밖에서는 군신관계가 중요하오. 이 두 가지는 인간의 대륜大倫이 아니겠소? 부자관계는 은恩을 주로 하고, 군신관계는 경敬을 주로 한다고 말해야겠지요. 그런데 제가 보기에는, 제선왕은 맹자 그대에게 경敬을 다한 것 같은데, 그대는 제선왕에게 경敬을 다하지 않는 것처럼 보이는구려!"

맹자는 말한다: "아니오! 그게 뭔 말이요? 제나라 사람들은 인의仁義의 도리로써 왕에게 진언하는 자들이 너무도 없는 것 같소. 어찌 인의仁義 그 자체를 불미스럽게 생각하지 않고서야 그럴 수 있겠소? 그 내심으로는, '왕과 더불어 진실로 인의를 말할 수는 없도다'라고 말할 뿐이니, 불경이야말로 이것보다 더 심할 수는 없는 게 아니오? 나는 곧 죽어도, 요순의 도가 아니면 왕 앞에서 감히 말할 생각도 하지 않소. 그러므로 제나라 사람으로서, 나만큼 충심으로 왕을 공경하는 데 미치는 자는 없는 것 같소."

경자가 반박하여 말하였다: "아니오! 난 그런 거창한 것을 말하고 있는 것이 아니오. 『예禮』에 말하기를, '아버님께서 부르시면 미적거리지 않고 "네"하고 일어나고, 임금이 부르시면 마차가 준비되는 것을 기다리기도 전에 곧바로 달려가는 것이 예이니라'라고 하였소. 그대는 원래 왕에게 조현朝見하러 가려고 했었소. 때마침 조현하라는 왕명을 듣고도 갑자기 마음을 바꾸어 가지 않았소. 그것은 아무래도 『예』의 규정과는 너무 맞지 않는 것 같소."

맹자께서 말씀하시었다: "나는 지금 군신의 예를 말하고 있는 것이 아니오. 나는 신하가 아니므로 그대가 말하는 예는 나에게 적합하지 않소. 증자가 이렇게 말한 적이 있소: '진晉나라나 초楚나라와 같은 대국의 군주의 부는 내가 따라갈 길이 없다. 그러나 그들이 부를 가지고 있다면 나는 인仁을 가지고 있다. 그들이 작爵을 가지고 있다면 나는 의義를 가지고 있다. 내가 꿀릴 것이 뭐가 있겠냐?' 이런 얘기가 의롭지 못하다면 어찌 증자가 이것을 말했을 리가 있겠소? 증자의 말에는 분명 일리가 있소. 원래 천하에 두루두루 통하는 존귀함이 셋이 있소. 작위가 그 하나요, 나이가 그 하나요, 덕德이 그 하나요. 조정에서는 작위만한 것이 없고, 향당鄕黨에서는 나이만한 것이 없고, 세상을 돕고 인민을 통치하는 데는 덕德만한 것이 없소. 어찌 작위 하나를 가지고 있다고 해서 나머지 두 개의 존귀함을 가지고 있는 자를 깔볼 수 있단 말이오?

그러므로 큰일을 도모하고자 하는 명군明君은 반드시 자기가 마음대로 부를 수 없는 신하(소불소지신所不召之臣)가 있어야만 합니다. 자기가 상의하고 싶은 일이 있으면, 반드시 자기 쪽에서 그 신하에게로 행차를 해야만 합니다. 덕을 높이고 도를 즐기는 품새가 이 정도의 수준이 아니라면, 그런 군주와는 큰일을 도모하기가 힘듭니다. 그러므로 탕임금도 이윤을 대할 때에도 먼저 그에게 배우고 나서야 그를 신하로 삼았습니다. 그래서 비로소 크게 고생하지 않고 천하를 통일하는 왕자가 될 수 있었습니다. 제환공이 관중을 대함에 있어서도 먼저 그에게 배우고 나서야 그를 신하로 삼았습니다. 그래서 비로소 크게 고생하지 않고 패자가 될 수 있었습니다. 지금 천하의 판세는 제후국들의 영토의 크기도 서로 비슷비슷하고 군주의 덕성도 서로 막상막하이며 누구 하나 발군의 뛰어남을 과시하지 못하고 있는 이유는 별 것이 아닙니다. 자기가 가르칠 만한 쫌팽이 신하만을 거느리기 좋아하며, 자기가 배울 만한 거대한 신하를 거느리기를 좋아하지 않기 때문입니다. 탕임금이 이윤을 대하는 자세나, 환공이 관중을 대하는 자세는 신하를 감히 오라가라 부르지 않는 그런 자세였습니다. 관중도 감히 부를 수 없었거늘, 어찌하여 관중을 우습게 바라보고 관중처럼 패도의 인간이 되기를 원치 않는 나를 오라가라 부를 수 있단 말입니까?"

2b-2. 孟子將朝王, 王使人來曰: "寡人如就見者也, 有寒疾, 不可以風。朝, 將視朝, 不識可使寡人得見乎?" 對曰: "不幸而有疾, 不能造朝。" 明日, 出弔於東郭氏。公孫丑曰: "昔者辭以病, 今日弔, 或者不可乎?" 曰: "昔者疾, 今日愈, 如之何不弔?" 王使人問疾, 醫來。孟仲子對曰: "昔者有王命, 有采薪之憂, 不能造朝。今病小愈, 趨造於朝, 我不識能至否乎?" 使數人要於路, 曰: "請必無歸, 而造於朝!" 不得已而之景丑氏宿焉。景子曰: "內則父子, 外則君臣, 人之大倫也。父子主恩, 君臣主敬。丑見王之敬子也, 未見所以敬王也。" 曰: "惡! 是何言也! 齊人無以仁義與王言者, 豈以仁義爲不美也? 其心曰, '是何足與言仁義也'云爾, 則不敬莫大乎是。我非堯舜之道, 不敢以陳於王前, 故齊人莫如我敬王也。" 景子曰: "否! 非此之謂也。禮曰: '父召, 無諾。君命召, 不俟駕。' 固將朝也, 聞王命而遂不果, 宜與夫禮若不相似然。" 曰: "豈謂是與? 曾子曰: '晉楚之富, 不可及也。彼以其富, 我以吾仁; 彼以其爵, 我以吾義, 吾何慊乎哉? 夫豈不義而曾子言之? 是或一道也。天下有達尊三: 爵一, 齒一, 德一。朝廷莫如爵, 鄕黨莫如齒, 輔世長民莫如德。惡得有其一以慢其二哉? 故將大有爲之君, 必有所不召之臣。欲有謀焉, 則就之。其尊德樂道, 不如是, 不足與有爲也。故湯之於伊尹, 學焉而後臣之, 故不勞而王; 桓公之於管仲, 學焉而後臣之, 故不勞而霸。今天下地醜德齊, 莫能相尙, 無他, 好臣其所敎, 而不好臣其所受敎。湯之於伊尹, 桓公之於管仲, 則不敢召。管仲且猶不可召, 而況不爲管仲者乎?"

沃案 나는 이 문제의 상황이 제인벌연齊人伐燕 이후에 벌어진 사태라고 생각한다. 연나라를 정벌한 문제로 이미 제선왕과 맹자 사이에서는 틈이 벌어져 있었고, 제선왕은 맹자에게 미안하다는 생각을 가지고 있으면서도 맹자의 충고를 충분히 받아들이질 못했다. 결국 이러한 서먹서먹함 때문에 제선왕과 맹자는 서로를 존중하면서도 쉽게 접근하지를 못했다.

맹자의 태도는 매우 정당한 논리를 가지고 있기는 하지만 제선왕을 인간적으로 매우 섭섭하게 만들었을 것이다. 맹자의 오기는 좀 지나치다고 말할 수도 있다. 그러나 맹자의 오기야말로 치자 앞에서 비굴하지 않은 선비의 당당한 모습을 후대역사에 남겨 놓았다. 사마광은 맹자가 제선왕에게 이만저만한 실례를 범한 것이 아니라고 비난하지만, 송대의 관료체제 속에서 느끼는 군신관계와 맹자가 느끼는 군신관계는 전혀 다른 차원의 것이었음을 깨달아야 한다. 맹자의 오기는 희랍인들이 말하는 휘브리스hybris(신의 진노를 일으키는 오만, 자만)가 아니라 인문세계의 바른 가치를 정립하고자 하는 확신conviction일 뿐이다.

2b-3. 맹자와 여로를 같이 한 제자 진진陳臻이 맹자께 여쭈어 말하였다: "얼마 전에 제나라에 계실 때에는 왕이 겸금兼金(질 좋은 순금이라는 뜻인데, "겸兼"은 보통 것보다 값이 두 배 나간다는 뜻에서 붙은 것이다. 그런데 전국시대 때 "금金"이라는 것이 오늘 우리가 말하는 황금을 말하는 것이 아니다. 일반적으로 금이라는 것은 동銅을 가리킨 것이다. 무게를 달아 화폐가치로 통용되었다. 혹자는 "은銀"을 가리킨다고 주장하기도 하나 동일 확률이 더 크다) 100일鎰(1일鎰=20량兩 혹은 24량)을 선물로 주었는데 받지 아니 하셨고, 송宋나라에서는 70일을 선물했는데 받으셨고, 설薛나라에서도(춘추시대의 설은 이미 제나라에게 망해 없어졌다. 여기의 설은 제나라 정곽군靖郭君 전영田嬰의 봉읍이며 춘추시대의 설나라가 아니다. 현재 산동성 등현滕縣 동남 44리. 1b-14를 참조) 50일을 선물했는데 받으셨습니다. 만약 전일前日에 받지 않은 것이 옳은 일이라고 한다면 금일今日에 받은 것이 틀린 일입니다. 만약 그 반대로 금일 받은 것이 옳은 일이라고 한다면 전일에 받지 않은 것이 틀린 일입니다. 이 양자 중에서 어느 하나는 반드시 선생님의 오류에 속하는 것이겠지요."

맹자께서 말씀하시었다: "그렇지 않다. 두 경우가 다 옳은 것이다. 송나라에 있을 때는 나는 멀리 가는 여행을 준비하고 있었다. 여행을 떠나는 손님에게 전별금을 주는 것은 예의에 속하는 상식이다. 송나라의 임금이 나에게 정중하게 '이것은 변변치 않지만 송별금입니다'라고 말하면서 나에게 건네주는데, 내가 어찌 아니 받을 수 있단 말이냐? 그리고 또 설나라에 있을 때는 내가 신변을 보호해야만 하는 위험이 도사리고 있었다. 그래서 설나라의 군주가 나에게 정중하게 '신변위험이 있다고 들었나이다. 이 돈으로 무기와 무사를 장만하는 데 쓰시옵소서'라고 말하면서 나에게 건네주는데, 내가 어찌 아니 받을 수 있단 말이냐?

그러나 제나라에 있을 때는 상황이 달랐다. 내가 돈을 필요로 하지도 않았고 돈을 받을 명분도 없었다. 정확한 명분이 없이 돈을 받는다면 그것은 뇌물에 속하는 것이다. 유덕의 군자로서 어찌 뇌물로 그 마음이 더럽혀진다는 일이 있을 수 있겠는가!"

2b-3. 陳臻問曰: "前日於齊, 王餽兼金一百而不受; 於宋, 餽七十鎰而受; 於薛, 餽五十鎰而受。前日之不受是, 則今日之受非也; 今日之受是, 則前日之不受非也。夫子必居一於此矣。" 孟子曰: "皆是也。當在宋也, 予將有遠行, 行者必以贐, 辭曰: '餽贐。' 予何爲不受? 當在薛也, 予有戒心。辭曰: '聞戒, 故爲兵餽之。' 予何爲不受? 若於齊, 則未有處也。無處而餽之, 是貨之也。焉有君子而可以貨取乎?"

沃案 이것은 제나라를 떠나, 송나라, 설나라를 거쳐 추나라로 돌아온 후에 이루어진 대화이다. 진진은 제나라로부터 추나라까지 여로를 같이 한 제자이다. 아마도 맹자를 가까이서 평생 모신 제자 중의 한 사람일 것이다. 2b-10에 자子로 호칭되는 것을 보면 그도 제자를 거느린 중후한 인물이었을 것이다. 중국의 사학자 치엔 무錢穆, 1895~1990는 이 기사가 맹자가 젊은 날에 제1차로 제나라 갔을 시기의 사건이며 여기서의 "왕"은 제선왕이 아닌 제위왕이라고 본다. 치엔 무의 고증은 그 나름대로의

논리를 가지고 있지만 근원적으로 맹자의 생평을 구성하는 연대가 나와 다르기 때문에 전혀 여기의 논의에 적합하지 않다. 여기의 "왕"은 분명 제선왕이다. 제왕이 100일, 송왕(그때 송宋도 칭왕했다)이 70일, 설의 군주가 50일을 주었다면, 나라의 싸이즈로 볼 때, 제나라의 대접이 빈곤했다고도 볼 수 있고, 송·설의 대접이 매우 후했다고 볼 수 있다. 세 경우가 다 떠날 때 받은 송별금이다. 그런데 문장의 흐름상 간과할 수 없는 사실은, 송·설의 경우는 왕이 직접 정중하게 말하면서(辭曰) 건넨 반면, 제나라에서는 그러한 친밀한 해후가 없이 돈만 보내온 것이었음을 알 수 있다. 맹자는 기분이 나빴을 것이다.

전국시대의 유세객들이 먹고사는 방법 중의 하나가 "전별錢別"이었다. 그 돈을 얼마나 많이 받느냐 하는 것이 그들의 삶의 성공여부와 걸리는 문제였다. 그래서 벼라별 치사한 작전을 다 썼던 것이다. 그러나 맹자의 원칙은 명료하다: "정확한 명분이 없이는 군자는 돈을 받아서는 아니 된다. 어떠한 경우에도 뇌물로써 마음이 더럽혀져서는 아니 된다." 맹자는 역시 당당한 사표의 모습을 남겨주었다. 그러나 그가 제선왕과 이별할 때는 전별금도 받지 않고 쓸쓸하게 떠났다는 것을 알 수 있다. 매우 슬픈 이별이었다. 그 자세한 정황은 뒤에 또 나온다.

2b-4. 맹자께서 제나라의 변경에 있는 중요한 읍인 평륙平陸(노나라와 접경지대에 있다. 지금 산동성 문상현汶上縣 북)에 가서 그곳을 다스리는 대부大夫(전국시대에는 읍재邑宰를 대부라고 불렀다. 지금의 현장縣長)인 공거심孔距心을 만나 말씀하시었다: "그대가 거느리고 있는 지극지사持戟之士(극이라는 병기를 가지고 있는 병사라는 뜻인데 보통 전사戰士를 "지극"이라고 많이 불렀다)가 전쟁터에 나아가 싸울 때 하루에 세 번이나 대오를 이탈했다면, 그

병사를 죽이시겠지요." 공거심은 즉각 대답했다: "세 번까지 기다리지 않고 단번에 죽여버리겠소."

맹자께서 말씀하시었다: "그렇다면 이번에는 당신 자신이 대오를 이탈하셨다면 어떻게 하시겠소? 당신이 스스로 당신의 치읍治邑의 직책에서 이탈되어 대오를 벗어나는 형국이 또한 한두 번이 아닌 것 같소. 흉작으로 백성들이 기아를 면치 못하는 흉년에 그대의 관구의 인민들, 늙은이와 병약자의 시체가 매장도 못한 채 도랑이나 계곡에서 뒹굴고, 장년의 사람들은 흩어져 사방으로 도망간 자가 자그만치 수천 명에 이른다고 합디다."

공거심은 대답하여 말한다: "이것은 제나라 왕의 책임 소관이지 저의 힘으로 어떻게 해볼 수 있는 수준의 것이 아닙니다."

말씀하신다: "아~ 그렇습니까? 그렇다면 이렇게 한번 생각해봅시다. 지금 여기 한 사람이 있어서 타인의 소와 양을 위탁받아 그를 위하여 소와 양을 대신 길러준다고 해봅시다. 그렇게 되면 반드시 목장과 목초가 필요하게 될 것입니다. 그런데 목장과 목초를 구하려고 해도 적당한 장소가 발견되지 않았습니다. 이런 상황에서 그 위탁을 받은 자는 어떻게 해야 할까요? 소와 양을 원 주인에게 다시 돌려주어야 할까요? 그렇지 않으면 멍청하게 서서 소와 양이 굶어죽는 것을 쳐다만 보고 있어야 할까요?"

그러자 공거심은 정색을 하고 답변하였다: "잘 알아들었습니다. 이 모두가 저 거심의 잘못입니다."

얼마 후, 맹자께서는 왕을 알현할 기회가 있었다. 그때 말씀하시었다: "왕의 성읍을 다스리는 지방장관들을 제가 5명을 알고 있습니다(아마도 맹자는 다섯 성읍을 돌며 시찰하고 이야기를 나누었을 것이다). 그런데 자기의 책임소재를 확실히 깨닫고 있는 자는 오직 공거심孔距心뿐이었습니다." 그리고 맹자는 공거심과 했던 이야기를 왕에게 다시 들려주었다.

왕은 그 이야기를 다 듣고나서 이와 같이 말했다: "이것이 모두 과인의 잘못이옵니다."

2b-4. 孟子之平陸, 謂其大夫曰: "子之持戟之士, 一日而三失伍, 則去之否乎?" 曰: "不待三。" "然則子之失伍也亦多矣。凶年饑歲, 子之民, 老羸轉於溝壑, 壯者散而之四方者, 幾千人矣。" 曰: "此非距心之所得爲也。" 曰: "今有受人之牛羊而爲之牧之者, 則必爲之求牧與芻矣。求牧與芻而不得, 則反諸其人乎? 抑亦立而視其死與?" 曰: "此則距心之罪也。"
他日, 見於王曰: "王之爲都者, 臣知五人焉。知其罪者, 惟孔距心。" 爲王誦之。王曰: "此則寡人之罪也。"

沃案 여기 "도都"라는 말이 나오는데, 『좌전』 장공莊公 28년조에 보면, "대저 읍邑 중에서 제후의 조상을 제사 지내는 종묘가 있거나 선대 군주의 신주를 모시는 곳은 도都라 하고, 그런 것이 없는 곳은 읍邑이라 한다. 凡邑, 有宗廟先君之主曰都, 無曰邑"라는 말이 있다. 종묘의 유무로서 도都와 읍邑이 구분된다는 뜻인데 실제로 전국시대에는 그런 구분이 없었다. 좀 큰 것이 도都, 좀 작은 것이 읍邑이라 불리었고, 도와 읍이 별 구분 없이 혼용되는 경우도 많았다.

이 장의 이야기는 논리의 전개가 「양혜왕」하6과 아주 비슷하다. 아마도 내가 생각하기에는 「양혜왕」하6과 「공손추」하4는 같이 붙어있었던 프라그먼트라고 보여진다. 그런데 같은 주제가 중복되므로 그 하나를 맛뵈기용으로 「양혜왕」편에 편집시킨 것이다. 여기서는 모두 제나라 체류기간 동안의 기록이기 때문에 그냥 "왕王"이라고만 했는데, 그것이 「양혜왕」편으로 옮겨질 때는 "제선왕"이라고 명기되었던 것이다. 따라서 제3장의 "왕王"을 제위왕齊威王으로 보는 치엔 무의 견해는 논박할 가치조차 없다.

그런데 재미있는 것은 「양혜왕」하6의 기사는 왕이 "좌우를 둘러보며 딴청 하는 것"으로 끝났는데, 여기서는 지방장관인 대부 공거심이든 제선왕이든 두 사람이 모두 맹자의 논리전개를 수긍하고 자신의 잘못(罪)을 인정했다는 것이 돋보인다.

다 알아차렸겠지만, 소와 양은 관구의 인민이요, 위탁자는 왕이요, 위탁받은 자는 대부이다. 따라서 소·양 관리를 잘못한 대부는 그 직책을 사임해야 한다는 데 포인트가 있었다. 따라서 제선왕에게 직접 들이대는, 왕 자신이 짤려야 마땅하다는 논리전개가 아니었기 때문에 왕으로서는 좀 여유가 있었다. 그래서 "과인의 죄"라고 시인한 것이다. 하여튼 그 말을 듣고 지방장관을 탓하지 아니 하고, 자기의 잘못이라고 말하는 제선왕의 자세는 너무도 훌륭하다. 오늘날 권좌에 앉아있는 인간들이 배워야 할 자세가 아닐까, 그렇게 나는 생각한다.

2b-5. 맹자께서 제나라의 대부 지와蚔鼃에게 일러 말씀하시었다: "그대가 제나라 변경의 읍인 영구靈丘(산동성 료성聊城, 혹은 등현滕縣 부근)의 읍재직을 사양하고 왕 옆에서 간언할 수 있는 사사士師(여기서는 그냥 간관諫官 정도의 의미일 것이다)의 직을 청한 것은 참 잘한 일이다(이치에 맞는 일이다). 그러나 그 자리에 앉는다는 것은 왕에게 간언을 하기 위한 것이다. 그런데 그대는 그 자리에 앉은 지 수 개월이 지나도록 왕에게 한마디도 간언하지 않고 있는 것은 무슨 까닭이오?"

지와는 이러한 맹자의 지적에 분발되어 왕에게 열심히 간언하였으나 그 간언이 받아들여지지 않자 그 간관의 지위를 사직하고 떠나가 버렸다. 이러한 사태에 대하여 제나라 사람들 중에는 맹자를 비난하는 사람들이 있었다: "지와를 위하여 그를 분발시켜 말한 것은 납득이 가는 좋은 일이다. 그러나 저 자신의 출처진퇴에 관해서 하는 짓은 도무지 납득이 가지 않는다."

이런 제나라 사람들의 비판적 견해를, 맹자의 문인인 공도자公都子가 맹자에게 보고하였다.

그러자 맹자께서 말씀하시었다: "내가 듣기로는, 신하로서 관직에 있는 자는 그 직무를 다하지 못하면 사직하고 떠나는 것이 도리이고, 또 간언諫言의 책임을 지고 있는 자는 간하여 그것이 받아들여지지 않을 때는 그 직책을 사직하고 떠나는 것이 도리임에 틀림이 없다. 그러나 나의 경우는 내가 지켜야 할 관직을 가지고 있는 것도 아니요, 내가 책임져야 할 언관의 자리에 있는 것도 아니다. 나는 신하가 아니다. 그러니 나의 진퇴문제는 작작綽綽하여 여유가 있을 수밖에 없지 않겠는가?"

2b-5. 孟子謂蚔䵷曰: "子之辭靈丘而請士師, 似也, 爲其可以言也。今旣數月矣, 未可以言與?" 蚔䵷諫於王而不用, 致爲臣而去。齊人曰: "所以爲蚔䵷, 則善矣; 所以自爲, 則吾不知也。" 公都子以告。曰: "吾聞之也: 有官守者, 不得其職則去; 有言責者, 不得其言則去。我無官守, 我無言責也, 則吾進退, 豈不綽綽然有餘裕哉?"

沃案 우리가 일상언어에서 쓰는 "여유작작餘裕綽綽"이라는 말이 생겨나게 된 출전의 장이다. 제2장에 있는 "소불소지신所不召之臣"의 논리가 일관되게 흐르고 있다. 사마광은 맹자가 제선왕을 선생으로 섬긴 사람이기 때문에 "언책言責"의 문제에 관하여 맹자는 중대한 책임을 모면할 길이 없다고 비난하고 있다. 일리가 있는 비판일 수도 있겠지만, 맹자가 근원적으로 왕의 존재를 그렇게 대단한 것으로 보고 있지 않다는 "원초적인 느낌"을 우리는 감지할 수 있는데, 오늘날에도 청와대에 가서 벌벌 떠는 인간상들을 생각한다면 맹자의 무책임한 듯이 보이는 배포는 21세기 민

주주의가 발전해나갈 수 있는 우리 국민 인격의 바탕일 수도 있다는 생각이 든다. 대법원장 정도의 사람이라면 청와대의 지시를 묵살하고 정의로운 법의 판결을 내릴 수 있어야 하지 않을까? 아직도 정권의 시녀 노릇을 하고 있는 사법권의 추태 속에 물들어 있는 사람은 분명 맹자에게서 배울 것이 많을 것이다.

2b-6. 맹자가 제나라에 경卿이라는 높은 지위에 올랐다. 그래서 국사의 자격으로 등滕나라의 국상國喪에 조문을 떠났다. 제선왕은 자기가 총애하는 개읍蓋邑(산동성 기수현沂水縣 서북 80리)의 대부大夫인 왕환王驩으로 하여금 맹자의 부사副使로서 맹자를 보좌하게 하였다. 여행 내내 왕환은 정사正使인 맹자에게 아침·저녁으로 문안인사를 드렸지만, 제나라와 등나라를 왕복하는 기나긴 여로에서 맹자는 왕환과 더불어 단 한 번도 행사行事에 관하여 상담하거나 친밀한 대화를 나눈 적이 없었다. 수행의 일원으로서 같이 간 공손추는 이러한 맹자의 태도가 석연치 않아 여쭈었다: "제나라의 경卿이라는 지위는 결코 국제적으로도 만만치 않은 자리올시다. 그리고 제나라와 등나라를 왕복하는 여로도 결코 가까운 거리가 아닙니다(제나라 임치臨淄로부터 곡부의 동남에 있는 등나라까지는 280km 정도 된다). 선생님께서는 대사大事의 사명을 띠신 분으로 왔다갔다 왕복하는 여로 내내 단 한 번도 부사인 왕환과 행사에 관해 상담을 하지 않으신 것은 도대체 뭔 까닭이오니이까?" 맹자는 골이 난 표정으로 내뱉었다: "그 녀석이 지 맘대로 다 알아서 혼자 말아먹는데, 내가 뭔 말을 한단 말이냐?"

2b-6. 孟子爲卿於齊, 出弔於滕, 王使蓋大夫王驩爲輔行. 王驩朝暮見, 反齊滕之路, 未嘗與之言行事也. 公孫丑曰: "齊卿之位, 不爲小矣; 齊滕之路, 不爲近矣. 反之而未嘗與言行事, 何也?" 曰: "夫旣或治之, 予何言哉?"

沃案 이 장은 내가 보기에는 실로 엄청나게 재미있는 내용을 담고 있는 장이다. 뿐만 아니라, 『맹자』라는 문헌이 얼마나 리얼한 당시 상황을 생생하게 기록한 문헌인지를 입증해준다. 이 장은 맹자라는 인간의 감정이나 생활태도를 아주 극명하게 표현해준 걸작이라 할 것이다.

왕환은 개蓋라는 읍邑의 대부이지만 실제로는 제선왕의 엄청난 총애를 받는 인물이며, 개읍의 지사 자리도 아주 가까운 왕의 친족이 아니면 못 가는 자리였다. 그러니까 왕환이 겉으로는 맹자에게 실례를 범한 것도 없지만 맹자는 근본적으로 왕환이라는 놈이 제선왕이 왕도를 구현하는 것을 막는 가장 큰 걸림돌이 되는 인간이라고 판단하였던 것이다. 왕환은 매우 호화스러운 생활을 했고 돈을 잘 썼던 것 같다. 그러니까 오늘날에도 우리는 청와대에 앉아있는 인간의 친척이나 아들이나 형님 따위의 인간들이 국정을 말아먹는 사례를 너무도 많이 보아왔기 때문에 그러한 한 인물을 연상하면 왕환에 대한 맹자의 감정이 쉽게 이해될 수 있을 것이다. 왕환은 아침·저녁으로 문안하는 형식적 예의를 갖추었지만 맹자에게 친근하게 그리고 겸손하게 행사의 디테일을 상의하는 그런 인간적 자세를 갖추지 않았고, 좀 거만한 낌새가 있었을 것이다. 게다가 맹자의 태도는 이성적인 것이라기보다는 매우 감정적인 것이다. 처음부터 나쁜 놈이라고 판단해놓고 있었기 때문에 그를 달갑게 쳐다볼 여유가 없는 것이다. 그런데 부사로 따라붙었다. 그런 상황에서 그 기나긴 여로를 단 한 번 말도 하지 않고 내내 뚱하고 가는 맹자의 인품을 생각해보면 매우 재미있다. 심통이 많고 감정의 폭이 좀 좁은 인간이라고 볼 수도 있고, 한 번 시비를 정확히 가리면 추호의 타협도 없는 서슬퍼런 기상의 인간이라고도 볼 수 있다. 하여튼 맹자는 재미있는 캐릭터이다.

이 장의 해석에 두 가지 문제가 있다. 첫째 이 사건이 언제 일어났냐

하는 것인데, 나는 이 사건이 맹자가 제나라에 체재하고 있었던 7년간의 시기의 초기에 일어난 사건으로 본다. 이 등나라의 국상을 등문공의 장례로 보는 견해가 많은데 그것은 넌센스이다. 등문공은 맹자가 제나라를 떠난 이후에 만나는 어린 인물이다. 이런 문제가 발생하는 것은 그만큼 크로놀로지가 엉크러져 있어 제멋대로 사건의 선후를 배열할 수 있기 때문이다. 나는 이 국상이 누구의 국상인지는 확정할 수 없다고 생각한다.

그리고 마지막의 구문인 "부기혹치지夫旣或治之, 여하언재予何言哉?"의 "부夫"를 두 가지로 해석할 수 있다는 것이다. 그것은 왕환을 지칭하는 것으로 보지 않고, 그냥 "대저"로 해석하면, "대저 행사에 관해서는 그것을 처리하는 자가 이미 있는 이상, 내가 뭘 따로 말할 건덕지가 있겠느냐?" 정도의 의미가 된다. 그러나 "부夫"를 왕환을 가리키는 말로서 해석하면, "그 녀석이 이미 모든 행사를 독단적으로 처리하고 있으니, 내가 또 무엇을 말하리오?" 정도의 뜻이 된다. 나는 후자의 해석을 취해야 다이내믹한 의미가 살아난다고 본다.

왕환은 자字를 자오子敖라 하고, 제나라의 우사右師의 지위에 오른다. 맹자는 제나라에 있을 동안 내내 왕환을 특별히 감정적으로 싫어하였다. 그의 "별 이유 없는 증오심" 같은 것이 「이루」상24·25, 「이루」하27에 잘 드러나고 있다. 아마도 우리가 『맹자』라는 문헌을 통해서는 알 수 없지만 특별히 그를 미워할 이유가 있었을 것이다. 그러나 맹자에게 인간적으로 한번 밉보이게 되면 도저히 돌이킬 방법이 없다는 맹자의 특이한 성격이 왕환과의 관계를 통하여 잘 드러나고 있다.

그리고 여기 "맹자위경어제孟子爲卿於齊"라는 말의 정확한 의미내용에 관하여 나는 상술詳述할 수가 없다. 맹자는 왕의 신하로서 자신을 규정한 적이 없기 때문에 여기 "위경爲卿"의 의미는 경卿에 준하는 작위나 그리고 실무와는 관계없는 어떤 대우, 그러면서도 그 지위를 가지고 경의 행사를 치를 수 있는 특수한 위치를 말한다고 보아야 한다. 행정관료의 우두머리로서의 경卿은 아닐 것이다.

2b-7. 맹자는 제나라에서 노나라로 가서 어머니의 장례를 거기서 치렀다. 장례를 다 마치고 제나라의 수도인 임치로 돌아오는 길에 그는 제나라의 남쪽에 있는 영嬴(래무현萊蕪縣 서북 40리의 북쪽에 성이 남아있다) 땅에 머물렀다. 이때 맹자의 제자로서 장례를 총괄지휘한 충우充虞가 아뢰었다: "일전에는 저의 불초함을 마다하지 않으시고 잘 봐주셔서 저로 하여금 관곽棺槨을 짜는 일을 감독하도록 하여 주셨습니다. 영광이로소이다. 그러나 그때는 하도 한가한 틈이 없어, 궁금한 것을 다 여쭈어보지 못했습니다. 이제 와서 좀 여쭙겠습니다. 관곽에 쓴 목재가 지나치게 화려하다는 생각이 듭니다만 ······."

맹자께서 말씀하시었다: "예로부터 관棺과 곽槨의 두께의 치수에 관한 확고한 규정은 없었다. 그런데 중고中古(주공周公의 제례制禮)에 이르러, 관의 두께는 7촌, 그리고 곽의 두께는 관의 두께에 준하여 적당히 한다는 예법이 생겨났다. 이 예법은 천자로부터 서인에 이르기까지 동일하게 적용될 수 있는 것이며 계층적 차별성은 없었다. 이렇게 두꺼운 재목을 써서 관곽을 짜는 것은 단지 외관의 아름다움을 위한 것이 아니요, 그렇게 해야만 비로소 자식 된 자의 마음에 만족감이 있기 때문인 것이다. 그런데 그것을 나라의 규정으로 안된다고 하면 백성들의 마음은 기쁠 수가 없고, 또 된다고 해도 그것을 감당할 수 있는 재력이 없으면 자식 된 자의 마음이 기쁠 수가 없다. 그러니까 예법상으로도 걸리는 것이 없고, 또 그러한 화려한 목재를 살 수 있는 재력이 있는 경우에는, 예로부터 누구든지 다 최고품질의 관곽을 써온 것이다. 왜 나라고 그런 관곽을 써서 안될까보냐? 시신이 자연으로 돌아갈 때까지만이라도 흙이 부모님의 피부에 직접 닿지 않도록 하고 싶은 그 정성은 자식 된 자의 효성스러운 마음에 조금이라도 위로가 되지 아니 할까보냐? 부모님의 장례는 지극한 정성으로 치르는 것이 좋다. 내가 듣기로는, 당당한 군자라면 천하사람들의 이목이 두려워 부모님의 장례를 검약하게 하지는 않는다."

2b-7. 孟子自齊葬於魯, 反於齊, 止於嬴。充虞請曰: "前日不知虞之不肖, 使虞敦匠事。嚴, 虞不敢請。今願竊有請也, 木若以美然。"曰: "古者棺槨無度, 中古棺七寸, 槨稱之。自天子達於庶人。非直爲觀美也, 然後盡於人心。不得, 不可以爲悅; 無財, 不可以爲悅。得之爲有財, 古之人皆用之, 吾何爲獨不然? 且比化者, 無使土親膚, 於人心獨無恔乎? 吾聞之, 君子不以天下儉其親。"

沃案 이미 「양혜왕」하16에서 맹자가 노평공을 만나려고 했을 때, 그것을 훼방하는 폐인嬖人이 내건 명분이 맹자의 어머니에 대한 지나친 후장厚葬이었다. 맹자 엄마의 장례가 너무 거했다는 것은 당대의 비난의 대상이 되었던 것 같다. 그러나 여기서 근원적으로 대결하고 있는 주제는 묵자의 박장론薄葬論에 대한 유가의 후장론厚葬論이다. 다시 말해서 맹자는 공자 이래의 공문의 후장 전통을 사회적으로 과시하고 있는 것이다.

현존하는 『묵자墨子』 책의 「절장節葬」편을 일람한다면 당대의 후장의 폐해가 얼마나 극심했는지를 알 수 있다. 묵자는 "후장구상厚葬久喪"은 인의仁義를 주장하는 사람들의 현실적 목표인, 인민을 부유하게 만들고(富), 인구를 증가시키고(衆), 국가를 전쟁 없는 질서 있는 나라로 만드는(治) 3대목표에 하등의 도움을 주지 않는다고 말한다. 진정하게 인의

仁義를 주장한다면 후장구상은 부정되어야 한다는 것이다. 시신은 어차 피 빨리 썩어 흙으로 돌아가게 만드는 것이 좋은 것이니 얇은 판대기이 면 충분하다는 것이다. 무엇 때문에 그토록 두꺼운 관곽을 장만하느라 고 살아있는 사람들의 재정을 축낼 필요가 있겠느냐고 반박한다. 묵자 는 화려한 장례를 치를 수 없는 극빈의 민중의 삶을 기준으로 평등사회 를 구현하자는 것이다.

이에 대한 맹자의 답변은 여기 본장에 주어져 있다. 명말청초의 유로 遺老 석도石濤의 화론에 "태고무법太古無法"이라는 말이 있는데 여기 맹자 도 같은 논리를 펴고 있는 것이다. 예법을 따지기 전에 자연스럽게 부모 의 장례만은 있는 정성을 다하도록 허용하는 것이 인정의 자연스러운 유 로流露라는 것이다. 그래야 인간세에 꿈이 있고 도덕이 있고 예술이 있을 수 있다는 것이다.

나는 어느 편도 들고 싶지 않다. 맹자의 논의도 민중의 실상을 무시한 억지스러운 강변의 냄새가 난다고도 말할 수 있기 때문이다. 그러나 맹 자는 항상 당당하다.

마지막은 "이천하以天下"를 대강 "천하를 위하여" "천하사람들을 위하 여" 즉 물자를 아낀다는 뜻으로 새기는데, 나는 "천하사람들의 이목이 두 려워"라는 뜻으로 새기었다. 그리고 조기는 맹자의 엄마가 제나라에서 죽 었다고 쓰고 있으나, 나는 그렇게 보지 않는다. 맹자가 주유천하할 때, 그 많은 수레 중 어느 하나 속에 어머니를 모시고 다닌 것은 확실하다. 그리 고 직하에서 살 때도 어머니를 모시었다. 그러나 유향의 『열녀전』에 나오 는 「추맹가모鄒孟軻母」의 기사를 근거로 말한다면, 맹모는 제나라에서 맹 자가 곤란한 처지에 있을 때, 맹자 곁을 떠나 추나라 자기 고향으로 돌 아갔다고 보아야 한다. 『열녀전』의 맹모기사 마지막 부분인 "자행호자의

子行乎子義, 오행호오례吾行乎吾禮"를 그렇게 해석해야 한다고 나는 생각한다. 그러기에 맹자는 어머니의 장례를 더욱 극진하게 모셨던 것이다. 맹자의 인격에 끼친 맹모의 교육적 위대함은 부인할 필요가 없을 것 같다.

2b-8. 제나라의 대신인 심동沈同이, 대신의 자격으로서가 아니라 사적 개인의 자격으로서, 넌지시 맹자에게 물었다: "연나라를 정벌해도 되겠습니까?" 그러자 맹자께서 말씀하시었다: "괜찮겠지요. 연왕 자쾌子噲도 천자의 명에 의거하지도 않고 주어서는 아니 될 사람(자지子之)에게 연나라를 양도해서는 아니 될 것이고, 대신 자지子之 또한 연나라를 천자의 명도 없이 자쾌로부터 직접 받아서는 아니 될 것입니다. 연왕 자쾌는 멍청하고 그 대신 자지는 도둑놈 심보이올시다. 예를 들면, 여기 한 사람이 있다고 해봅시다. 당신이 그 사람을 굉장히 좋아한다고 해서, 제선왕에게 말도 하지 않고, 당신 자신의 녹작祿爵을 그 사람에게 사적으로 준다고 한다면 과연 옳은 일이겠습니까? 그리고 또 그 사나이의 입장에서도 또한 제선왕의 명령도 없이 당신의 녹작을 사적으로 가로챈다면 그게 될성부른 얘기입니까? 연왕 자쾌가 대신 자지에게 나라를 물려준다는 얘기가 이런 얘기와 뭐가 다르겠습니까? 그러니 연을 쳐도 괜찮다는 것이지요."

그리고 나서 제나라가 연나라를 정벌하는 사태가 발생했다.

그러자 어떤 사람이 맹자에게 물었다: "선생님께서 제나라가 연나라를 토벌할 것을 권유하셨다고 하는데 그게 정말입니까?"

맹자께서 말씀하시었다: "권한 적은 없다. 단지 심동이 나에게 '연나라를 정벌해도 되겠습니까'하고 묻길래, '괜찮다'라고 말했을 뿐이다. 내 말을 심동이 스스로 권유한다고 해석하여 연나라를 정벌한 것이다. 그가 만약 나에게 '누가 과연 연나라를 칠 자격이 있습니까?'라고 물었다면, 나는 '하늘의 명령을 대리할 수 있는 천리天吏라면 연나라를 칠 수 있다'라고 말했을 것이다. 지금 여기 사람을 죽인 살인범이 있다고 하자! 그런데 누가 '이 사람을 죽여야 하나요?' 물으면 나는 물론 '죽일 수 있다'라고 대답할 것이다. 그런데 그가 '누가 과연 그를 죽일 수 있습니까?'라고 물으면 나는 '오직 법의 권한을 부여받은 재판장만이 그를 사형에 처할 수 있을 것이다'라고 대답할 것이다. 지금 제나라가 연나라를 친 것은 하등의 도덕적 정당성이 없다. 마치 연나라와 똑같이 정당성이 없는 또 하나의 연나라가 연나라를 친 꼴이니, 어찌하여 내가 그런 일을 권면할 수 있단 말인가!"

2b-8. 沈同以其私問曰: "燕可伐與?" 孟子曰: "可。子噲不得與人燕, 子之不得受燕於子噲。有仕於此, 而子悅之, 不告於王而私與之吾子之祿爵。夫士也, 亦無王命而私受之於子, 則可乎? 何以異於是?" 齊人伐燕。或問曰: "勸齊伐燕, 有諸?" 曰: "未也。沈同問'燕可伐與,' 吾應之曰: '可,' 彼然而伐之也。彼如曰: '孰可以伐之,' 則將應之曰: '爲天吏, 則可以伐之。' 今有殺人者, 或問之曰: '人可殺與?' 則將應之曰: '可。' 彼如曰: '孰可以殺之?' 則將應之曰: '爲士師, 則可以殺之。' 今以燕伐燕, 何爲勸之哉?"

沃案 이 사태에 관해서는 내가 이미 「양혜왕」하11·12에서 해설하였다. 미국의 이라크 침공사태와 비슷한 문제였다고 나는 말한 바 있다. 여기 심동이 아무리 사적으로 맹자에게 물었다고 하지만, 심동은 제나라의 대신이며 대세의 추이상 이미 제나라가 연나라를 친다고 하는 것은 기정사실이었다. 그런 판에 맹자가 "가可"라고 대답한 것은 실수라고 보아야 한다. 그 말에 대한 심동의 해석은 너무도 당연한 귀결일 수밖에 없다. 제나라가 연나라를 친 연후에, 맹자가 "가可"라고 말한 자신의 입장을 강변하는 논리는 일리가 없는 것은 아니지만, 하여튼 궁색한 강변일 뿐

이다. 『전국책』에도 맹자가 제선왕에게 직접 연정벌을 권유하였다는 것을 명기해놓고 있는 것만 보아도, 맹자는 연나라에서 자지子之가 도덕적 명분 없이 나라를 말아먹고 있는 꼴을 용서할 수 없었던 모양이다. 그러니까 맹자에게는 도덕적 공분이 있었다. 그러나 일단 제가 연을 치고나니까, 결과적으로 연이 연을 친 꼴이 되었다고 판단하여 그의 입장을 선회한 것 같다. 제나라가 공연히 명분 없는 전쟁에 질질 끌리게 된 데 대하여 맹자가 책임이 없다고만 말할 수는 없는 것이 아닐까?

나는 그렇게 생각한다. 어차피 도덕성이 빈곤하기는 다 마찬가지인데 좀 강하다고 해서 타국의 내정에 무력으로 간섭하는 것은 옳지 않다.

2b-9. 제나라는 연나라를 병합하려고 무리하게 2년을 끌었다. 그러나 연나라의 인민들은 태자 평平을 왕으로 옹립하고 제나라에 반기를 들었다. 그러자 제선왕은 말했다: "내가 맹자 말을 듣지 않아 이 지경에 이르렀으니 맹자를 볼 면목이 없구나!" 제나라의 대부 진가陳賈가 왕을 위로하면서 말하였다: "임금님께서는 걱정하실 것까지 없습니다. 임금님께서는 당신 자신을 주공周公에 비교하여 과연 누가 더 인仁하고 지혜롭다고 생각하십니까?"

왕이 말하였다: "데끼! 그게 뭔 말인고! 주공 같은 위대한 인물을 나에게 비교하다니!"

진가가 말하였다: "그렇지 않습니다. 잘 생각해보십시오. 주공周公은 관숙管叔을 시켜 은殷나라 유민을 감독하게 하였습니다. 그런데 관숙은 은나라 유민을 이끌고 주나라에 반란을 일으켰습니다(관숙管叔의 이름은 선鮮이다. 관管이라는 땅에 봉하여졌기 때문에 관숙이라고 이른다. 무왕과 같은 어머니로부터 태어난 아들이 모두 10명이다. 무왕이 두 번째 아들이고 세 번째 아들이 관숙이며 네 번째 아들이 주공 단旦이다. 그러니까 관숙은 주공의 형이다. 무왕이 은殷을

멸망시키면서 주紂의 아들인 무경武庚을 세워, 관숙과 채숙蔡叔 두 형제로 하여금 무경을 도와 은나라 유민을 다스리도록 하였다. 무왕이 죽고 그의 아들 성왕成王이 대를 이었는데 성왕이 나이가 어리자 주공이 섭정하였다. 관숙과 채숙은 주공이 말로만 섭정한다 하면서 실제로 나라를 말아먹을 놈이라고 비난하면서 무경武庚을 옹립하여 반란을 일으켰다. 주공은 성왕의 명령을 받들어 무경을 살해하고 관숙도 죽였으며 채숙은 멀리 귀양 보냈다. 조선 초 왕자의 난 비슷한 사건이다. 문헌에 따라 관숙이 주공의 동생이 되기도 한다). 주공이 만약 관숙이 반란을 일으킬 만한 위인이라는 것을 알고도 그로 하여금 은 유민을 감독케 하였다면 그것은 주공이 불인不仁한 것이며(감각이 모자라다), 그런 일이 있을 것을 전혀 눈치채지 못하고 그렇게 하였다면 그것은 주공이 지혜롭지 못한 것입니다. 인仁과 지智에 있어서 주공조차 완전하지 못했는데 하물며 임금님이야 너무도 당연한 일이 아니겠나이까? 제가 맹자를 따로 만나서 설득하고 오해를 풀도록 하겠습니다."

진가는 우쭐대며 맹자를 만났다. 그리고 물었다: "주공은 어떤 사람이지요?" 맹자는 말씀하시었다: "옛 성인이시다." 물었다: "주공이 관숙으로 하여금 은 유민을 데리고 반란을 일으킨 사건이 있다고 들었습니다. 정말 그런 일이 있었습니까?" 말씀하시었다: "있었다."

물었다: "주공이 관숙이 배반할 것을 알면서도 그렇게 했을까요?"
말씀하시었다: "그건 내가 알 수가 없다."

물었다: "그렇다면 성인 또한 과실을 범하는 것이 아니겠나이까?"
말씀하시었다: "주공은 동생이고, 관숙은 주공의 형님이시다. 형제라는 것은 서로 믿고 사랑하는 사이이므로 주공이 과실을 범하는 것도 오히려 너무도 당연한 일이 아니겠는가? 문제는 그런 과실 그 자체에 있는 것이 아니다. 옛 군자들은 과실이 있으면 바로 그것을 고치었다. 그런데 지금의 군자는 과실을 범하고서도 그것을 계속 뭉개면서 밀고 나간다. 옛 군자들이 과실을 범했을 때는 그것이 마치 일식·월식과도 같아서 사람들이 모두 명백하게 놀란 심정으로 바라

볼 수가 있었다. 그리고 군자가 과실을 반성하고 고치면 어두웠던 해와 달이 다시 밝아지는 것과도 같이 인민들이 모두 그것을 기쁜 마음으로 바라볼 수가 있었다. 지금의 군자들이여! 어찌하여 그대들의 과실을 뭉개면서 계속 밀고 나가려고 하는가! 게다가 지저분한 변명의 말까지 개칠하고 있지 아니 한가!"

2b-9. 燕人畔。王曰: "吾甚慙於孟子。" 陳賈曰: "王無患焉。王自以爲與周公孰仁且智?" 王曰: "惡! 是何言也?" 曰: "周公使管叔監殷, 管叔以殷畔。知而使之, 是不仁也; 不知而使之, 是不智也。仁智, 周公未之盡也, 而況於王乎? 賈請見而解之。" 見孟子, 問曰: "周公何人也?" 曰: "古聖人也。" 曰: "使管叔監殷, 管叔以殷畔也, 有諸?" 曰: "然。" 曰: "周公知其將畔而使之與?" 曰: "不知也。" "然則聖人且有過與?" 曰: "周公, 弟也; 管叔, 兄也。周公之過, 不亦宜乎? 且古之君子, 過則改之; 今之君子, 過則順之。古之君子, 其過也, 如日月之食, 民皆見之; 及其更也, 民皆仰之。今之君子, 豈徒順之, 又從爲之辭。"

沃案 오랜만에 통렬한 맹자의 꾸짖음을 듣는다. 진가의 논리는 매우 교묘하고 반박하기가 어려운 듯이 보인다. 그러한 교묘한 논리를 정면으로 돌파해버리는 맹자의 논리는 수사학이 아닌 광명정대한 진심의 발로이다. 수사의 교묘함을 진실의 우직함으로 이겨내는 맹자의 담대함의 배경에 깔려있는 것은 명명백백한 "공개성openness"의 천명이다. 정치는 일식과 월식 같아야 한다는 것이다. 잘못도 공개적이어야 하며, 반성과 개선도 공개적이어야 한다. 꼼수는 어떠한 경우에도 허용되어서는 아니 된다! 『논어』의 "과즉물탄개過則勿憚改"(『논어』1-8, 9-24)라는 공자의 가르침을 충실하게 전승하고 있다. 공자는 말한다: "허물이 있어도 고치지 않는 것, 그것이 바로 허물이다.過而不改, 是謂過矣!"(15-29). 미국도 일본도 제국주의의 허물을 깨달았으면 곧바로 시정해야 마땅하다! 오늘날 우리나

공손추 하 | 289

라의 정객들도 허물을 탓하지 말고, 허물을 고치지 못함을 탓해야 할 것
이다. 어찌하여 권좌의 끝날까지 해처먹을 꼼수만을 궁리하는가? 그것이
여기서 말하는 "과이순지過而順之"아니겠는가?

다음 장에 나오는 기사는, 이 앞의 「공손추」하 제2장의 기사, 그러니까
제선왕을 참조參朝하려는데 마침 왕의 사신이 오는 바람에 뜻하지 않게
사태가 복잡하게 꼬이게 된 미묘한 심정을 그린 기사, 그 기사에 연접되
는 것으로 읽어야 마땅하다고 나는 확신한다. 이 앞에 이미 제나라의 벌
연伐燕 사건이 있었고, 그것은 2년이나 시간을 끌었다. 그리고 그 국제적
사건을 두고 제선왕과 맹자 사이에 금이 간 것은 사실이나, 그것이 곧바
로 맹자가 제나라를 떠나게 되는 이유라고 생각되지는 않는다. 그 사건
은 시간을 두고 전개되었으며 돌발적인 사태는 아니었다. 그것보다는 맹
자가 이미 직하에서 7년을 머물렀고, 그것은 경卿의 지위에서 국정의 왕
도적 방향을 위해 힘쓴 세월이었으나 맹자 스스로 그 한계상황에 직면
하여 자기 삶의 새로운 전기를 모색하기 시작하였다고 보아야 할 것이
다. 이때 맹자의 나이가 61세(만 60세), 환갑의 나이였다. 맹자는 제나라에
서 환갑을 맞이하고 제나라를 떠나게 되는 것이다.

피상적으로 『맹자』를 읽는 사람들은 맹자와 제선왕과의 관계를 대적
적으로, 그리고 제선왕을 왕도를 실현 못하는 불민한 캐릭터로서만 그
리고 있으나, 실상 제선왕의 맹자에 대한 태도는 매우 지극한 것이며, 그
속마음에 맹자에 대한 사랑과 그리움이 있다. 따라서 이 두 사람의 이별
은 사랑하는 남녀의 이별 못지않게 기나긴 우정의 살가운 정감이 깔려
있다고 보아야 할 것이다. 『맹자』를 이념적으로만, 그리고 추상적인 논리
로써만 읽은 과거 조선 향유들의 좁은 소견이나 최근까지 지속되고 있
는 번역자들의 오류를 더 이상 반복해서는 아니 될 것이다.

2b-10. 맹자는 드디어 크게 결심했다. 그래서 경卿이라는 지위를 반납하고 추나라 자기 고향으로 돌아가려 하였다(이미 어머니도 돌아가시고 안 계셨다). 그 소식을 들은 제선왕은 슬픈 얼굴을 하고 굳이 몸소 맹자 있는 곳으로 찾아와 맹자를 만나 말하였다: "저는 젊은 시절부터("전일前日"을 당연히 맹자가 제나라에 오기 전을 가리키는 것으로 해석되어야 한다. 2b-2의 "치齒"의 문제에서 드러나듯이 제선왕은 맹자보다 어리다. 여기서 전일이 맹자가 양나라에 있을 때를 의미할 수도 있지만 더 젊은 시절에 이미 맹자는 추로지역과 제나라에서 신화적 족적을 많이 남겼을 수도 있다) 선생을 뵈옵는 것이 꿈이었습니다만, 그 꿈이 이루어질 길이 없었습니다. 그런데 7년이라는 세월 동안 같은 조정에서 모실 수 있었다는 것이 얼마나 큰 기쁨이었는지 모릅니다. 그런데 지금 저를 버리시고 고향으로 돌아가신다 하니 너무도 슬픕니다. 이 뒤로도 또다시 뵙는 것이 가능하겠지요?"

대답하여 말씀하시었다: "불감청이不敢請耳, 고소원固所願이외다"(沃案: 오늘날 우리가 너무도 잘 쓰는 그 유명한 이 말의 유래가 여기에 있다. 우리에게 쉽게 전달되므로 굳이 번역하지 않았다. "불감청"이라는 말은 맹자 가슴속 결심이 이미 굳게 섰으므로 자기 입으로 떠나지 않겠다는 말은 할 수가 없다는 뜻이다. 다음 "고소원"이라는 말은 내가 결국 떠나고 안 떠나고는 나보다는 제선왕 당신이 하기에 달린 것이라는 여운을 남기는 말이다. 그러므로 자신의 결단은 일단 유보하면서도 그 어느 것도 확실하게 얘기할 수 없다는 미묘한 감정을 나타내는 명언이라 할 것이다. 이 전대미문의 명언은 맹자와 제선왕의 기나긴 우정 속에서 육성으로 서로 나눈 마지막 말이 되고 말았다. 매우 슬픈 일이다).

며칠 후 왕은 시자時子(제나라의 대신 중의 한 사람)에게 일러 말하였다: "나는 제나라의 수도 임치의 한가운데 맹자학교를 크게 만들겠노라! 그곳에서 맹자께서 제자를 마음대로 기르실 수 있도록 1년에 1만 종의 곡식을 드리겠노라(1종鍾은 4부釜, 1부는 64승升, 1승은 약 194cc. 대체적으로 1종은 50리터에 해당. 쌀 1만 종이면 우리 느낌으로 환산하면 6,250가마 정도). 그리고 제나라의 모든 대부와 국인國人(임치성 안에 사는 모든 사람들)으로 하여금 맹자를 공경하고 본받도록 하겠노라. 그대는 나를 대신하여 이 기쁜 소식을 맹자에게 전해다오!"

시자時子는 맹자의 제자 진자陳子(2b-3에 나오는 진진陳臻. 진진은 맹자그룹 내에서도 재정을 담당한 인물이었던 것 같으다)를 통하여 맹자에게 제선왕의 결정을 전해드렸다. 진자는 시자의 말을 맹자에게 전해드렸다.

그 말을 전해들은 맹자께서는 묘한 느낌으로 다음과 같이 말씀하시었다: "으음~ 글쎄. 그 말을 나에게 전한 시자時子정도라도 이미 그 말대로 이루어질 수 없다는 것은 알았겠지. 나의 궁극적 관심은 왕도의 실현에 있는 것이지, 내가 어떤 대접을 받느냐에 있는 것이 아니야. 내가 부富를 원했다면, 10만 종을 버리고 겨우 1만 종을 받아, 이것이 내가 치부하는 길이라고 생각했겠느냐 이 말이다(염약거閻若璩는 "10만 종"을 맹자가 7년간 제국에서 받은 봉록의 총액이라고 본다. 즉 경으로 여태까지 10만 종의 봉록을 받은 내가 지금와서 1만 종짜리 학교교장이 되어본들 …… 의 뜻으로 푸는 것이다. 내가 생각하기엔 1만 종이 결코 작은 금액이 아니라고 보는데 하여튼 맹자의 스케일에서는 좀 적은 금액이라고 느끼는 모양이다. 그리고 "10만 종" 운운한 것도, 맹자의 인생 어느 시점에서 전국의 모 제후로부터 10만 종의 지위에 대한 오파를 받은 적이 있었을 수도 있다. 그렇다면 "연봉 10만 종의 지위도 거절한 내가 이제와서 1만 종에 만족하겠느냐"의 뜻이 될 것이다. 하여튼 의미맥락이 명료하지는 않다. 한 가지 명료한 포인트는 맹자는 자신의 출처진퇴가 부의 문제가 아니라 왕도의 실현여부에 있다는 것이며, 왕도를 실현할 수 없을 때는 가차없이 은퇴하는 것이 도리이지, 공연히 장안 한복판에 학교나 짓고 앉아서 세상의 부를 독차지하는 듯한 짓을 해서는 아니 된다는 뜻으로 말한 것이다. 그런 맥락에서 다음의 재미있는 논리가 전개된다).

계손季孫이라는 친구(누구인지는 잘 모른다)가 다음과 같이 말한 적이 있지: '자숙의子叔疑(신상 불명)라는 놈은 참 묘한 친구야! 처음에는 지가 경상卿相의 지위에 앉아 정권을 주물렀는데 결국 짤렸거든. 짤렸으면 깨끗하게 물러나야지. 이 놈은 치사하게 자기 아들을 또다시 경卿으로 앉혔단 말야. 인간이라면 누구인들 부귀를 바라지 않는 자가 어디 있겠누만, 이 녀석이 하는 짓이란 홀로 부귀를 다 차지하기 위해 농단을 독점하고 있단 말야!' 이 계손의 말이 내 상황에 적중하는 말 같애. 계손이 얘기하는 이 농단龍斷이라는 말을 잘 알아들을 필요가 있어! 옛날부터 시장이라는 것은 자기에게 있는 것을 가지고 와서 자기에게 없는 것과 바꾸려고 하는 곳이거든. 그래서 이 교역이 공정하게 이루어지도록 감독하는 관리도 있었던 게야. 그런데 어떤 천장부賤丈夫(맹자에게서 "대장부"와 극단적으로 대비되는 개념. 탐욕의 비천한 사나이. "장부"는 보통 20세 이상에 적용되는 남자의 통칭) 새끼가 나타난 게야. 이 놈이 시장바닥이 환히 내려다보이는 높은 언덕(농단: 龍斷. 농龍은 농壟, 언덕의 뜻. 단斷 역시 명사로서 깎아지른 높은 곳)에 올라가서 좌우로 거래현장을 한눈에 다 바라보면서 시장이익을 싹쓸이해버린 것이지. 시장에 나온 사람들이 모두 그 놈을 천하다고 생각했지. 그래서 결국 이 놈에게 과세를 하게 되었지. 상인에게 과세를 하게 되는 역사가 이 천장부놈 때문에 시작된 것이야."

2b-10. 孟子致爲臣而歸。王就見孟子, 曰: "前日願見而不可得, 得侍同朝, 甚喜。今又棄寡人而歸, 不識可以繼此而得見乎?" 對曰: "不敢請耳, 固所願也。" 他日王謂時子曰: "我欲中國而授孟子室, 養弟子以萬鍾, 使諸大夫國人皆有所矜式。子盍爲我言之!" 時子因陳子而以告孟子, 陳子以時子之言告孟子。孟子曰: "然夫時子惡知其不可也? 如使予欲富, 辭十萬而受萬, 是爲欲富乎? 季孫曰: '異哉子叔疑! 使己爲政, 不用, 則亦已矣, 又使其子弟爲卿。人亦孰不欲富貴? 而獨於富貴之中, 有私龍斷焉。'古之爲市也, 以其所有, 易其所無者, 有司者治之耳。有賤丈夫焉, 必求龍斷而登之, 以左右望而罔市利。人皆以爲賤, 故從而征之。征商, 自此賤丈夫始矣。"

沃案 "농단" "천장부" "불감청이고소원" 등등의 말이 유래된 이 장은 너무도 풍요로운 감정과 함의를 지니고 있다. "농단"이라는 말에 깃든 맹자의 경제사적 통찰은 오늘날에도 그대로 적용되는 날카로운 견해라 할

수 있다. 상업거래가 서민 중심으로 공평하게 이루어진다면 실로 과세가 필요없다. 과세의 궁극적 이유가 인민의 복지이기 때문에 스스로 이득의 분배가 잘 이루어지면 국가가 나서서 과세할 필요가 없어진다. 그러나 국가가 과세를 해야만 하는 이유는 탐욕의 독점을 지향하는 천장부 놈들 때문이라는 것이다. 대중의 이익을 가로채 독점하기 때문에("그물질 한다罔市利"라고 표현했다) 그 독점 부분에 대하여 국가권력이 중과세를 해야 한다는 것이다. 그러니까 오늘날의 대기업은 중과세의 대상이다. 그들은 서민들을 "따발총으로 갈기듯이" 다 죽여가면서까지 자신의 이익만을 독점적으로 극대화하려 하고 있기 때문이다. "빨갱이"를 운운한다면 그들이야말로 빨갱이가 아니고 무엇이겠는가?

그런데 전체적인 맥락으로 보면 맹자는 "천장부의 농단"의 논리를 자신의 지식사회에까지 적용하고 있는 것 같다. 더 이상 왕도론을 빙자하여 자신의 부귀를 확대하는 것도 농단일 수 있다고 판단하고 있는 것이다. 지식인도 떠날 때가 되면 과감하게 깨끗하게 떠날 줄 알아야 한다는 것이다. 왕도의 꿈이 스러져가는 것을 맹자는 이미 제나라의 실험 속에서도 감지하고 있는 것이다. 사건의 추이는 다음과 같다.

1. 제나라가 연나라를 치려고 하였다. 맹자는 처음에는 연나라의 내부사정이 하도 더티하여 도덕성을 결하고 있으므로 연나라 정벌을 찬동하는 입장을 취했다.
2. 막상 연나라 정벌이 단순한 제나라의 탐욕으로 변질되자 맹자는 재빨리 연나라의 질서를 회복해주고 빨리 군대를 철수할 것을 종용한다. 평화적 해결을 촉구하였지만 제선왕은 무리하게 연나라를 점령한 상태에서 2년이라는 세월을 끌었다.
3. 결국 국제여론이 악화되고 제후국들이 합심하여 연나라를 도왔으며 무엇보다도 연나라 인민들이 반란을 일으켜 제나라는 철수하지

않을 수 없는 형편에 이르게 되자 제선왕은 맹자의 판단이 옳았다고 생각하면서 맹자에게 미안하게 생각한다. 그래서 진가陳賈가 맹자를 찾아뵌다.

4. 맹자는 자신의 과오를 근원적으로 뉘우치지 않고 변명하려는 제선왕의 태도를 비난한다. 일식·월식과도 같은 공개적인 반성을 요구한다. 두 사람의 사이가 서먹서먹해진 것은 사실이다.

5. 그러던 어느 날 맹자는 제선왕과 다시 화해해야겠다고 생각하고 조정으로 나가려고 하였다. 이때 마침 공교롭게도 제선왕으로부터 사자가 와서 맹자 보고 좀 조정으로 나와줄 수 있겠냐고 전갈이 온다. 자신이 감기가 걸려 외출이 힘들다는 것이다. 맹자는 제선왕이 핑계를 대고 있다고 생각했다. 그래서 자기도 병에 걸려 못 간다고 대답했다. 그러나 다음날 맹자는 외출한다. 그런데 제선왕이 정중하게 의사를 보낸다. 이 사건으로 맹자는 집으로도 못 가고 대신 경자의 집에서 묵는다.

6. 사실 제선왕은 진실로 아팠을 수도 있다. 그러나 맹자는 제선왕이 자기를 더 이상 "소불소지신所不召之臣"으로 존중하지 않는다고 생각했다. 그리고 이제 나이가 환갑도 넘었다. 인생을 다시 생각할 때가 되었다. 결국 큰 결심을 하기에 이른다. 떠나자!

7. 맹자가 제선왕을 버리고 제나라를 떠난다는 소식을 듣고 제선왕은 맹자의 집으로 달려온다. 그리고 옛 정을 다짐한다. 이에 맹자는 그 유명한 "불감청이고소원야不敢請耳固所願也"라는 말을 한다.

8. 제선왕은 제나라의 수도 임치의 한 중앙 복판에 맹자학교를 세우고 전 국민이 맹자를 존숭케 하겠다는 야심찬 새로운 대안을 발표한다.

9. 맹자는 그럼에도 불구하고 "농단龍斷"의 천장부 얘기를 하면서 더 이상 천장부 노릇하기 싫다고 하면서 제나라를 떠날 결심을 굳힌다.

그러나 이야기는 여기서 끝나지 않는다. 그 대단원의 슬픈 이야기는 지금부터 시작된다.

2b-11. 맹자는 드디어 제나라를 떠났다. 그리고 수도 임치에서 멀지 않은 주畫 땅에서 머물렀다(주는 임치의 서남에 있다. 혹자는 주가 획畫의 오자 誤字라고 말하지만 주가 맞다. 획은 서북 30리에 있어 여정의 방향과 안 맞는다. 획은 연나라로 가는 길목이다). 그런데 제선왕을 위하여 맹자가 떠나는 것을 만류하려는 사람이 있었다(여기 "위왕爲王"이라는 뜻의 정확한 내용을 상술할 수 없다. 다시 말해서 이 사람이 제선왕이 직접 파송한 사람인지 아닌지를 확인하게 판단할 수 없다. 염약거는 어떻게 그렇게 중요한 일로 만나는데 통성명通姓名하는 과정도 생략되어 있는가 하고 반문한다. 『맹자』라는 문헌을 7편으로 줄이는 과정에서 생략된 부분이 많았을 것이라고 주장한다. 무언가 이 만남의 배경이 있었을 것인데 생략되어 잘 알 수가 없다). 이 사람은 공손하게 바닥에 무릎을 꿇고 앉아 간곡히 말씀드렸다. 그러나 맹자는 상대하지도 않았고, 팔걸이에 턱을 괴고 앉아 꾸벅꾸벅 졸았다. 그 손님은 되게 기분이 나빴다. 그래서 맹자에게 말했다: "저는 맹자 선생님을 뵙기 위하여 어제 하루종일 목욕재계한 후에야 지금 겨우 어렵게 말씀드리고 있는 것입니다. 그런데도 선생님께서는 꾸벅꾸벅 졸으시면서 제 말은 들을 생각도 하지 않으시는군요. 기분 나쁩니다. 두 번 다시 선생님을 다시 뵙지 않겠나이다." 그리고 자리를 박차고 나가려고 하였다.

맹자께서 말씀하신다: "게 앉게! 내가 그대에게 뭐가 잘못되었는지 확실하게 말해주겠소. 옛날에 노나라의 목공繆公(목공穆公, 이름은 현顯. BC 409~377 재위. 공자의 손자인 자사의 말년 시기에 해당될 수 있겠으나, 연대가 잘 들어맞지는 않는다. 최근 "노목공문자사魯穆公問子思"라는 죽간이 발굴되어 목공과 자사가 동시대인이라는 생각은 맹자 당대의 통념임이 입증되었다)은 자사를 극진히 섬겼는데, 자사 곁에 항상 자기 마음을 잘 전하는 신하로 하여금

시중들게 하여, 또 자사의 말씀을 잘 전해받아, 자사의 마음을 안심시켜 드렸다. 그래서 자사는 마음을 되돌이켜 아니 떠나곤 했던 것이다. 노나라의 현인 설류泄柳(「고자」하6에 자류子柳라는 이름으로 나온다. 자사와 맞먹는 노나라의 현인이다)와 신상申祥(공자의 학생인 자장子張의 아들이며, 자유子游의 사위. 역시 노나라의 현인)은 노나라 목공의 곁에 그들의 마음을 잘 아는 훌륭한 신하가 있어서 그가 계속 이 두 현인이 떠나지 않도록 간했기 때문에 안 떠난 것이다. 그대가 나 같은 어른을 위하여 생각한다고 하면서, 목공이 자사를 위하여 배려한 그 자상한 마음에는 왜 못 미치는가? 만류한다는 것은 항상 곁에 쌍방을 잘 아는 사람이 있어야 한다. 그대가 불쑥 나타나서 뭘 이야기할 수 있겠는가? 나를 공연히 만류할 생각을 말고, 제선왕의 마음을 바꾸게 해야 하지 않느냐? 네가 먼저 나를 우습게 안 것이 아니겠느냐? 어찌 내가 너를 우습게 알았단 말인고!"

2b-11. 孟子去齊, 宿於晝。有欲爲王留行者, 坐而言。不應, 隱几而臥。客不悅曰: "弟子齊宿而後敢言, 夫子臥而不聽, 請勿復敢見矣。"曰: "坐! 我明語子。昔者魯繆公無人乎子思之側, 則不能安子思; 泄柳、申詳無人乎繆公之側, 則不能安其身。子爲長者慮, 而不及子思。子絶長者乎? 長者絶子乎?"

沃案 이 장은 나로서는 이해하기가 무척 힘들었다. 그래서 전후맥락을 보강하여 번역하였다. 앞 장과 뒤이어지는 장과의 중간고리로서 어떤 감정의 흐름이 나타나고 있다. 맹자의 가슴속에는 참으로 허황된 형식적인 이야기가 아닌, 진실된 언어로써 제선왕이 그를 만류해주기를 기다리는 간절한 마음이 표현되어 있다. 사실 그만큼 맹자는 겉으로 표현되는 오기와는 달리, 내심으로 무척 제선왕을 사랑하고 있었고 매정하게 제나라를 떠나고 싶지만은 않았던 것이다.

2b-12. 맹자는 제나라를 떠나갔다. 맹자를 평소에 마음속으로 흠모하고 있었던 제나라의 현자 윤사尹士(상세한 정보 없음)가, 맹자가 주晝 땅에서 미적거리다 떠났다는 소식을 듣고 크게 실망하여 말하였다: "맹자가 제선왕이 탕임금이나 무왕과도 같은 혁명의 주체세력이 될 수 없다는 것을 애초에 몰랐다면 그것은 맹자가 바보스러운 것이다. 그러한 사정을 알고도 갔다면 그것은 봉록을 얻어먹기 위한 것에 지나지 않는다(부귀를 구한 것에 지나지 않는다). 천리를 마다하지 않고 제나라에 와서 선왕을 만나고, 의견이 맞지 않는다고 홀연히 떠나는 놈이 왜 사흘이나 주 땅에 머물러 있다가 떠나는가? 도대체 왜 거기서 미적거린 거냐? 나는 맹자의 그런 태도는 정말 마음에 들지 않는다."

맹자의 제나라 사람 문하생인 고자高子가 이 말을 듣고 맹자께 그대로 아뢰었다. 그 말을 들은 맹자께서 말씀하시었다: "윤사의 말도 일리가 없는 말은 아니나, 어찌 윤사가 나를 알리오? 천리를 마다하지 않고 제나라를 찾아와 선왕宣王을 만난 것은 분명 내 자신이 소망한 일이다. 그러나 나의 왕도의 의견이 그에게 받아들여지지 않아 제나라를 떠나는 것이 어찌 내가 소망한 일일까보냐? 그것은 부득이해서 떠나는 것일 뿐이다. 내가 사흘 동안 주 땅에 머물렀다가 떠난 것은, 지금 내 마음에는 그것도 너무 빨리 떠났다고 생각되는 것이다. 왕이시여! 제발 빨리 마음을 바꾸소서! 나는 이렇게 빌었던 것이다. 만약 왕이 마음을 바꾸었다면, 반드시 나를 되돌아오라고 불렀을 것이다. 나는 사흘 후 주 땅을 떠나면서도 왕이 혹시 나를 붙잡으러 오지 않을까 기다렸다. 그러나 종내 왕은 나를 따라오지 않았다. 나는 그런 사실을 확인한 후에야 비로소 흘러가는 물처럼 모든 미련을 버리고 귀향의 의지를 굳혔다. 나의 발길은 비록 그러하다 해도 어찌 내가 왕을 버릴 수 있겠는가! 왕은 나의 오랜 친구였고 왕도의 선善을 구현하기에 족한 훌륭한 인물이었다. 왕이 나를 진심으로 써준다면, 어찌 그것이 제나라 백성만이 편안케 되는 길이랴! 하늘 아래 모든 백성이 편안케 되는 길이 아니겠는가! 왕이시여 빨리 마음을 바꾸소서! 왕이시여 나는 매일매일 그것을 바라고 있나이다! 내가 어찌 그와 같은 쩨쩨한 소장부小丈夫일 수 있겠는가! 임금에게 간諫하여 그것이 받아들여지지 않는다고 화를 벌컥 내면서 얼굴에 울그락 불그락 노기를 드러내면서, 일단 떠나고 나면 한시라도 빨리 가겠다고, 해 떠있을 동안 죽으라고 종종걸음으로 가다가 해 떨어지면 겨우 곯아 떨어지는, 그런 소인의 모습으로 사라질 것이냐!"

윤사는 이러한 맹자의 말을 듣고 탄식하며 말했다: "내가 진실로 소인小人이었다."

2b-12. 孟子去齊。尹士語人曰: "不識王之不可以爲湯、武, 則是不明也; 識其不可, 然且至, 則是干澤也。千里而見王, 不遇故去, 三宿而後出晝, 是何濡滯也? 士則玆不悅。" 高子以告。曰: "夫尹士惡知予哉? 千里而見王, 是予所欲也。不遇故去, 豈予所欲哉? 予不得已也。予三宿而出晝, 於予心猶以爲速。王庶幾改之。王如改諸, 則必反予。夫出晝而王不予追也, 予然後浩然有歸志。予雖然, 豈舍王哉? 王由足用爲善。王如用予, 則豈徒齊民安, 天下之民擧安。王庶幾改之! 予日望之! 予豈若是小丈夫然哉? 諫於其君而不受, 則怒, 悻悻然見於其面, 去則窮日之力而後宿哉?" 尹士聞之, 曰: "士誠小人也。"

沃案 나는 어렸을 때 이 대목을 읽을 때마다 왈칵 눈물을 쏟았다. 윤사가 제기한 문제는 참으로 의협심을 품은 사나이라면 묻지 않을 수 없는 딜레마다. 그 딜레마를 윤사는 맹자에게 들이댄 것이다. 이러한 딜레마에 대하여 구구한 변명을 하지 않고 자신의 왕도의 정론, 즉 민중의 편이라는 대의를 가지고 정면돌파 해버리는 그 당당함은 줄곧 이어져 내려온 맹자 사유의 공개성openness에서 꽃피어 나는 것이다. 일체의 꼼수

가 허락되지 않는다. 맹자는 자신의 마음속에 남아 있었던 미련을 숨기지 않는다. 당대 실제로 제나라만큼 거대한 왕국이 없었다. 그리고 유구한 문화전통이 있었고 인민들의 높은 수준이 있었다. 그리고 제선왕은 그릇이 되는 인물이었다. 우선 인간적으로 아껴주고 싶었던 좋은 심성의 사나이였던 것이다. 왕도의 실현에 대한 미련을 끝내 버리지 못하고 아쉬워하면서 다시 돌아오지 못할 제나라 국경선을 넘는 맹자의 마음이 여기 적나라하게 표현되어 있다. 그리고 윤사가 외려, "내가 소인이었다"고 탄식하는 그 모습도 제나라 사람들의 수준을 보여준다. 맹자는 이렇게 인류의 가슴에 거짓 없는 소박한 심정을, 민중구원의 열정을 새겨놓고 제나라를 떠나갔던 것이다.

2b-13. 맹자는 제나라를 떠났다. 행사를 주로 담당하는 그의 제자 충우充虞(2b-7에 기출)가 가는 노상에서 여쭈었다: "선생님의 모습이 약간 우울한 기색을 띠고 있는 듯이 보이는군요. 언젠가 선생님께서 저에게 이런 말씀을 하시는 것을 들었습니다: '군자는 하늘을 원망치 않으며 사람을 허물치 않는다'(공자·자사의 말.『논어』14-37,『중용』14장). 그런데 지금 어이하여 우울한 모습을 하고 계시나이까?"

맹자께서 말씀하시었다: "하늘을 원망치 않고 사람을 허물치 않는 초일한 때도 한 때요, 하늘을 원망하고 사람을 허물하는 우국의 때도 한 때이다. 역사의 정황은 변하게 마련이다. 지난 역사를 전관全觀해보자면 오백 년마다 반드시 천하를 혁명하는 왕자王者가 태어났다. 그리고 그와 더불어 반드시 그 왕자를 돕는 명신하가 태어났다. 주나라의 문왕·무왕·주공 이래 700여 년이라는 세월이 흘렀다. 왕자가 흥興하는 연수年數로 말하자면 이미 200년을 초과하였다. 그러나 난국의 시세로 말하자면 지금이야말로 성왕현신聖王賢臣이 태어날 절호의 시기이다. 아~ 아직도 성왕이 출현하지 않는 것은 분명 하느님께서 아직도 이 천하를 평치平治하시려고 하지 않는가보다! 그러나 하느님께서 만약 이 천하를 평치하시려고 한다면, 이 어지러운 세상을 당하여 과연 나를 빼놓고 누가 왕자의 정도를 구현케 하도록 할 수 있단 말이냐? 내가 천하를 위하여 우울할 수 있을지언정 어찌하여 나를 위하여 우울할 수 있겠느뇨?"

2b-13. 孟子去齊。充虞路問曰: "夫子若有不豫色然。前日虞聞諸夫子曰: '君子不怨天, 不尤人。'" 曰: "彼一時, 此一時也。五百年必有王者興, 其間必有名世者。由周而來, 七百有餘歲矣。以其數, 則過矣; 以其時考之, 則可矣。夫天未欲平治天下也。如欲平治天下, 當今之世, 舍我其誰也? 吾何爲不豫哉?"

沃案 제나라를 떠나는 맹자의 우울한 심사가 잘 표현되어 있으면서도 그의 당당한 대장부의 모습이 조금도 수그러들지 않았다. 그의 자신감은 역사에 대한 깊은 자각에서 오고 있다는 것을 알 수 있다. 제나라의 여로의 마지막 기염이었지만, 같은 주제가 『맹자』라는 전 텍스트의 말미를 장식하고 있다는 것 또한 편집의 묘미라 할 수 있다(7b-38 참고).

2b-14. 맹자께서 제나라를 떠나 휴休 땅(지금 등현滕縣 북쪽 15리. 맹자 집에서 약 100리 지역)에 머무르실 때였다. 제자 공손추가 물었다: "벼슬을 하고 있으면서도 봉록을 받지 않는 것이 고례古禮에 속하는 것입니까?" 맹자께서 말씀하시었다: "그렇지 않다. 나는 숭崇(미상)에서 왕을 만난 적이 있다. 물러난 후에 나는 제나라를 떠날 의지를 굳혔다. 제나라를 떠나기로 결심한 마당에 그 결심을 변치 않기를 원했기 때문에, 그래서 나는 봉록을 받지 않았던 것이다. 그러고나서 얼마 되지 않

아 제나라는 전쟁에 휘말려 다사다난했기 때문에, 정식으로 사직원을 낼 수도 없는 형편이었다. 그래서 그 상태로 계속 제나라에 체재하게 되는 결과가 되었지만, 제나라에 그런 상태로 오래 머무르는 것은 내 본뜻은 아니었다. 봉록을 받지 않은 것은 이러한 이유에서였다."

2b-14. 孟子去齊, 居休。公孫丑問曰:"仕而不受祿, 古之道乎?"曰:"非也。於崇, 吾得見王。退而有去志, 不欲變, 故不受也。繼而有師命, 不可以請。久於齊, 非我志也。"

沃案 여태까지 전개되어온 긴박한 논의와는 좀 다른 맥락에서 기록된 제나라체재에 관한 회고담이지만, 사태의 전체적 흐름의 배면에 깔려있었던 한 진실을 드러낸다는 맥락에서 「공손추」편을 마무리 짓는 프라그먼트로서는 매우 의미 있는 편집이라 할 것이다. 다시 말해서 제나라가 처음에 명분을 가지고 연나라를 칠 때에는 경卿으로서 그 사태를 찬동했지만, 제나라가 약탈자로서 변모하자 맹자는 그러한 비도덕성을 용서할 수 없었다. 여기 "숭崇"땅이라는 곳은 아마도 제나라와 연나라 사이에 있는 어느 지점이었을 것이다. 따라서 전쟁문제로서 제선왕과 야전텐트에서 회담을 한 것으로 보인다. 그리고 제선왕이 간곡한 맹자의 청을 수용하지 않자, 그때 이미 제나라를 떠날 결심을 굳혔던 것이다. 전쟁통에 경의 지위를 반납하지는 못했지만, 맹자가 할 수 있는 최선의 도덕적 방책은 봉록을 받지 않는 결단이었다. 이러한 결단은 얼마나 맹자가 실존적 도덕성을 구비하고 있는 인간인가 하는 것을 잘 말해준다. 이것은 마치 헨리 데이비드 써러우Henry David Thoreau, 1817~1862가 미국정부가 국민이 낸 세금을 가지고 멕시코에 대하여 제국주의적 전쟁을 일삼자 "시민불복종의 권리"를 주창하고 세금을 안 낸 사건과 비슷한 맥락에서 이해할 수도 있다. 연나라에 대하여 제국주의적 전쟁을 일삼는 제나라의 돈으로써

자신의 사적 안락을 취할 수는 없었던 것이다.

맹자의 마지막 말, "제나라에 오래 머무른 것은 나의 뜻이 아니었다.久於齊, 非我志也"라는 이 한마디는 앞에서 말한 제선왕에 대한 애틋한 마음과 모순·상충되는 듯이 보인다. 그러나 이미 떠나기로 2년 전에 결심한 상태에서도 어떻게 해서든지 제나라를 바로잡아 왕도를 실현해보고 싶었던 맹자의 삶은 이율배반적인 실존적 내면의 고투였을 것이다. 그 고투를 도덕적인 것으로 만들기 위하여 경의 지위는 가지고 있으면서도 봉록을 받지 않은 맹자의 결벽성은 만인의 사표가 될 수 있다고 할 것이다. 그러면서도 끝끝내 제선왕이 자기 두루마기자락을 붙잡아 주기를 바랬던 맹자의 뒷모습에서 우리는 대인의 우환과 눈물을 읽을 수 있으며 그간 진행되어온 사태들에 대한 확연한 통찰을 얻게 된다. 제나라 여정의 마지막 장면으로서 여운이 남는 위대한 프라그먼트라 할 것이다.

맹자의 족적이 서린 산동성 치박시淄博市 제국역사박물관齊國歷史博物館

우리나라 성균관 명륜당明倫堂. "명륜明倫"은 맹자의 "명인륜明人倫"에서 왔다. 도처에 학교를 세워 인륜을 밝힌다는 뜻이다. 중앙의 성균관과 사부학당, 전국 지방향교의 강학처에는 이 이름을 썼다.

등문공장구滕文公章句 상上

<u>3a-1.</u> 등문공이 세자 시절에 아주 젊고 영명한 사람이었는데 초楚나라에 사신으로 갈 일이 있었다. 가는 길에 그는 송宋나라를 들렀다. 그때 마침 맹자는 제나라를 떠나 송나라에 머물고 있었다(맹자의 행로에 관해, 제나라를 떠나 → 송 → 설 → 추로 갔다는 설도 있고, 제나라를 떠나 일단 고향 추로 갔다가, 다시 추에서 → 송 → 설 → 다시 추로 돌아왔다가, 다시 등나라로 초빙되어 갔다고 보기도 한다). 그래서 등문공은 세자 시절에 송나라에서 맹자를 뵈올 수 있었다. 등세자는 맹자가 현인이라는 소문을 듣고 일부러 우회하여 송에 들른 것이다. 따라서 맹자는 그를 만났을 때 그의 지론인 성선론을 강의했다. 맹자는 말끝마다 요·순을 반드시 언급하였다. 세자는 강의를 잘 듣고 떠났다. 그리고 초나라를 갔다가 돌아오는 길에 다시 송나라에 들러 맹자를 뵈었다.

맹자는 말씀하시었다: "세자는 내 말이 의심스럽게 느껴집니까? 본시 진리(도道)란 하나라오. 다시 말해서 이 세상사람 누구든지 같은 도道를 평등하게 공유한다는 말이요. 제나라의 용맹스럽기로 유명했던 명신하 성간成覸이 제경공景公에게 말한 바가 있소: '이 세상의 위대한 그 누구라도, 그는 한 사나이, 나도 한 사나이, 내가 왜 그를 두려워하오리이까?' 공자의 수제자 안연顏淵은 또 이와 같이 말했지요: '순임금, 그는 어떤 사람인가? 나는 또한 어떤 사람인가? 다 같은 사람

으로 태어나 누구든지 순임금이 되려는 의지만 있다고 한다면 순임금이 될 수 있는 것이다.' 공자의 제자 증삼의 제자인 공명의公明儀(공명公明이 성, 의儀가 명. 노나라의 현인이다. 자장子張의 문인이라는 설도 있다. 맹자의 시대에 아직 살아있었으며, 맹자는 그에게서 『춘추』를 배웠을 가능성도 배제되지 않는다. 「이루」하24)는 또 이와 같이 말했지요: '그 위대한 문왕도 나의 스승이다. 그의 아들인 주공이 어찌 나를 속이리오?' 지금 등나라는 절장보단絶長補短(긴 데를 잘라 모자라는 데를 메운다는 뜻인데, 지형을 정사각형으로 계산한다는 뜻이다. 당시의 토지면적 계산상의 상용어)하여 계산하면 사방 50리 정도입니다만, 노력하여 인정을 행한다면 훌륭한 나라(善國)가 될 수 있습니다. 『서書』(지금의 『서경』 상서商書 「열명說命」편상에 있다. 조기는 『서경』의 일편逸篇이라 하였다)에 이런 말이 있습니다: '약을 먹어 명현瞑眩이 일어나지 않으면 병은 낫지 않는다.' 약은 쓰고 어지러운 법입니다. 고통스러운 약을 먹는 것처럼 단단히 마음을 고쳐먹고 노력하면 앞으로 당신의 나라에 유익함이 있을 것이외다."

3a-1. 滕文公爲世子, 將之楚, 過宋而見孟子。孟子道性善, 言必稱堯舜。世子自楚反, 復見孟子。孟子曰: "世子疑吾言乎? 夫道一而已矣。成覵謂齊景公曰: '彼, 丈夫也; 我, 丈夫也。吾何畏彼哉?' 顔淵曰: '舜, 何人也? 予, 何人也? 有爲者亦若是。' 公明儀曰: '文王, 我師也; 周公, 豈欺我哉?' 今滕, 絶長補短, 將五十里也, 猶可以爲善國。書曰: '若藥不瞑眩, 厥疾不瘳。'"

沃案 여태까지의 논의가 주로 정치현실을 위주로 한 것이라면 「등문공」장에서는 현실정치문제를 직접적으로 언급하지 않으면서 순수이론이나 학설을 둘러싼 논쟁을 테마로 삼고 있다. 상편은 그러한 논쟁이 집약되어 있고 하편은 성격이 좀 잡하다. 「등문공」편은 전체적으로 보면 맹자 공생애의 후반부에 있었던 사건과 대화를 엮어놓고 있다. 「등문공」상의 1・2・3・4장과 「양혜왕」하의 13・14・15장은 원래 연속되어 있던 것인데,

등나라 여정을 나타내기 위하여 「양혜왕」편으로 편집되어 나간 것이다.

이 장에서 맹자의 사상을 한마디로 "성선性善"이라 표현하는 것만 보아도 이미 맹자의 사상이 제나라에서 어떤 개념적 틀을 갖추었다는 것을 의미한다. "아무개에게 성선론을 강의했다"는 표현은 이미 맹자의 언설이 그 시대에 어떤 담론의 형태로서 개념화되어 있지 않으면 말하기 어려운 것이다. 그리고 "말끝마다 요순을 말했다"는 것은, 묵자학파가 민중과 더불어 노동하는 지도자로서 우임금의 이미지를 어필시키는 것을 뛰어넘어 요·순의 선양과 왕도를 말한다는 것이다.

그러나 이 짧은 대화 속에서 중요한 맹자사상이 표출되고 있는데, 그것은 성선性善의 전제로서 깔려있는 "인간평등론人間平等論"이다. 인간은 누구든지 평등하다는 사상이 확보되어야만 인간은 누구든지 선한 본성을 가지고 있다는 논리가 설득력을 지닐 수 있다. 맹자의 인간평등론이야말로 중국문명, 아니 한자문명권의 모든 문명이 인간에 대한 보편적 존엄성을 확보할 수 있었던 궁극적 근거이다. 그러나 맹자의 인간평등론은, 인간이 단순히 평등하다는 사실의 기술이 아니라, 인간은 누구든지, 길거리의 걸인이라도 성인이 될 수 있다고 하는 도덕적 상향의 가능성에 대하여 어떠한 제약을 가해서는 아니 된다고 하는 평등이다. "인간평등"도 왕도의 구현이라는 정치적 전제가 없이는 불가능한 것이며, 그 정치적 목표에 모든 사람이 참여하는 한에 있어서의 평등을 말할 수 있을 뿐이다. 도덕적 상향이 없는 평등은 진정한 인간세의 평등일 수 없다. 권리나 의무조항이나 따지고 앉아있는 서구적 평등은 공리주의적 계산의 전제일 뿐이다.

2b-6에서 이미 우리가 보았듯이, 맹자는 제나라의 경卿으로서 등나라

에 조문객으로 다녀온 적이 있다. 세자는 그때에 이미 맹자의 명성을 들었을 것이다. 그런데 맹자는 등 세자에게 "왕도의 꿈"을 불어넣지 않는다. 등나라가 비록 절장보단하여 사방 50리의 소국이라고 하지만, 탕왕은 사방 70리에서 문왕은 사방 100리에서 천하를 통일했다고 하는 맹자의 상투적인 논리를 가지고 말한다면 당연히 등나라 50리로써도 천하를 통일하는 것이 가능하다고 말해야 할 것이다. 우리는 바로 이런 대목에서 맹자가 얼마나 대단한 현실감각의 소유자인지를 알 수가 있다. 탕·문왕의 예는 오직 위나라·제나라와 같은 대국을 격려하기 위한 논리는 될지언정, 등나라와 같은 소국에게 망상을 안겨주는 논리는 될 수 없는 것이다. 맹자는 세자에게 등나라에서 인정을 실현할 것을 말할 뿐이며 거창한 왕도를 말하지 않는다. 그래서 등나라가 노력하기만 하면 "선국善國"(좋은 나라, a good country)이 될 수 있다고 말한 것이다. 명현이 있어야 약발이 있듯이, 좀 고통스럽더라도 그대가 나의 사상을 잘 응용하여 치세하면 좋은 나라를 만들 수 있다고 말했을 뿐이다. 그래서 맹자의 논의는 "정전법"과 같은 구체적 실현방안에 집중되어 있다. 등문공은 맹자의 의견을 받아들여 충실히 실행하였다. 그 결과 등나라는 타국의 모범이 되어 사람들이 몰려들었고, 사상가들도 등나라를 주목하여 맹자와 논쟁을 벌이게 되는 것이다. 본 편은 그 기록이다.

"문왕文王, 아사야我師也"를 주공周公의 말로서 풀이하는 견해가 많은데 나는 그런 견해를 취하지 않는다. "명현"이니 "도는 하나다"니 우리가 평소 잘 쓰는 말들이 이 장에서 유래되었다고도 말할 수 있다.

3a-2. 등나라 세자의 아버지인 등정공滕定公께서 승하하시었다. 세자가 자기의 사부인 연우然友에게 일러 말하였다: "일전에 맹자께서 나와 더불어 송나라에서 말씀하시면서 많은 가르침을 주셨습니다. 맹

자의 말씀이 지금까지도 내 마음에 새겨져 종내 잊을 수가 없군요. 그런데 지금 불행하게도 부왕의 상을 당하였으니, 내 생각으로는 그대가 이웃 추나라에 가서 맹자에게 장례에 관한 것을 여러 모로 상담해보는 게 좋겠습니다. 그러고 나서 대상大喪을 치르는 것이 옳을 것 같습니다."

연우는 멀지 않은 추나라로 가서 맹자에게 여쭈었다.

맹자께서 말씀하시었다: "참으로 훌륭한 마음씀씀이로구료! 원래 친부모의 상이란 자식 된 자 스스로의 마음으로 있는 힘을 다하는 것이요(『논어』19-17). 증자가 이렇게 말한 적이 있소: '부모님께서 살아계실 때에 예로써 섬기고, 돌아가시면 예로써 장사지내고 예로써 제사지내면 가히 효를 다한다 말할 수 있다'(『논어』2-5. 공자의 말로서 나온다). 제후의 장례에 관해서는 내가 특별히 배운 것이 별로 없으나, 그렇지만 나는 이와 같이 들었소이다. 반드시 삼년지상을 행하여야 하며(이것은 당시로서는 보편화되지 않은 특별한 공문의 주장이었다), 아주 거친 삼베의 윗도리와 치마를 입으며, 매우 소략한 묽은 죽을 먹습니다. 이러한 상례는 천자로부터 서인에 이르기까지 차별 없이 공통일 뿐 아니라(『논어』17-21.『중용』18장. 공자-자사-맹자로 이어지는 사상의 맥을 읽을 수 있다), 또한 이것은 하·은·주 삼대를 통하여 공통된 법도였습니다. 그러니 이에 따라 등정공의 대상도 치르는 것이 좋겠지요."

연우는 귀국하여 세자에게 복명復命하였다. 그러자 세자는 삼년지상을 치를 것을 결정하였다. 그러나 등나라의 친족 노신老臣들과 문무백관이 모두 이 결정에 반대하여 말하였다: "우리나라의 종국宗國인 노魯나라의 역대군주들도 삼년지상을 실행한 예가 없고("종국"이라는 것은 노나라와 등나라가 모두 주문왕의 아들이 분봉된 나라이다. 노나라가 등나라의 형님격이다), 우리 등나라의 역대선조들도 실행한 사례가 없다. 세자의 세대에 와서 이 조법祖法에 반反하는 행동을 한다는 것은 옳지 않다. 예로부터 내려오는 등나라의 『지志』(무슨 책인지는 잘 모르나 등나라의 역사서일 것이다)에도 이와 같이 쓰여져 있다: '상례와 제례는 선조의 전통을 따른다.' 우리는 천명하노라: '우리는 우리에게 전해 내려오는 예법이 있다.'"
이러한 반대에 봉착한 세자는 사부 연우에게 말하였다: "나는 여태까지 학문하는 것을 좋아하지 않았고 말 달리고 칼 휘두르는 것을 좋아할 뿐이었습니다. 그래서 지금 노대신들과 백관은 나의 평소 인품을 잘 알기에 지금 내가 이 거창한 대례를 치르기에는 역부족이라고 생각하고 있는 게요. 그들은 내가 설령 삼년지상을 배운 대로 실행하려고 해도 과연 그 큰일을 잘 해낼 수 있으리라는 확신이 안 서는 것이요. 그러니 그대는 다시 한 번 추나라에 가서 맹자에게 그 자세한 예법을 배워오는 것이 좋겠습니다."

연우는 다시 추나라에 가서 맹자에게 여쭈었다.

맹자께서 말씀하시었다: "그러하오? 그러나 부모지상이라고 하는 것은 본시 남에게 구하여 될 것이 아니라오. 공자께서 말씀하시었죠: '국군國君이 승하하면, 세자는 일체의 정무政務를 총재冢宰(수상)에게 맡기고,(『논어』14-43), 자신은 죽미음을 마시며, 슬픔으로 얼굴은 검푸른 색을 띠고, 정해진 자리에서 곡을 하면, 백관유사百官有司 모두가 감동하여 애통하지 않을 수 없다. 그것은 세자가 솔선하여 모범을 보이기 때문이다.' 위에 있는 자가 무엇이든지 좋아하여 그 진심을 보이게 되면, 아래 있는 자는 따라서 그것을 더 좋아하게 마련입니다. 군자의 덕은 위에 부는 바람과도 같고, 소인의 덕은 풀과도 같습니다. 풀 위에 부는 바람에 따라 나부끼듯 감화를 받게 마련입니다(『논어』12-19. 이미 당대의 속담처럼 된 말이었을 것이다). 이번 대사는 오직 세자 자신의 마음에 달려있습니다."

연우는 귀국하여 복명하였다. 세자는 말하였다: "바로 그것이다! 이 일은 진실로 나의 결단에 속하는 문제이다!"

세자는 빈소가 차려지는 5개월 동안 움막집에 거하였으며(빈소는 실제 뼈를 묻기 전의 초분과도 같은 것이다. 천자는 7개월, 제후는 5개월, 대부는 3개월로 정해져 있다. 빈殯에서 장葬으로 진행된다. 그 기간 동안만 초옥에 거하는 것이다), 정무에 관한 일체의 명령이나 금령禁令은 관리들에게 발하지 않았다.

백관百官과 족인族人들은 세자의 행동을 훌륭하게 생각하여 그를 일러 참으로 예를 아는 현군이라고 말했다. 그리고 5개월이 지나 참으로 시신을 땅에 묻는 장례를 행할 때에는 소문이 크게 나 사방의 사람들이 구경하러 왔다(당대의 풍습으로 『예기』에 그 사례가 많이 적혀있다). 등나라는 위대한 예의지국처럼 보였던 것이다. 세자의 얼굴에 물든 초췌한 근심의 빛, 그리고 구슬픈 곡의 소리는 조문객 모두의 마음을 깊게 감복시켰던 것이다.

3a-2. 滕定公薨。世子謂然友曰:"昔者孟子嘗與我言於宋, 於心終不忘。今也不幸至於大故, 吾欲使子問於孟子, 然後行事。"然友之鄒, 問於孟子。孟子曰:"不亦善乎! 親喪, 固所自盡也。曾子曰:'生, 事之以禮; 死, 葬之以禮, 祭之以禮, 可謂孝矣。'諸侯之禮, 吾未之學也; 雖然, 吾嘗聞之矣。三年之喪, 齊疏之服, 飦粥之食, 自天子達於庶人, 三代共之。"然友反命, 定爲三年之喪。父兄百官皆不欲, 曰:"吾宗國魯先君莫之行, 吾先君亦莫之行也, 至於子之身而反之, 不可。且志曰:'喪祭從先祖。'曰:'吾有所受之也。'"謂然友曰:"吾他日未嘗學問, 好馳馬試劍。今也父兄百官不我足也, 恐其不能盡於大事, 子爲我問孟子!"然友復之鄒問孟子。孟子曰:"然。不可以他求者也。孔子曰:'君薨, 聽於冢宰。歠粥, 面深墨。卽位而哭, 百官有司, 莫敢不哀, 先之也。'上有好者, 下必有甚焉者矣。君子之德, 風也; 小人之德, 草也。草尙之風, 必偃。是在世子。"然友反命。世子曰:"然。是誠在我。"五月居廬, 未有命戒。百官族人可, 謂曰知。及至葬, 四方來觀之, 顔色之戚, 哭泣之哀, 弔者大悅。

沃案 등나라는 소국이지만 본시 주 문왕의 아들 숙수叔繡가 분봉된

나라이며, 더 거슬러 올라가면 헌원씨軒轅氏의 아들 중에 등이라는 성을 가진 자가 있는데, 그를 시조로 한다. 하여튼 작은 나라이지만 유서 깊은 나라로서, 춘추시대에는 회맹을 할 때에 등滕·설薛·추鄒 세 나라가 반드시 참가했다. 작은 나라이기 때문에 역사에 일일이 기록되지는 않았어도 이들이 참가해야만 회맹의 무게감이 실리는 중요한 나라들이었다. 그러한 유서 깊은 나라의 세자다웁게, 등문공은 그 인품이 매우 훌륭하다. 맹자가 처음 만난 양혜왕은 80객이었고, 제선왕은 대략 50객이었고, 이제 등문공은 20대 후반의 젊은이이다. 따라서 이제 나이를 먹은 맹자의 입장에서는 등문공과의 해후는 매우 신선한 느낌을 주는 것이다. 삼년지상은 공문의 특수한 주장으로서 결코 보편화된 사안이 아니었다. 따라서 등나라에서 그것을 행한다는 것은 보통 일이 아니었다. 그러나 결국 등문공이 많은 리스크에도 불구하고 그것을 결행했다는 것은 그가 얼마나 맹자의 의견을 진지하게 수용했는가 하는 것을 보여주는 동시에 그의 인품의 깊이를 말해준다. 이 등나라의 삼년 국상은 맹자 및 공문孔門으로서는 자신들의 주장이 관철되는 위대한 승리의 사건이었다. 전국시대의 공리주의적 분위기에서 이것은 너무도 이례적인 사건이었던 것이다. 그리고 등나라 또한 이러한 사건을 통하여 예의지국임을 만방에 알리는 좋은 기회가 되었을 뿐 아니라, 젊은 등문공은 국군으로서 국내의 카리스마를 장악하는 결정적 계기가 되었다. 맹자는 도의를 명분으로 내걸었지만 실제로 등문공을 키워주기 위하여 이러한 계책을 제안했다고도 볼 수 있다.

3a-3. 등나라의 문공은 정식으로 즉위한 후에 예를 두텁게 하여 맹자를 초빙하였기에 맹자는 등나라로 갔다. 등문공이 나라를 다스리는 법에 관하여 물었다.

맹자께서 말씀하시었다: "백성의 생업에 관한 일은(당대에는 농사農事일 수밖에 없었다) 느긋하게 생각할 수 있는 문제가 아닙니다. 시급한 개혁이 필요합니다. 시詩(『시경』 빈풍豳風 「칠월七月」)에 농사일이 얼마나 긴박하게 돌아가는지를 말해주는 이런 노래가 있습니다: '낮이면 들에 나가 띠풀을 베어오고, 밤이면 집에서 새끼를 꼬아, 빨리 지붕을 해 이어야, 내년에 비로소 다시 백곡을 파종할 수 있도다.' 백성들이 살아가는 방법에는 일정한 경향성이 있습니다. 항산恒産이 있는 자는 항심恒心이 있으나, 항산이 없는 자는 항심 또한 없습니다. 항심이 없게 되면 방탕해지고 편벽해지고 사악해지고 사치스럽게 되어 못하는 짓이 없게 됩니다. 이렇게 되어 국민이 죄의 구렁텅이에 빠진 연후에나 비로소 죄질에 따라 형벌을 가한다면, 이것은 국민이 죄를 범하도록 기다렸다가 그물질하는 셈이니, 인仁을 구현해야만 하는 사람이 군주의 지위에 있으면서 자기 백성을 그물질한다는 것이 있을 법한 얘기이겠습니까? 그러므로 현군賢君은 반드시 공손하고 검약하여 거만하지 아니 하고 모든 아랫사람들을 예로 대하며, 인민에게서 세금을 취하는 것도 매우 절도 있는 제도에 따라 해야 합니다. 공자와 동시대의 노나라 사상가인 양호陽虎(공문에서는 양호를 낮게 평가하는 경향이 있으나, 공자의 평생 라이벌로서, 높은 교양을 가진 인물이었다. 맹자는 양호에 대한 편견이 없는 듯이 보인다. 양화陽貨는 동일인물)는 이렇게 말했지요: '부를 얻으려고 발버둥치는 자는 인仁하지 못하고, 인仁을 실천하는 자는 부를 얻기 어렵다.' 이제, 하·은·주 삼대의 조세제도에 관하여 한번 알아보기로 합시다. 하나라의 경우는 한 세대당 50묘畝(주나라에서는 1묘의 한 변이 100보步 정도. 우리나라에서는 1묘=30평. 역사적으로 일정치 않다)의 전지를 주고 공貢이라는 세법稅法을 행하였고, 은나라의 경우는 한 세대당 70묘를 주고 조助라는 세법을 행하였고, 주나라의 경우는 한 세대당 100묘를 주고 철徹이라는 세법을 행하였습니다. 이와 같이 3대의 세법은 공·조·

철이라 하여 그 토지면적과 이름이 다르기는 하지만 그 실내용인즉슨 모두 동일하게 소출의 10분의 1을 조세로 거두어간 것입니다. '철徹'이라는 것은 문자 그대로 철수(수거)한다는 뜻인데, 이것은 사전私田의 매년 그때그때의 수확고收穫高에 따라 유동적으로 세금을 거둔다는 뜻입니다. 그리고 '조助'라는 것은 빌린다는 뜻이니 이것은 공전公田을 인민의 힘을 빌어 수확한다는 뜻입니다. 옛 현인 용자龍子(『상서대전尙書大傳』 「보형甫刑」편에 나오는 "자룡자子龍子"라는 사람과 동일인일 것이다)가 이런 말을 한 적이 있습니다: '토지를 다스리는 데는 공전을 수확해 가는 조助의 세법이 가장 좋고, 공貢의 세법이 가장 나쁘다.' 저는 이 말에 적극 찬동합니다. 공·조·철, 이 세 가지 세법 중에서 하나라의 세법인 공貢은 여러 해의 수확을 평균하여 고정적인 양을 획일적으로 적용하는 10분의 1 조세입니다. 그러니까 같은 10분의 1이라고는 하지만 인민에게 피해를 줄 때가 많습니다. 풍년에는 낟알이 낭자할 정도로 많이 쌓여 많이 징수해가도 가학苛虐하다 생각치 않을 텐데 오히려 적게 징수해가고, 흉년에는 그 밭에 비료를 주어 공을 들여도 한 가족 입에 풀칠할 것도 모자라는 판인데 반드시 세액 정량을 다 채워 징수해 갑니다. 일국의 군주는 백성의 부모라고 불리는 사람인데 백성들이 악착같이 쉬지도 못하고 일년 내내 쐬빠지게 일해도 자기 부모조차 공양할 수가 없게 만들고, 게다가 나라가 구제책을 쓰는 것은 좋으나 그것을 빌미로 더 많은 이자를 붙여서 갈취해가니 백성들의 삶은 점점 힘들어지고 급기야는 노인과 어린아이들의 시체가 도랑과 계곡에서 뒹굴고 있으니 도대체 어디에 군주의 백성 부모됨이 있다 말할 것입니까?

　문왕의 정치업적으로 꼽히는 것으로 관리들이 일정한 녹祿을 세습하는 세록世祿과 정전井田의 조법助法이 있습니다만, 등나라에서는 세록만을 행하고 있고 정전의 조법을 행하고 있지 않습니다. 시詩(『시경』 소아小雅 북산지십北山之什 「대전大田」)에 이런 노래가 있습니다: '우리 공전公田에 비를 먼저 내려주소서. 그리하여 마침내 우리 사전私田에도 미치게 하소서.' 이 노래는 분명 주나라의 노래입니다. 앞서 주나라는 철법徹法을 썼다고 했습니다만 이 노래 속에 공전公田이 언급되어 있는 것을 보면 주나라도 정전제도의 조법助法이 병용되고 있었다는 것이 입증됩니다. 이로 미루어 보면, 주나라 역시 조법을 썼으므로 등나라에서도 정전의 조법의 유연한 제도를 활용하여 민중의 삶을 편안케 하는 것이 좋겠지요.

다음으로 간요肝要한 것은 교육정책입니다. 상庠·서序·학교學校와 같은 서민교육을 위한 지방학교를 세워 인민대중을 가르쳐야 합니다. 상庠이라는 것은 교양을 기른다, 어른을 봉양한다는 의미가 들어있습니다. 교校라는 것은 가르쳐 바로잡는다는 의미입니다. 서序라는 것은 활쏘기를 통해 서열을 매겨 인재를 발탁한다는 의미가 들어있습니다. 하나라 때에는 교校라 말했고, 은나라 때는 서序라 말했고, 주나라 때에는 상庠이라 말했습니다. 교·서·상이 제각기 이름은 다릅니다만 배우는 곳이라는 의미에서는 하·은·주 삼대가 공통됩니다. 그 배우는 내용인즉슨 사람의 도리인 인륜人倫을 밝히는 것입니다("학學"을 서민교육과 대비되는 귀족자제를 가르치는 국학國學[태학太學]으로 보는 주희의 견해를 취하지 않는다. 전체맥락이 어디까지나 서민대중교육에 관한 것이다). 이와 같이 위에 있는 사람들이 교육의 힘에 의하여 인간의 바른 도리인 인륜을 밝혀나가면, 아래에 있는 서민들이 서로 친밀감을 느끼게 되어 나라가 안정되고 단결하게 되는 것입니다. 천하를 통일하려는 왕자王者가 흥기한다 해도 반드시 등나라에 와서 이러한 사회질서의 법도를 배우려고 할 것이니, 등문공께서는 왕자의 사표가 되시는 것입니다(등나라는 왕도의 모범이 될 것입니다. 沃案: 등나라 자체로써 천하통일의 주체가 될 수 있다는 말을 하지 않고 "왕자사王者師"라고 말한 것은 등나라 같은 소국의 현실적 기능을 현명하게 지적한 것이다).

시詩(『시경』 대아 「문왕文王」)에 이런 노래가 있습니다: '주나라는 비록 오래된 나라이지만 그 천명은 날로 새롭도다.' 이것은 문왕을 찬양한 노래이지만, 그대가 만약 내가 말한 도(주로 경제정책과 교육정책)를 힘써 실천한다면, 그대는 등나라의 국운을 일신一新케 하는 대업을 달성할 수 있을 것이오."

등문공은 이 맹자의 말씀을 듣고 돌아갔다. 그리고 얼마 있다가 그의 총애하는 신하 필전畢戰을 다시 맹자에게 보내어 정전제도에 관해 상세히 묻도록 했다(沃案: 사실 여기서부터 독립된 하나의 장일 수도 있다).

맹자께서 말씀하시었다: "그대의 군주가 지금 인정仁政을 실천하고자 하는 의욕에 차서, 그 많은 신하들 중에 특별히 자네를 선발하여 자네에게 소임을 맡겼으니, 그대는 반드시 힘써 임무를 수행하도록 하라! 대저 인정仁政이라고 하는 것은 반드시 전지田地의 경계境界를 바로잡는 것으로부터 시작되는 것이다. 경계가 바르지 아니 하면 정전井田의 균등한 구획도 망가지고 관리官吏들의 봉록도 공평하게 되지 아니 한다. 그러므로 폭군이나 탐관오리들은 반드시 전지의 균등한 구획을 망가뜨려 사리사욕을 취하려고 하는 것이다. 경계가 바로잡히면 인민에게 토지를 균등하게 배분하고 토지로부터 얻어지는 관리들의 봉록을 조절하는 것이 별 어려움이 없이 스스로 결정된다. 등나라는 토지가 협소한 작은 나라이지만, 이 나라 안에는 다스리는 일만에 종사하는 지배계급의 군자君子도 있고 또 동시에 생업에 종사하는 피지배계급의 야인野人도 공존하고 있다. 군자가 없으면 야인을 다스릴 수 없고, 야인이 없으면 군자를 먹여살릴 수가 없다. 이러한 정황을 전제로 한 나의 제안은 이러하다. 수도에서 멀리 떨어진 너른 들은 900묘의 정전을 구획 짓기가 수월하다. 이것은 9등분 하여 각 호가 100묘씩을 경작하고 가운데 공전公田 하나만 공동경작하여 조법助法으로 내면 된다. 조법은 담당관리가 있다. 그러나 성안의 좁은 들이나 수도에 근접한 땅들은 정전의 구획이 실제적으로 불가능하므로 한 가호당 100묘씩 분배하여 그 수확량의 10분의 1을 철법徹法으로 경작자들이 각자 스스로 내도록 하게 한다. 그리고 경卿 이하 대부·사에 이르기까지 지배층의 사람들에게는 세록世祿 이외로, 정전과 무관하게 특별구획된 땅을 제사비용으로 50묘를 지급하는데 이것을 규전圭田이라고 한다. 이 규전은 세금이 면제된다. 그리고 귀족자제로서 지위를 계승하지 못한 여부餘夫(우리나라로 치면 향반鄕班 비슷한 것)에게도 25묘짜리 규전을 지급한다. 이 규전도 세금이 면제된다. 이렇게 되면 관민官民 모든 사람을 골고루 대접하는 것이며 서민들에게도 최소한의 세율을 적용하는 것이다. 이렇게 되면 인민들이 등나라 땅에 대한 애착이 생겨서, 집안의 동량 같은 사람이 죽어 장사를 지내거나, 이사를 가야하는 형편이 생겨도 자기의 본향을 떠나는 법이 없고, 향리의 땅은 모두 정전제도 속에서 8가호 공동체로서 묶여지며, 해가 떠서 밭에 나아갈 때, 해가 져서 귀가할 때 서로 친구가 되어 줄지어 출입하고, 도적을 방비하고 망보는 것도 상조체계를 갖추고, 질병에도 서로 돕게 된다. 이렇게 되면 한 향의 전체백성들이 서로 한 몸이 되어 친목하게 되는 것이다. 정전제를 다시 한 번 정리하여 보자! 정전이라는 것은 일리사방一里四方을 우물 정 자로 구획 짓는 것이며 한 정이 900묘가 되는데, 그 가운데 100묘가 공전公田이 되는 것이다. 그러면 8가호가 모두 사전私田 100묘씩을 경작하고, 가운데 공전은 공동경작하여 나라에 바치는 것이다. 공전의 농사를 우선으로 하고 그 후에 사전의 농사를 짓게 한다. 이것은 군자君子와 야인野人 사이에 최소한의 상하질서 감각을 주기 위한 것이다. 이것이 내가 말하는 정전제도의 대략大略이다. 이러한 제도를 가감하여 현실에 맞게 윤택潤澤하게 적용하는 것은, 곧 등문공과 신하인 그대의 책임에 속하는 것이다."

3a-3. 滕文公問爲國。孟子曰:"民事不可緩也。詩云:'晝爾于茅, 宵爾索綯。亟其乘屋, 其始播百穀。'民之爲道也, 有恆産者有恆心, 無恆産者無恆心。苟無恆心, 放辟邪侈, 無不爲已。及陷乎罪, 然後從而刑之, 是罔民也。焉有仁人在位罔民而可爲也? 是故賢君必恭儉禮下, 取於民有制。陽虎曰:'爲富不仁矣, 爲仁不富矣。'夏后氏五十而貢, 殷人七十而助, 周人百畝而徹, 其實皆什一也。徹者, 徹也; 助者, 籍也。龍子曰:'治地莫善於助, 莫不善於貢。'貢者, 校數歲之中以爲常。樂歲, 粒米狼戾, 多取之而不爲虐, 則寡取之; 凶年, 糞其田而不足, 則必取盈焉。爲民父母, 使民盻盻然, 將終歲勤動, 不得以養其父母, 又稱貸而益之, 使老稚轉乎溝壑, 惡在其爲民父母也? 夫世祿, 滕固行之矣。詩云:'雨我公田, 遂及我私。'惟助爲有公田。由此觀之, 雖周亦助也。設爲庠序學校以敎之。庠者, 養也; 校者, 敎也; 序者, 射也。夏曰校, 殷曰序, 周曰庠。學則三代共之, 皆所以明人倫也。人倫明於上, 小民親於下。有王者起, 必來取法, 是爲王者師也。詩云:'周雖舊邦, 其命惟新。'文王之謂也。子力行之, 亦以新子之國!"使畢戰問井地。孟子曰:"子之君將行仁政, 選擇而使子, 子必勉之! 夫仁政, 必自經界始。經界不正, 井地不鈞, 穀祿不平, 是故暴君汙吏必慢其經界。經界旣正, 分田制祿可坐而定也。夫滕, 壤地褊小, 將爲君子焉, 將爲野人焉。無君子, 莫治野人; 無野人, 莫養君子。請野九一而助, 國中什一使自賦。卿以下必有圭田, 圭田五十畝。餘夫二十五畝。死徙無出鄕, 鄕田同井, 出入相友, 守望相助, 疾病相扶持, 則百姓親睦。方里而井, 井九百畝, 其中爲公田。八家皆私百畝, 同養公田。公事畢, 然後敢治私事, 所以別野人也。此其大略也。若夫潤澤之, 則在君與子矣。"

沃案 역사적으로 실제적으로 정전제도가 있었던 것일까? 이러한 모든 제도에 대한 역사학적인 탐구, 학자들의 갑론을박은 전적으로 무의미한 것이다. 맹자가 이런 발상을 한 그 근본에는 역사적 사례가 분명히 있었

을 것이지만 여기서 피력하는 맹자의 견해는 맹자가 재구성한 그의 현실처방일 뿐이며, 그것이 역사적인 모범이 있었기 때문에 실행해야 한다는 복고적 주장을 일삼고 있는 것은 아니다. 더구나 맹자의 생각은 정전井田이라는 경직된 획일적 토지세제 운영을 말하는 것이 아니다. 그것은 어디까지나 하나의 원칙이며, 그 원칙의 현실적 적용에 있어서는 무한한 가변적 함수가 있을 수 있다는 것을 매우 자상하고 설득력 있게 피력하고 있다. 정전은 역사적 픽션이 아닌 현실국가경제, 즉 경세제민의 방법론이다. 그 원칙은 무엇인가?

그것은 요즈음 말로 한다면 일종의 집단농장체제이며 상부상조의 복지체계이다. 그리고 재미있는 것은 토지의 균등분배와 사유를 허용한다는 것이다. 다시 말해서 정도전이 꿈꾸었던 "경자유전耕者有田"의 자작농의 유토피아를 피력하고 있는 것이다. 그리고 일체의 과도한 착취를 없앤다는 것이다. 공전의 경작이 9분의 1의 조세助稅에 해당된다고 말하지만 실제로는 9분의 1도 되지 않는다. 자기 땅을 온전히 가지고 있고 여분의 노동력을 공전에 투입하면 되기 때문에 농민에 대한 징세는 실제로 최소한의 범위에 머무르는 것이다. 여기에 깔린 것은 약자에 대한 배려이다. 풍·흉에 따라 공전의 수확도 결정되므로 획일적 징세가 없게 되는 것이다. 시중時中의 논리가 적용되고 있는 것이다. 10분의 1인 철徹이나 9분의 1인 조助나, 우리나라의 소작농이 50%를 뜯기는 현실에 비하면, 말할 수 없이 후한 제도라고 할 수 있다. 고려 말을 예로 든다면, 자작농의 경우 10%의 조세가 있었지만, 관리들이 수조권을 직접 행사하게 되어 있었고 그 수조권이 관리의 전직轉職과 무관하게 계속되었고 세습되었다. 그렇게 되면 한 땅에 수조권을 행사하는 지배계급이 7·8인이 되는 경우도 많았다. 그렇다면 농민은 1년 내내 농사짓고 수확물의 7·80%를 다 빼앗기는 처참한 상황이 된다. 정도전은 『맹자』를 읽고 토지공개념과 계민수전計民授田의 균산주의均産主義의 혁명적 발상을 하게 된다. 조준趙浚, 1346~1405은 수조권만을 없애자고 주장했으나 정도전은 모든 토지를 국가가 몰수하여 실제로 경작하는 사람들에게 균분하여 모든 농민을 자영농으로 만들려고 했던 것이다. 이 정도전의 발상이 얼마나 극렬한 반대에 봉착했는지는 여기 그 시말을 상술할 것까지도 없다. 이 정도전의 발상은 김일성시대에 내려와서 북한에서 비로소 구현되었다고도 말할 수 있지만, 그들이 선군先軍정치를 내걸고 토지의 사적 소유와 다양한 인센티브제도를 허락하지 않음으로써, 그리고 이데올로기적 경직성의 질곡에 빠져 또다시 국민을 기아로 휘몬 것은 참으로 유감스러운 일이라 아니할 수 없다.

맹자의 정전의 구상은 오늘날에도 그대로 적용될 수 있는 약자보호의 사상이며, 평등주의적 분배의 사상이다. 뿐만 아니라 그의 구상은 하부구조에 머무르는 것이 아니라 대중교육이라는 상부구조의 도덕질서에까지 평등주의적 사고를 하고 있다는 측면에서 높게 평가되어야 할 것이다. 항산과 항심은 동시적 교육의 대상이라는 것이다. 항산도 교육되어야 하며, 항심도 교육되어야 한다.

3a-4. 젊고 패기 있고 공손한 등문공은 맹자의 정전법 등 인정仁政의 구상을 등나라 운영에 실행하여 상당한 효과를 보았다. 단기간 내에 나라가 안정되고 인민의 삶이 풍요로워졌으며 도덕적 모범이 되었다. 그래서 타국에서 등나라로 사람들이 몰려들기 시작하였다.

농사의 신神인 신농神農의 가르침을 존숭하는 허행許行이라는 사상가가 있었다(복희伏羲·신농神農·수인燧人을 삼황三皇이라 한다. 전국시대의 사상가들은 맹자가 요·순을 업듯이, 고대의 설화상의 인물을 업었다. 허행은 맹자보다 더 높게 올라가 신농을 업은 것이다. 전국시대 전란이 계속되자 사람들이 농경을 게을리하는 풍조가 생겨났다. 농가農家는 이런 풍조를 경계하면서 농업의 중요성을 강조한다.『여씨춘추』「애류愛類」편에 보면 "신농지교神農之敎"가 나오고 있는데, 신농 본인이 스스로 농사를 지었고 그의 부인도 스스로 길쌈을 했다고 적혀있다. 친경親耕·친적親績의 사상인데, 여기 허행의 주장과 일치한다. 허행許行은『맹자』이외의 문헌에 나오지 않는다. 그래서 상고할 길이 없다. 혹자는 묵가학파의 거장 금활희禽滑釐와 동일인물이라고 비정하지만 별 신빙성이 없다). 허행은 초나라에서 등나라로 왔다. 등문공이 살고있는 대궐의 문 앞에까지 와서 문공에게 고하여 말하였다: "저는 원방遠方으로부터 온 사람이올시다. 임금님께서 인정仁政을 행하신다는 것을 듣고 이렇게 찾아왔나이다. 원컨대 밭 한 떼기라도 얻어 당신의 백성이 되고자 하나이다."

문공은 그에게 살 곳을 마련해주었다. 그가 데려온 도당은 수십 명이 되었는데, 모두 거친 갈포를 입었고, 볏짚으로 짚세기를 삼고, 멍석을 짜서 생활비를 마련했다.

또 초나라 사람으로 일찍이 유도儒道를 흠모하여 노나라의 공문孔門에 와서 공자의 가르침을 배우고 다시 초나라에 가서 일가一家를 이룬 진량陳良이라는 유자儒者가 있었다. 그 진량의 제자인 진상陳相과 그의 동생 진신陳辛이 쟁기와 보습을 걸머메고 송宋나라에서 등나라로 왔다. 그리고 등문공께 아뢰었다: "임금님께서는 성인의 정치聖人之政을 행하신다고 들었사옵나이다. 성인의 정치를 행하시는 임금님이야말로 성인이 아니시고 무엇이겠나이까? 원컨대 성인의 백성이 되고자 하나이다."

이렇게 해서 등나라에 온 진상陳相은 때마침 등나라에 먼저 정착한 허행許行을 만나자 너무도 기뻐, 그의 학설에 홀딱 반하고 말았다. 그래서 자신의 정통유학의 배움을 다 내팽개쳐버리고 허행을 따라 다시 배웠다. 진상은 맹자를 만나자, 농가農家 허행의 학설에 관하여 잔뚝 노가리를 풀면서 다음과 같이 말하였다: "등문공은 참으로 현군賢君이시옵니다. 그렇지만 애석하게도 등문공께서는 신농씨神農氏의 위대한 가르침을 아직 접하지 못했습니다. 등문공과 같은 현군이시라면 반드시 백성과 더불어 같이 밭을 갈아 생계를 만들며, 아침저녁으로 손수 밥을 지어 식사를 하시면서 또한 정치를 행하셔야 하는 것입니다. 그런데 지금 등나라에는 곡식창고와 재화의 부고府庫가 따로 있습니다. 이것은 곧 백성을 착취하여 자기를 불리는 꼴이올시다. 이러하니 어찌 현군이라 말할 수 있겠나이까?"

맹자는 진상의 구라에 기가 찼다. 그러나 태연하게 물었다: "너희 허 선생은 반드시 자기자신이 파종한 쌀로써만 밥을 지어 먹느냐?"

진상은 말한다: "그렇소이다."

"그렇다면 너희 허 선생은 반드시 자기가 짠 포목으로만 옷을 손수 지어 입느냐?"

진상은 말한다: "아니올시다. 허 선생께서는 아주 소략한 아무 갈포나 걸치시옵니다."

"너희 허 선생은 관을 쓰느냐?"

"네. 관을 쓰시옵니다."

"무슨 관을 쓰느냐?"

"아무 장식이 없는 흰 비단의 관입니다."

"그럼 그 흰 비단을 손수 짜느냐?"

"아니올시다. 수확한 곡식을 내다가 흰 비단과 바꿔옵니다."

"너희 허 선생은 왜 그 흰 비단을 손수 짜지 않느냐?"

"그런 것까지 다 하려면 경작할 시간이 없습니다. 경작에 방해가 되는 그런 짓은 하지 않습니다."

"좋다. 그런데 너희 허 선생은 가마솥이나 도기그릇에 밥을 지어 잡숫고, 호미나 쟁기 같은 철기구로 밭을 갈지 아니 하느뇨?"

"그렇습니다."
"가마솥이나 도기그릇, 호미나 쟁기를 모두 손수 만드시는가?"
"아닙니다. 곡식으로 바꾸어 오지요."

맹자께서는 곧이어 말씀하시었다: "곡식으로 농기구를 바꿔온다고 해서 대장간 사람들을 괴롭히는 것은 아니다. 또 대장간 사람들이 농기구를 곡식과 바꾼다고 하는 것이 어찌 농부를 괴롭히는 일일 수 있겠는가? 그런데 너희 허 선생은 왜 대장장이 일은 손수 하지 않느냐? 왜 자기 집에서 다 만들어서 쓰지 않고, 구차스럽게 온갖 공인工人들과 교역交易하는 수고를 하느냐? 너희 위대한 허 선생 정도라면 교역하는 일도 귀찮다고 생각하지 않겠느뇨?"

"백공의 일百工之事은 전문적인 일들이라서 농사지으면서 곁다리로 틈틈이 할 수 있는 성격의 일들이 아닙니다."

맹자께서 말씀하시었다: "좋다! 너희들의 말대로라면, 어찌하여 천하를 다스리는 대업만이 농사를 지으면서 곁다리로 틈틈이 할 수 있는 일이라고 말하는 게냐? 이 세상은 어차피 기능에 따른 분업이 없을 수 없다. 이 세상에는 대인大人(다스리는 위位를 가진 자)의 일이 있는가 하면, 소인小人(생업에 종사하는 자)의 일이 같이 있을 수밖에 없다. 또한 한 인간의 삶을 가지고 말해 보아도, 그 몸을 유지하는 데 쓰여지는 것은 백공百工이 만드는 모든 것이 다 구비되어야 하는 것이다. 그런데 이것을 모든 인간이 스스로 다 만들어 써야만 한다고 한다면, 이것은 천하사람들을 모두 길거리에서 분주하게 뛰어다니게 하여, 피폐하게 만드는 꼴밖에 되지 않는다. 그래서 말하는 명언이 있다: 노심勞心(정신노동)이 있으면 노력勞力(육체노동) 또한 있게 마련이다. 노심자는 사람들을 다스리는 역할을 하고, 노력자는 사람에게 다스려짐으로써 삶의 질서를 유지한다. 그러기에 사람에게 다스려지는 사람들은 생업에 종사하여 사람을 먹여살리고, 사람을 다스리는 자들은 사람에게 먹여진다(생계수단을 제공받는다). 이것은 천하天下의 통의通義(보편적 질서원칙)이다.

요임금의 시대를 이상향처럼 생각하지만, 실제로는 천하가 아직 평온하게 자리를 잡지 못한 미개한 시대였다. 끄떡하면 홍수가 사람 사는 곳으로 횡류橫流하여 천하가 다 범람하기 일쑤였고, 초목이 너무 많이 자라 사람 살기가 힘들 정도로 무성하여, 무서운 맹금·맹수가 번식하였고, 오히려 가장 중요한 생계의 수단인 오곡五穀은 잘 여물지 않는데 금수는 인간의 삶을 핍박하고 위해를 가하였다. 맹수의 발굽과 맹금의 발자국이 왕이 사는 도읍지 한가운데를 휘덮고 있었다. 요임금은 홀로 이런 지경을 근심하여(獨憂之), 순舜과 같은 특출난 인재를 발탁하여 이러한 문제를 총체적으로 다스리게 명하였던 것이다. 순은 자신의 명철한 신하인 익益(「만장」상6. 우禹와 쌍벽을 이루는 순임금의 신하)으로 하여금 불을 활용하도록 하였다. 이 난국을 타개하는 데 불처럼 효율적인 것이 없었다. 이에 익益은 산과 늪지의 초목에 불을 지펴 확 태워버리니, 금수가 도망가 숨어버려 문명의 세계가 안정되기 시작하였다. 다음에는 물을 관리하는 난제가 있었다. 이에 순은 또 하나의 명신하인 우禹로 하여금 황하의 지류 아홉 갈래를 소통시켜 수위를 조절케 하였다. 제수濟水(하남성 제원현濟源縣 서西 왕옥산王屋山에서 발원하여 그 고도故道는 원래 황하를 지나 남하하여 산동성으로 동류하여 황하와 더불어 같이 평행하여 바다로 들어 갔던 강이다. 지금은 하류가 황하에 의해 점령당했고 그 발원처만 남아있다)와 탑수漯水(옛날에 탑수는 산동성 조성현朝城縣 경계에서 발원했던 강인데 송대에 황하를 상호商胡에서 결구決口 시키면서 조성의 흐름은 절류絶流되었다)를 준설하여 그 물이 황해로 흘러들어가게 만들고, 여수汝水와 한수漢水의 물길을 터서 잘 흐르게 하였고, 회수淮水와 사수泗水를 준설하고 제방을 쌓아 그 물이 양자강으로 흘러들어 가도록 만들었다. 이런 대 치수사업이 완성된 연후에나 홍수의 위험이 사라지고 오곡이 잘 영글어 중원의 땅이 문명생활이 안정되고 사람이 생계를 유지할 수 있게 되었다. 이런 치수사업이 한창일 때 우禹는 8년 동안이나 정강이에 털이 날 틈도 없이 밖을 쏘아다녔다. 자기의 사랑하는 가족이 있는 집 문 앞을 세 번이나 지나가게 되었는데 한 번도 집안으로 들어가질 않았다. 이렇게 인민을 위하여 큰 정치를 행하는 사람들이 아무리 개인적으로는 밭 갈면서 살고 싶다고 간원한들, 과연 너희 선생처럼 밭 갈고 살 수가 있겠느냐?

순의 또 하나의 신하 후직后稷(이름을 기棄라고 하는데 주周나라의 시조로 꼽힌다. 요임금 시대의 농사農師였다)은 백성들에게 농사짓는 법을 가르쳤고, 오곡五穀을 심어 잘 자라도록 만들었다. 그러자 오곡이 잘 영글었고 인민들은 배고플 걱정 없이 건강하게 잘 자라났다. 그러나 인간이라고 하는 것은 어쩔 수 없는 경향성이 있다. 배부르고 옷을 따스하게 입고, 편하게 살기만 하고 사람됨의 도덕교육을 받지 못하면 곧 금수처럼 되어버리고 마는 것이다. 그래서 성인께서도 더 한층 이런 면을 걱정하셔서, 설契(순의 명신하. 은나라의 시조)을 명하여 사도司徒의 관官(인민교육을 담당하는 관)으로 삼으셔서 사람이 사람된 도리(인륜人倫)를 가르치도록 하시었다. 부자는 친근감이 있게 되었고, 군신은 정의감이 있게 되었고, 부부는 구별감이 있게 되었고, 장유는 질서감이 있게 되었고, 붕우는 신뢰감이 있게 되었다. 방훈放勳(요임금의 칭호)은 말씀하시었다: '우리 인민들을 잘 독려하자! 그들을 광정케 하여 곧게 만들고, 보익하여 충분한 도움을 주고, 그리하여 스스로 깨닫게 하자! 그런 연후에나 곤궁한 자들을 진휼하고 백성들에게 은혜를 베풀어야 한다.' 성인이 인민을 우려함이 이토록 간곡하고 깊은 뜻이 있었으니, 언제 틈나는 대로 한가히 밭을 갈고 있을까보냐?

요임금께서는 순舜과 같은 위대한 신하를 얻지 못해 나라를 잘 다스리지 못하게 되는 것만을 자신의 근심으로 삼으셨고, 순임금께서는 우禹나 고요皐陶(순임금 시절의 사법장관)와 같은 위대한 신하를 얻지 못해 나라를 잘 다스리지 못하게 되는 것만을 자신의 근심으로 삼으셨다. 그러나 농부라는 것은 겨우 백묘의 땅이 잘 다스려지지 않을 것만을 자기 근심으로 삼는 사람들이다. 정치는 이와는 다르다. 사람들에게 재화를 골고루 분배하는 것을 혜惠라 말하고, 사람들에게 무엇이 선행인지를 가르치는 것을 충忠이라 일컫고, 천하를 위하여 인재를 얻는 것을 인仁이라 일컫는다. 이 세 가지 중에서 앞의 혜惠와 충忠은 오히려 쉬울 수도 있는 것이나 인仁은 진실로 어려운 것이다. 그러므로 천하 인민들에게 베푼다는 것("천하를 선양하는 것"이라는 해석도 있으나 취하지 않는다)은 오히려 쉬울 수 있으나, 천하를 위하여 인재를 얻는다는 것은 진실로 어려운 것이다. 공자께서 이렇게 말씀하시었다: '아~ 크시도다! 요의 임금되심이여! 하느님만이 그토록 크시거늘, 요임금만이 그 하느님의 크심을 본받았다. 그 성덕이 너무 탕탕하여 백성들이 무어라 형용할 말을 찾지 못한다! 아~ 위대하도다! 순의 임금되심이여! 그 덕성은 드높고도 또 드높도다. 천하를 지배하시면서도 천하를 소유함이 없이 위대한 신하들에게 맡길 줄 알았다.'(『논어』8-18, 8-19에 비슷한 말이 있다). 요임금·순임금께서 천하를 다스리심에 어찌하여 그 우려하심이 없었을까보냐? 천하를 우려하시는 분이 어찌 단지 손수 밭가는 데만 마음을 쓰실 수 있단 말인가!

나는 문명을 가지고 야만을 개변시킨다는 소리는 들었어도, 야만을 가지고 문명을 개변시킨다는 소리는 들어본 적이 없다(당시 관념으로는 추·노·등·제 지역은 문명이었고, 초는 야만이었다). 그대의 선생, 진량陳良은 남만南蠻의 땅인 초楚나라에서 태어났지만, 주공周公과 중니仲尼의 도를 흠모하여 북으로 와서 천하의 중앙인 추로 지역에 와서 제대로 배웠다(여기 "북학北學"이라는 표현에서 우리나라 조선 후기의 "북학파"라는 말이 유래됨). 북방北方의 학자들도 그를 뛰어넘는 자가 거의 없을 정도로 뛰어난 인물이었다. 그대의 선생은 이른바 호걸지사豪傑之士였던 것이다.

자네 형제 둘이서 이 선생님께 배운 지가 수십 년, 이제 선생님께서 돌아가셨다고 그를 배반하여 허행에게 따라붙다니!

　예전에 공자께서 세상을 뜨시자, 문인들은 모두 당시로서는 예외적이었던 삼년상을 복服하였다. 삼년상이 끝나자 각자 자기 물건을 챙겨 집으로 돌아가려 하였다. 이때 대선배인 자공의 방으로 들어가 절을 했는데, 서로를 향해 슬픔이 북받쳐 통곡을 하였다. 울다울다 목이 다 쉰 후에야 각자 자기 집으로 돌아갔다. 자공은 쓸쓸하게 혼자 남게 되었지만, 다시 묘지로 돌아가 그곳에 움막을 틀고, 홀로 거하기를 삼년을 더하였다. 결국 6년의 상을 치른 후에나 집으로 돌아갔던 것이다. 공자를 사모하는 정이 이토록 지극했던 것이다. 이후에 자하子夏·자장子張·자유子游 등 외면적 사유가 짙은 이들은 스승 공자를 사모한 나머지, 같은 문인의 한 사람으로서 용모나 말소리가 선사先師와 아주 비슷한 유약有若을 공자 모시듯이 모시고자 하여, 강력히 증자에게 동의를 구하고자 하였다. 그러나 증자는 단호하게 반대하면서 말하였다: '안될 말이요! 우리 선생의 고귀한 인품, 양자강과 한수漢水의 물을 다 흘려 빨아, 청명한 가을의 폭양으로 말려도 더 이상 깨끗할 수 없는 하이얗고도 또 하이얀, 그 위에 더할 수 없는 그 인품에 누가 감히 비교될 수 있단 말이요!'

　지금 남만南蠻의 떼까치처럼 꽥꽥대는 허행이라는 자가 선왕지도先王之道를 비난하고 있는데, 그대가 그대의 훌륭한 스승의 가르침을 배반하고 허행에게 따라붙는다는 것은 진실로 증자의 충성스러운 마음과는 너무도 현격한 차이가 있다. 미물인 새들도 어둡고 음습한 유곡을 벗어나 저 우뚝 솟은 교목의 우듬지에 둥지를 튼다는 소리는 들어본 적이 있어도, 높은 언덕 교목의 우듬지 둥지를 벗어나 어둡고 음습한 유곡으로 내려간다는 소리는 들어본 적이 없다. 노송魯頌(『시경』 노송 「비궁閟宮」)에도 이런 가사가 있다: '아무리 깨우쳐도 깨닫지 못하는 서쪽의 오랑캐 융戎과 북쪽의 오랑캐 적狄을 이제 쳐부수 노라. 남쪽의 야만국 초楚나라와 그의 동맹국 서舒나라를 이제 징벌하노라.' 이 가사로 보아도 위대한 주공周公조차도 가르쳐도 가르쳐도 알아듣지 못하는 야만국 초楚나라를 징벌하였다는 것을 알 수 있다. 그런데 그대가 이제 와서 초나라의 똘마니에게 붙어 배운다는 것은, 야만에게 개변당하는 것이며 야만을 개변하는 정당한 일이 아니다."

이에 진상陳相은 끈덕지게 자신의 입장을 변호하면서 말하였다: "우리 허 선생님의 가르침에 의하면, 인민들의 삶의 핵심을 이루는 시장의 가격이 일정하게 되어 에누리나 과장이 없어져서, 나라 전체에 속임수가 없어집니다. 오척의 동자를 시장에 내보내어 물건을 사도 사기치는 사람이 없습니다. 그리고 마포麻布든 견포絹布든 길이만 같으면 가격이 동일하고, 마사麻絲든 견사絹絲이든 무게가 같으면 가격이 동일하고, 오곡의 종류가 여럿 있어도 부피가 같으면 가격이 동일하고, 신발도 어떤 품질이라도 크기가 같으면 가격이 동일한 공평한 시장원리가 운용됩니다."

맹자께서 말씀하시었다: "도대체 물품이라는 것에는 질과 양의 차이가 있을 수밖에 없다는 것은 물품의 자연스러운 정황이다. 같은 종류의 물건이라 할지라도 그 가격은 2배, 5배, 혹은 10배, 100배, 혹은 1,000배, 10,000배의 차이가 날 수가 있다. 그런데 그대가 그런 질적 우열을 무시하고 모든 물품을 한 가격으로 단일화 한다면 이것은 실로 천하를 어지럽히는 것이다. 거친 실로 아무렇게나 짠 신발과 고운 실로 고급스럽게 만든 신발이 동일가격이라고 한다면 사람이 도대체 무슨 이유로 상등의 물건을 만들려고 하겠는가? 이렇게 되면 문명의 진보는 사라지고 만다. 그대가 모시는 허 선생의 도에 따르게 되면, 모든 사람이 모든 사람에게 서로 사기를 칠 수밖에 없게 될 것이니, 그렇게 되면 어떻게 국가를 다스리는 것이 가능할 수 있겠는가?"

3a-4. 有爲神農之言者許行, 自楚之滕, 踵門而告文公曰: "遠方之人聞君行仁政, 願受一廛而爲氓。"文公與之處。其徒數十人, 皆衣褐, 捆屨, 織席以爲食。陳良之徒陳相與其弟辛, 負耒耜而自宋之滕, 曰: "聞君行聖人之政, 是亦聖人也, 願爲聖人氓。"陳相見許行而大悅, 盡棄其學而學焉。陳相見孟子, 道許行之言曰: "滕君, 則誠賢君也。雖然, 未聞道也。賢者與民並耕而食, 饔飧而治。今也滕有倉廩府庫, 則是厲民而以自養也, 惡得賢?" 孟子曰: "許子必種粟而後食乎?"曰: "然。""許子必織布而後衣乎?"曰: "否。許子衣褐。""許子冠乎?"曰: "冠。"曰: "奚冠?"曰: "冠素。"曰: "自織之與?"曰: "否。以粟易之。"曰: "許子奚爲不自織?"曰: "害於耕。"曰: "許子以釜甑爨, 以鐵耕乎?"曰: "然。""自爲之與?"曰: "否。以粟易之。""以粟易械器者, 不爲厲陶冶。陶冶亦以其械器易粟者, 豈爲厲農夫哉? 且許子何不爲陶冶, 舍皆取諸其宮中而用之? 何爲紛紛然與百工交易? 何許子之不憚煩?"曰: "百工之事, 固不可耕且爲也。""然則治天下獨可耕且爲與? 有大人之事, 有小人之事。且一人之身, 而百工之所爲備, 如必自爲而後用之, 是率天下而路也。故曰, 或勞心, 或勞力。勞心者治人, 勞力者治於人。治於人者食人, 治人者食於人。天下之通義也。當堯之時, 天下猶未平, 洪水橫流, 氾濫於天下。草木暢茂, 禽獸繁殖, 五穀不登, 禽獸偪人。獸蹄鳥跡之道, 交於中國。堯獨憂之, 舉舜而敷治焉。舜使益掌火, 益烈山澤而焚之, 禽獸逃匿。禹疏九河, 瀹濟、漯而注諸海, 決汝、漢, 排淮、泗而注之江, 然後中國可得而食也。當是時也, 禹八年於外, 三過其門而不入, 雖欲耕, 得乎? 后稷教民稼穡, 樹藝五穀, 五穀熟而民人育。人之有道也, 飽食、煖衣、逸居而無教, 則近於禽獸。聖人有憂之, 使契爲司徒, 教以人倫: 父子有親, 君臣有義, 夫婦有別, 長幼有序, 朋友有信。放勳曰: '勞之來之, 匡之直之, 輔之翼之, 使自得之, 又從而振德之。'聖人之憂民如此, 而暇耕乎? 堯以不得舜爲己憂, 舜以不得禹、皋陶爲己憂。夫以百畝之不易爲己憂者, 農夫也。分人以財謂之惠, 教人以善謂之忠, 爲天下得人者謂之仁。是故以天下與人易, 爲天下得人難。孔子曰: '大哉! 堯之爲君。惟天爲大, 惟堯則之, 蕩蕩乎民無能名焉! 君哉舜也! 巍巍乎有天下而不與焉!'堯舜之治天下, 豈無所用其心哉? 亦不用於耕耳。吾聞用夏變夷者, 未聞變於夷者也。陳良, 楚産也, 悅周公、仲尼之道, 北學於中國。北方之學者, 未能或之先也。彼所謂豪傑之士也。子之兄弟事之數十年, 師死而遂倍之。

昔者孔子沒, 三年之外, 門人治任將歸, 入揖於子貢, 相嚮而哭, 皆失聲, 然後歸。子貢反, 築室於場, 獨居三年, 然後歸。他日, 子夏、子張、子游以有若似聖人, 欲以所事孔子事之, 彊曾子。曾子曰: '不可。江、漢以濯之, 秋陽以暴之, 皜皜乎不可尙已。'今也南蠻鴃舌之人, 非先王之道, 子倍子之師而學之, 亦異於曾子矣。吾聞出於幽谷遷于喬木者, 未聞下喬木而入於幽谷者。魯頌曰: '戎狄是膺, 荊、舒是懲。'周公方且膺之, 子是之學, 亦爲不善變矣。"

"從許子之道, 則市賈不貳, 國中無僞。雖使五尺之童適市, 莫之或欺。布帛長短同, 則賈相若; 麻縷絲絮輕重同, 則賈相若; 五穀多寡同, 則賈相若; 屨大小同, 則賈相若。"曰: "夫物之不齊, 物之情也。或相倍蓰, 或相什伯, 或相千萬。子比而同之, 是亂天下也。巨屨、小屨同賈, 人豈爲之哉? 從許子之道, 相率而爲僞者也, 惡能治國家?"

沃案 나 도올도 이 세상을 살아가는데 맞먹겠다고 기어오르는 놈들을 너무도 많이 만난다. 그런데 9급과 9단은 확실히 다른 것이다. 그것은 너무도 객관적인 것이다. 인간의 지식이나 예술의 영역에 있어서까지 그것은 확실한 기준이 있다. 그것은 "두어보면" 아는 것이다. 장기나 바둑도 두어보면, 운동경기도 시합을 해보면 승부가 갈린다. 예술도 무대에 올려보면 그 다름을 느낄 수 있다. 그런데 9급과 9단이 인간의 우열이 있는 것은 아니다. 9급이나 9단이나 사람으로서 살아가는 데는 동일한 만족을 느끼고 살아갈 수 있다. 그러나 9급이 같은 룰의 게임을 하는 한에 있어서는 반드시 9단에게 배워야 한다. 계통을 밟아 겸손하게 배워 올라가면 되는 것이다. 그런데 문제는 9급이 9단을 이길 수 있다고 뻥치는 것이다. 뻥치는 놈에는 두 가지 부류가 있다. 하나는 맞붙지 않고 피해다니면

서 말만 하는 놈이 있고, 하나는 맞붙겠다고 기어오르는 놈이 있다. 기어오르는 놈은 결국 아작 나게 마련이다. 맹자가 나나 지금 나이가 비슷한데 맹자가 상대방을 아작 내는 광경을 바라보면 나보다 에너지가 넘치는 것 같다. 나는 평생 기어오르는 놈들이 너무도 많았기에, 그리고 그 놈들이 허행 수준도 안되는 너무도 유치한 놈들이었기에 이제는 그런 기미가 보이면 침묵하고 상대를 안 해준다. 그런데 맹자는 정면으로 돌파하고 있는 것이다.

맹자의 인정仁政 구상은 앞서 보았듯이 정전제井田制라는 경제적 구상(결국 조세제도의 확립)과 상서학교의 교육정책(온 국민의 문명화·도덕화)으로 집약되는 것인데, 그것도 천편일률적인 것이 아니고 대체적인 원칙에 따라 상황적 변수를 계산해가면서 유연하게 적용하라는 것이었다. 사실 현대사회의 핵심도 "조세와 교육"에 있다는 것은 두말 할 나위도 없다. 조세는 국가와 민중을 어떤 방식으로 구조 지우느냐에 관한 문제이며, 교육은 미래에 대한 투자이다. 하여튼 맹자의 인정구상은 허황된 것이 아니었기에 등나라에서 매우 효험을 보았다. 단기간 내에 국가가 안정되고 일체감이 생겼으며 민중의 삶이 윤택해졌다. 그래서 사방에서 사람들이 모여들기 시작했다(당시의 민중에게는 국적이 따로 없었다. 전국시대에는 모든 것이 유동적이었다). 그런데 사상가들도 같이 모여들게 마련이다. 그래도 제나라 직하에는 당대의 A급 인사들이 모여들었지만, 아무래도 등나라와 같은 소국에는 좀 처지는 C급 인사들이 모여들 가능성이 없지 않다. 허행許行은 한마디로 "촌놈"이었다. 내가 여기 "C급"이라는 얘기는 "일곡지사一曲之士"라는 의미이다. 인식의 범주가 너무 편협하다는 것이다. 내가 생각하기에 허행은 맑스가 말하는 "원시공산주의primitive communism"의 사회를 지향하는 어떤 이즘을 가지고 있었던 것 같다. 모든 사람의 직경直耕을 주장하며, 소득의 분배를 균일하게 하며, 시장경제를 무시하는 사용가치 중심의 사고를 하는 사람이었던 것 같다. 기본적 자원의 공동권리와 착취와 경제적 분업이나 신분의 분화가 부재하는 평등적 인간관계 egalitarian relationship를 이상으로 하는 어떤 소박한 공동체주의를 꿈꾸었던 것이다. 이러한 허행의 사상이 크게 나쁠 것은 없다. 당시 계급분화와 착취가 너무 심했고 전란의 소용돌이 속에서 농사에 대한 절망감이 짙어져 농사 그 자체를 경시하는 상업주의가 판을 치자, 그런 트렌드에 대한 반동으로서는 가치있는 사상이었다.

그러나 문제는 일곡一曲은 일곡으로 만족하면 좋은데 전곡全曲을 주장하면 파탄이 일어나는 것이다. 맹자를 격분시킨 것은 농업공동체의 주장 그 자체가 아니라 그 주장의 획일적 적용, 즉 맹자가 애써 이룩해놓은 등나라의 결실을, 그 결실의 혜택을 받는 자들이 그 자체를 부정하고 도전하는 사유였던 것이다. 그것은 왕도강설자로서의 맹자의 실존적 근거와 걸리는 문제였다. 그래서 그토록 장엄하게 진상陳相을 야단친 것이다. 전곡全曲을 담당하는 등문공에게 일곡一曲의 당위성을 강요한다는 것은 심히 불쾌한 일이었던 것이다.

여기 가장 핵심적인 맹자사상의 요체와 왜곡이 동시에 걸려있다. 맹자사상의 중요한 측면으로서 많은 사람들이 노심자勞心者(화이트칼라)와 노력자勞力者(블루칼라)의 이분二分을 지적하면서 마치 맹자사상이 화이트칼라의 우월성을 강조하는 유심주의처럼 비판하는데 바로 이것은 콘텍스트context를 무시한 텍스트text의 오류에 속하는 것이다. 맹자는 왕까지도 직경을 해야한다는 무차별적 제안에 대한 반동으로 이 말을 한 것일 뿐이며, 노심자와 노력자의 구분이 맹자사상의 핵심이 전혀 아니다. 상대방의 논리를 격파하기 위한 방편으로 동원된 개념적 장치일 뿐이다. 그들의 주장은 마치 현대자동차의 회장이 공장 생산라인 벨트 앞에서 하급

노동자들과 같이 생산에 종사해야만 회사 전체가 단합되고 잘 돌아간다고 주장하는 것과도 같다. 등문공에게 창름부고倉廩府庫가 따로 있다는 것이 문제가 아니라 그것을 어떻게 여민동락與民同樂하느냐가 인정의 기준일 뿐이다. 다시 말해서 자동차대기업 회장은 회장 나름대로 분주히 해야할 생업이 따로 있다. 그리고 그가 획득하는 부富는 반드시 회사 종업원뿐만 아니라, 국민 전체와 여민동락하는 데 쓰여져야 한다. 그런데 우리나라의 문제는 그 부가 기껏해야 자동차회사 노조직원 자체의 달램에만 쓰여지고, 하청업체에까지도 그 혜택이 내려가지 않는다는 것이다. 그리고 일반소비자의 공익과는 전혀 무관하게 돌아간다. 우리나라의 경우 30대 재벌그룹의 전체 자산은 1460조 5000억 원에 이른다. 국내총생산(GDP) 1172조 원보다 300조 원 가까이 많다. 연간 매출은 1134조 원으로 국내총생산의 96.7%에 이른다(2011년 기준. 『한겨레』 2012년 2월 13일 제1면 기사).

30대 기업이 한 나라 전체를 말아먹고 있는 이러한 실태를 감안해볼 때, 그들의 부가 오로지 국민 전체의 노동의 결과임에도 불구하고 그들은 우리 국민의 기억에 남는 공적 복지에 관한 유니크한 기록이 별로 없다. 그들에게 물어보면 많은 사업의 리스트를 들이댈 것이지만, 최소한 우리 기억에 남는 감동의 스토리는 하나도 없다. 내 기억에 없으니 누구 기억에 있으리오?

하여튼 이러한 문제는 긍정적인 측면이든 부정적인 측면이든 모두 거시적 담론과 체제의 변화를 통하여 개선되어야 할 문제이지, 100묘만 잘 운영하면 되는 농부의 비전으로 달성될 문제는 아니라는 것이다. 맹자는 사회분업과 협업의 효율성의 문제를 제기하고 있을 뿐이다.

다음에 나오고 있는 문제는 교육에 관한 문제이다. 요임금 치세 당시의 순 밑에 있었던 신하, 익益과 우禹와 후직后稷의 기능이 다 달랐다. 익은 불(문명의 정착)을 관장하였고, 우는 물(치수)을 관장하였고 후직은 농사법의 문제를 관장하였다. 그리고 또 설契로 하여금 인륜을 교육시키는 문제를 담당케 한 결과, 다음과 같은 효과가 나타났다. 부자에게 친親이 있게 되었고, 군신에게 의義가 있게 되었고, 부부에게 별別이 있게 되었고, 장유에게 서敍가 있게 되었고, 붕우에게 신信이 있게 되었다는 것이다. 여기 우리가 생각하는 "오륜五倫"의 최초의 원형이 태어나는데, 우리가 알아야 할 것은 "오륜"이라는 말 자체는 명대의 선종宣宗이 편찬한 『오륜서五倫書』를 그 용례의 최초로 삼는 것이며, 이 책을 영종英宗이 널리 보급하면서 일반화된 후대의 개념이지 맹자의 개념이 아니라는 것이다. 맹자는 "인륜人倫"이라는 표현만을 썼다. 사람의 관계는 부자·군신·부부·장유·붕우로서 총망라된다고 본 것일 뿐이다. 그리고 부자의 관계가 군신의 관계보다 앞서 있으며, 군신의 관계도 "의義"로만 말했지 "충忠"이라는 말을 사용하지 않았다. 다시 말해서 맹자는 "오륜"이라는 개념적 덕목의 카테고리를 제시한 것이 아니라 인간의 다섯 가지 관계에 친·의·별·서·신이 필요하다는 것을 술부로서 서술했을 뿐이다. 자사의 "오달도五達道"가 맹자에게서 다섯 가지 "인륜人倫"으로서 다시 서술된 것이다. 맹자의 사상을 너무 도덕주의적으로 개념화 moralistic categorization 하는 것은 정당하지 못하다.

이 장에는 등나라에서의 인정의 실현상황, 노심자·노력자의 문제, 다섯 가지 인륜의 문제 이외로도, 자공子貢의 6년상, 유약有若 섬기기와 증자의 반발, 그리고 당대에 철기가 농기구로서까지 쓰였다는 것을 입증하는 철기보편화의 전국생활상 등등의 매우 생생하고도 구체적인 정보가 드러나고 있다. 전국시대의 르뽀로서도 가치가 드높은 기록이라 할 것이다.

다음 장 또한 맹자가 등나라에서 타학파와 부닥치는 논쟁의 기록인데 맹자의 주장의 순수성과 깊이가 잘 드러나는 멋있는 파편이다. 모든 장에 일관된 논점이지만, 맹자의 출발은 문명 속의 인간이며, 상식 속에서 보편적으로 전제되는 인간이다. 인간에 대한 원초적 본질이나 문명의 논리를 거부하는 역설적 매력을 탐구하지 않는다.

3a-5. 묵자墨者(묵가墨家의 창시자인 묵적墨翟의 사상을 신봉하는 사람이라는 뜻. 묵적의 주장은 겸애兼愛와 절용節用으로 압축된다. 「등문공」하9 참고)의 한 사람으로서 등나라에서 활약하던 이지夷之(성이 이夷고, 명이 지之이다)라는 사람이, 맹자의 제자인 서벽徐辟을 통하여 맹자의 면회를 요청하여 왔다. 이에 맹자는, "나 또한 만나기를 원하는 바이나, 지금 내 몸이 불편하니, 병이 쾌차하게 되면, 그때는 내가 직접 이지夷之에게로 가서 만나겠다. 이지는 지금 오지 마시오!"라고 말하였다.

그랬더니 얼마 안 있다가 이지가 또다시 맹자의 면회를 요청하였다. 그러니까 이지는 맹자를 매우 적극적으로 만나려 하였던 것이다. 이에 맹자는 말하였다: "지금은 물론 내가 만날 수 있다. 그런데 우선 내 말부터 전해라! 학술적 토론은 상대방 눈치를 보지 않고 정직하게 직언하지 않으면 진리(道)는 드러날 길이 없다. 나는 먼저 단도직입적으로 이야기하겠다. 나는 이자夷子가 묵적을 숭상하는 학파의 사람이라 들었다. 그런데 묵자학파의 사람들은 상례喪禮를 행하는 데 있어서 박薄하게 하는 것을 원칙으로 삼는다고 들었다. 이자夷子는 이러한 박장주의로써 이 세상을 개변하겠다고 덤벼드는 사람이다. 그렇다면 이자 자신이 이 박장이 옳지 않다고 생각하여 그것을 중요한 실행원칙으로 삼지 않는다는 것이 어찌 가능할 수 있겠는가? 그런데 내가 납득이 가지 않는 것은 이자는 최근 자기 친어버이의 장례를 후하게 치렀다는 사실이다. 이것은 자기가 천하게 여기는 것(유가의 후장주의)으로써 자기 어버이를 섬긴 것이다. 이것은 도대체 무슨 모순된 이야기인가?"

서자徐子는 이것을 이자夷子에게 고하였다. 이자는 맹자에게 보기좋게 한 방 얻어맞은 셈이다. 그런데 이자는 직접적으로 그 문제를 돌파하지 않고 화제를 돌려 애매하게 자신의 행동을 변명하려 했다. 이자는 말하였다: "『서경』(주서周書 「강고康誥」)에 쓰여져 있는 유자의 도儒者之道(沃案: 공자학파의 사람을 "유자"라고 부른 가장 초기의 문헌적 전거라고 생각된다)에 옛 성현들께서 백성을 사랑하기를 '어미가 마치 아무 것도 모르는 어린아이를 보호하듯이 하였다若保赤子'라고 하였다. 이 말인즉슨 무엇을 의미하는가? 나 이자가 생각하건대, 이것은 유자도 역시 애愛에는 차등差等이 없다고 생각한 것이며(만백성을 똑같이 적자처럼 사랑하니까), 단지 그것을 실행하는 데 있어서는 자기에게 가까운 어버이 같은 사람으로부터 시작하는 것일 뿐이라는 방편을 말한 것이다. 그러므로 친소후박이 없는 묵가의 겸애의 주장도 맞는 것이며 내가 나의 부모를 후장한 것도 또한 맞는 것이다."

맹자의 제자 서자는 이 이야기를 다시 맹자에게 고하였다.

맹자께서 말씀하시었다: "그렇다면 이자는 진실로 자기 형의 아들을 사랑하는 심정으로 똑같이 이웃의 적자赤子를 사랑한단 말인가? 정말로 완전히 동일한 심정으로 완벽하게 무차별적으로 사랑한단 말인가? 그는 아마도 내 말의 이러한 측면에 집착했을 것이다. 아무 것도 모르는 어린아이가 우물로 기어들어 갈 때는 누구든지 누구의 애인지를 불문하고 구해준다는 이 말을 들어 사랑에 친소가 없다는 주장을 할지도 모르겠다. 적자가 우물로 기어들어가는 것은, 적자가 아무 것도 모르기 때문에 사람이 구해주는 것일 뿐이다. 그것은 적자의 죄가 아니기 때문이다. 『서경』의 말도, 적자가 우물에 빠지는 것은 적자의 죄가 아니라 부모의 책임이듯이, 백성이 도탄에 빠지는 것은 백성의 보호와 감독의 책임이 있는 군주의 잘못이므로, 군주는 인민을 부모가 적자를 보호하듯이 보호해야 한다는 것을 의미했을 뿐이다. 인간의 사랑이 무차별적이어야 한다는 것을 말한 것은 아니다. 또한 하늘이 만물을 생성할 때, 그 생명의 근원은 친 부모 한 뿌리밖에는 없다. 그런데 이자夷子가 무차별 사랑을 주장한다면 우리 생명의 근원이 두 뿌리·세 뿌리라고 말하는 것과도 같다. 어찌 부모가 두세 뿌리가 있을 수 있겠는가?

아주 옛날 태고의 시대에는 부모가 돌아가셔도 그 부모의 시신을 묻지 않는 풍습이 보편적이었다. 어버이가 돌아가시면, 그 시신을 들것에 운반하여 동구 밖 계곡에 그냥 내던져 버렸다. 그런데 어느날 자식이 그곳을 우연히 지나가게 되었다. 그랬더니 여우새끼와 살쾡이가 그렇게도 생전에 귀하게 모시던 부모의 살점을 뜯어먹으며, 파리와 등에와 땅강아지가 새카맣게 모여 갉아먹고 있는 것이 아닌가? 그 순간 이마에 식은땀이 비질비질 쏟아졌다. 그리고 차마 눈뜨고 볼 수 없어 얼굴을 돌리고 말았다. 이마에 식은땀이 솟은 것은 누군가 남이 보기 때문이 아니요, 깊은 가슴에서 우러나오는 정감이 얼굴에 솟구친 것일 뿐이다. 그래서 얼른 집으로 돌아와 삼태기와 삽을 가지고 가서 흙을 퍼서 두툼하게 유해를 덮었다. 이것이 매장의 시작이었다. 매장하는 것이야말로 진실로 마음에 편한 바른 일이었다고 한다면, 효자로서 인仁한 마음을 가진 사람이라면 그 어버이를 장례 지내는 데도 반드시 도리가 있게 마련이다. 후장이야말로 너무도 정당한 도리일 수밖에 없다."

서자徐子가 이 맹자의 말씀을 이자夷子에게 전했다. 이 말을 전해들은 이자는 한참동안 망연하여 말을 꺼내지 못했다. 그리고 드디어 입을 열었다: "맹 선생님으로부터 가르침을 얻었나이다."

3a-5. 墨者夷之, 因徐辟而求見孟子。孟子曰:"吾固願見, 今吾尙病, 病愈, 我且往見, 夷子不來!"他日, 又求見孟子。孟子曰:"吾今則可以見矣。不直, 則道不見, 我且直之。吾聞夷子墨者, 墨之治喪也, 以薄爲其道也。夷子思以易天下, 豈以爲非是而不貴也? 然而夷子葬其親厚, 則是以所賤事親也。"徐子以告夷子。夷子曰:"儒者之道, 古之人若保赤子, 此言何謂也? 之則以爲愛無差等, 施由親始。"徐子以告孟子。孟子曰:"夫夷子信以爲人之親其兄之子, 爲若親其鄰之赤子乎? 彼有取爾也。赤子匍匐將入井, 非赤子之罪也。且天之生物也, 使之一本, 而夷子二本故也。蓋上世嘗有不葬其親者。其親死, 則擧而委之於壑。他日過之, 狐狸食之, 蠅蚋姑嘬之。其顙有泚, 睨而不視。夫泚也, 非爲人泚, 中心達於面目。蓋歸反虆梩而掩之。掩之誠是也, 則孝子仁人之掩其親, 亦必有道矣。"徐子以告夷子。夷子憮然爲閒, 曰:"命之矣。"

沃案 여기 벌어진 묵가와의 논쟁 사건도 앞의 농가農家와의 대결 이후에 등나라에서 일어난 일이 분명하다. 묵가는 당대의 현학顯學이었기에 어디서나 성세가 있었다. 그만큼 묵가의 주장은 민중의 지지를 받았다고도 말할 수 있다. 묵가의 겸애兼愛와 절용節用의 사상은 율법주의에 쩔어버린 바리새이즘을 비판하고 나온 예수의 사랑의 구원론이 팔레스타인 민중의 지지를 얻었듯이, 전국시대의 민중 속에서 어떤 종교적 지지를 얻었던 것 같다. 묵가는 일종의 용병집단이었기 때문에 그 자체로서 존립기반을 가진 어떤 공동체를 형성하고 있었고, 용병집단이라는 성격과는 달리 평화주의적 사상과 극단의 민중사상을 가지고 있었기 때문에 전국시대에 전란에 시달리던 민중에게는 어떤 메시아니즘의 요소를 내포하고 있었던 것이다.

여기 유가의 후장주의와 묵가의 박장주의가 극단적으로 대립하고 있는 것처럼 보이지만 이것은 전국시대의 이데올로기화된 개념적 대립일 뿐,

그 사상의 본원으로 돌아가 생각해보면 양자가 그렇게 상충하는 것만도 아니다.

 공자도 자기 아들 백어의 장례를 박하게 지냈고(『논어』11-7), 자기 수제자 안회의 장례도 소박하게 치르기를 원했고 후장에 반대했다(11-10). 그리고 임방이 예의 근본을 물었을 때도, 예는 사치스럽기보다는 차라리 검소해야 하고, 상喪도 형식적인 화려함보다는 슬픔의 진정성이 표현되어야 한다고 말했다(『논어』3-4). 박장에 대하여 후장이 이념화된 것은 전국시대의 사건이다. 그러나 맹자의 후장의 주장의 본질도, 장례라는 것에 내재되어 있는 인간의 소박한 감정의 진정성을 강조하는 데 있는 것이지, 장례가 꼭 형식적으로 화려해야 한다는 것을 말하는 것은 아니다. 박장의 배경에 깔린 것은 인간관계의 무차별성이다. 그러나 유가 입장에서 볼 때는 그것은 거짓이다. 인간관계는 무차별적일 수 없다. 가장 가까운 사람과의 관계를 유추해서 확대해나가는 것이 인간의 실제적 보편적 가치일 뿐이다. 자기 자식이 잘났든 못났든 자식을 키워보지 않는 사람은 남의 자식도 진정으로 사랑할 수 없다는 것이 유가의 입장이다. 즉 나의 부모를 사랑하는 마음은 특별한 것이며, 그러한 마음으로부터 유추해나가는 것이 타인의 부모에 대해서도 존경심을 갖게 되는 길이라는 것이다. 그러므로 나의 부모에 대한 특별한 마음을 존중해주어야 한다고 유가는 주장하는 것이다. 따라서 나의 부모에 대한 장례는 나의 있는 정성을 다해야 한다는 것이 후장론의 궁극적 의미이다. 모든 인간에게 적용되는 무차별적 기준이라는 것은 있을 수 없다는 것이다.

 그러나 역사적으로 후장의 폐해는 극심했다는 것을 생각하면 묵가의 박장론은 민중에게 하나의 구원이었을 수도 있다. 따라서 궁극적으로 유가의 후장과 묵가의 박장은 절충되어야 한다고 나는 생각한다. 동서를 막론하고 후장 덕분에 인류의 문화유산이 많이 보존되었다는 아이러니도 기억할 만한 재미있는 이야기다.

여기 등장하는 이지夷之라는 인물은 앞에 등장한 진상陳相과는 달리 융통성이 있었고 반성도 있는 폭넓은 인간이었던 것 같다. 그리고 맹자에 대해서도 예의를 갖추었다고 말할 수 있다. 이지는 맹자를 직접 만나려 했지만 그 면담은 결코 성사되지 않았다. 중간에 맹자의 제자인 서벽徐辟을 통해서만 이야기가 오갔을 뿐이다. 그러니까 맹자 입장에서는 굳이 이지를 만날 필요성을 안 느꼈을지도 모른다. 서벽의 전언을 통하여 이지가 승복하는 것으로 이야기가 마무리되고 있는데, 이지의 자세가 훌륭하다고 할 수 있다. 이지와 서벽이 모두 이자夷子, 서자徐子로 기술되는 것을 보면 이 대화의 기록자는 이 두 사람에 대하여 존경심을 가졌던 것으로 보여진다. 서벽의 제자 중 한 사람에 의하여 기록된 파편이라는 가능성을 배제할 수 없다.

맹자의 장례에 관한 인류학적 고찰은 맹자의 역사인식의 깊이를 보여준다. 현재도 티벳이나 중앙아시아, 인도 지역에 조장鳥葬의 풍습이 남아있고, 에스키모사회에도 노부모를 곰에게 바치는 풍습이 있었던 것을 생각하면 맹자의 논의는 결코 허황된 것은 아니다. 그러나 맹자는 그런 논의를 통하여 장례풍습의 인류학적 발전사를 입증하려는 것이 아니라 "인간의 인간다움"에 대한 감정적 호소를 하려는 것이다. 인간의 문명이 그러한 인간다움을 지향하게 된 정감적 배경을 지적함으로써 인간세의 도덕성을 풍요롭게 만들자는 데 그 본의가 있다 할 것이다.

등문공장구滕文公章句 하下

3b-1. 맹자의 제자 진대陳代가 맹자가 등나라에만 쑤셔박혀 있는 것이 답답하게 느껴져서 선생님의 심중을 떠보면서 말을 건넸다: "선생님께서 천하의 제후들로부터 초빙을 받아도 응하지 않고 그들을 만나지 않는 것은 소절小節에 구애되는 속좁은 행동이라고 사료되옵니다. 이제 그들을 활달하게 한번 만나보시기만 한다면, 크게는 왕업을 달성하실 수 있을 것이요, 작게는 패업을 달성하실 것이 분명합니다. 옛 기록에도 이런 말이 있지요: '단지 한 척을 굽혀서 여덟 척을 펴게 만들 수 있는 상황도 있다.' 선생님께서도 이렇게 한번 웅지를 펼치실 만합니다."

맹자께서 말씀하시었다: "옛날에 제나라 경공景公(공자와 동시대인. 1b-4, 『논어』18-3)이 들에 사냥을 나간 적이 있었다. 이때 그 지역 산림관리인을 장대 끝에 꿩깃털을 꼽은 정旌을 휘둘러서 열심히 불러댔는데, 그는 오질 않았다. 그러자 경공은 화가 나서 그를 죽이려 하였다. 그러나 예로부터 전렵시에 사람을 부를 때는 법도가 있었다. 정旌 깃발로써는 대부大夫를 불렀고, 사士를 부를 때는 궁弓을 썼고, 산림관리인을 부를 때는 피관皮冠을 썼던 것이다. 공자가 이 말을 듣고 그 관리인을 칭찬하여 말하였다: '지사志士는 절조를 굳게 지키기에 그 시신이 계곡에 뒹구는 것을 두려워하지 않고, 용사勇士는 의로움을 알기에 그 모가지가 달아나는 것을 두려워하지 않는다.' 공자께서 산림관리인의 무엇을 평가하셨기에 과연 이런 말씀을 하신 것일까? 그 관리인이 정당한 부름이 아니면 죽음을 각오하고 그 부름에 나아가지 않은 것을 찬미하고 계신 것이다. 산림관리인조차 정당한 부름이 아니면 나아가지 않았는데, 요즈음 선비녀석들이 부르지도 않았는데 지가 먼저 나서고 있는 이 꼬라쟁이가 도대체 뭔 짓거리들이냐? 한 척을 굽혀 여덟 척을 편다는 것은 결국 이利를 가지고서 말하는 것이다. 이利만에 집착하여 이야기한다면, 여덟 척을 굽혀 한 척을 펴도 이익이 되기만 한다면 그런 짓을 서슴치 않고 하겠다는 것인가?

옛날에 조간자趙簡子(진나라晉國의 경卿이었던 조앙趙鞅. 영성贏姓. 간자簡子는 시호. 공자와 동시대인. 재직기간, BC 517~458. 당시 진나라에는 한韓·위魏·조趙·범范·중항中行·지백知伯 6씨가 6경六卿으로 있었는데, 조앙은 범·중항 2씨를 멸망시키고 진나라의 실권을 장악하였다. 그리하여 후에 결국 삼진三晉이 분립되고 전국시대가 열리는 계기가 되었다. 조간자는 공자의 라이벌이었던 양호陽虎를 보살펴 주었다. 또 명의 편작扁鵲에게 진료받은 이야기는 유명하다)가 명어자名御者인 왕량王良(조간자의 수레몰이. 우무휼郵無恤이라는 이름으로 『좌전』 애공哀公 2년조에 나온다)으로 하여금 그의 총애하는 신하 해奚를 수레에 태우고 전렵을 나가게 하였다. 해는 하루종일 열심히 활을 쏘아댔으나 새 한 마리도 잡지 못했다. 폐신 해는 돌아와서 조간자에게 복명하였다: '왕량王良은 천하의 천공賤工이올시다.' 어떤 사람이 이 말을 왕량에게 전했다. 왕량은 조간자에게 아뢰었다: '다시 한 번만 기회를 주십시오.' 다시는 안 나가겠다는 해를 강권하여 겨우 허락을 받아냈다. 해는 사냥에 나가자마자 아침도 먹기 전에 새를 열 마리를 잡았다. 그러자 해가 조간자께 복명하여 말하였다: '왕량은 천하의 양공良工이올시다.'

조간자가 말하였다: '왕량으로 하여금 너를 태우고 수레를 모는 것을 전담하도록 하겠다.' 그리고 왕량에게 이 말을 전했으나 왕량은

그 명을 거절했다. 그리고 말하였다: '제가 해奚를 위하여 모범적으로 법도에 맞게 수레를 달렸을 때는 그는 하루종일 한 마리도 못 잡았습니다. 그런데 법도를 무시하고 사술을 써서 수레를 모니 일조一朝에 열 마리를 잡았습니다. 시詩(『시경』 소아 「거공車攻」)에도 이런 가사가 있습니다: "위대한 사수는 수레몰이가 정도를 잃지 않고 모범적으로 몰 때 오히려 활을 떠나는 화살이 백발백중이로다." 저는 소인배와 함께 수레를 타는 데 익숙해있질 못합니다. 사양하겠습니다.'

수레몰이조차도 도가 없는 사수와 더불어 합승하는 것을 수치스럽게 여긴다. 그런 사수들과 합작하여 금수를 잡으매, 그것이 구릉丘陵처럼 쌓여도 그 짓을 하지 않는다. 그런데 나보고 나의 도道를 굽혀 세속의 제후들을 따라가라니 그 무슨 해괴한 이야기인가? 그대가 말하는 것은 참으로 잘못된 것이다. 자기를 굽혀서 남을 바르게 한다는 것은 이 세상에 있어본 적이 없다."

3b-1. 陳代曰: "不見諸侯, 宜若小然; 今一見之, 大則以王, 小則以霸。且志曰: '枉尺而直尋,' 宜若可爲也。" 孟子曰: "昔齊景公田, 招虞人以旌, 不至, 將殺之。 '志士不忘在溝壑, 勇士不忘喪其元,' 孔子奚取焉? 取非其招不往也。如不待其招而往, 何哉? 且夫枉尺而直尋者, 以利言也。如以利, 則枉尋直尺而利, 亦可爲與? 昔者趙簡子使王良與嬖奚乘, 終日而不獲一禽。嬖奚反命曰: '天下之賤工也。' 或以告王良。良曰: '請復之。' 彊而後可, 一朝而獲十禽。嬖奚反命曰: '天下之良工也。' 簡子曰: '我使掌與女乘。' 謂王良。良不可, 曰: '吾爲之範我馳驅, 終日不獲一; 爲之詭遇, 一朝而獲十。詩云: "不失其馳, 舍矢如破。" 我不貫與小人乘, 請辭。' 御者且羞與射者比。比而得禽獸, 雖若丘陵, 弗爲也。如枉道而從彼, 何也? 且子過矣。枉己者, 未有能直人者也。"

沃案 맹자의 고지식한 성격을 잘 드러내는 명언이라 할 것이다. 등나라

등문공 하 | 343

에 있던 맹자는 이미 세상맛을 볼 대로 보았고, 그토록 기대했던 제선왕 조차도 그의 두루마기자락을 붙잡아주질 않았다. 이제 와서 또다시 선부른 왕도강설의 행각을 할 수는 없는 것이다. 나는 맹자의 결의에 깊은 존경심을 표한다. 이 세상 사람들이 나보고도 왜 그렇게 타협이 없는 삶을 사느냐고 핀잔하는 사람이 많다. 그럴 때마다 나는 맹자의 이 강변을 떠올린다. 이 세계는 도덕을 지키려고 노력하는 자들에게 가혹하다. 다시 말해서 나의 생애를 걸고 도덕을 지킨다 한들 이 생애의 복지가 보장되는 것은 아니다. 그러나 타협은 불가하다. 공자의 말대로 모가지가 잘리고 시신이 처참하게 뒹군다 해도 살아있는 동안 타협은 있을 수 없는 것이다. 이 세계는 이렇게 타협을 모르는 의로운 사람들에 의하여 유지되어온 것이다. 아무리 타협으로 부귀를 누린다 한들 그것은 현세를 지배할 수는 있으나 결코 누적되는 역사의 가치가 될 수 없다. 오늘 여기서 부귀와 권세를 누리는 한국의 모든 장長님들이여! 맹자의 의협심을 배우라!

산림관리인 이야기는 『좌전』 소공昭公 20년 12월조에 나오고 있으며 5b-7에도 반복되고 있다. 이 장과 같은 주제가 「등문공」하7, 「만장」하7에서도 펼쳐진다. 위정자 자신이 도덕적으로 정당치 못하면 정치는 행하여질 수 없다는 논의는 『논어』12-17, 13-6, 13-13 등을 참고하라.

3b-2. 당시 여기저기 떠돌아 다니던 종횡가縱衡家 중에 경춘景春(『한서』「예문지」 병형세십일가兵形勢十一家 중에 "『경자景子』13편"이 수록되어 있는데 경자는 맹자의 경춘과 동일인물로서 학계에서 비정하고 있다)이라는 인물이 있었는데 등나라에 왔을 때, 맹자를 뵙고 말하였다: "공손연公孫衍과 장의張儀 정도라면, 어찌 진실로 천하에 둘도 없는 대장부라 아니 할 수 있겠소이까?(장의張儀는 연횡의 대가, 소진蘇秦은 합종의 대가. 이 두 사람은 다같이 귀곡선생

鬼谷先生의 동문으로서 종횡가의 쌍벽을 이루는 거두라는 것은 우리에게 잘 알려져 있다. 그런데 경춘은 왜 이 두 사람을 이야기하지 않고 공손연과 장의를 이야기했을까? 실제로 소진은 장의의 적수가 아니었다. 장의의 진정한 라이벌은 공손연公孫衍이었던 것이다. 공손연은 위魏나라 음진陰晉[현재 섬서성 화음華陰]의 사람으로서 성이 공손이고 명이 연衍이며 통칭 서수犀首라고 부르는데, 그가 위나라에서 서수라는 벼슬을 했기 때문에 그것이 그의 호號가 된 것이다. 그는 일찍이 진秦에 유세하여 혜왕惠王의 마음을 사로잡았고, 혜왕 5년[BC 333]에는 대량조大良造[20등작 중에서 16급 작위]가 되어 위魏를 공격하여 위장 용가龍賈를 사로잡았다. 그리고 사자로서 제나라, 위나라를 설득·기만하여 소진이 쌓아올린 합종책을 붕괴시켰다. BC 328년, 장의張儀가 진나라의 재상이 되자 서수는 위나라에 돌아와 장군에 임명되었다. BC 323년에는 서수는 위魏·한韓·조趙·연燕·중산中山의 5개국을 합종시켜 진秦에 대항하였다. 이듬해 장의가 위나라의 재상이 되어 진秦·위魏의 동맹의 계책을 실행하자, 서수는 한韓나라로 도망하여 한나라의 재상이 되었다. BC 319년, 합종의 제국諸國들은 역시 서수밖에는 없다고 생각하여 서수를 위나라의 재상으로 복귀시킨다. 서수는 5개국의 연합재상이 되었다. 그리고 그 다음해 위·조·한·연·초의 5국연합군이 진나라를 쳤으나 함곡관에서 대패한다. BC 314년, 진의 저리자樗里子가 위를 공격하여 곡옥曲沃을 빼앗자, 장군 서수는 패주한다. 그러나 장의가 죽은 후에는 서수는 또 진나라로 가서 재상이 되었다. 공손연이 가장 크게 활약한 시기가 바로 맹자가 양나라에 있을 그때였다. 공손연이 5개국의 연합재상이 되고 장의가 양혜왕에 의하여 해임되는 과정을 맹자는 곁에서 다 지켜보았다. 맹자가 양나라를 떠나던 해에 공손연은 함곡관에서 대패했던 것이다. 따라서 여기 경춘은 이런 사정을 알고 공손연과 장의를 언급한 것이다). 그들이 한번 진노하면 전운이 감돌아 열국의 제후들이 벌벌 떨고, 그들이 안거安居하면 비로소 천하가 평온해집니다. 천하를 들었다 놓았다 하니 어찌 대장부라 아니 할 수 있겠소이까?"

맹자께서 말씀하시었다: "어찌 그따위 일을 가지고 대장부를 운운하시오? 그대는 예禮를 배우지 않았소이까? 예에 의하면, 장부丈夫는 20세가 되면 관례冠禮를 올리는데 그 때는 아버지가 성인 되는 마음가짐을 가르치고, 여자는 시집갈 때 비로소 여자 됨의 마음가짐을 그 어미가 가르치오. 딸이 가마를 타고 나설 때 문밖에까지 나와서 간곡히 타이르는 말이, '지금부터는 네가 가는 곳이 너의 집이란다. 반드시 공경하는 마음으로 항상 경계하며, 어떠한 경우에도 남편의 말에 거스르면 안되느니라'라고 하지요. 타인에게 순종하는 것만이 바른 덕이라고 생각하는 것이 곧 부녀자의 도이며 장부의 도가 아니올시다. 공손연이든 장의든 세상을 벌벌 떨게 만드는 것 같지만 그들은 실제로 군주들에게 순종하여 그들의 환심을 얻음으로써 자신의 권세와 이익만을 챙기는 자들에 불과하오. 기껏해야 부녀자들의 도에 머무르는 수준의 인간들이라오.

천하의 광거廣居에 거居하며, 천하의 정위正位에 입立하며, 천하의 대도大道를 행行하노라! 뜻을 얻으면 만천하의 백성들과 더불어 정도正道를 실천하고, 뜻을 얻지 못하면 홀로라도 그 정도를 실천하노라! 부귀富貴가 그를 타락시킬 수 없고, 빈천貧賤이 그를 비굴하게 만들지 못하며, 위무威武가 그를 굴복시키지 못하노라! 이런 사람들을 일컬어 비로소 대장부라 하는 것이외다."

3b-2. 景春曰: "公孫衍、張儀, 豈不誠大丈夫哉? 一怒而諸侯懼, 安居而天下熄." 孟子曰: "是焉得爲大丈夫乎? 子未學禮乎? 丈夫之冠也, 父命之。女子之嫁也, 母命之, 往送之門, 戒之曰: '往之女家, 必敬必戒, 無違夫子!' 以順爲正者, 妾婦之道也。居天下之廣居, 立天下之正位, 行天下之大道。得志, 與民由之; 不得志, 獨行其道。富貴不能淫, 貧賤不能移, 威武不能屈, 此之謂大丈夫。"

沃案 내 어릴 때만 해도 대한민국의 뜻있는 젊은이라면 이 맹자의 대장부 구절을 외우지 아니 하는 자가 없었다. 그만큼 이 구절은 포퓰라했다. 아마도 한국인의 기개를 형성시키는 데 이 『맹자』의 구절처럼 큰 공헌을 한 교훈도 없을 것이다. 그런데 바로 이 맹자의 "대장부"론이 당대의 종횡가들의 삶의 철학과 대비적인 맥락에서 나왔다는 깊은 의미를 새기는 자는 드문 것 같다.

우선 맹자의 "대장부"라는 말의 기본 단어는 "장부丈夫"이며 "대大"는 장부에 대한 형용사임을 알 수 있다. 그리고 "장부"는 "여자女子"와 대비되는 용어이다. 오늘날의 페미니스트들은 이러한 맹자의 언어를 비판할지 모르겠지만 당대의 가족구조와 생존현황 속에서 이 대비는 너무도 지당한 것이다. 즉 여자, 즉 첩부의 도妾婦之道는 "순종"을 도리로 삼는다는 것이다. 즉 독자적인 실존을 갖지 못한다는 것이다. 남편에게 종속됨으로써만 그 가치를 찾는다는 것이다. 그러나 "장부"는 "여자"와는 달리 자신의 독자적 실존영역을, 즉 단독자로서라도 삶의 도덕성을 유지할 수 있는 기반을 가진 자이어야 한다. 이 장부의 형용사로서의 "대"와 대비되는 용법도 앞에 이미 나왔다. "소장부小丈夫"니 "천장부賤丈夫"니 하는 말이 앞에서 언급되었다(2b-10, 2b-12). 대장부는 천장부, 소장부에 대비되는 말이다.

여기 언급된 공손연과 장의는 당시 지식사회에서는 이른바 최고로 출세한 권세가들이었다. 그러나 맹자는 이들을 군주에 기생하고 아부하는 "처첩"으로밖에는 보지 않는다. 그들이 합종·연횡을 운운하지만 그것도 그들의 철학이 아니라 처세방편에 불과하다. 합종이든 연횡이든 시국상황과 군주의 처지에 따라 마구 가변적인 것이었다. 한마디로 그들에게는 도덕성이라는 것은 의미 없는 단어였다. 오늘날 우리나라에서 제아무리 부자나 권력자라 할지라도 청와대에서 국세청만 한번 뜨게 만들어도, 안기부에서 뒷조사하게 만들어도 벌벌 떨지 않을 자가 없다. 이들은 남편이 호통치면 벌벌 떨어야 하는 처첩에 불과하다는 것이다. 대장부는 반드시 천하의 광거에 거하고, 천하의 정위에 입하며, 천하의 대도를 행하는 자이어야 한다. 여기 맹자의 일관된 가치체계는 공변성public-mindedness과 공개성openness과 독자성autonomy이며, 좁은 국가의 범위를 넘어서는 천하성universality이다. 부귀도 그를 음하게 만들 수 없고,

빈천도 그의 마음을 움직일 수 없고, 위무도 그를 굴복시킬 수 없다.

맹자 사상의 가장 핵심적 근간은 바로 최후의 구절에 있다. 여기서 "위무威武"라는 것은 국가권력the authority of a state을 말하는 것이다. 인간이 살아가면서 가장 크게 부닥치는 위무는 개인적 위무가 아니라 국가가 개인에게 부과하는 위무이다. 인혁당의 사람들이 당했을 박정희의 위무를 한번 생각해보라! 그 얼마나 무서운 위무였겠는가? 그러나 전국시대의 사상가들에게 이런 고통은 다반사였다. 손빈孫臏이라는 이름도 무릎관절 덮개를 빼어버리는 고문을 당했기 때문에 붙여진 것이다(빈형臏刑은 슬개골을 도려내는 형벌).

맹자는 이러한 당대의 비극적 정황을 고려하면서도 현실에 타협하지 않고 국가의 권력을 뛰어넘는 자래야만 "대장부"라고 말할 수 있다는 논리를 펴고 있는 것이다. 국가의 권력을 뛰어넘을 수 있는 대장부! 죽음으로써 천하의 광거, 천하의 정위, 천하의 대도를 지킬지언정 조금도 타협하지 않는 사나이! 그 사나이의 진정한 용기는 실존 내면의 도덕성에서만 우러나오는 것이라고 외치고 있는 것이다. 공자도 말했다: "신장申棖은 항상 욕심이 앞서는 사람이니 어찌 그를 강하다 하리오?"(5-10). 사사로운 욕망을 벗어나지 않는 한 인간은 진정한 용기를 발휘할 수 없다. 공자는 또 말한다: "삼군의 거대병력에 맞서 그 장수를 빼앗을 수는 있다. 그러나 초라한 필부에게서도 그 뜻을 빼앗을 수는 없다. 三軍可奪帥也, 匹夫不可奪志也。"(9-25).

3b-3. 위魏나라 사람인 주소周霄가 맹자에게 물었다: "옛 군자들도 벼슬을 하였습니까?"

맹자께서 말씀하시었다: "암 벼슬했구 말구. 전해오는 기록에 의하면 이런 말이 있지: '공자는 삼 개월 동안이라도 자기를 써주는 군주가 없으면 마음이 초조해져서 안정되지 않는 모습이었다네. 한 나라에서 사직하고 저 나라로 떠날 때에도 반드시 군주를 뵈올 때 필요한 상견예물을 수레에 싣고서야 떠났다네.' 노나라의 현인 공명의公明儀(「등문공」상1에 나옴)도 이렇게 말했지: '옛 사람도 삼 개월 동안 자기를 써주는 군주를 만나지 못하고 있으면, 주변사람들이 반드시 그를 찾아가 위로해주었다네.' 그러니 벼슬하는 일은 중요한 일일세."

주소는 또 물었다: "삼 개월 동안 벼슬 못한다구 그를 위문한다는 것은 너무 성급한 것 아닙니까? 방정맞게시리."

맹자께서 말씀하시었다: "선비로서 관직의 위位를 잃는다는 것은 제후가 국가國家(맹자 당시 "국가"라는 개념이 요즈음같이 쓰였다는 것을 알 수 있다)를 잃는 것과 마찬가지라네. 『예』(현재의 『예기』 「제통祭統」 「곡례曲禮」 「왕제王制」편들에서 비슷한 내용을 찾을 수는 있으나 맹자가 본 문헌은 오늘 우리가 보는 『예기』와는 달랐다. 인용문이 어디까지인가에도 이설이 있다)에 다음과 같은 말이 있네: '제후는 조상제사에 쓸 쌀을 장만하기 위하여 손수 경작하는 적전藉田을 소유하는데 봄에 경종耕種을 손수 하고나면 백성들이 다 도와서 수확한다. 그 깨끗한 수확물로써 종묘제사의 공물로 삼는다. 제후의 부인(정처正妻)도 손수 누에를 치고 실을 뽑는데 백성들이 다 도와서 훌륭한 직물을 만들어주면 그것으로 제복祭服을 만든다. 그런데 나라를 잃게 되면 희생犧牲의 소나 양도 살찌지 아니 하고, 제기그릇에 담을 곡물도 청결할 수가 없고, 제사에 쓸 의복衣服도 마련되질 않는다. 그렇게 되면 감히 제사를 지낼 수가 없다. 제사를 못 지내면 종묘사직은 끝나고 마는 것이다. 선비도 제사비용을 충당할 수 있는 규전圭田을 가지고 있지 못하면 제사를 지낼 수 없다.' 선비가 그 위位를 잃게 되면 희생·제기·제복이 갖추어질 수가 없으니 제사를 지낼 수 없고, 제사를 지낼 수 없으니 제사 후에 일족이 모여 즐기는 연회도 베풀 수 없게 될 것이야. 이런 처량한 정황이야말로 위문하기에는 충분한 조건이 아니겠나?"

주소는 또 묻는다: "국경을 넘어가면서 군주알현용 예물을 싣고서야 떠난다는 것은 또 뭔 뜻이오니이까?"

맹자께서 말씀하시었다: "선비가 벼슬을 한다는 것은, 농부가 밭을 가는 것과도 같은 본분에 속하는 일이야. 농부가 국경을 넘어간다 해도 자기의 쟁기와 보습은 꼭 챙겨가지고 떠나겠지?"

주소가 또 집요하게 묻는다: "제가 속한 위나라만 해도 군자가 벼슬하기에는 괜찮은 나라입니다. 그런데 벼슬한다는 게 그렇게 중요하고 긴박한 일이라고는 미처 생각해보질 못했습니다. 벼슬한다는 게 그토록 중요하고 긴박하다고 한다면, 선생님께서 벼슬길에 오르시기를 그토록 꺼려하시는 까닭은 무엇입니까?"

맹자께서 말씀하시었다: "장부가 태어나면 부모는 그가 훌륭한 부인을 얻어 가정을 꾸리기를 원하고, 여자가 태어나면 부모는 그가 훌륭한 남편을 만나 살림을 꾸리기를 원한다. 이러한 부모의 심정은 누구나 다 공통된 것이다. 좋은 벼슬을 하는 것도 이와 같은 인간의 본원적 갈망에 속하는 것이다. 그런데 부모의 명령이나 중매인의 혼담을 거치지 아니 하고 철모르는 남·여들이 담에 구멍을 뚫어 서로 들여다보며 희롱하다가 마음에 맞으면 월장하여 밀회를 즐기게 되면, 부모나 국인國人들이 모두 천하게 여긴다. 예로부터 사람들이 벼슬을 갈망하지 않은 것은 아니나, 단지 그 벼슬하는 방식이 정도正道를 밟지 않는 것을 증오했을 뿐이다. 정도를 밟지 않고 벼슬길에 함부로 나선다는 것은 담벼락에 구멍 뚫고 히히덕거리는 것처럼 천박한 짓이다."

3b-3. 周霄問曰: "古之君子仕乎?" 孟子曰: "仕。傳曰: '孔子三月無君, 則皇皇如也, 出疆必載質.'公明儀曰:'古之人三月無君, 則弔.'""三月無君則弔, 不以急乎?"曰:"士之失位也, 猶諸侯之失國家也。禮曰:'諸侯耕助, 以供粢盛。夫人蠶繅, 以爲衣服。犧牲不成, 粢盛不潔, 衣服不備, 不敢以祭。惟士無田, 則亦不祭.' 牲殺、器皿、衣服不備, 不敢以祭, 則不敢以宴, 亦不足弔乎?""出疆必載質, 何也?"曰:"士之仕也, 猶農夫之耕也。農夫豈爲出疆舍其耒耜哉?"曰:"晉國亦仕國也, 未嘗聞仕如此其急。仕如此其急也, 君子之難仕, 何也?"曰:"丈夫生而願爲之有室, 女子生而願爲之有家。父母之心, 人皆有之。不待父母之命、媒妁之言, 鑽穴隙相窺, 踰牆相從, 則父母國人皆賤之。古之人未嘗不欲仕也, 又惡不由其道。不由其道而往者, 與鑽穴隙之類也。"

沃案 맹자의 사관仕官에 관한 일관된 주장이다. 그 주장의 논리와 얽힌 다양한 비유의 분위기 스케치가 매우 흥미롭다. 벼슬에 대한 갈망을 가정을 꾸리는 것에 비유하는 맹자는 문명 속의 인간이 문명 속에서 추구하고자 하는 현실적 모습을 과감히 긍정하고 있는 것이다. 그러나 그것이 반드시 대장부의 도덕심을 전제로 해야 한다는 것이다. 본편의 제1장도 같은 주제를 피력한 것이다(3b-4, 5a-9, 5b-5, 5b-7, 6b-14 참조). 사관의 당위성을 논하는 공자의 논리는 『논어』 18-6, 18-7에 실려있다.

3b-4. 맹자의 제자 팽갱彭更(팽갱은 관리였던 것 같다)이 날카로운 질문을 던졌다: "선생님께서는 왕도를 강설하기 위하여 주유하실 때, 제후가 원하는 것은 결국 선생님 한 분뿐일 텐데, 선생님은 꼭 뒤에 수레를 수십승數十乘, 그리고 따라 걸어가는 자 수백인數百人이 수반 들게 하시고, 이 제후에서 저 제후에로 향응을 받으시며 다니시는 모습이 너무 분에 지나치다고 생각하지는 않으시는지요?"

맹자께서 말씀하시었다: "물론 그 도道가 아니라면 한 소쿠리의 밥도 남에게서 얻어먹어서는 아니 된다. 그러나 정도를 행한다면 순舜임금이 천하를 요堯임금에게 받은 것도 결코 지나친 것이 아니다. 그대는 정녕코 순임금이 지나치다고 생각하는가?"

팽갱은 말한다: "제가 어찌 그렇게까지 생각할 수 있겠습니까? 단지 저는 선비 된 사람이 별일도 하지 않으면서 얻어먹기만 하는 것이 옳지 않다는 것을 말씀드리고 있을 뿐입니다."

맹자께서 말씀하시었다: "그대가 당국자로서 인민들이 만든 제품들을 유통시키고, 각기 지역과 신분에 따라 일들을 분담시킴으로써, 남은 것으로써 모자라는 것을 보충시키는 전체적인 국가경영을 잘 하지 않으면, 농부들에게는 쌀이 남아돌아가는데도 입을 천이 없을 것이며, 여인들에게는 천이 남아돌아가는데도 먹을 쌀이 없게 될 것일세. 그대가 당국자로서 이런 것들을 잘 유통시켜 조화롭게 만들면 소목장·대목수·수레바퀴공·수레거푸집 장인이 모두 그대의 덕분에 먹을 것을 얻게 될 것이야. 그런데 여기 어떤 한 훌륭한 청년이 있어서, 집에 들어가면 극진히 효도하고 나와서는 어른들을 공손히 모시고, 선왕지도先王之道를 잘 지킴으로써 후대의 배우는 자들에게 그 도를 잘 전하고 있다고 해보세! 그런데 이 청년을 자네가 별로 눈에 띄게 하는 일도 없고 뭘 만들어내지도 않는다고 하면서, 그에게 먹을 것이 돌아가는 것을 차단시킨다고 한다면, 그대는 소목장·대목수·수레바퀴공·수레거푸집 장인만 존경하고, 이 사회의 보이지는 않지만 너무도 중요한 인의仁義의 사업에 종사하는 사람은 경멸하고 마는 것일세. 과연 그래서야 되겠는가?"

팽갱은 굽히지 않고 반론을 제기한다: "선생님! 소목장·대목수·수레바퀴공·수레거푸집 장인은 본시 밥을 먹기 위해서, 그 동기 때문에 제작작업을 하는 것입니다. 그렇다면 군자가 도道를 행하는 것도 보수를 받기 위한 동기에서 하는 것입니까?"

맹자께서 말씀하시었다: "그대는 어찌하여 지금 여기서 동기니 목적이니 하는 것들을 따지고 있는가? 그대는 당국자로서 사람의 행위가 구체적 성과가 있다고 판단되면 그 가치를 인정하고 그 성과에 따라 보수를 주는 것뿐일세. 묻겠네. 그대는 동기 때문에 보수를 주는가? 구체적 공적 때문에 보수를 주는가?"

팽갱은 말했다: "저는 동기에 대하여 보수를 줍니다."

맹자께서 말씀하시었다: "좋아! 여기 한 미장이가 있다고 하세. 우리집 담이 고장나서 미장이를 불렀는데, 이 미장이는 손이 서툴러서 기와를 잔뜩 깨버리고 흙손으로 벽을 오히려 흠집내버리기만 했네. 그러나 이 자가 우리집에 온 것은 돈을 벌기 위한 동기밖에는 없네. 그럼 자네는 이 미장이에게 이 미장이의 동기 때문에 보수를 주겠는가?"

"못 줍니다."

"그렇다면 자네는 인간의 행위의 동기 때문에 보수를 주는 것이 아니라 구체적 공적 때문에 보수를 줄뿐이야! 단지 내가 안타깝게 생각하는 것은 자네가 인의의 공적을 평가할 줄 아는 눈이 부족하다는 것일 뿐일세!"

3b-4. 彭更問曰: "後車數十乘, 從者數百人, 以傳食於諸侯, 不以泰乎?" 孟子曰: "非其道, 則一簞食不可受於人; 如其道, 則舜受堯之天下, 不以爲泰。子以爲泰乎?" 曰: "否。士無事而食, 不可也。" 曰: "子不通功易事, 以羨補不足, 則農有餘粟, 女有餘布; 子如通之, 則梓匠輪輿皆得食於子。於此有人焉, 入則孝, 出則悌, 守先王之道, 以待後之學者, 而不得食於子。子何尊梓匠輪輿而輕爲仁義者哉?" 曰: "梓匠輪輿, 其志將以求食也; 君子之爲道也, 其志亦將以求食與?" 曰: "子何以其志爲哉? 其有功於子, 可食而食之矣。且子食志乎? 食功乎?" 曰: "食志。" 曰: "有人於此, 毀瓦畫墁, 其志將以求食也, 則子食之乎?" 曰: "否。" 曰: "然則子非食志也, 食功也。"

沃案 매우 중요한 철학적 아규먼트인데, 그 궁극적 뜻이 문맥상 애매하여 잘 전달되지 않는다. 나는 그 문맥을 명료하게 만들기 위하여 최선을 다하였다. 칸트는 인간의 행위의 결과보다는 선의지의 절대적 명령만을 중시한다. 인간의 도덕성은 결과중심의 공리계산에서는 확보될 수 없다는 것이다. 맹자가 결코 칸트와 다른 입장을 취하는 사상가가 아님에도 불구하고 팽갱이라는 제자의 날카로운 질문 때문에 논의가 좀 이상하게 흘러버린 측면이 있다. 그러나 맹자의 입장은 단호하게 상식적이다. 인의를 지켜나가는 도덕성의 사회적 기능에 대하여 물물교환으로 평가될 수 없는 특별한 가치를 인정받아야 한다는 것이 맹자주장의 핵심이다. 그 인정받음이 순수한 동기주의적 논의에 의해서만 분석될 수는 없다. 그 도덕의 현실적 기능은 하시라도 자기가 300여 명을 데리고 다니는 정도의 대접은 받는 것을 너무도 정당하게 만든다는 것이다. 여기서 맹자는 순수한 동기주의와 결과주의를 종합하고 있다. 선의지에 의한 현실적 기능은 물리적 유통에 못지않은 가치를 지니는 것이며, 그 가치는 반드시 물질적으로도 보장을 받아야 한다는 것이다. 맹자의 논의는 철학적 아규먼트가 아니라 상식적 판단일 뿐이다. 이러한 맹자의 오기 때문에 그래도 선비의 도덕적 기능이 존중되는 그러한 사회적 기풍이 조선 5백 년의 역사를 통하여 형성되어왔고, 오늘 우리사회에도 면면이 흐르고 있다고 해야 할 것이다.

이 장의 내용은 「진심」상32와 같이 참고하여 이해해주기를 바란다. 여기서 논의되고 있는 "통공역사通功易事"라는 개념은 최한기의 기학의 한 주요한 개념이다(『기학』1-24 참고. 손병욱 역주, 도올 김용옥 서문, 통나무 간행).

3b-5. 맹자의 고제高弟 만장萬章(만장은 맹자의 제자 그룹 중에서 가장 나이

가 지긋한 사람으로 맹자를 잘 보필했던 인물인 것 같다. 공자에게 자로子路와 같은 위치에 있었던 인물인 것 같으나, 자로와는 달리 상당히 지적이고 날카로운 질문을 던진다. 맹자와 가장 많은 대화를 나누었다. 만장은 역사와 당대에 전승된 설화에 능통하였으며 맹자의 역사담론의 허점을 폭로할 수 있는 포괄적 능력이 있으면서도 자신의 관점을 과도하게 밀고 나가지는 않는다. 만장은 중후한 대학자였다. 『사기』에 보면 "맹자가 은퇴하여 만장지도萬章之徒와 더불어 『시』『서』를 질서 잡아 편집하고, 중니의 의도를 논술하였으며, 『맹자』7편을 지었다. 退而與萬章之徒, 序詩書, 述仲尼之意, 作孟子七篇"라고 했는데 은퇴 후 맹자를 도와 『맹자』를 편찬하는 데 가장 큰 공을 세운 인물이었다. "만장지도萬章之徒"를 만장을 비롯한 여타 제자들이라고 이해할 수도 있고, 만장의 제자 그룹이라고 해석할 수도 있다. 후자의 뜻을 취하면 만장도 제자를 거느린 사람이었을 것이다. 그러나 "만자萬子"라는 표현은 단 한 번 『맹자』의 제일 끝부분에 나온다[7b-37: "일향一鄕" 앞의 "만자왈萬子曰"을 "만장왈萬章曰"로 고친 판본은 후대의 왜곡]. 만자라 하지 않고 다 만장이라 한 것은 그만큼 생생한 현장기록이라는 뜻이다. 만장과의 대화는 「만장」편에 집중되어 있으나, 여기 「등문공」편에 수록된 것은 이 대화가 등나라에서 있었던 것이든가 그렇지 않으면 왕도론 주제의 특수성 때문이었든가, 필록자의 문제 때문이든가 할 것이나, 확정지을 길은 없다)이 물어 아뢰었다: "송宋나라는 소국小國입니다. 지금 바야흐로 선생님께서 말씀하시는 왕정王政을 실천하고 싶어하는 의욕으로 가득차 있습니다. 그런데 옆의 제나라와 초나라와 같은 대국이 그 꼴을 보고 싶어하지 않아 정벌하려고 하고 있습니다. 어찌하면 좋겠습니까?"(『사기』「송세가宋世家」에 의하면 언偃이 군주인 형 척성剔成을 방축하고[BC 331], 자립하여 송의 군주[BC 330]가 되었다. 십년 후에는[BC 320] 칭왕稱王하고 제·초·위魏를 깨뜨리고 한때 세를 과시한 적이 있다. 그런데 사마천은 그를 걸桀과 같은 포악한 임금으로 그리고 있고, 그의 폭정 때문에 제·위·초가 연합하여 송나라를 멸망시킨 것으로 기술하고 있다[BC 248]. 그러나 만장의 증언이 훨씬 더 사실에 가깝다고 보아야 한다. 사마천은 송을 멸망시킨 제·초·위의 입장에서 기술하였을 뿐이다. 송나라는 마지막으로 현군의 정치를 맞이했으나 대국이 그것을 파멸시킨 것이다. 언이 칭왕했을 때가 바로 맹자가 양혜왕을 만난 해였다).

맹자께서 말씀하시었다: "옛날에 은나라의 탕왕湯王이 아직 소국의 제후노릇을 하고 있던 시절에 그는 박亳(탕의 도읍지. 하남성 상구현商丘縣 동남)에 도읍하고 있었다. 그런데 갈葛나라와 이웃하고 있었다(갈나라의 문제는 1b-11에서 이미 다루었다. 같은 주제가 반복되고 있다. 갈은 영성嬴姓이며, 그 고성이 지금 하남성 영릉현寧陵縣 북 15리에 있다. 진秦나라도 영성嬴姓이다). 그런데 갈백葛伯(갈의 군주)이 방탕하기 그지없어 조상과 제신에게 제사를 지내지 않았다. 탕왕은 심부름꾼을 보내 물어 말하였다: '왜 제사를 지내지 않는가?' 그러자 답변하기를, '공물로서 바칠 희생 소나 양이 없기 때문입니다' 하였다. 그래서 탕은 사람을 시켜 희생에 쓸 소와 양을 보내주었는데, 갈백이 그만 그것을 자기가 다 먹어버리고 말았다. 그리고 또한 제사를 지내지 않았다.

탕이 또 사람을 보내어 물어 말하였다: '어찌하여 제사를 지내지 않느뇨?' 그러자 갈백은 말하기를, '공물로 드릴 곡물이 없습니다'라고 하였다. 그래서 탕은 박 땅의 대중을 동원하여 갈 땅의 밭을 갈게 하였다. 제사를 지내는 곡물은 반드시 그 땅에서 나는 것이 아니면 안되었기 때문이었다. 그리고 박 땅의 노약자들은 갈 땅에서 밭을 갈고 있는 사람들을 위하여 매일 도시락을 날랐다. 그런데 갈백은 자국의 사람들을 데리고 와서 길목에서 잠복하고 있다가 지게로 나르는 술과 밥과 곡식을 강탈하였다. 그리고 빼앗기지 않으려고 반항하는 자는 다 죽여버렸다. 한 어린이가 찰기장밥과 고기를 이고 가는데 그 어린애를 죽이고 그것을 빼앗았다. 『서경』(조기는 『상서』의 일편逸篇의 글이라 했는데, 현재 고문 「중훼지고仲虺之誥」에 실려있다)에, '갈백이 밥 나르는 사람을 원수로 삼았다葛伯仇餉'라고 쓰여져 있는데 이 글은 바로 이 사건을 두고 한 말이다(사실 '갈백구향'이라는 말이 정확하게 무엇을 의미하는지는 모른다. 그러나 맹자가 이미 『상서』의 글을 자기 나름대로 해석하고 있었던 한 예를 보여준다. 자기가 구전으로 들은 이야기를 『상서』의 문장과 결부시켜 확정적으로 해석하고 있었던 것이다). 죄 없는 이 어린아이를 죽이는 처참한 사건에 이르게 되자 탕은 드디어 발심하여 갈을 정벌하였다. 그래서 사해 안의 모든 사람들이 '천하의 부를 노리고 한 일이 결코 아니다. 죄 없는 필부필부匹夫匹婦를 위하여 원수를 갚아주신 것이다'라고 칭송하였다. 탕왕의 정벌은 갈로부터 시작하였다(載=始). 11개국을 정벌하였는데, 천하에 대적할 자가 없었다. 탕이 동쪽을 향하여 정벌을 나가면 서쪽의 이夷는 왜 우리 쪽으로는 빨리 안 오시나 원망하고, 남쪽을 향하여 정벌을 나가면 북쪽의 적狄은 왜 우리 쪽으로는 빨리 안 오시나 원망하였다. 그리고 말하기를, '어이하여 우리를 뒷 순번으로 하시나이까? 빨리 오소서!' 하였다. 백성들이 탕의 군대를 기다리는 것이 마치 큰 가뭄에 단비를 기다리는 것과도 같았다. 탕임금의 작전지역에서도 시장에는 사람들이 여전히 바글거리며 거래가 이루어졌고, 농부는 여전히 김매는 손을 멈추지 않았다. 탕왕이 가는 곳마다 그 나라의 폭군을 주벌하고 백성들을 위로하니, 때맞춰 은혜의 단비가 내리는 듯하니, 인민들이 쌍수 들고 환영하였던 것이다. 『서書』에 이른다: '우리의 진정한 임금님 탕왕을 기다렸다! 탕임금이 오시면 우리는 이제 다시 가혹한 형벌에 시달리지 아니 하리라!'

또 주왕조의 초기, 동방의 유국攸國을 정벌한 사건과 관련하여 다음과 같은 역사기록이 있다: '유국(이것을 고유명사로 보지 않고 일반명사로 해석하는 견해도 있으나 그것은 오류이다. 갑골문이나 만상晩商의 금문에 유국攸國이 등장한다)이 신하 되기를 거부하였기 때문에, 주왕周王은 동정東征을 감행하여, 학정에 시달리던 그곳의 남녀를 평화롭게 만들었다. 그들은 현황玄黃의 비단(검은색과 황색의 비단으로서 화폐 대신 쓰였던 것)을 대광주리에 가득 담아 예물로 바치면서, 우리 주왕周王(=무왕武王)을 알현하는 영광을 얻어 그 광채 나는 아름다운 인품을 두 눈으로 보고, 대국인 우리 주나라의 신하로서 귀복歸服하기를 원하였다.' 이 기록은 과연 무엇을 말하고 있는 것일까? 이것은 은나라의 지위있는 군자들이 현황의 비단을 대광주리에 가득 담아 주나라의 군자들을 환영하였고, 또 은나라의 일반백성들은 소쿠리에 밥을 담고 호로병에 술을 담아 주나라의 일반백성들을 환영하였다는 뜻이다. 왜 이토록 자기를 정벌하는데 환영한 것일까? 그것은 무왕이 물난리·불난리와도 같은 도탄에 빠진 민중을 구하고, 잔악한 폭정을 제거하기 위한 것 이외에는 어떠한 야심도 없는 성전聖戰을 감행한 것뿐이라는 것을 그들이 잘 알았기 때문이었다.

『서경』「태서太誓」편(현재 「태서」중中에 있다)에 다음과 같은 기록이 있다: '우리 주나라의 무위武威를 드높여, 은나라의 국경을 침공하였다. 저 흉악하고 잔악한 폭군을 주살하여 우리 정벌의 공적이 드넓게 펼쳐지니, 이것은 오히려 은나라를 세운 탕임금에게 광휘를 안겨주는 것이다'(마지막 구절의 해석은 일반해석과 다르다).

지금 자네가 언급하고 있는 송나라의 군주는 왕정王政을 과감히 실천에 옮기고 있지도 않으면서 걱정부터 하고 있다. 그러나 과감히 왕정을 실천하기만 한다면 사해四海 안의 모든 사람이 학수고대하면서 우리의 임금님이 되어주십사 하고 갈망할 것이다. 제나라·초나라가 대국이라 한들 어찌 두려워할 것이 있겠는가?"

3b-5. 萬章問曰: "宋, 小國也。今將行王政, 齊、楚惡而伐之, 則如之何?" 孟子曰: "湯居亳, 與葛爲鄰, 葛伯放而不祀。湯使人問之曰: '何爲不祀?' 曰: '無以供犧牲也。' 湯使遺之牛羊。葛伯食之, 又不以祀。湯又使人問之曰: '何爲不祀?' 曰: '無以供粢盛也。' 湯使亳衆往爲之耕, 老弱饋食。葛伯率其民, 要其有酒食黍稻者奪之, 不授者殺之。有童子以黍肉餉, 殺而奪之。書曰: '葛伯仇餉。' 此之謂也。爲其殺是童子而征之, 四海之內皆曰: '非富天下也, 爲匹夫匹婦復讎也。' '湯始征, 自葛載,' 十一征而無敵於天下。東面而征, 西夷怨; 南面而征, 北狄怨, 曰: '奚爲後我?' 民之望之, 若大旱之望雨也。歸市者弗止, 芸者不變, 誅其君, 弔其民, 如時雨降。民大悅。書曰: '徯我后, 后來其無罰!' '有攸不惟臣, 東征, 綏厥士女, 匪厥玄黃, 紹我周王見休, 惟臣附于大邑周。' 其君子實玄黃于匪以迎其君子, 其小人簞食壺漿以迎其小人。救民於水火之中, 取其殘而已矣。太誓曰: '我武惟揚, 侵于之疆, 則取于殘, 殺伐用張, 于湯有光.' 不行王政云爾; 苟行王政, 四海之內皆擧首而望之, 欲以爲君。齊楚雖大, 何畏焉?"

沃案 출전의 복합성 때문에 실로 정확히 해석하는 것이 어려웠던 장이다. 『서경』의 일문佚文이 많이 보존되어 있는 문서적 가치가 있는 귀한 장이다. 아마도 이 장은 「만장」상 어디엔가 있었을 것인데 여기로 편입된 것 같다. 만장이 워낙 역사에 밝은 사람이기 때문에 맹자의 논의도 역사적 사례를 세밀하게 들어 이야기를 전개하고 있다. 그러나 벌연伐燕의 오류를 지적하는 데 사용되었던 논리가(1b-11) 여기서는 송나라의 입장을 비판적으로 격려하는 논리로 사용되고 있다.

역사는 승리자의 기록이다. 애초에 탕湯이 갈백을 정벌한 이야기도, 실상은 "공연한 간섭"이었을 가능성도 있다. 제사를 안 지낸다고 자국민을 남의 땅에 보내어 경작케 하는 것은 이미 "제사"를 빙자한 점령일 수도 있다. 그러한 점령사태에 대한 갈백의 반격을 탕의 입장에서 비도덕적인 어린 생명의 유린으로 포장했을 가능성도 있다. 그러나 그 은나라도 또다시 주나라에 의해 정벌당한다. 그리고 주나라는 자기들의 정벌이 오히려 은나라의 광영光榮이 되었다고 찬양한다.

그러나 맹자는 이러한 역사적 실상의 맥락을 무시한 채, 자신의 왕도론의 논리만을 고집하고 있다. 그러한 왕도론의 논리가 맹자라는 캐릭터의 위대성을 부각시키고는 있지만, 맹자가 당면한 실제적 문제를 토론하는 파편보다는 역시 그 논리의 파워가 좀 관념화되어 있다는 느낌을 받는다. 『논어』에도 자공이 "과연 주紂임금이라고 해서 역사에 기술되고 있는 것처럼 그토록 나쁜 인간일 리가 있겠느냐?"(19-20)라고 평한 것을 상기하면서 쓴웃음을 지어본다.

3b-6. 맹자께서 송나라에 체재하실 동안의 문답이었다. 맹자께서 송나라의 충신인 대불승戴不勝(송나라 조정의 사람인데 누구인지는 확정지을 수 없다. 다음 제8장에 나오는 대영지戴盈之일 수도 있다. 『순자』「해폐解蔽」편의 양량楊倞 주에는 대환戴驩이 송의 태재太宰였다고 한다. 『한비자』「내저설內儲說」상에도 나온다. 이 사람일 수도 있다)에게 일러 말씀하시었다: "그대는 송나라의 왕이 선한 길을 걸어가기를 갈망하고 있는 것 같은데, 내가 그대의 왕이 선행을 할 수 있는 확실한 방법을 가르쳐 주겠소. 여기 초나라의 대부가 있다고 합시다. 그는 그의 아들이 제나라 말을 잘할 수 있게 되기를 바라고 있소(당시 초나라 말은 촌스러운 말이었고, 제나라 말이야말로 지금 영어와도 같은 세련된 국제언어였다. 당시 그만큼 방언의 차이가 컸다는 것을 알 수 있다). 그렇다면 제나라 사람을 가정교사로 두겠소? 초나라 사람을 가정교사로 두겠소?"

대불승이 대답한다: "물론 제나라 사람으로 하여금 가르치도록 하겠지요."

말씀하시었다: "그런데 제나라 사람 단지 한 사람만 가정교사로 둔다 해도 주변의 모든 사람이 초나라 말로 떠들어대면, 매일 그 아들을 회초리로 때려가면서 제나라 말을 가르치려 해도 그것은 불가능할 것이오. 그런데 그 아이를 아예 제나라 임치의 가장 화려한 거리에 데려가 수년간 그곳에서 생활하게 한다면, 매일 그 아들을 회초리로 때려가면서 초나라 말을 하게 해도 그것은 불가능할 것이오.

그대가 최근 나에게 설거주薛居州(송나라의 신하)라는 인물이 훌륭한 선비이며 왕궁에서 거하면서 임금을 보좌하게 만들 거라는 얘기를 했소. 왕궁에 있는 모든 사람들이 장유존비長幼尊卑를 불문하고 다 설거주와 같은 훌륭한 인물이라면 왕이 누구와 더불어 불선不善을 행할 수 있겠소이까?

그런데 왕궁에 있는 모든 사람들이 장유존비를 불문하고 다 설거주와 판이하게 다른 나쁜 인간들이라고 한다면 왕이 누구와 더불어

선善을 행할 수 있겠소이까? 당신이 오직 한 사람의 설거주로 하여금 왕을 보좌하게 한들, 실로 송왕 홀로 뭔 일을 할 수 있겠소?"

3b-6. 孟子謂戴不勝曰: "子欲子之王之善與? 我明告子。有楚大夫於此, 欲其子之齊語也, 則使齊人傅諸? 使楚人傅諸?"曰: "使齊人傅之。"曰: "一齊人傅之, 衆楚人咻之, 雖日撻而求其齊也, 不可得矣; 引而置之莊嶽之間數年, 雖日撻而求其楚, 亦不可得矣。子謂薛居州, 善士也, 使之居於王所。在於王所者, 長幼卑尊皆薛居州也, 王誰與爲不善? 在王所者, 長幼卑尊皆非薛居州也, 王誰與爲善? 一薛居州, 獨如宋王何?"

沃案 아주 평범한 이야기이지만 우리 주변에도 적용될 수 있는 절실한 이야기라 생각된다. 같은 주제가 「고자」상9에도 나오고 있다. 그런데 이 이야기가 우리에게 감동을 주는 것은 맹자가 성선론자임에도 불구하고 인간의 선행은 환경의 영향 속에서 이루어지는 것이라는, 거의 순자의 "위설僞說"에 가까운 주장을 하고 있다는 것이다. 여기서 우리가 깨달아야 할 것은 맹자의 성선의 주장이 획일적 논리의 관철이 아니라 인간의 선행의 가능성을 인간 본성의 바탕에 인정한 것일 뿐이며, 후천적 학습의 중요성을 결코 배제한 것이 아니라는 것이다. 인간에게 중요한 것은 성선이라는 학설의 관철이 아니라, 왕도의 실천이며, 모든 인간이 왕도의 구현을 위하여 공유의 가치에 참여하는 현실적 과정이다. 이 과정의 성과를 위하여 모든 인간의 가능성이 동원되어야 하는 것이다. 맹모삼천孟母三遷의 고사도 이 장과 논리적으로 상통하는 이야기라 할 것이다. 그리고 당시 "어학교육"이 매우 중요한 문제였다는 것도 전국시대의 생활사의 한 주제로서 여기서 규탐할 수 있다. 현재 우리나라 극성엄마들의 "조기유학"의 논리도 다 들어있다고 할 것이다. "장악莊嶽"은 여러 설이 있으나 나는 제나라 임치의 거리 이름으로 본다.

3b-7. 맹자의 제자 공손추가 물었다: "선생님께서 주동하여 자발적으로 제후들을 찾아가 만나시지 아니 함에는 어떤 뜻이 숨어있나이까?"

맹자께서 말씀하시었다: "옛날부터 제후의 신하가 아닌 이상, 제후를 자발적으로 만나지 않는 것은 보통 있는 일이었다. 단간목段干木(성이 단段이고 이름이 간목干木이다. 단간段干이라는 복성을 가진 자도 있으나 그것은 다른 사람이다. 『사기』「위세가魏世家」에 여기저기 나온다. 복자하卜子夏와 전자방田子方을 스승으로 모시었다. 이극李克·적황翟璜·오기吳起와 함께 위나라에 머물렀으나 간목은 끝내 벼슬을 하지 않았다. 위문후가 존숭한 현자였다)의 경우, 위문후가 그를 만나러 그의 집으로 왔을 때 담을 넘어 피해버렸다. 노나라의 현자 설류泄柳(「공손추」하11에 기출)의 경우도, 노목공魯穆公이 그를 만나러 그의 집으로 왔을 때 대문을 잠그고 끝내 열어주지 않았다. 이런 경우는 좀 심하다고 생각된다. 군주가 대문 앞까지 와서 면회를 요청하는 그러한 성의를 보인 경우에는 알현하는 것이 상식일 것이다.

공자와 동시대의 사람, 계씨의 가재家宰였던 양화陽貨(3a-3)가 공자를 만나고 싶어했으나 공자를 오라가라 하는 결례를 범하고 싶진 않았다. 당시 대부大夫였던 양화가 일개 평범한 사士였던 공자 집으로 예물을 보냈을 경우, 만약 그 사士가 부재중이어서 그 예물을 직접 받고 예를 표시하지 못했으면 반드시 대부의 집 문전까지 친히 가서 감사를 표시하는 것이 당시 예에 합당한 일이었다. 그래서 양화는 공자가 집에 있지 않은 틈을 엿보아 공자에게 맛있는 찐 돼지 한 마리를 보냈다. 그래서 공자 또한 양화가 집에 없는 틈을 엿보아 양화 집을 방문하여 예를 표하였다(이 비슷한 이야기가 『논어』 「양화」1에 나오고 있다. 「양화」에서는 양화가 집에 있지 않은 틈을 타서 예방하려고 가는 도중에 양화와 맞부딪히고 만다. 그러나 이야기 골격은 같다. 설화자료가 전승되는 방식에 관한 다양한 문헌비평이 가능할 것이다. 하여튼 『맹자』라는 자료의 신빙성이 높다는 것이 입증된다. 『논어』 17-1이나 본 장의 설화는 같은 전승이 다른 방식으로 활용된 것이다). 이때에도 만약 양화가 예물만을 보내지 않고 직접 공자 집으로 왔다고 한다면 공자인들 양화를 아니 만날 수는 없었을 것이다(沃案: "이것은 양화가 선수를 친 것이므로 공자가 찾아가지 않을 수 없었던 것이다"라는 해석도 가능하다).

증자가 말하였다: '목을 움츠리고 어깨를 올리면서 아첨하는 말만 하고 살살 웃어야 하는 것은 여름 땡볕 아래 드넓은 채소밭에 물을 주는 것보다 훨씬 더 피곤하다.'

자로는 또 말하였다: '내심으로 동의하지 않으면서도 동의해야만 하는 척 말하고 있는 놈의 얼굴에는 겸연쩍은 듯한 붉은 기운이 감돈다. 나 유由(자로의 이름)는 평생 이런 놈들과는 상대도 하지 않았다.'

이로 미루어본다면, 군자가 마음에 길러야 하는 호연지기가 무엇인지, 권력 앞에 굴하지 않는 인품절조를 어떻게 길러야 하는지를 잘 알 수 있을 것이다."

3b-7. 公孫丑問曰: "不見諸侯, 何義?" 孟子曰: "古者不爲臣不見。段干木踰垣而辟之, 泄柳閉門而不內, 是皆已甚。迫, 斯可以見矣。陽貨欲見孔子而惡無禮, 大夫有賜於士, 不得受於其家, 則往拜其門。陽貨瞯孔子之亡也, 而饋孔子蒸豚; 孔子亦瞯其亡也, 而往拜之。當是時, 陽貨先, 豈得不見? 曾子曰: '脅肩諂笑, 病于夏畦。' 子路曰: '未同而言, 觀其色赧赧然, 非由之所知也。' 由是觀之, 則君子之所養, 可知已矣。"

沃案 아주 간단한 대화이지만 깊게 씹어보면 맹자의 인생태도, 그리고 선비가 지켜야 할 절조節操를 잘 나타낸 명파편이라 해야 할 것이다. 여기서 논의되고 있는 것은, 벼슬을 해야하느냐 마느냐의 논의에 앞서 한 지식인이 살아가는 일상적 삶의 철학에 관한 것이다. 즉 어떠한 경우에도 선비는 권력의 환심을 사기 위해 끼웃거리는 비굴한 모습을 보여서는 안된다는 것이다. 증자의 "협견첨소脅肩諂笑, 병우하휴病于夏畦"라는 말과

등문공 하 | 363

자로의 "미동이언未同而言, 관기색난난연觀其色赧赧然, 비유지소지야非由之所知也"라는 말은 『논어』에 수록되지 않은 공문제자들의 로기온자료인데 참으로 절실한 그들의 삶의 자세와 교훈을 우리에게 전해주고 있다. 대부분의 지식인들이 협견첨소(고개를 움츠리고 알랑방귀만 뀌고)하고 미동이언(동의하지 않으면서 동의하는 체)하면서 살아가고 있는 오늘 대한민국의 현실에 이 대장부 맹자의 육성은 우리의 양심의 폐부를 찌른다. 아유영합阿諛迎合을 거부하는 조선 선비의 기개가 이 『맹자』라는 서물의 영향이 적지 않았다는 것을 새삼 상기시킨다.

출처진퇴에 관해서는 「등문공」하1·3, 「만장」하4·5·7 등을 참고할 것.

3b-8. 송나라의 정책을 담당하고 있었던 송나라의 대부 대영지戴盈之(3b-6의 대불승과 동일인일 가능성이 크다. 송나라의 수상격의 인물일 수도 있다)가 맹자가 제시한 왕도의 정책에 관하여 다음과 같이 말하였다: "말씀하시는 정전법의 10분의 1 조세제도의 실행과 관소의 관세, 그리고 시장의 물품세의 철폐(1a-7, 2a-5, 3a-3 등에서 언급)는 금년에는 아직 실행하기 어렵습니다. 올해는 우선 약간만 경감해주고, 내년의 상황을 기다려서 전면적으로 실행하는 것이 어떻겠습니까?"

맹자께서 말씀하시었다: "지금 여기 이웃집 닭들을 매일 한 마리씩 도둑질하는 습벽이 있는 사람이 있다고 합시다. 누군가 그에게, '여보시오! 그것은 군자가 할 짓이 아니오'라고 타이르자, 그가 한 말은 다음과 같았소: '그럼 도둑질하는 마리 수를 우선 경감하겠습니다. 한 달에 한 마리씩만 도둑질하고, 내년의 상황을 기다려서 전면적으로 훔치지 않도록 하겠습니다.' 당신은 과연 이러한 논리가 합리적이라고 생각하십니까? 무엇이든 그것이 의로운 일이 아니라는 것을 안다면, 지금 당장 멈추어야 하는 것입니다. 어찌하여 내년을 기다린단 말입니까?"

3b-8. 戴盈之曰: "什一, 去關市之征, 今玆未能, 請輕之, 以待來年, 然後已, 何如?" 孟子曰: "今有人日攘其鄰之雞者, 或告之曰: '是非君子之道.' 曰: '請損之, 月攘一雞, 以待來年, 然後已.' 如知其非義, 斯速已矣, 何待來年?"

沃案 다시 한 번 맹자의 찬연한 논리와 그 비유의 적절함과 시중의 레토릭에 무릎을 치지 않을 수 없다. 이 장은 짧지만 맹자의 논리를 설득력 있게 설파하는 프라그먼트로서 방명이 드높다. 많은 주석가들이 오히려 대영지의 논리가 정당하며, 맹자의 논리는 관념적인 강변일 뿐이라고 현학의 허세를 부리는 경향이 있다. 다시 말해서 개인의 도덕적 결단과 국가재정에 관한 논의는 동일한 차원의 논리로 환원되어서는 아니 된다는 것이다. 이것은 서구적 사회과학의 세뇌를 받은 사람이라면 모두 수긍하는 논리이다. 또한 실무적 실행 프로세스와 정책의 원칙은 차원을 달리하는 문제라고 말할 것이다. 시행착오의 효용성을 고려하면서 부작용을 줄여야 한다는 것이다.

지금 맹자는 그러한 실무적 제반상황을 모르고 하는 이야기가 아니다. 지금 그가 주장하는 것은 도덕적으로 정당성을 가질 수 있는 사태에 관한 개선의 문제가 아니라, 근원적으로 비도덕적인 사회악의 제거라는 절박한 과제상황을 설파하고 있는 것이다. 과도한 착취로 인하여 매일매일 국민의 삶이 피폐해가고 있고, 매일매일 노약자의 시체가 도랑에 쌓여가고 있는 현실을 직시한다면 그의 주장은 하루가 시급한 문제이다. 이것은 마치 열차 기관사가 그의 의도와는 달리 열차가 역행하고 있다는 것을 안다면 순간 진로를 바로잡아야 하는 것과도 같은 문제이다. 우리 주변에서 정의로운 법안이 "실무적 합리성"을 핑계로 하여 항상 무산되는 경우가 많다는 것을 생각하면 맹자의 논리는 고금을 막론하고 실천되어야만 하는 통의通義라고 할 것이다. 현실과의 타협은 불의의 근절과는 관계없는 타성으로 흘러가게 마련인 것이다.

"여지기비의如知其非義, 사속이의斯速已矣"라는 이 맹자의 말은 우리 삶과 사회적 차원을 하나로 관통하는 정언명령이라 할 것이다. 그것이 비의非義임을 안다면 지금 당장 멈추어라!

담배가 몸에 해롭다는 것을 알면서도 끊지 못하는 지연을 정당화하는 수준의 논리로써 사회악의 만연을 계속 정당화하는 것은 결국 국가의 파멸을 가져오는 것이다. 4대강정비사업, FTA, 남북문제의 경직, 공익사업의 사유화, 대재벌기업중심의 경제운영, 서민들의 생활고 증가, 양극화의 심화 등등의 문제를 놓고 우리는 대영지와 같은 고민을 하면 안된다. 맹자의 벼락같은 결단이 필요할 때이다.

21세기에는 오히려 "사회과학을 도덕화the moralization of social sciences" 하는 정치가 가장 위대한 효율성을 발현할 것이라고 나는 확신한다. 이제 우리 사회의 죄악에 관하여 더 이상 쌩쥐 같은 변명은 하지 말자!

3b-9. 맹자가 제나라에서 활발하게 활동하고 있을 때였다. 맹자의 제자인 공도자公都子(맹자의 제자로서 매우 중후한 고제 중의 한 사람이다. 공도公都가 복성인데 이름은 모른다. "공도자"라는 이름은 「공손추」하5, 「등문공」하9, 「이루」하30, 「고자」상6·15, 「진심」상43에 1번씩, 「고자」상5에 3번 모두 9번 나오고 있다. "자子"가 붙은 것을 보면 그 또한 문도를 거느리고 있었던 것 같다. 공도자 관련 파편은 그의 문인들에 의하여 기록된 것으로 보인다)가 맹자께 아뢰었다: "바깥 사람들이(당시 제나라에서 활동하던 지식인들) 모두 선생님께서 너무 지나치게 논

쟁을 좋아하신다고 수군거립니다. 감히 묻겠습니다만 왜들 그렇게 생각할까요?"

맹자께서 말씀하시었다: "모르는 소리! 내가 어찌 논쟁을 좋아한단 말인가? 나는 단지 부득이不得已해서 논변하고 있을 뿐이다. 하늘 아래 인류가 출현한 지 기나긴 세월이 흘렀다. 그런데 그 세월 동안 한 시기는 혼란스럽고 한 시기는 질서가 잡히고 하는 일치일란一治一亂의 역사가 반복되어왔다. 즉 인류의 역사는 일치일란의 순환이었다.

요임금의 치세시기에는 수로가 막혀 하천이 역류하여 나라 전체가 범람하여 뱀과 용이 같이 살았고 백성들은 편안한 삶의 거점이 있을 수가 없었다. 정착생활이 불가능하였던 것이다. 저지대의 사람들은 나무 위에 원두막을 엮어 살았고, 고지대의 사람들은 동굴을 나란히 파서 삶을 영위하였다. 『서書』(우서虞書 「대우모大禹謨」)에 이르기를, '강수洚水, 나 순舜에게 경고를 주는구나'라고 했는데, 여기서 말하는 강수洚水는 곧 홍수洪水를 일컫는 것이다(이상의 상황이 **제1란**第一亂이다).

순은 신하 우禹로 하여금 이런 홍수를 다스리게 하였다. 우禹는 땅을 파서 강물이 바다로 흘러 들어가도록 만들었고, 뱀과 용을 몰아내어 늪지로 추방시켜 버렸다. 그리고 강물은 준설된 제방 사이로만 흐르게 되었으니 이것이 바로 양자강·회하淮河·황하·한수漢水이다. 이로서 위험한 범람이 멀리 사라져 땅이 드러나고, 사람을 해치는 새와 짐승이 사라졌다. 드디어 사람들은 평지에서 취락공간을 얻어 정착된 삶을 살 수 있게 된 것이다(이상이 **제1치**第一治이다).

요임금·순임금이 죽고나서는 성인의 도가 쇠락하고 폭군暴君이 번갈아 일어났다. 그들은 민가를 헐어 금붕어·잉어를 사육하는 연못으로 만들어버리니 백성들은 편안히 생활할 수 있는 곳이 없어지고, 농전農田을 파괴하여 그들의 화원과 수렵하는 목장으로 만들어버리니 백성들은 의식衣食의 근거가 없어지고 말았다. 사설邪說과 폭행暴行

이 다시 일어나고, 화원과 목장, 연못, 늪지가 다시 많아져 문명을 해치는 금수가 다시 몰려들게 되었다. 은나라의 마지막 임금 주왕紂王의 시대에 이르게 되면 천하는 또다시 대란大亂의 혼란에 빠지게 되었다(이상이 **제2란**第二亂이다).

이에 주공周公은 형 무왕武王을 도와 주왕紂王을 주살하고, 또 주왕의 동맹국이었던 엄奄나라를 정벌한 지 3년만에 그 임금을 토벌하였다. 주왕의 총애하는 신하 비렴飛廉을 해변으로 구축하여 살육하였다(沃案: "비렴"은 본시 "풍風" "봉鵬" "봉鳳"이라는 글자의 복성모적 성격과 관련 있는 말이다. 우리말의 "바람"의 어원과도 관련이 있다. 여기서도 "비렴"을 바다와 관련시켰고, 「진본기」에도 이들의 모습이 새를 닮았으나 사람의 말을 하였다고 기록해놓고 있는 것을 보면 "비렴"은 "바람" "새"의 이미지와 관련이 있다. 「진본기」에는 비렴이 오래惡來를 아들로 두었는데, 비렴은 달리기를 잘하였고 오래는 힘이 세었다. 부자 두 사람은 자기들이 가진 재주와 힘으로 주왕을 섬겼는데, 무왕의 정벌시 아들 오래만 죽고 아버지 비렴은 북방으로 출사했기 때문에 목숨을 건졌다. 비렴은 곽태산霍太山[산서성 곽현霍縣 동남쪽]에 제단을 쌓아서 주왕께 보고하였는데 그때 석관石棺 하나를 얻는다. 그 석관에 "천제께서 비렴을 은나라의 재난에서 벗어나게 하시고, 비렴에게 석관을 하사하여 우리 씨족을 번창하게 하노라"라고 명銘하였다. 이 비렴의 후예가 조씨趙氏가 되었고 이들이 진秦나라를 세웠다. 따라서 맹자의 증언과 『사기』의 기록이 다르다). 그리고 대적하는 나라들을 멸한 것이 50이나 되었다. 또한 호랑이·표범·코뿔소·코끼리를 멀리 쫓아내어 사람 사는 곳에 오지 못하도록 하니, 천하사람들이 모두 크게 기뻐하였다. 『서書』(주서周書 「군아君牙」편. 조기는 일편逸篇이라 하였고, 주석가들은 현존하는 것은 매색梅賾의 위작이라고 말하나 나는 그렇게 보지 않는다)에는 이를 일러 다음과 같이 기록해놓고 있다: '아~ 크게 빛나는도다! 문왕의 원대한 계획이여! 아~ 잘도 계승하였도다! 무왕의 맹렬한 무공이여! 이 두 분의 신적인 공덕은 우리 후대의 사람들을 깨우쳐주시고 도와주시니, 모든 것을 바름으로써 하사, 우리로 하여금 결함이 없도록 만드시는도다'(여기까지가 **제2치**第二治이다).

그러나 그 후 다시 세상이 쇠퇴하고 왕도가 쇠미衰微하게 되니, 사설邪說과 폭행暴行이 다시 구름처럼 일어났다. 신하된 자로서 임금을 시해하는 자가 있는가 하면, 아들된 자로서 그 아비를 시해하는 자가 있게 되었다. 어찌 통탄할 일이 아니겠는가!(여기까지가 **제3란**第三亂).

공자孔子께서는 이러한 세태를 깊게 우려하시어 위대한 역사서인 『춘추』를 작作하시었다. 『춘추』와 같은 웅대한 역사서를 짓는다고 하는 것은 본래 천자天子의 직분에 속하는 것이며 공자와 같은 소인素人이 할 수 있는 일이 아니었다. 그러나 공자는 깊은 우려 때문에 천자를 대신하여 『춘추』를 지으신 것이다. 그래서 공자께서는 이렇게 말씀하시곤 했다: '나의 생애의 진정한 뜻을 알아주기를 바라는 것도 오직 이 『춘추』로써 할 수밖에 없고, 나의 월권, 나의 삶을 정죄하는 것도 오직 이 『춘추』로써 할 수밖에 없을 것이로다!'(여기까지가 **제3치**第三治).

그런데 공자가 돌아가시고 난 후로도 성왕聖王은 출현하지 않았으니, 제후諸侯들이 방자放恣해져서 천자를 우습게 알고 참월을 일삼았다. 따라서 민간의 처사處士들도 마구 제멋대로 무책임한 의론議論을 일삼아, 양주楊朱와 묵적墨翟의 언론이 천하를 휘덮게 되었다(양주는 성이 양楊이고 명이 주朱이다. 자字는 자거子居이다. 『장자』『회남자淮南子』『열자列子』에 그에 관한 고자료를 엿볼 수 있으나, 특히 『열자』의 「양주楊朱」편은 양주의 사상의 전모를 알 수 있게 하는 귀중한 자료이다. 과거에는 『열자』 그 자체를 후대의 위서로 보아 그 가치를 인정하지 않았으나 그러한 터무니없는 의고풍은 이제 통하지 않는다. 열어구列禦寇는 도가계열의 정鄭나라 은자로서 실존인물이라는 것은 의심의 여지가 없다. 그리고 『열자』에 수록된 「양주」편도 맹자의 논의와 관련하여 꼭 참고해야 한다. 과거에는 맹자의 논의만을 진실한 당대기록으로 보고 『열자』를 배척하였으나, 현재 우리는 『열자』 「양주」편 또한 『맹자』와 동시대의 파편으로서 동일한 가치가 있다고 보아야 한다. 묵적墨翟에 관해서는 3a-5에 기출. 『묵자』라는 서물도 『맹자』와 같이 읽어야 하는 소중한 문헌이다. 묵적은 공자가 죽은 직후에 태어나 맹자가 태어나기 1·20년 전에 죽은 사람이라고 생각하면 된다). 천하의 모든 언론이 양주에게 줄을 서지 않으면, 반드시 묵적에게 줄을 서야만 하는 판세가 되고 말았다. 양씨는 나라는 살아있는 개체 실존만을 본위로 여긴다. 그래서 나를 위하지 않는 모든 논의를 배척한다. 그러니 이것은 무군無君의 무정부주의라고 말할 수밖에 없다. 묵씨는 이와는 정반대로 나를 버리고 모든 사람을 무차별하게 사랑하라고 한다. 이것은 무부無父의 비가족주의라고 말할 수밖에 없다. 무부무군, 즉 지애비도 없고 지임금도 없으면, 가족도 없고 사회도 없는 것이니 문명이 붕괴되고 만다. 이렇게 되면 인간은 금수로 전락하고 만다. 노나라의 현인 공명의公明儀(3a-1에 기출. 맹자와 동시대인. 3b-3, 4b-24에도 나온다)는 다음과 같이 말한 적이 있다: '푸주간에 살찐 고기가 있고, 마구간에 살찐 말이 있는 데 반하여 백성들의 얼굴에는 굶은 기색이 완연하며, 들판에는 아사자의 시체가 뒹굴고 있다. 이것은 짐승을 거느리고 나아가 사람을 잡아먹게 하는 것과 하등의 차이가 없다'(이 표현은 맹자의 말로서 1a-4에 나왔다. 그러나 그 때도 맹자는 공명의의 말을 사용했던 것이다. 맹자는 공명의와의 대화에서 적지 않은 영향을 받은 것이다. 여기까지가 **제4란**第四亂이다. 제4란은 맹자의 당대를 가리키고 있다. 그렇다면 **제4치**第四治의 대업은 누구에게로 돌아갈까? 그 대답은 명백하다. 암암리 맹자는 제4치의 주체로서 자임하면서 호변好辯할 수밖에 없는 "부득이함"을 정당화하고 있는 것이다).

양·묵의 도를 종식시키지 않으면 공자의 도가 드러날 수가 없다. 이렇게 하지 않으면 곧 사설邪說이 순박한 백성을 호도하면서 사기를 치게 되고 인의仁義라는 인간사회의 정당한 도덕성이 충색充塞되고 마는 것이다. 인의가 충색되면, 곧 짐승을 거느리고 나아가 사람을 잡아먹게 하는 것이 정당화되고, 결국 사람이 사람을 서로 잡아먹는 사회상이 도래하게 되는 것이다. 나는 바로 이러한 점이 몹시 두렵다. 그래서 나는 세상에 나와 선성先聖의 도를 방어해야만 했고, 또 양주와 묵적의 학설을 물리쳤어야 했으며, 이 세상의 막돼먹은 무책임한 언론들을 방축하여 사설邪說을 신봉하는 사이비 지식인들이 판을 치지 못하는 사회분위기를 만들려고 애써왔다. 사설邪說이 순진한 백성들의 마음에 깃들게 되면 그들이 하는 일에 해가 되고, 그들이 하는 일에 해가 되면 결국 우리 인간세의 정치, 그 전체가 망가지고 만다.

그러니 내가 힘쓰는 일이 얼마나 긴요한 일인가? 우리 시대에 성인이 다시 나타나신다 해도 나의 이 말에 찬동하실 것이다.

옛날에 우임금이 홍수를 막아 천하가 태평해졌고(제1치), 주공이 이적夷狄을 겸병하고 맹수를 구축하여 백성을 편안케 하였고(제2치), 공자가 『춘추』를 지으매 난신적자亂臣賊子들이 자신의 잘못을 알고 두려움을 느끼게 되었다(제3치). 『시』(노송魯頌 「비궁閟宮」. 3a-4에 기출)에 이런 가사가 있다: '아무리 깨우쳐도 깨닫지 못하는 서쪽의 오랑캐 융戎과 북쪽의 오랑캐 적狄을 이제 쳐부수노라. 남쪽의 야만국 초楚나라와 그의 동맹국 서舒나라를 이제 징벌하노라. 그 누가 우리의 앞길을 막을소냐!' 지 애비도 모르고 주군을 무시하는 오랑캐들은 이미 주공周公께서 징벌하신 바이다.

나 또한 인심을 바로잡기를 원하지 아니 할 수 없고, 사설邪說을 식멸하고, 피행詖行(극단으로 치우친 사회적 행동)을 막으며, 음사淫辭를 방축하고, 대우大禹·주공周公·공자孔子, 3인의 성인의 대업을 계승하지 아니 할 수 없는 것이니, 어찌하여 바깥사람들이 한가롭게 나보고 논쟁을 좋아한다는 평을 할 수 있겠느뇨? 나는 진실로 진실로 부득이할 뿐이로다. 나뿐만이 아니라 진실로 훌륭한 언변으로써 양·묵을 막아낼 수 있는 자는 모두 성인의 길에 동참하는 자들이다."

3b-9. 公都子曰: "外人皆稱夫子好辯, 敢問何也?" 孟子曰: "予豈好辯哉? 予不得已也。天下之生久矣, 一治一亂。當堯之時, 水逆行, 氾濫於中國, 蛇龍居之, 民無所定。下者爲巢, 上者爲營窟。書曰: '洚水警余。' 洚水者, 洪水也。使禹治之。禹掘地而注之海, 驅蛇龍而放之菹。水由地中行, 江·淮·河·漢是也。險阻旣遠, 鳥獸之害人者消, 然後人得平土而居之。堯·舜旣沒, 聖人之道衰, 暴君代作, 壞宮室以爲汙池, 民無所安息; 棄田以爲園囿, 使民不得衣食。邪說暴行又作, 園囿、汙池、沛澤多而禽獸至。及紂之身, 天下又大亂。周公相武王誅紂, 伐奄三年討其君, 驅飛廉於海隅而戮之。滅國者五十, 驅虎、豹、犀、象而遠之, 天下大悅。書曰: '丕顯哉, 文王謨! 丕承哉, 武王烈! 佑啓我後人, 咸以正無缺。'世衰道微, 邪說暴行有作, 臣弑其君者有之, 子弑其父者有之。孔子懼, 作春秋。春秋, 天子之事也。是故孔子曰: '知我者其惟春秋乎! 罪我者其惟春秋乎!'聖王不作, 諸侯放恣, 處士橫議, 楊朱、墨翟之言盈天下。天下之言不歸楊, 則歸墨。楊氏爲我, 是無君也; 墨氏兼愛, 是無父也。無父無君, 是禽獸也。公明儀曰: '庖有肥肉, 廐有肥馬, 民有飢色, 野有餓莩, 此率獸而食人也。'楊、墨之道不息, 孔子之道不著, 是邪說誣民, 充塞仁義也。仁義充塞, 則率獸食人, 人將相食。吾爲此懼, 閑先聖之道, 距楊、墨, 放淫辭, 邪說者不得作。作於其心, 害於其事; 作於其事, 害於其政。聖人復起, 不易吾言矣。昔者禹抑洪水而天下平, 周公兼夷狄、驅猛獸而百姓寧, 孔子成春秋而亂臣賊子懼。詩云: '戎狄是膺, 荊、舒是懲, 則莫我敢承。'無父無君, 是周公所膺也。我亦欲正人心, 息邪說, 距詖行, 放淫辭, 以承三聖者。豈好辯哉? 予不得已也。能言距楊、墨者, 聖人之徒也。"

沃案 참으로 장쾌한 맹자의 논설을 우리는 들었다. 이 장은 보통 "공도자장公都子章"이라고 불리는데 『맹자』 전 텍스트 중에서도 매우 인용빈도수가 높은 명프라그먼트이다. 우선 이 장에서 비로소 『춘추』가 공자의 "작作"이라고 하는 설화가 정착하게 되었고, 이 맹자의 논설을 사마천이 계승하여 「공자세가」에 반영하였다. 여기 "지아자기유춘추호知我者其惟春秋乎! 죄아자기유춘추호罪我者其惟春秋乎!"는 「세가」에 "후세지구자이춘추後世知丘者以春秋, 이죄구자역이춘추而罪丘者亦以春秋"라는 말로 나온다.

내가 대만에 유학하였을 때 요아브 아리엘Yoav Ariel이라는 텔 아비브 대학의 철학과 출신의 유대인 학자가 중국철학을 공부하러 대만대학 철학연구소에 왔다. 나는 그와 단짝 친구가 되었는데 그를 처음 만났을 때 이렇게 물었다.

"어떻게 중국철학을 공부할 마음을 먹게 되었나?"

"나는 중국인의 사유는 우리 유대민족의 잠언류의 지혜문학으로만 생각했는데 『맹자』 영역본을 읽고 생각이 180° 바뀌었다. 맹자는 치열한 논쟁의 대가이며, 그의 논쟁방식이 뚜렷한 철학적 테제를 가지고 있으며, 상대방의 논점을 정확히 파악하여 논리를 전개하는 방식이 희랍인들의 대화보다도 더 치열하다는 느낌을 나에게 주었다. 그래서 옛 중국에도 서양인들이 말하는 바 '철학'의 원류가 있다고 생각하게 되었다. 그래서 그것을 배우러 여기까지 오게 되었다."

그 뒤로 나는 요아브 아리엘과 더불어 나의 새파란 청춘의 열정을 맹자의 호변好辯에 못지않은 치열한 논쟁을 벌이는 데 진력해야만 했다. 내 인생에 가장 거대한 철학적 도약으로, 그 추억이 내 의식의 여정에 깊게 새겨져 있다. 하여튼 맹자의 호변好辯은 오늘날의 요아브 아리엘에게 뿐만 아니라, 이미 당대에 유명했던 모양이다. 이것을 맹자는 "여부득이야予不得已也"라는 한마디로써 일축하고, 그 "부득이"라는 변명을 상술하기 위하여 장대한 역사적 논술을 펼친다. 그리고 그 논술을 다시 "부득이"라는 말로 끝맺는다.

그는 "부득이"를 설명하기 위하여 그가 생각하는, 인류역사 전체를 바라보는 사관을 제시한다. 그 사관史觀은 "일치일란一治一亂"이라는 것이다. 맹자는 인류의 역사를 진보한다고 보지 않는다. 역사는 진보하지 않는다. "진보Progress"라는 것은 오직 역사 밖에 역사의 목표를 설정하는 외재적 사관에서만 성립하는 픽션이다. 서구인들은 "진보"라는 말 한마디로 19세기·20세기의 인류사를 말아먹으려고 애써왔다. 참으로 거대한 "제국주의적 사기imperialistic fraud"라고 해야 할 것이다. 진보라는 이름 하에 모든 토속적 문화를 파괴하고 모든 토착적 종교질서를 기독교논리화 하는 음모를 가차없이 진행시켰다. 뿐만 아니라 자본주의 횡포의 정당화는 "역사의 진보" 그 한마디로써 안전하게 무마되었다. 역사는 진보하지 않는다. 그것은 사기요 허구요 찬탈이요 겁탈이요 악행이요 악업이다. 맹자는 인류의 역사를 우리 몸의 리듬처럼 생각한다. 우리 몸은 피곤하면 휴식을 취하게 마련이고, 휴식을 충분히 취하여 건강한 컨디션이 마련되면 또다시 피곤해질 길을 찾는다. 피곤과 휴식, 혼란과 안정의 끊임없는 반복 속에 우리는 죽어갈 뿐이다. 인류의 역사가 일치일란一治一亂이라는 맹자의 생각은 요즈음 물리학적 우주론으로 말하자면 "빅뱅이론Big-Bang theory"보다는 "스테디 스테이트이론Steady-State theory"에 가까운 것이다. 유대교-기독교전통처럼 천당이니 종말이니 하는 따위의 목적이 없는 이상, 맹자의 사유는 너무도 자연스럽고 당연한 것이다. 그러면 많은 사람들이 이렇게 생각할 것이다. 일치일란의 반복일 뿐이라면 우리는 무엇을 믿고, 무엇을 위하여 살아가야 하는가? 무엇이 과연 우리가 존재하는 가치며 소이연인가?

맹자는 우리 삶의 가치를 거부하지 않는다. 일치일란은 니힐리즘이 아니다. 맹자는 단지 인간이 역사에 부여하는 환상을 거부하는 것이다. 일치일란은 생체의 리듬처럼 유기체적 역사흐름의 리듬일 뿐이다. 맹자가 좁은 의미에서의 동기나 목적을 강렬하게 거부하는 논리를 우리는 이미 「등문공」하4에서 접하였다. 우리 삶의 가치는 맹자에게 매우 명료한 것이다. 그것은 일치일란의 역사흐름 속에 "왕도를 구현하는 것"이다. 왕도는 영원한 이상이며, 일치일란의 어느 상황에서도 우리에게 주어지는 삶의 정언명령이다. 그가 말하는 성선도 "왕도에로의 참여에 관한 본성적 근거"일 뿐이다.

일치일란에서 가장 중요한 것은 란亂에서 치治로 넘어가는 역사의 길목이다. 그때는 왕도의 챈스가 맥시마이즈 되며, 왕도를 구현하는 왕자와 그를 보좌하는 신하 영웅이 등장한다. 그 세 번의 치治의 케이스를 우禹와 주공周公과 공자孔子로 보았고, 마지막 네 번째 치治의 챈스를 자기의 호변好辯의 영향으로 일어나는 정세변화로 본 것이다. 그 호언豪言의 진위를 떠나서 맹자의 논리는 당당하고 대장부다웁고 논리적으로도 정당하다. 그런데 바로 세 번째 케이스로서 공자孔子의 이미지를 부각시키는 작업이야말로 맹자에게는 가장 핵심적 사업이라고 볼 수 있다. 그래야만 왕도강설자로서의 자신의 입지가 공자의 실루엣과 겹치면서 자연스럽게 강화될 수 있기 때문이다. 다시 말해서 맹자가 말하는 공자는 이미 춘추시대의 역사적 공자가 아니라, 맹자화 된 공자, 다시 말해서 왕도강설자화 된 공자, 전국시대화 한 공자라고 말할 수 있다. 그 핵심으로 제시하는 맹자의 복안이 바로 "공자구춘추작孔子懼春秋作"이다.

공자가 과연 『춘추』라는 역사 경문을 지었을까? 누구든지 그것을 믿지는 않는다. 「이루」하21에 보면 "기문즉사其文則史"라는 표현이 있다. 이것은 『춘추』의 문장은 노나라의 사관이 지은 것이라는 사실을 맹자 자신이 천명하고 있는 모순된 견해이다. 공자는 『춘추』를 짓지 않았다. 공자에 앞서 이미 "경문經文"은 존재했다. 그러나 공자는 그것을 어떻게 이해할 것인가에 관해 제자들에게 강술하였을 것이다. 그러니까 여기 "작作"이라는 의미도 "지었다"라고만 해석할 것이 아니라 그냥 넓은 의미로 "일으켰다"라고 해석할 수도 있는 것이다. 공자의 『춘추』에 대한 견해는 다양한 전승으로 추로 지역, 제나라 지역, 위나라 지역으로 퍼져나갔던 것이다.

 "공자가 『춘추』를 지었다"고 하는 테제를 역사적 사실로서 확정지음으로써 맹자는 중국역사에서 확고한 위치를 점하게 된 것이다. 그 공자가 『춘추』를 지은 대의를 다시 자기가 구현한다는 적통론을 선명하게 부각시켰고 그에 따라 양·묵의 이단사설을 배격하는 자신의 논쟁적 입지를 대국적으로 정당화시켰던 것이다.

3b-10. 제나라의 장수였으며 친구로서 맹자에게 배움을 청하곤 했던 광장匡章(제위왕齊威王의 장수로서 진秦나라 대군을 대패시킨 적도 있고 제선왕齊宣王 때도 오도五都의 병을 이끌고 연燕나라를 쳤다. 그의 행적은 『전국책』「제책」과 「연책」, 그리고 『여씨춘추』「불굴不屈」「애류愛類」편에 보인다. 그 나이가 맹자와 비슷하며 친구사이였을 것이다. 맹자의 제자일 수는 없다)이 말했다: "우리 제나라의 현인 진중자陳仲子(『순자』「불구不苟」편, 『한비자』「외저설우外儲說右」에는 "전중田仲"이라는 이름으로 나온다. 『순자』「비십이자非十二子」편에는 십이자 중의 한 사람으로 나오는데 "진중陳仲"으로 되어있다. "오릉중자於陵仲子"라고도 부른다. 순자는 그를 세상사람들과는 다른 무엇을 추구하며 초연한 듯하기만 하는 위선자로 그리고 있다. 그리고 청렴한 이름을 도적질하였으니 진짜 재물을 도적질하는 놈보다 더 비열하다고 하였다. 하여튼 맹자 당대에 꽤 유명했던 인물이었다)야말로 진정코 청렴한 선비라 아니 할 수 있겠소? 그는 제나라의 명가 출신의 사람이면서도 자진하여 편벽한 오릉於陵(산동성 장산현長山縣 남쪽. 임치에서 약 200리 떨어져 있다)에 살면서, 어떤 때는 빈궁하여 3일 동안 아무 것도 먹을 수가 없었다 하오. 3일을 못 먹으니 귀에는 아무 것도 아니 들리고, 눈에는 아무 것도 보이지가 않았소. 그런데도 본가의 도움을 청하지 않고 집 근처 우물가에 오얏열매가 있었는데, 이미 풍뎅이가 그 열매를 반 이상 갉아먹었지만, 힘이 없어 땅바닥에 배를 질질 끌며 기어가서 그것을 애써 취하여

먹었다 하오. 세 번을 깨물어 먹으니 겨우 귀가 들리기 시작하고 눈이 보이기 시작했다고 하는구려. 얼마나 애처롭소. 참으로 청렴한 선비의 극치를 보여주는구료!"

맹자께서 말씀하시었다: "친구여! 나도 제나라사람들이 존경하는 선비들 중에서 반드시 진중자陳仲子를 엄지손가락으로 꼽겠소이다. 그러나 어찌 중자를 청렴한 선비라 일컬을 수 있겠소이까? 진중자가 표방하는 그런 류의 절조節操를 충족시키기 위해서는 인간이 지렁이가 된 후에나 가능할 일이라 생각되오. 대저 지렁이는 땅 표층에서는 마른 흙을 씹어 삼키며 저 아래에서는 황천黃泉의 맑은 물을 마신다오. 지렁이는 그 이상을 생존을 위해 요구할 것이 없소. 진중자가 물욕을 거부한 것은 지렁이 수준으로 인간을 끌어내리는 짓이요. 그러나 인간이 인간다웁게 살기 위해서는 적당한 주거환경이나 알맞은 식품이 필요한 법이라오.

진중자가 오릉에서 산 집은 백이伯夷와 같은 결백한 인간이 지었답디까? 도척과 같은 도둑놈이 지었답디까? 그가 먹은 곡식은 백이가 씨를 뿌렸답디까? 도척이 씨를 뿌렸답디까? 우리가 사는 집과 먹는 곡식은 어떤 인간이 짓고 경작했는지 그것은 우리가 알 바가 아니오. 다시 말해서 인간의 도덕성이 그런 문제에까지 적용되는 것은 아니라오. 진중자 식으로 도덕관념을 확대해나가면 우리는 살 수도 먹을 수도 없게 되오."

광장이 말하였다: "그대가 말하는 것은 진중자에겐 별 상관없는 일이요. 진중자는 자기 스스로 짚신을 짜고 그 부인은 손수 길쌈하고 베틀 짜는 일을 하여 그 물품을 필수품과 교환하여 살아간다오. 그러니까 자신의 노동의 수확으로만 주거와 먹을거리를 스스로 마련한다오."

맹자께서 말씀하시었다: "진중자는 제나라의 대대로 내려오는 명문집안의 사람이요. 그의 형, 진대陳戴는 개蓋 땅에서(진대의 채읍采邑) 일만 종의 봉록을 받고 있소. 그러나 중자는 형의 봉록이 불의_{不義}의 봉록이라고 여기어 그의 보살핌을 거부했고, 형의 고대광실이 불의의 집이라고 여기어 거기에서 붙어살지 않았소. 형을 피하고 엄마와도 떨어져서 오릉_{於陵}에서 구차스럽게 살고 있는 터이었소.

그런데 어느날 중자는 그의 형 집에 돌아왔소. 그런데 어떤 사람이 형에게 산 거위를 바쳐왔소. 중자는 이맛살을 찌푸리며 이렇게 말했소: '이 놈의 꾸악꾸악 우는 거위를 가지고 도대체 뭘 한단 말인가?' 어느날 그 어머니는 자식의 건강을 걱정하여 이 거위를 삶아 중자에게 먹게 하였소. 그때 형이 밖에서 돌아와서 말하기를, '아~ 그 놈의 꾸악꾸악 거리던 거위로구나!' 했질 않았겠소. 그러자 그 삶은 거위를 맛있게 먹고 있던 중자가 냅다 밖으로 나가 다 토해버리는 것이었소. 엄마가 정성스럽게 만들어주는 것은 먹지 않고 지 처가 해주는 것은 먹으며, 형의 집에서는 살지 않는 자가 오릉의 집이라고 거기서는 군말 없이 사는 것, 이것이 과연 진중자가 표방하는 이상을 충족시키는 행위란 말이요? 진중자의 이상을 실현하기 위해서는, 인간이 지렁이가 되어야만 비로소 그의 절조를 충족시킬 수 있을 것이외다."

3b-10. 匡章曰:"陳仲子豈不誠廉士哉? 居於陵, 三日不食, 耳無聞, 目無見也。井上有李, 螬食實者過半矣, 匍匐往, 將食之, 三咽, 然後耳有聞, 目有見。"孟子曰: "於齊國之士, 吾必以仲子爲巨擘焉。雖然, 仲子惡能廉? 充仲子之操, 則蚓而後可者也。夫蚓, 上食槁壤, 下飮黃泉, 仲子所居之室, 伯夷之所築與? 抑亦盜跖之所築與? 所食之粟, 伯夷之所樹與? 抑亦盜跖之所樹與? 是未可知也。"曰:"是何傷哉? 彼身織屨, 妻辟纑, 以易之也。"曰:"仲子, 齊之世家也。兄戴, 蓋祿萬鍾。以兄之祿爲不義之祿而不食也, 以兄之室爲不義之室而不居也, 辟兄離母, 處於於陵。他日歸, 則有饋其兄生鵝者, 己頻顣曰:'惡用是鶃鶃者爲哉?'他日, 其母殺是鵝也, 與之食之。其兄自外至, 曰:'是鶃鶃之肉也。'出而哇之。以母則不食, 以妻則食之; 以兄之室則弗居, 以於陵則居之。是尙爲能充其類也乎? 若仲子者, 蚓而後充其操者也。"

沃案 광장의 질문과 맹자의 답변 사이에 정밀한 논리적 맥락이 성립하지는 않지만 대체적으로 그 흐름은 규찰할 수가 있다. 진중자의 입장은 앞서 말한 허행許行(3a-4)의 입장과 상통한다 하겠다. 그리고 앞 장에서 양주를 이야기했지만, 맹자의 답변은 『열자』「양주」편에서 피력되고 있는 양주의 상식주의와 오히려 통하는 측면이 있다. 이런 말을 하면 사람들이 나의 견해를 의아하게 생각하겠지만 「양주」편을 자세히 읽어보고 나와 토론하는 것이 정당한 자세일 것이다. 양주는 무엇이든지 과도한 집념을 거부한다. 사람은 비판의 대상으로부터도 그 일정한 영향을 받게 마련이다. 맹자의 테제는 양주라는 안티테제로부터도 상당한 논리적 계발을 받았다. 양주는 불교에서 말하는 "해탈" 비슷한 것을 말한다. 그러나 그 해탈은 반드시 삶의 환락과 연결되는 것이어야 한다고 그는 주장한다. 그가 말하는 삶의 환락은 극도의 히도니즘hedonism이 아니다. 에피큐리안적인 쾌락주의나 금욕주의가 아니다. 무엇이든지 과도하게 치우침이 없는 중용적인 향유이다. 그럼에도 불구하고 맹자가 양주를 그토록 격렬하게 비판하는 것은 양주의 위아주의爲我主義에는 사회의식이 결여되어 있기 때문이다. 맹자는 개인의 도덕이 반드시 동고동락의 사회적 보편성을 획득해야 한다고 본다. 그리고 그 보편성의 성격이 추상적인 보편성이 아니라 가족주의의 구체적 도덕성으로부터 확대되어 나가는 것이라고 본다.

여기 진중자의 행위는 앞 장에서 말한 "피행詖行"의 대표적 예라고 말할 수 있다. 주거住居와 식물食物의 소절小節에 구애되어 어머니나 형에 대한 인륜人倫의 자연스러운 감정에까지 획일적인 원칙을 적용하는 것은 피행의 한 예일 뿐이다. 불의不義와 타협하지 않는 것은 훌륭한 삶의 원칙이지만, 그렇다고 해서 인정의 자연스러운 유로流露를 인위적으로 거부하거나, 일상적인 인간적 삶을 저버리는 것은 옳지 못하다. 극도의 도가적 반문명의 자연주의를 유가는 거부한다. 지렁이에게도 훌륭한 점은 많다. 찰스 다윈의 마지막 연구테마도 지렁이였다. 그러나 인간은 지렁이일 수는 없는 것이다. 삶은 도덕적이어야 하는 동시에 예술적이어야 하며, 인간의 삶은 문명 속의 삶이라고 하는 대전제를 망각할 수는 없는 것이다. 행위의 의도가 아무리 선하다 할지라도 인정의 자연을 위배해서는 아니 된다. 인정의 자연스러운 흐름에 즉하여 중용을 취하는 것이 유교적 윤리학의 일반특색이라 할 것이다.

진중자에 관한 논의는 7a-34에서 같은 철학적 테마로서 반복되고 있다.

여기서 상맹上孟에 해당되는 3편이 끝난다. 상맹의 특징은 대화체중심으로서 치열한 현장성이 돋보인다는 것이다. 구체적인 역사현장 속에서 생생하게 이루어진 대화를 르뽀형태로 기록한 것을 편집한 것이라는 인상을 강하게 받는다. 이와는 대조적으로 다음의 「이루」편은 그러한 현장성이 거의 없다. 『논어』 스타일의 로기온자료의 모음집인데, 그러한 성격은 제일 마지막의 「진심」편과 가장 유사하다. 「진심」편도 로기온자료의 모음집이다. 그러나 「이루」편은 「진심」편보다도 보다 다양한 주제와 장르가 광범위하게 편집되어 있다. 「진심」편이 은퇴 후의 맹자의 심경을 기술한 것으로 주제의 형이상학적 깊이가 내면적 상응성을 과시하고 있는 것에 비하면 「이루」편은 다양한 주제가 모자이크 된 잡찬이라는 느낌을 주지만 깊게 읽으면 결코 통일성을 결하고 있는 것은 아니다. 맹자가 인간에 대하여 생각하고 있는 것을 총체적으로 그리려고 노력했다. 그리고 보통 주석가들이 「이루」편은 후대의 학인들에 의한 보입補入이 있으며 7

편 중에서 가장 늦게 성립한 편이라고 말하지만 나는 그렇게 보지 않는다. 살아있는 맹자의 언설에 기초하지 않은 후대의 날조나 찬입은 거의 없다고 보아야 한다. 간백자료의 등장으로 우리는 전국 텍스트에 대한 새로운 관점을 획득하게 된 것이다. 「이루」편도 맹자 은퇴기에 성립한 것으로서 맹자와 제자들의 합작품으로 간주해야 할 것이다. 정치·윤리·교육·경전·인물평론·설화에 관한 맹자의 로기온자료, 그리고 맹자의 유제기遊齊期에 성립한 자료들이 풍부하게 배열되어 있어(상편 28장, 하편 33장, 도합 61장), 맹자의 사상과 행동을 복원하는 데 더없이 소중한 문헌이다. 그리고 또 유교정신의 진수를 파악케 하는 문헌이라고도 말할 수 있다.

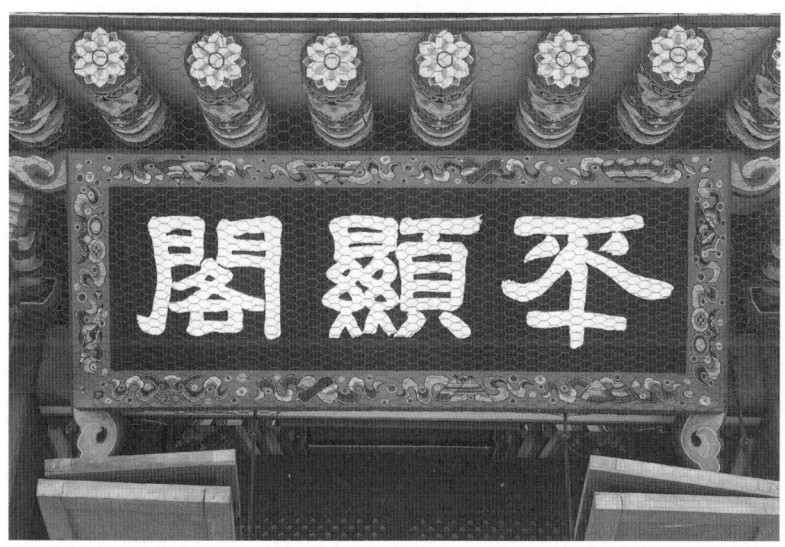

우리나라 경복궁景福宮 비현각丕顯閣. 이 현판은 조선의 왕세자들이 사부를 모시고 공부書筵하던 궁에 달린 것이다. 그 출전은 본장에서 인용된 『서경』의 말이다. 우리나라 세자들이 모두 문왕의 덕성을 본받기를 바라는 심정이 서려있다. "비현丕顯"이라는 것은 "크게 현창한다"는 뜻이다.

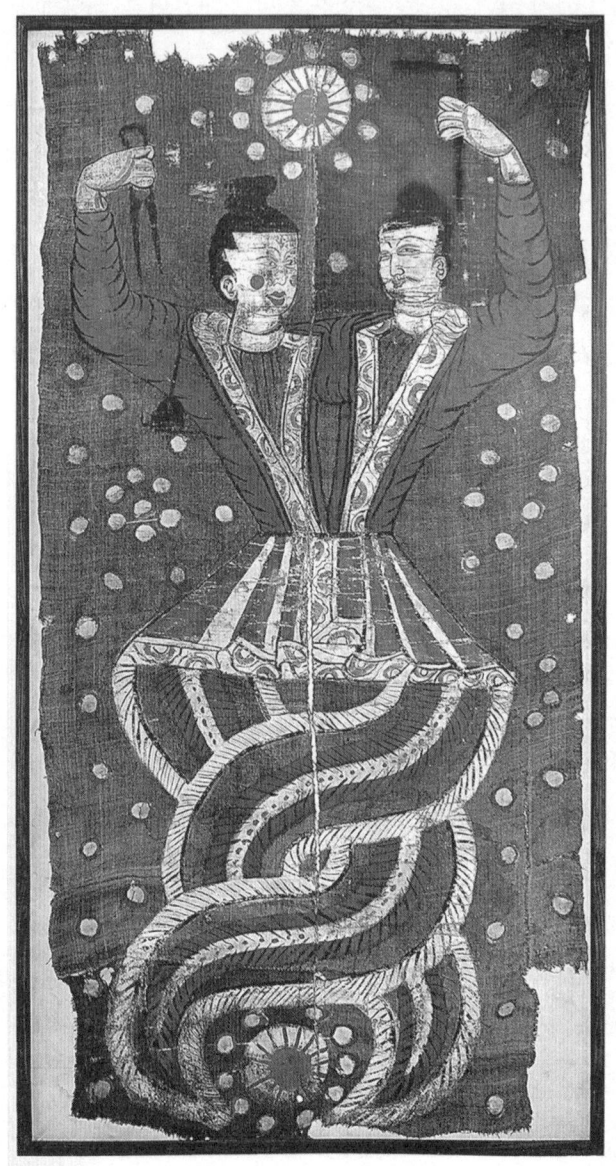

복희여와도伏羲女媧圖. 국립중앙박물관 소장. 여와가 들고 있는 것이 **콤파스 규規**이고 복희가 들고 있는 것이 **곱자 구矩**이다. 하체는 뱀의 형상이며 서로 꼬고 있다.

이루장구離婁章句 상上

4a-1. 맹자께서 말씀하시었다: "이루離婁(『장자』에는 "이주離朱"라고 표기된다. 황제黃帝 시대의 사람으로 시력이 강하기로 유명하며 백보지외百步之外에서 추호지말秋毫之末을 변별해낼 수 있다고 한다. 황제가 현주玄珠를 잃어버렸을 때 그로 하여금 수색해내게 하였다)의 시력이 있고, 공수자公輸子(이름이 반班, 혹은 반般. 노魯나라 사람, 그래서 노반魯班이라고도 불린다. 노나라 정공定公, 혹은 애공哀公 때에 태어난 것으로 추정한다. 공자보다는 나이가 어리고 묵자보다는 많다. 고대중국의 유명한 교장巧匠이었다. 초나라 혜왕惠王을 위하여 운제雲梯를 만들어 이를 활용하여 송국宋國을 치려고 하였는데 묵자가 저지시켰다. 공수자의 이야기는 『예기』「단궁」,『묵자』「노문魯問」「공수公輸」, 『전국책』「송책宋策」에 나온다)의 기교技巧가 있다 하더라도 규구規矩(규: 콤파스, 구: 곡척)에 의존하지 않으면 정밀한 사각형이나 원형은 만들 수가 없다. 사광師曠(고문에서 사師는 대체로 악사를 의미한다. 광曠이 이름. 진晋나라 평공平公, BC 557~532 재위 때의 태사太師이다. 고대중국의 유명한 음악가이다. 그에 관한 것은 『좌전』『예기』『국어』 및 제자서에 나타나 있다)의 놀라운 청력과 음감이 있다 하더라도 육률六律에 의존하지 않으면 오음五音을 바르게 할 수 없다(육률六律이란 12율에서 홀수에 위치하는 6개의 음이다. 이 말을 정확히 이해하기 위해서는 우선 12율을 이해해야 한다. 12율이란 한 옥타브의 음정을 12반음으로 분할한 것이다. 그 전통적 방법은 9촌의 황종율관에서 시작하여 삼분손일三分損一과 삼분익일三分益一을 반복하여 12율관을 만든다. 그러면 차례대로 황종黃鍾·대려大呂·태주太簇·협종夾鍾·고선姑洗·중려仲呂·유빈蕤賓·임종林鍾·이칙夷則·남려南呂·무역無射·응종應鍾을 얻는다. 이 12율 중에서 황종·태주·고선·유빈·이칙·무역의 여섯 율을 육률六律 또는 양성陽聲이라 하고, 대려·협종·중려·임종·남려·응종의 여섯 율을 육려六

呂 또는 음성陰聲이라고 부른다. 그러니까 이 12율은 절대음이다. 그런데 이 삼분손익의 방법에서 처음부터 다섯 번째까지의 음을 보통 5음계로 썼다. 그러면 황종이 궁宮이 되고, 임종이 치徵가 되고, 태주가 상商이 되고, 남려가 우羽가 되고, 고선이 각角이 된다. 이것을 음높이대로 배열하면 궁·상·각·치·우가 되는데 대체적으로 현재 피아노상으로 도·레·미·솔·라가 된다. 그러니까 12율의 바탕이 없으면 5음을 정할 길이 없다. 맹자는 이러한 음계의 원칙을 정확히 알고 "육률에 의존하지 않으면 오음을 바르게 할 수 없다"라고 말한 것이다. 요·순의 위대한 치세방법이 있다 할지라도 인정仁政에 의거하지 않으면 천하를 평치平治할 수가 없다.

요즈음 세상에는 군주로서 인민을 사랑하는 인심仁心을 가지고 있으며 인민을 사랑하기로 명성이 높은 인물이 있기는 한데도, 그 은택이 실제로는 백성에 미치지 않고 있어 후세의 모범이 될 수가 없는 이유는, 그들이 진실로 선왕지도先王之道(앞서 계속 나왔지만 "선왕지도"는 중국문명의 원형을 형성한 컬쳐랄 히어로우들cultural heros의 업적을 총칭하는 말이다. 문명의 이상적 틀을 가리키는 특수용어로서 인식되어야 한다)를 실천하고 있질 않기 때문이다. 그러므로 나는 말하노라: 단지 선한 마음만을 가지고 있다고 해서 좋은 정치가 이루어지는 것이 아니요, 단지 객관적 법률에 따라 행한다고 하여 좋은 정치가 행하여지는 것이 아니다. 『시』(대아 「가락假樂」)는 노래한다: '잘못을 저지르지도 않고 정도를 잊지도 아니 한다. 오로지 선왕先王의 전법典法을 따르는도다!' 선왕지법先王之法을 충실히 따랐는데도 허물이 발생했다는 것은 있어본 적이 없다.

성인聖人(도덕군자의 의미가 아니라 고대의 선왕先王을 말한다. 즉 치세의 권력을 소유한 자들이다)께서는 자신의 눈으로 볼 수 있는 모든 것을 보았고, 게다가 더욱 콤파스·곡척·수평기·먹줄의 객관적 수단에 의존하여 정확하게 원, 사각형, 수평, 직선의 사물들을 만들고, 그것들을 활용하는 방도가 끝이 없었다. 성인께서는 또한 자신의 귀로 들을 수 있는 모든 것을 들었고, 게다가 더욱 육률의 12절대음정을 사용하여 5음계를 바르게 하였고, 이 음계를 활용하는 방도가 끝이 없었다. 성인께서는 또한 자신의 심사心思를 쓸 수 있는 데까지 다 썼고, 게다가 더욱 사람에게 차마 어찌지 못하는 인정仁政(2a-6)을 베푸시니 인仁의 덕성이 온 천하를 휘덮었다. 그러므로 나는 말한다: 높은 것을 만들려면 이미 있는 구릉丘陵을 활용하는 것이 현명하고, 낮은 것을 만들려면 이미 형성되어 있는 천택川澤을 활용하는 것이 현명하다. 어찌 정치를 한다고 하면서 이미 엄존하고 있는 선왕지도에 준거하지 않는단 말인가? 그런 자들을 어찌 지혜롭다 일컬을 수 있으리오!

그러기 때문에 오직 인한 자만이 높은 지위에 앉는 것이 마땅하다. 만약 불인한 자가 높은 지위에 앉게 되면, 악을 대중에게 살포하는 끔찍한 사태가 생겨난다. 위의 군주가 도道로써 기준을 삼지 아니 하고, 아래의 신하가 법法으로써 지키지 아니 하며, 조정이 도의道義를 신용치 아니 하고, 민간의 기술자들이 도량형의 기준을 신용치 아니 하고, 치자가 의義를 범하고, 피치자가 형刑을 범하면서도 국가가 아직 멸망치 아니 하고 있다는 것은 완벽한 하나의 요행에 불과한 것이다.

그러므로 말하노라: 성곽이 견고하지 않다든가, 군비가 충실하지 않다든가 하는 것만으로 국가의 재앙이라고 말할 수는 없다. 농지나 산림이 개간되지 아니 하고 재화가 많이 몰려들지 않는다고 해서 곧 국가가 망하는 것은 아니다. 진정한 망국의 원인은 딴 곳에 있다! 위에 있는 자들이 예의禮義를 지킬 줄 모르고, 아래에 있는 민중이 교육을 받지 못하면, 백성은 도적이 되어 봉기하게 마련이니, 그리하면 국가의 멸망이 며칠 남지 않은 것이다.

『시』(대아 「판板」)는 노래한다: '아~ 하느님께서 이제 주나라 왕실을 전복하려 하시는구나! 그런데 주나라 신하들이여! 그렇게 느긋하게 예예泄泄하면서 당장 입발림 소리만 할 때는 아니로다!'

이 노래에서 '예예泄泄'는 요새 말로 '답답沓沓'과 같다('답답'은 맹자 당대의 표현. 쓸데없는 말만 많이 지껄인다는 뜻. 다언多言. 우리 속어로는 '노가리' '쌩구

이루 상 | 385

라' 정도의 말). 군주를 섬기는데 의에 합당하지 아니 하고, 나아가고 물러감에 예가 없으며, 입만 뻥끗하면 선왕지도를 비난하는 놈들은 신하다운 신하가 아니요, 답답沓沓한 구라꾼들이다. 그러므로 나는 말한다: 실행키 어려운 인의仁義의 도를 군주에게 실행토록 강권하는 것이야말로 공恭이라 일컫고, 선한 인정仁政을 진술하면서 사도邪道를 막는 것을 경敬이라 일컫고, 우리 임금은 인정을 실현할 능력이 없다라고 말하면서 정도를 외면하는 것을 적賊이라 일컫는다."

4a-1. 孟子曰:"離婁之明, 公輸子之巧, 不以規矩, 不能成方員; 師曠之聰, 不以六律, 不能正五音; 堯舜之道, 不以仁政, 不能平治天下。今有仁心仁聞而民不被其澤, 不可法於後世者, 不行先王之道也。故曰, 徒善不足以爲政, 徒法不能以自行。詩云:'不愆不忘, 率由舊章。'遵先王之法而過者, 未之有也。聖人旣竭目力焉, 繼之以規矩準繩, 以爲方員平直, 不可勝用也; 旣竭耳力焉, 繼之以六律, 正五音, 不可勝用也; 旣竭心思焉, 繼之以不忍人之政, 而仁覆天下矣。故曰, 爲高必因丘陵, 爲下必因川澤。爲政不因先王之道, 可謂智乎? 是以惟仁者宜在高位。不仁而在高位, 是播其惡於衆也。上無道揆也, 下無法守也, 朝不信道, 工不信度, 君子犯義, 小人犯刑, 國之所存者幸也。故曰, 城郭不完, 兵甲不多, 非國之災也; 田野不辟, 貨財不聚, 非國之害也。上無禮, 下無學, 賊民興, 喪無日矣。詩曰:'天之方蹶, 無然泄泄。'泄泄, 猶沓沓也。事君無義, 進退無禮, 言則非先王之道者, 猶沓沓也。故曰, 責難於君謂之恭, 陳善閉邪謂之敬, 吾君不能謂之賊。"

沃案 여기 맹자가 쓰고 있는 언어들은 기본적으로 법가적 언어들이다. "규구준승規矩準繩"이 모두 법가들이 즐겨 쓰는 말로써 객관적인 기준을 의미하는 것이다. 여기 맹자는 또다시 법가적인 사유를 자신의 인정의 구상에 도입하고 있다. "이루지명離婁之明, 공수자지교公輸子之巧, 불이규구不以規矩, 불능성방원不能成方員"이라는 첫마디가 우선 맹자를 주관주의

적 관점에서만 규정하려는 시각에 대한 수정을 요청한다. 인간의 내면의 훌륭함만으로 세상은 움직여지지 않는다. 그 내면의 진실한 동기가 사회적 실현을 성취하기 위해서는 반드시 객관적인 제도적 장치를 필요로 한다는 것이다. 심心과 법法은 상보관계에 있다. 도선徒善만으로도 불가하고, 도법徒法만으로도 불가하다. 맹자는 법法을 통일천하를 위하여 인간이 일시적 방편으로 조작해내는 종횡가들의 신법新法과 같은 것으로 규정하지 않는다. 그것은 유구한 전통을 지닌 선왕지도先王之道일 뿐이다. 여기서 또다시 유가적 특색이 드러나고 있지만, 그렇다고 선왕지도를 다시 주관적 도덕으로 규정함으로써 악순환에 함몰하지는 않는다. 선왕지도는 규구준승이나 12율과도 같은 객관적 제도이다. 그러므로 신하된 자들이 군왕에게 빨리 선왕지도를 실현하도록 압박을 가하는 길만이 전국戰國 난맥상을 구원할 수 있는 긴박한 임무라고 역설하고 있는 것이다. 이러한 역설의 배경에는 혁명의 시인이 도사리고 있다는 것도 잊어서는 아니 될 것이다.

4a-2. 맹자께서 말씀하시었다: "콤파스와 곡척은 사각형과 원형의 지극한 기준이며, 성인은 인륜의 지극한 기준이다. 훌륭한 임금이 되려면 임금의 도리를 다해야 하고, 훌륭한 신하가 되려면 신하의 도리를 다해야 한다. 임금의 도리와 신하의 도리는 모두 요·순이 구현한 도리를 본받아야 할 뿐이다. 왜냐하면 요는 임금의 도리의 지극한 기준이며 순은 신하의 도리의 지극한 기준이기 때문이다. 신하된 자로서 순이 요를 섬긴 도리로써 자기자신의 임금을 섬기지 않으면, 그것은 곧 그 임금을 불경하는 것이다. 또한 요가 백성을 다스린 도리로써 자기자신의 백성을 다스리지 않으면, 그것은 곧 자기 백성을 해치는 것이다. 공자가 이런 말을 한 적이 있다: '사람의 길은 둘밖에 없다. 인仁

아니면 불인不仁일 뿐, 중간 타협은 없다!'

 자기 백성을 폭정으로 괴롭히는 것이 극심하면 곧 자기 몸을 시해 당하도록 만드는 것이며 나라를 파멸시키는 것이다. 폭정이 극심하지는 않다 해도 그 군주의 몸은 위태롭게 될 것이며 나라는 점점 침탈당하고 쇠미하게 될 것이다. 그런 나라의 군주는 '유幽'니 '려厲'니 하는 수준의 시호가 붙게 마련이다(주나라에도 실제로 어리석고 포악한 군주로서 유왕·려왕이 있었다. 맹자가 말하는 것은 시호법의 일반사례를 말하는 것이다. 『일주서逸周書』의「시법해諡法解」를 참고할 것). 이런 시호가 한번 붙게 되면 그 후로 효성스러운 아들이나 자애로운 후손이 나와서 자기 선조의 나쁜 시호를 바꾸려 해도 백세가 지나도록 그것은 바꿀 수가 없는 역사의 단죄이다. 『시』(대아「탕蕩」)는 노래한다: '문왕께서 말씀하시기를, 아~ 슬프도다! 너희 은나라여! 은나라의 거울이 멀리 있지 않았다. 바로 하나라의 마지막 임금 걸의 운명이 너희 귀감이었거늘!' 이 애처로운 노래가 바로 나 맹자의 논리를 입증하고 있는 것이다."

4a-2. 孟子曰:"規矩, 方員之至也; 聖人, 人倫之至也。欲爲君, 盡君道; 欲爲臣, 盡臣道。二者皆法堯舜而已矣。不以舜之所以事堯事君, 不敬其君者也; 不以堯之所以治民治民, 賊其民者也。孔子曰:'道二, 仁與不仁而已矣。'暴其民甚, 則身弑國亡; 不甚, 則身危國削。名之曰'幽''厲,'雖孝子慈孫, 百世不能改也。詩云:'殷鑒不遠, 在夏后之世。'此之謂也。"

沃案 양주는 이렇게 말한다: "인간은 죽으면 썩은 해골일 뿐이다. 그것이 불에 탄들, 물에 잠긴들, 흙에 묻힌들, 땡볕에 버려진들, 초의를 입고 계곡에 버려진들, 왕공王公의 곤룡포를 입고 석관에 들어간들, 그것이 나와 무슨 상관이랴!"

그러나 맹자는 말한다: "인간은 죽으면 역사에 이름을 남긴다. 그 이름이 삶의 가치를 다하지 못하면 후손에게 대대로 누를 끼치는 것이며, 왕도의 방명을 남기면 자신은 물론 억조창생의 복지를 이룩하는 길이다." 역사야말로 신神, God이라는 테제는 맹자에게서 명료하게 된 것이다.

4a-3. 맹자께서 말씀하시었다: "하·은·주 삼대의 왕조가 천하를 얻은 것은 인정仁政 때문이었다. 하·은·주 삼대의 왕조가 천하를 잃은 것은 불인不仁 때문이었다. 지금 우리 시대의 한 나라가 폐廢하느냐 흥興하느냐, 존存하느냐 망亡하느냐 하는 것도 또한 똑같은 이치를 따를 뿐이다. 그러므로 천자天子가 불인不仁하면 사해四海를 보전할 수가 없고, 제후諸侯가 불인不仁하면 사직社稷을 보전할 수가 없고, 경대부卿大夫가 불인하면 종묘宗廟를 보전할 수가 없고, 사서인士庶人이 불인하면 자기 몸 하나 보전할 수가 없다. 지금 사람들이 죽는 것은 죽도록 싫어하면서 불인不仁한 것은 죽도록 좋아하니 참으로 괴이한 일이로다! 이것은 술 취하기를 싫어하는 놈이 술을 억지로 퍼먹고 있는 것이나 똑같은 짓이다."

4a-3. 孟子曰: "三代之得天下也以仁, 其失天下也以不仁。 國之所以廢興存亡者亦然。 天子不仁, 不保四海; 諸侯不仁, 不保社稷; 卿大夫不仁, 不保宗廟; 士庶人不仁, 不保四體。 今惡死亡而樂不仁, 是猶惡醉而强酒。"

沃案 "사직社稷"의 "사社"는 땅의 하느님이며 "직稷"은 곡식의 하느님이다. 그리고 "종묘宗廟"는 조상을 제사 지내는 영묘靈廟이다. 제후는 사직과 종묘를 다 가질 수 있었지만, 경대부는 사직을 가질 수 없었다. 채읍을 받게 되면 그곳에 종묘를 만들 수 있었다. 사직이 종묘보다 더 높고

이루 상 | 389

더 중요한 개념이라는 것을 알 수 있다. 그런데 지금 우리나라는 종묘는 웅장하게 해놓고 사직은 초라하게 만들어 놓았다. 일제의 농간이기도 하지만, 그릇된 기독교의 신앙이 우리의 일상적 신앙문화를 왜곡해놓은 결과이기도 하다. 2a-4도 이 장과 비슷한 주제를 논하고 있다.

4a-4. 맹자께서 말씀하시었다: "내가 남을 그토록 사랑했는데, 사랑해준 그가 나를 친하게 생각치 아니 하면 나의 인仁을 반성하라! 내가 사람을 다스렸는데 다스려지지 아니 한다면 나의 지智를 반성하라! 내가 남에게 예禮를 다했는데, 그가 나에게 응당한 보답을 하지 않으면 나의 경敬을 반성하라! 행하여 내가 기대한 것이 얻어지지 않을 때는 항상 그 원인을 나에게 구하라. 나의 몸이 바르게 되면 천하 사람들이 모두 나에게로 돌아온다. 『시』(대아 「문왕文王」)는 이렇게 노래하고 있지 아니 하뇨!: '길이 길이 네 속의 천명에 배합될지니, 그것만이 결국 너의 복을 구하는 길이니라.'"

4a-4. 孟子曰: "愛人不親, 反其仁; 治人不治, 反其智; 禮人不答, 反其敬。行有不得者, 皆反求諸己, 其身正而天下歸之。詩云: '永言配命, 自求多福。'"

沃案 췌언이 필요없는 아름다운 잠언이다. 번역도 함축적으로 하였다. 맹자 그 인간의 진면목을 보여주는 위대한 로기온자료이다. 옛말에는 "지知"와 "지智"의 구분이 없었다. 비슷한 주제가 2a-7, 2a-4에서도 논의되었다.

4a-5. 맹자께서 말씀하시었다: "사람들이 모두 일상적으로 '천하국

가天下國家'라는 말을 입에 담기를 좋아하는데, 천하天下의 근본은 국國에 있으며, 국國의 근본은 가家에 있으며, 가家의 근본은 나 개인의 신身에 있다는 것을 깨달아야 한다."

4a-5. 孟子曰: "人有恒言, 皆曰, '天下國家.' 天下之本在國, 國之本在家, 家之本在身."

沃案   이 맹자의 로기온자료를 모두 『대학』의 "수신-제가-치국-평천하"와 관련지어 이야기하지만 반드시 직접적 연관을 지을 필요는 없다. 맹자의 말씀은 지극히 소박한 것이다. 그리고 여기서 말하는 "가家"도 우리가 생각하는 가정family과 같은 개념이며, 대부大夫의 "가家"를 말하는 것은 아니다. 맹자의 사유는 근본을 지향하는 것이다. 『대학』의 언어처럼 도식적이고 개념적이며 관념적이질 않다. 『대학』의 언어도 이 소박한 『맹자』의 언어로부터 재해석해야 할 것이다. 천하의 근본은 나라에 있으며, 나라의 근본은 가정에 있으며, 가정의 근본은 나 개인의 "몸Mom"에 있다고 하는 이 가설은 왕도를 지향하는 맹자에게 있어서 매우 절실한 테제이다. 즉 왕도의 구현은 그 군주의 몸에 그 궁극적 근거가 있다는 것이다. 또 동시에 그가 "천하국가"를 보통사람들의 말씨를 가지고 문제삼았다는 것은 그 몸의 주체성이 반드시 왕 일개인의 문제일 뿐만 아니라, 천하에 사는 모든 사람들의 문제일 수밖에 없다는 것을 암시하고 있는 것이다. 맹자가 항상 대중교육을 강조하고 있다는 것을 생각하면, 이러한 사유의 근본에는 『중용』제1장의 "신기독愼其獨"의 논리가 보다 보편적인 존재의 기반으로 활용되고 있다고 할 것이다. 상장上章의 "반구저기反求諸己"도 자사의 테마였다(『중용』제14장).

4a-6. 맹자께서 말씀하시었다: "정치를 바르게 행한다는 것이 어려운 것만은 아니다. 우선 한 나라의 권력의 중추를 이루고 있는 거실巨室들에게 득죄得罪를 하지 말아야 한다. 거실들이 군주를 경모하게 되면 한 나라의 전 국민이 같이 경모하게 되고, 한 나라의 전 국민이 같이 경모하게 되면 천하의 모든 국가의 사람들이 다 같이 경모하게 되는 것이다. 그렇게 되면 그 군주의 덕교德教가 패연沛然하게 흘러넘쳐 사해四海에 넘실거리게 되는 것이다."

4a-6. 孟子曰: "爲政不難, 不得罪於巨室。巨室之所慕, 一國慕之; 一國之所慕, 天下慕之; 故沛然德教溢乎四海。"

沃案 아주 짧은 로기온자료이지만 앞서 상맹上孟에서 말한 모든 장황한 논설을 요약해주는 집약된 말씀이라고 할 것이다. 이러한 집약된 성격이 이 로기온자료가 맹자 입에서 나온 것이라는 신빙성을 높여준다.

혹자는 이 로기온자료의 주체가 군주보다 하급의 사람일 것이라고 말하지만 그것은 전체적 상황을 파악하지 못하는 아주 용렬한 주석이라 할 것이다. 거대회사를 다스려도 회사 직원들 개개인을 다 다스리는 것이 아니다. 이사회理事會의 몇 사람을 장악하면 회사 전체가 돌아가게 되어있다. 한 나라를 움직이는 것도 마찬가지이다. 맹자는 전국시대 사람이다. 전국시대 사람다웁게 그는 매우 구체적인 전략을 가지고 있는 것이다. 그의 현실감각은 탁월하다. 여기 "거실巨室"을 조기는 "현경대부지가賢卿大夫之家"라고 주석해놓았는데, 한 국가를 움직이는 중후한 경대부들을 우선 장악해야 한다는 것이다. 전국시대에는 이 경대부들이 왕의 존폐를 결정할 수도 있었다. 따라서 그들에게 득죄得罪하면 나라를 이끌어가기가 어렵다. 문제는 왕으로서 어떻게 이 경대부들의 마음에서부터 우러나오는 존경심을 획득하느냐에 있다고 본다. 이것을 획득할 수만 있으면 전 국민이 같이 마음으로부터 경모하게 된다는 것이다. 그 결과는 천하가 패연沛然하게 움직이는 것이다. 곧 왕도가 실현되는 것이다. 구체적인 전략을 통하여 천하대세를 움직일 수 있다고 하는 맹자의 왕도론은 추상적인 도덕이 아니라 현실정치 속에서 이루어지는 도덕적 구현이다.

오늘 우리나라의 정치 또한 청와대를 장악하는 자들이 주변 몇 사람의 진실한 경모를 얻지 못하는 데서부터 대세가 그릇되는 현실을 바라보면, 이 맹자의 말이 잘 이해가 될 것이다. 박정희도 그를 아끼는 친구 김재규의 손에서 죽었고, 그 뒤의 모든 대통령이 비슷한 경로를 밟았다고 말할 수 있다. 4대강정비니 FTA니 인천공항·KTX매각이니 하는 정책으로써 진실로 주변 사람들의 경모를 얻고 있는가? 그것이 과연 경모의 대상이 될 수 있는 위대한 내용과 도덕적 비젼을 담고 있는가? 온 국민이 반성하고 또 반성해봐야 할 것이다.

4a-7. 맹자께서 말씀하시었다: "천하에 유도有道하면, 도덕이 표준이 되므로, 소덕자小德者가 대덕자大德者에게 부림을 당하고(沃案: 여기 "역대덕役大德"의 "역"은 능동태가 아니라 피동태이며 실제로 "역어대덕役於大德"의 뜻이다. "어於"가 생략된 것이다), 소현자小賢者는 대현자大賢者에게 부림을 당한다. 천하에 무도無道하면, 적나라한 권력이 표준이 되므로, 소자小者는 대자大者에게 부림을 당하고, 약자弱者는 강자强者에게 부림을 당한다. 이 두 경우가 모두 작은 자가 큰 자에게 부림을 당하는 것이니, 이것은 자연스러운 하늘의 이치라고 말해야 할 것이다. 그러므로 순천자順天者는 존存하고 역천자逆天者는 망亡한다.

제경공齊景公은 당시 제나라라는 대국의 군주였다. 그런데 제나라 사람의 입장에서는 야만인들로 보였던 오吳나라의 왕王 합려闔廬(부차夫差의 아버지)로부터 딸을 시집보내달라는 요청을 받았다. 신하들의 반대에도 불구하고 제경공은 이와 같이 말했다: '우리가 그들에게 명령을 내려서 그들이 우리 명령을 듣게 할 수 있는 능력이 나에게 없다. 그런데 그들의 명령조차 듣지 않는다면 이것은 국교를 단절하는 것이다.' 그는 눈물을 흘리면서 사랑하는 딸을 오나라로 시집보냈다(沃案: 이 이야기는 『설원說苑』 「권모權謀」편에 정확하게 기술되어 있다. 당대의 설화전승의 정확성을 규탐할 수 있다).

대국의 군주도 이렇게 유연하게 순천順天하였는데, 지금은 소국이 대국을 스승처럼 받들면서, 그 나쁜 문화는 다 받아들이면서도 대국의 명령을 받는 것은 수치스럽게 생각한다면, 이것은 마치 제자가 스승으로부터 명령을 받는 것을 수치스럽게 여기는 것과 하등의 다를 바가 없다. 만약에 그러한 것을 진정코 수치스럽게 여긴다면, 대국을 스승처럼 받들면서 그 나쁜 문화를 받아들이지 말고 아예 문왕의 왕도정치를 하루속히 배우는 것만 같지 못하다. 문왕의 인정을 스승으로 삼는다면 대국은 5년, 소국은 7년이면, 기필코 천하에 정치를 베풀 수 있는 왕자王者가 될 수 있을 것이다.

『시』(대아 「문왕文王」)는 노래한다: '상나라의 자손들아! 그대들은 억億(당시 "억"은 "10만"의 의미였다)을 넘는 대국의 찬란한 문화를 전승하였지만, 상제가 이미 주나라에 천명을 건넨지라, 주나라에 복종할 수밖에 없었다. 그대들이 주나라에 복종한 것은 천명이 항상 그대 곁에만 있어주지는 않았기 때문이다. 그러나 문화의 전승자 은나라의 선비들은 아름답고 총명한지라, 주나라의 수도 호경鎬京(섬서성 장안長安시)의 강신제에서 울창주를 부으면서 주나라 신하의 도리를 다하는도다!'

공자 또한 말했다: '사람이 많다고 해서 그 많은 사람을 거느리는 것만 가지고 인자仁者에게 대적할 수 없다(沃案: 해석의 여지가 많으나 전후 맥락상 나는 이렇게 번역하였다). 대저 한 나라의 임금이 인정을 실천하기를

좋아하기만 한다면 그는 천하무적天下無敵이다.' 지금 천하에 무적이기를 갈망하면서 인정을 실천하려고 하질 않으니, 이것은 여름 뙤약볕에 몸이 뜨겁게 달아오르는데 냉수목욕으로 몸을 식히는 것을 싫어하는 것과도 같다. 본능을 거부하는 어리석은 대책이다.『시』(대아 「상유桑柔」)는 노래한다: '누가 몸이 열에 달아올라 고통스러운데, 냇가로 가 몸을 식히지 않으리오?'"

4a-7. 孟子曰: "天下有道, 小德役大德, 小賢役大賢; 天下無道, 小役大, 弱役強。斯二者, 天也。順天者存, 逆天者亡。齊景公曰: '旣不能令, 又不受命, 是絶物也。'涕出而女於吳。今也小國師大國而恥受命焉, 是猶弟子而恥受命於先師也。如恥之, 莫若師文王。師文王, 大國五年, 小國七年, 必爲政於天下矣。詩云: '商之孫子, 其麗不億。上帝旣命, 侯于周服。侯服于周, 天命靡常, 殷士膚敏, 裸將于京。' 孔子曰: '仁不可爲衆也。夫國君好仁, 天下無敵。'今也欲無敵於天下而不以仁, 是猶執熱而不以濯也。詩云: '誰能執熱, 逝不以濯?'"

沃案 나는『맹자』를 번역함에 있어 뜻이 통하지 않는 곳은 전후맥락을 살펴 의미를 소통시키는 세세한 작업을 첨가하였지만, 원문 그대로 우리말화 되어 있는 것은 될 수 있는 대로 풀지 않는다. "순천자존順天者存, 역천자망逆天者亡"이라는 말은 우리나라 동네집 개도 다 알아들을 흔한 말인데 그 출전이 바로 이 장이다. 그런데 우리는 이 말을 단장취의하여 순천과 역천을 "자연에 순응한다"는 추상적 명제의 맥락에서 잘 인용하고 있다. 그러나 여기 맹자의 "순천順天"이라는 것은(우리나라 전라남도의 지명도 여기서 왔다. 1310년, 고려 충선왕 2년에 승주목昇州牧에서 순천부가 되었으니 『맹자』가 우리나라에 유입된 이후이다) 소국이 대국에게 지배를 받고 명령을 받는 것이 너무도 자연스러운 추세라는 식의 국제역학의 살벌한 관계를 전제로 하고 있다. 그러니까 우리나라와 같은 소국의 입장에서 본다

면 매우 기분나쁜 말이며, 또 우리나라의 친미우익분자들에게는 쌍수 들고 환영할 명제이다. 유도有道이건 무도無道이건 대大가 소小를 힘으로 혹은 덕으로 지배하는 것은 정당하다는 것이다. 그러므로 함부로 소가 대를 거스르는 역천逆天 행위를 하지 말라는 것이다. 미국이 강요하는 대로 FTA를 받아들이는 것이 순천順天이며, 제나라 경공이 울면서 원치 않는 곳에 딸을 시집보내는 슬기로움이라는 것이다.

맹자의 사상이 과연 여기서 끝날 것인가? 맹자는 전국시대의 사람이다. 아주 냉철한 리얼리스트이다. 따라서 약자가 강자의 눈치를 보아야 하는 리얼리즘의 정책을 제시하는 것이다. 무리한 역천逆天은 망국亡國의 길이라는 것이다. 그러나 맹자는 이러한 "순천"이 수치스럽다고 생각된다면 그 수치를 극복하는 길이 있다는 것이다. "순천"은 현실적 전략일 뿐이다. 따라서 순천을 극복하는 것은 역천의 무모한 행위가 아니라, 반드시 인정을 실천해야 한다는 것이다. 맹자는 당대의 풍전등화와 같은 많은 소국들의 운명을 보호해주려는 것이다.

"자유무역"은 좋은 것이다. 그러나 자유무역이 자유무역으로 끝나질 않고, 대국이 소국에게 자유무역의 조건을 자국에 유리하게 지속시키기 위하여 소국 자체 내의 경제질서와 법질서를 파탄으로 휘몰아간다는 데 있다. 이러한 간섭은 막아야 하는 것이다. 맹자는 이러한 간섭을 막을 수 있는 길은 하루속히 인정을 실천하는 길이라는 것이다. 겉으로는 "순천"의 쇼를 하면서 속으로는 인정을 실천하기를 7년만 한다면 곧 천하를 통일하고 대국을 이겨낼 수 있다고 말한다. 그가 제시한 "7년"이라는 햇수는 오늘날 생각해봐도 매우 현실적인 대안이다. 정녕코 이 나라 조선에는 7년 동안만이라도 인정을 베풀고 전 국민의 호응을 얻어 일치단결 국권을 지킬 수 있는 지도자가 나올 수 없는 것일까? 란亂이 깊어졌으니 치治가 도래할 만도 하지 않은가! 깨어나라! 한얼아!

2a-7을 참고할 것.

4a-8. 맹자께서 말씀하시었다: "불인자不仁者와 어찌 더불어 말을 할 수 있으리오? 그들은 위태로운 상황을 위태롭다 생각치 아니 하고 오히려 안전하다 생각하며, 재앙을 재앙으로 생각치 아니 하고 오히려 돈벌 좋은 기회라고 생각하며, 멸망을 초래할 짓을 즐긴다. 만약 이토록 불인한 자들이 우리와 더불어 이야기를 걸어온다면 우리는 그들을 통하여 위험과 재앙을 간파할 수 있게 되므로, 나라를 망치고 집안을 패망케 하는 것을 미연에 방지할 수도 있다. 여기 한 아동이 부르는 노래가 있다: '창랑의 물이 맑구나! 내 갓끈을 씻으리로다. 창랑의 물이 탁하구나! 내 발을 씻으리로다.'(창랑滄浪에 대한 견해가 많다. 그냥 푸른 빛깔이라는 설, 지명[호북성 균현均縣 북], 강물이름이라는 설 등이 있다. 염약거는 한수漢水, 혹은 한수의 지류라고 한다. 한수가 창랑 지역을 지나갈 때는 물이 많은데 더러운 것이 섞여들면 물이 흐려진다. 물이 맑고 흐린 것을 우리 내면의 상태에 비유한 것이다. 그것은 나의 실존의 책임에 속하는 것이다. 이 노래는 『초사』의 「어부漁父」편에도 어부漁父의 노래로 나오고 있다. 아마도 초나라 지역의 민요였을 것이다. 맹자의 지식의 범위가 놀랍다).

공자가 이 노래에 관하여 평론한 것이 있다: '제자들아! 이 노래를 들어보아라! 같은 냇물이라도 맑으면 깨끗한 갓끈을 빨고, 흐리면 더러운 발을 씻는다. 이것은 물이 스스로 초래한 것이다.' 공자는 제자들 자신의 삶을 경계토록 한 것이다. 대저 사람은 자기가 자기를 모멸한 후에나 타인이 그를 모멸하고, 일가가 스스로 자기를 훼멸한 연후에나 타인들이 그 집안을 훼멸한다. 한 나라도 스스로 자기를 정벌한 연후에나 타국이 그 나라를 정벌하게 되는 것이다. 『상서』「태갑

太甲」에 이런 말이 있다: '하늘이 지은 재앙은 오히려 피할 수 있으나, 스스로 지은 재앙은 도저히 도망갈 길이 없다.'(2a-4). 여기서 말하는 자초의 화를 두고 하는 말이다."

4a-8. 孟子曰:"不仁者可與言哉? 安其危而利其菑, 樂其所以亡者。不仁而可與言, 則何亡國敗家之有? 有孺子歌曰:'滄浪之水淸兮, 可以濯我纓; 滄浪之水濁兮, 可以濯我足。'孔子曰:'小子聽之! 淸斯濯纓, 濁斯濯足矣。自取之也。'夫人必自侮, 然後人侮之; 家必自毁, 而後人毁之; 國必自伐, 而後人伐之。太甲曰:'天作孼, 猶可違; 自作孼, 不可活。'此之謂也。"

沃案 창랑의 노래는 아름답고 많은 여운을 남긴다. 우리 인생의 화복안위가 모두 스스로 자초하는 것이라는 맹자의 주장은 맹자 만년의 달관을 표현하고 있다는 느낌이 든다. 4a-10의 "자포자기自暴自棄"도 같은 주제를 설파하고 있다. 20세기 서구의 실존주의Existentialism의 모든 논리가 함축되어 있다고 말해야 할 것이다. 서구의 철학은 과도한 레토릭으로 사람들에게 겁을 주지만 실상 그 정신은 맹자의 몇 줄로 커버될 수도 있는 것이다. 그들이 그토록 어마어마한 개념적 언어를 구사하는 가장 큰 이유는 기독교라는 "신화" 권력에 대한 안티테제적 성격을 관철시켜야만 하는 압박감에 시달리고 있기 때문이다. 여기는 그런 압박감이 없다. 그래서 간결하고 시적이다.

4a-9. 맹자께서 말씀하시었다: "걸왕桀王과 주왕紂王이 천하를 잃은 것은 매우 단순한 이유 때문이다. 그들은 인민의 지지를 잃었다. 인민의 지지를 잃은 것은 인민의 마음을 잃은 것이다. 천하를 얻는 데 방법이 있다: 인민의 지지를 얻으면 곧 천하를 얻는다. 인민의 지지를 얻

는 데 방법이 있다: 인민의 마음을 얻으면 곧 인민의 지지를 얻는다. 인민의 마음을 얻는 데 방법이 있다: 인민이 진실로 소망하는 것을 주고 그들을 위하여 저축해둔다. 그리고 그들이 진실로 싫어하는 것은 주지 않는다. 그뿐이다. 그 이상의 복잡한 처방은 없다.

 백성들이 인정仁政에 귀복歸服하는 것은 물이 아래로 흐르는 것처럼, 야수들이 들판을 달리는 것처럼 자연스러운 흐름이요 추세다. 그러므로 물가에 있기를 좋아하는 평화로운 물고기들을 연못 깊은 데로 쫓아주는 것은 수달이다. 풀섶에 있는 새들을 숲 속 깊은 데로 쫓아주는 것은 새매이다. 혁명가 탕임금과 무왕을 위하여 백성을 휘몰아 주는 사람은 폭군 걸왕과 주왕이었던 것이다. 지금 천하의 제후들 중에서 한 사람이라도 인정仁政을 베풀기를 좋아하는 자가 있다고 한다면, 나머지 모든 제후들이 그를 위하여 인민들을 휘몰아 주게 될 것이다. 이렇게 되면 나는 천하의 왕자가 되기 싫다고 발버둥쳐도 불가능한 일이다.

 지금 천하를 통일하는 왕자王者가 되고 싶다고 소망하는 자는, 7년 동안 지병을 앓아온 환자가 명약인 3년 말린 쑥을 구하는 것과도 같다(오래 말린 쑥일수록 효험이 있다는 신앙이 당시 있었다. 맹자 시대에 "뜸"요법은 이미 상당히 발달되어 있었던 것 같다). 그러나 평소에 쑥을 말려두지 않으면 급할 때 구할 수가 없으므로 결국 종신토록 3년 말린 쑥은 구할 수 없게 된다. 평소에 인정을 실천하는 데 뜻을 두지 않으면 종신토록 걱정과 오욕이 닥칠 뿐, 결국 애처롭게도 사망에 이르고 말뿐이다. 『시』(대아 「상유桑柔」)는 노래한다: '지금 그대가 하는 짓이 어찌 선하다고 말할 수 있겠느뇨? 서로 끌어당기며 결국 같이 화란禍亂 속으로 침몰해갈 뿐이로다!'(4a-7의 노래에 이어지는 구절). 이 노래는 내가 하는 말을 잘 뒷받침해주고 있다."

4a-9. 孟子曰:"桀紂之失天下也, 失其民也; 失其民者, 失其心也。得天下有道: 得其民, 斯得天下矣; 得其民有道: 得其心, 斯得民矣; 得其心有道: 所欲與之聚之, 所惡勿施, 爾也。民之歸仁也, 猶水之就下, 獸之走壙也。故爲淵歐魚者, 獺也; 爲叢歐爵者, 鸇也; 爲湯武歐民者, 桀與紂也。今天下之君有好仁者, 則諸侯皆爲之歐矣。雖欲無王, 不可得已。今之欲王者, 猶七年之病求三年之艾也。苟爲不畜, 終身不得。苟不志於仁, 終身憂辱, 以陷於死亡。詩云:'其何能淑, 載胥及溺。'此之謂也。"

沃案 상맹에서 설파한 자신의 왕도론을 총체적으로 요약한 명 로기온이라고 할 것이다. 맹자가 동원하는 비유는 지극히 적절하고 간결하며 강렬하다. 민심民心을 얻는 자라야 천하를 얻는다는 사상이 아주 명료하게 언급된 것으로서는 항상 이 장이 인용된다. 2a-3에 이런 주제가 논의된 바 있지만 이 장처럼 명료하지는 않다. 민심을 얻는 방법은 너무도 단순하다. 인민이 원하는 것을 주고, 인민이 원치 아니 하는 것을 주지 않는 것이다. 그뿐이다! 그 이상의 복잡한 처방은 없다. 이야爾也!

생각해보라! 4대강정비사업은 대운하계획으로부터 시작하여 국민의 7·80%가 반대를 했고(실제적 통계), 4대종단이 모두 공식적으로 반대를 했다. 뿐만 아니라 자그마치 국고에서 30조에 달하는 돈이 강바닥에 쏟아 부어졌다. 왜 이런 짓을 감행하는가? 누구를 위한 일인가? 왜 국민이 원치 않는 것을 강행해야만 하는가? 도대체 무슨 내용이 있는가? 아무리 여론을 호도한다 해도, 이 개명한 시대에 국민의 절반에 가까운 수가 확실하게 반대를 표명하는 프로젝트는 "감행의 대상"이 될 수는 없는 것이다.

민심을 얻는다는 것이 인민의 인기를 획득한다는 것이 아님을 명료하게 해둘 필요가 있다. 그것은 오직 "불인인지심不忍人之心"에서 우러나오는 정치가 되어야 한다. 도덕성의 근원이 어디에 있는가? 그것은 항상 약쑥을 준비하듯이 평소의 삶에서 우러나오는 도덕성을 말하고 있는 것이다. 맹자의 사상은 이론이 아니라 실천의 과제상황일 뿐이다. 평생을 쌩쥐같이 돈벌 궁리만 하면서 거짓을 일삼는 자에게서 30조의 국고를 도덕적으로 사용할 수 있는 "불인인지정不忍人之政"이 성립하기를 기대하기란 애초에 불가능에 속하는 일이었다. 확실한 악의 귀감으로라도 역사에 남아준다면 고마운 일일 것이다.

4a-10. 맹자께서 말씀하시었다: "자포자自暴者(스스로 자기에게 폭력을 가하는 자)와는 더불어 가치있는 의론을 할 수가 없다. 자기자自棄者(스스로 자기를 버리는 자)와는 더불어 가치있는 행동을 할 수가 없다(여기 "유언有言" "유위有爲"는 독특한 맹자의 어법이다. "유위"는 "유행有行"이라고도 쓰는데 "유소작위有所作爲"의 뜻이다). 입을 뻥끗했다 하면 예禮와 의義를 비난하는 자를 일컬어 스스로 자기에게 폭력을 가하는 자(자포자)라고 한다. 나 자신은 인仁에 살고 의義에 의거하여 행동하는 것이 불가능하외다 하고 나자빠지는 자를 일컬어 스스로 자기를 버리는 자(자기자)라고 한다. 인仁은 사람의 안택安宅(가장 안전한 주거)이다. 의義는 사람의 정로正路(가장 바른 길)이다. 그토록 안전한 안택을 비워놓고 그곳에 살 생각을 하지 않으며, 그토록 바른 정로를 저버리고 그곳으로 걸어갈 생각을 하지 않으니, 그러한 인간의 모습이야말로 얼마나 슬픈 비극이리오!"

4a-10. 孟子曰: "自暴者, 不可與有言也; 自棄者, 不可與有爲也。言非禮義, 謂之自暴也; 吾身不能居仁由義, 謂之自棄也。仁, 人之安宅也; 義, 人之正路也。曠安宅而弗居, 舍正路而不由, 哀哉!"

沃案 인간이 이 땅에 한 생명으로 태어났다면 이 한 장만은 반드시 외워야 한다고 나는 생각한다. 내가 중·고등학교를 다닐 때만 해도 고1부터 고2까지 정규과목으로서 "한문"시간이 있었다. 제대로 된 고금의 한문선漢文選을 강독하는 시간이었다. 내가 다닌 보성고등학교에는 우리나라에서 『삼국사기』를 최초로 완역하신 한학의 대가인 김종권金鍾權 선생님께서 가르치고 계셨다. 고1 때 나의 담임선생님이기도 하셨는데 나는 실상 김종권 선생님으로부터 최초로 본격적 한학의 훈도를 받았다. 어릴 때는 외할아버지와 엄마에게서 한문을 배웠는데, 하여튼 김종권 선생님은 내가 한학의 소양이 있고 특히 한문을 좋아한다고 나를 너무도 귀여워해주셨다. 그때 고1 첫 수업에서 배운 한문이 바로 이 『맹자』의 구절이었다.

여기서 말하는 "자포자기"가 무엇인지 그때는 너무도 어렴풋했지만, "자포자기"는 정말 나쁜 것이라고 생각했다. 그리고 평생 자포자기만은 해서는 아니 되겠다는 결의를 굳혔다. 어릴 때 이 한마디가 한 인간의 생애에 던지는 영향은 너무도 큰 것이다. 예수의 말씀은 내 폐비간신을 파고들지 못했지만 맹자의 말씀은 내 기혈의 일부로 자연스럽게 스며들었던 것이다. 우리나라 기독교장로회를 만든 사람들은 『맹자』를 수천독을 하신 분들이었다. 장공 김재준 선생은 『맹자』를 당신의 기독교신앙의 바탕으로 삼은 분이었다.

이 장에 나오는 표현들이 2a-7(夫仁, 天之尊爵也, 人之安宅也), 6a-11(仁, 人心也; 義, 人路也), 7a-33(居惡在? 仁是也; 路惡在? 義是也。居仁由義, 大人之事備矣) 등등에도 나오고 있다. 4a-8, 4a-9도 같이 참조하라. 공자도 이런 말씀을 하신 적이 있다: "나는 분발치 아니 하는 학생을 계도하려고 노력하지 않는다. 의심이 축적되어 고민하는 학생이 아니면 촉발시켜 주려고 노력하지 않는다.不憤不啓, 不悱不發."(7-8).

4a-11. 맹자께서 말씀하시었다: "도道는 가까운 데 있는데 사람들이 그것을 먼 데서만 구하려고 힘쓰고, 사람이 해야 할 일事은 너무도 쉬운 것인데 그것을 어렵고 희한한 것에서 구하려고 힘쓴다. 사람들이여! 우리 모두 친親을 친으로서 친하게 하고, 장자長者를 장자로서 공경하자! 그리하면 천하가 태평하게 되리라!"

4a-11. 孟子曰: "道在爾而求諸遠, 事在易而求諸難。人人親其親、長其長, 而天下平。"

沃案 아주 간결한 말씀이지만 잘 뜯어보면 우리가 흔히 "유교"라고 부르는 것의 근본정신이 다 함축되어 있는 소박한 원시경전의 느낌이 든다. 여기 "친기친親其親" "장기장長其長"은 유교의 양대원리이다. 맹자에게 있어서 이것은 양·묵을 의식한 것이다. 묵자의 무부無父에 대한 안티테제가 바로 "친기친"이며, 양주의 무군無君에 대한 안티테제가 바로 "장기장"이다. 공자는 "군군君君, 신신臣臣, 부부父父, 자자子子"(12-11)를 이야기하였지만 맹자는 군군과 신신을 "장장長長"으로 묶고, 부부와 자자를 "친친親親"으로 묶었다. 그렇게 함으로써 양·묵에 대한 비판을 명료하게 나타낸 것이다. "친친"은 일차적으로 "나의 부모"를 가리킨다. 그러나 그것은 나와 혈연관계에 있는 모든 사람을 포섭하는 개념이다. "장장長長"은 나와 직접적으로 가까운 혈연관계를 갖지 않는 사회적 관계를 총칭한다. 개인적 관계의 총화가 "친친"이고 사회적 관계의 총화가 "장장"인 것이다. 그러기 때문에 이 두 측면의 인간관계가 원만하게 잘 이루어지면 천하가 태평해진다고 말한 것이다.

천하평天下平	
인간관계의 총화	
개인적 관계	사회적 관계
혈연내적 관계	혈연외적 관계
친기친親其親	장기장長其長
부부父父, 자자子子	군군君君, 신신臣臣
묵적의 무부無父를 비판	양주의 무군無君을 비판

도가 멀리 있지 않고 가까운 데 있으며, 사事가 어려운 데 있지 않고 쉬운 데 있다는 사상은 유교의 근본이념이다. 이것은 초월적, 종교적 허구에서 비롯된 인간의 집념의 다양한 변태變態들을 근원적으로 청산하는 것으로 서구사상과 본질적 갈림길이다. 공자도 평생 그렇게 달성하기 어려운 것으로 생각했던 인仁에 대해서도, "내가 원하기만 하면 당장 여기로 달려오는 것이 인仁이다"(7-29)라고 말하였고, 자사도 "도불원인道不遠人"(13), "등고자비登高自卑"(15)를 말하며 "색은행괴素隱行怪"(11)를 저주한다.

이제 우리 민족은 "유교적 상식Confucian common sense"을 회복해야 한다.

4a-12. 맹자께서 말씀하시었다: "아랫자리에 있으면서 윗사람에게 신임을 얻지 못하면 백성을 다스릴 기회를 얻기 어렵다. 윗사람에게 신임을 얻는 것은 방법이 있으니, 먼저 친구들에게 신임을 받지 못하면 당연히 윗사람에게도 신임을 얻지 못한다. 친구들에게 신임을 받는 것도 방법이 있으니, 먼저 부모님을 섬겨 기쁘게 해드리지 못하면

당연히 친구들에게도 신임을 받지 못한다. 부모님을 기쁘게 해드리는 것도 방법이 있으니, 자기 몸을 돌이켜보아 성실하지 못하면 당연히 부모님에게 기쁨을 선사해드리지 못한다. 내 몸을 성실하게 하는 것도 방법이 있으니, 선을 명료하게 인식하지 못하면 자기 몸을 성실하게 할 길이 없는 것이다. 그러므로 성誠 그 자체는 하느님의 도天之道이다. 그러나 성誠해지려고 노력하기를 항상 생각하는 것은 사람의 도人之道이다. 지성至誠의 경지에 도달한 자로서 천하를 감동시키지 않은 자는 있어본 적이 없다. 성실치 못한 자는 인간세에 감동을 줄 길이 영원히 없다."

4a-12. 孟子曰: "居下位而不獲於上, 民不可得而治也。獲於上有道, 不信於友, 弗獲於上矣。信於友有道, 事親弗悅, 弗信於友矣。悅親有道, 反身不誠, 不悅於親矣。誠身有道, 不明乎善, 不誠其身矣。是故誠者, 天之道也; 思誠者, 人之道也。至誠而不動者, 未之有也; 不誠, 未有能動者也。"

沃案 이 장은 매우 복잡한 텍스트의 문제가 걸려있다. 최근 간백자료의 종합적인 연구결과로서 대강 그 텍스트의 전승문제가 밝혀지고 있다고 말할 수 있다. 물론 정론이 확정된 것은 아니다.

나는 『공자가어』의 「애공문정哀公問政」텍스트가 가장 오리지날한 파편이라고 생각한다. 그것이 『중용』20장으로 전승되어, 또다시 그 일부가 여기 『맹자』4a-12에로 전승된 것이다.

제1단계	제2단계	제3단계
『공자가어』「애공문정哀公問政」	『중용』제20장	『맹자』「이루」상12

이루 상 | 405

『맹자』를 편찬한 맹자의 제자들이 공자의 말씀을 착각하여 여기 삽입해 넣은 것이라고 나는 생각하지는 않는다. 「애공문정」의 대화는 추로지역에서 역사적 사실에 근거하여 전승된 파편으로서 그 학단의 많은 사람들이 암송하였던 것이다. 따라서 맹자 또한 그것을 배워 암송하였을 것이며, 그것을 자기 말처럼 했을 것이다. 그 맹자의 말씀을 여기 제자들이 적어놓은 것이다.

텍스트의 세부적인 문제는 생략하겠다. 그런데 재미있는 것은 맹자는 역시 「애공문정」의 테마를 자기 나름대로 소화하고 있으며, "성誠"에 대해서도 자사가 부여하고 있는 우주론적 그랜드한 구상을 수용하고 있지는 않다는 것이다. "성誠"이라는 개념은 『논어』에 나오지 않는다. 그것은 자사의 발명이다. 그러나 맹자 또한 자사의 발명을 전폭적으로 계승하고 있지는 않다. 본 장과 「진심」상4에만 매우 간결하게 언급하고 있을 뿐이다.

맹자는 "성誠"을 우주론적으로 이해한 것이 아니라, "성실하다"는 형용사적 덕목으로 이해한 것이다. 그것은 우주론적 실체가 아니라 왕도의 구현을 위한 수단일 뿐이다. 그의 포인트는 "치민治民-신우信友-사친事親-성신誠身-명선明善"으로 요약되는데, 이 계열에서 "성신誠身"은 "치민治民"의 수단적 가치일 뿐이다. "지성을 통하여 이 세계를 감동시키자"는 것이 그가 하고 싶은 말이다. 유교의 전형적인 테마이다.

4a-13. 맹자께서 말씀하시었다: "백이伯夷는 주왕紂王의 폭정을 피해 북해北海(백이는 고죽국孤竹國의 세자이다. 전한 시에 요서군遼西郡 영지현令支縣에 고죽성孤竹城이 있었다. 옛날의 북해北海는 지금 창려현昌黎縣 근방을 가리킨다)의 해변에서

조용히 은거하였다. 왕정을 행하는 문왕文王이 일어나자, 자신도 분연히 일어서며 말했다: '내가 왜 서백西伯(주 문왕을 가리킨다. 주紂가 명하여 그를 서방 제후들의 장長으로 만들었기 때문에 서백이라고 불렀다)에게 아니 갈 것인가! 나는 서백이 노인을 잘 대접하는 사람이라 들었다.' 태공망太公望 또한 주왕紂王의 폭정을 피해 동해東海(후한의 낭야국琅邪國 해곡현海曲縣을 가리킨다. 유소劉昭의 『박물기주博物記注』에는 태공려망太公呂望이 나온 곳은 지금의 동려향東呂鄕이라고 한다. 극진棘津에서 낚시했다고 하는데 그 포浦가 아직도 남아있다고 한다)의 해변에서 조용히 은거하였다. 왕정을 행하는 문왕文王이 일어나자, 자신도 분연히 일어서며 말했다: '내가 왜 서백에게 아니 갈손가! 나는 서백이 노인을 잘 대접하는 사람이라 들었다.' 백이와 강태공, 이 두 노인은 천하사람들에게 존경받는 대로大老인데, 이들이 서백에게 귀순하였다는 것은 곧 천하의 모든 부로父老들이 서백에게 귀순했다는 것을 의미하는 것이다. 천하의 모든 부로들이 서백에게 귀순하는데, 또한 그들의 아들들은 과연 누구에게로 갈 것인가? 지금 우리시대의 제후 중에서 누구라도 문왕이 행한 정치를 행하는 자가 있다고 한다면 7년 안으로(제7장에 의거하면 소국의 상황이다) 반드시 천하에 정치를 행하는 왕자王者가 될 것이다."

4a-13. 孟子曰: "伯夷辟紂, 居北海之濱, 聞文王作, 興曰: '盍歸乎來! 吾聞西伯善養老者.' 太公辟紂, 居東海之濱, 聞文王作, 興曰: '盍歸乎來! 吾聞西伯善養老者.' 二老者, 天下之大老也, 而歸之, 是天下之父歸之也. 天下之父歸之, 其子焉往? 諸侯有行文王之政者, 七年之內, 必爲政於天下矣."

沃案 「진심」하22에도 거의 같은 내용이 있다. 겉으로 보면 매우 판에 박힌 진부한 내용같이 보이지만, 실제로 전국시대의 시대상을 이해하는 데 큰 도움을 주는 내용을 담고 있다. 맹자가 말하는 고대의 설화는 역사적 사실을 기술하려는 데 목적이 있는 것이 아니라, 자기가 당면한 문

제, 즉 전국시대의 상황에서 어떻게 왕도를 실현하는가에 대한 담론을 근거 지우기 위한 구성이다.

여기 거론되고 있는 백이伯夷와 태공망太公望은 "천하지대로天下之大老"로서 규정되고 있다. 그리고 그들이 움직이는 향배에 따라 그들의 아들들, 즉 그들에게 소속한 집단의 사람들이 움직인다는 것이다. 이것은 앞 6장에서 "거실巨室"을 운운한 것과 마찬가지의 논리이다. 그러니까 전국시대에만 해도 우리가 말하는 국가사회체제가 존재하지 않았으며, 한 사회를 지배하는 것은 실제로 그 사회를 장악하고 있는 대로大老였다는 것이다. 대로는 정신적 리더일 수도 있으나, 요즈음으로 말하면 깡패사회의 두목과 같은 성격을 지녔다고 말할 수 있다. 깡패두목은 혈연에 의존하지 않고 실력에 의존하며, 체제에 의하여 권한이 부여되는 것이 아니라 스스로 장악능력을 쟁취한다. 그들이 문왕의 흥기에 가담한 이유가, "선양로자善養老者"라는 것이다. 이것은 단순히 노인을 잘 대접한다는 것이 아니라, 하부 사회조직을 장악하고 있는 리더들을 잘 대접할 줄 안다는 뜻이다. 따라서 전국시대를 움직이는 실제 사회세력은 이와 같은 두목들이었다. 맹자가 말하는 "민심民心"이란 실제로 이런 두목들의 의견의 향배였다. 현재 민주주의는 "선거"라는 제도에 의하여 민심을 측정하지만, 맹자시대에는 백이와 강태공과 같은 두목들의 의견의 향배에 의하여 민심이 표출되었던 것이다.

맹자는 이들 사회리더들의 의견이 대체적으로 도덕적인 성격을 띤다고 보았던 것이다. "선거의 조작성"이 너무도 교묘하게 발달한 오늘의 민주주의보다 더 안전한 장치였을 수도 있다. 하여튼 맹자가 5년만이라도, 7년만이라도라고 애타게 외치고 있는 배면에는 그가 바라보고 있는 사회구조의 효율적 길잡이가 가능하다고 생각하고 있는 것이다. 그는 몇몇

안되는 두목들의 심리 내면의 도덕적 향배가 새로운 천자天子를 탄생시킬 수 있다고 믿고 있는 것이다.

4a-14. 맹자께서 말씀하시었다: "염구冉求(공자의 제자로서 성이 염이고 명이 구, 자가 자유子有이다. 노나라 사람이며 공자보다 29세 어리다. 공자의 제자 중에서 아마도 가장 실무정치의 재능이 있었던 인물이었을 것이다. 공자가 노나라로 돌아올 수 있는 계기를 만든 일등공신이었으며 또 염구는 공자에 대한 충성심을 지켰다. 그러나 염구는 계씨의 가재家宰가 되어 공자가 말하는 인정을 베풀지 않고 계씨의 이권을 불리는 데만 기여하여 공자의 비난의 대상이 되었다. 그러나 공자와 염구의 사제관계는 결코 친밀성을 상실한 것은 아니었다)가 당대 노나라의 최고실권자였던 계씨季氏(계강자季康子였다)의 총재가 되어 계씨의 도덕적 성품과 정치행위를 광정하기는커녕, 오히려 계씨의 영지로부터 거두어들이는 곡물의 부세賦稅를 여태까지 받아오던 것의 두 배로 늘려 받았다. 공자는 너무 화가 났다. 그래서 말했다: '염구, 이놈은 우리의 무리가 아니다. 아해들아! 북을 울려라! 저 놈을 공격함이 옳다!'(전쟁에서 진격시에는 북을 쓰고 퇴각시에는 징을 쓴다. 이 공자의 말은 『논어』11-16에 그대로 있다. 맹자의 공자학단에 관한 정보가 매우 정확하다는 것을 알 수가 있다. 노나라에 유학했을 때 다 들었을 것이다).

이로 미루어 알 수 있듯이, 군주가 인정仁政을 실천하지 않는데 신하 된 자로서 오히려 군주의 욕심을 부추기어 그를 부유하게 만드는 자들은 모두 공자에게 혐오의 대상이 되었던 것이다. 하물며 군주의 욕심 때문에 무리한 전쟁을 일으키는 데 일조하는 신하들은 얼마나 사악한 놈들인가! 땅을 빼앗기 위해 전쟁을 일삼아 죽인 사람들의 시체가 들에 가득차고, 성을 빼앗기 위해 전쟁을 일삼아 죽인 사람들의 시체가 성에 가득차도록 만드는 것은, 땅을 거느리고 땅으로 하여금 인육人肉을 처먹도록 만드는 것이니 세상 어찌 이런 일이 있을 수 있단 말인가? 이런 전쟁을 일으키는 놈들의 죄는 사형으로도 다

용서받지 못한다. 그러므로 전쟁을 좋아하는 놈들은 모두 극형에 처하라! 제후들을 연합하여 전쟁을 부추기는 놈들은 그 다음의 형벌에 처하라! 그리고 황무지를 개간하여 그 땅을 농민들에게 무리하게 떠안겨 경작케 함으로써 농민을 피곤하게 만들고 군주의 세수稅收만을 증가시키는 놈들은 그 다음의 형벌에 처하라!"

4a-14. 孟子曰: "求也爲季氏宰, 無能改於其德, 而賦粟倍他日。孔子曰: '求非我徒也, 小子鳴鼓而攻之可也.' 由此觀之, 君不行仁政而富之, 皆棄於孔子者也。況於爲之强戰? 爭地以戰, 殺人盈野; 爭城以戰, 殺人盈城。此所謂率土地而食人肉, 罪不容於死。故善戰者服上刑, 連諸侯者次之, 辟草萊、任土地者次之。"

沃案 맹자의 논의는 매우 구체적이다. 군주본위가 아닌 민본위의 정치가 되어야 한다는 것이다. 민본위의 정치과정을 통하지 않은 통일은 궁극적으로 통일로서 가치가 없는 것이다. 맹자는 분명 진시황의 통일 같은 통일을 원하지 않았다. 맹자는 근본적으로 "토지중심사고"에 반대한다. 즉 영토의 확장을 위하여 인민의 생명을 희생시킬 수는 없다는 것이다. 그것은 땅에다가 인육人肉을 바치는, 땅으로 하여금 인육을 먹게 하는 극악한 야만이다! 그런 의미에는 맹자는 철저한 평화주의자Pacifist라고 말할 수 있다. 물론 불인불의不仁不義를 토벌하기 위한 국부적 전쟁을 용인하기도 했지만 그는 결국 전쟁이란 군주의 욕심에 복무하는 것일 뿐이라는 역사적 교훈을 제나라에서 뼈저리게 얻었다. 그가 여기서 쓰고 있는 용어는 "강전强戰"이다. 군주의 사욕을 위하여 무리하게 일으키는 전쟁이다.

재미있는 사실은 "농지의 개간"이 형벌의 대상이 되고 있다는 것인데, 이것은 평화로운 농지의 개간이 아니라 군주의 강전을 위한 수단으로 동원되는 무리한 개간에 관한 것이다. 그 모델이 바로 "상앙商鞅의 전략"이다. 여기 "선전자善戰者"는 병가兵家를 가리키고, "연제후連諸侯"는 종횡가縱橫家를 가리키고, "벽초래辟草萊"는 동시대의 법가法家를 가리킨다. 맹자는 당대의 타가他家들을 모두 비판하고 있는 것이다.

4a-15. 맹자께서 말씀하시었다: "한 사람의 마음의 내면을 살피는데 그 사람의 눈동자를 살피는 것처럼 좋은 방법이 없다. 눈동자는 그 내면의 악을 숨기지 못한다. 그의 가슴속이 바르면, 그의 눈동자도 해맑다. 그런데 그의 가슴속이 바르지 못하면 그의 눈동자도 흐리고 어둡다. 사람들과 대화를 나눌 때, 반드시 그 눈동자를 쳐다보라! 그는 결코 자신의 내면을 숨기지 못한다."

4a-15. 孟子曰: "存乎人者, 莫良於眸子。眸子不能掩其惡。胸中正, 則眸子瞭焉; 胸中不正, 則眸子眊焉。聽其言也, 觀其眸子, 人焉廋哉?"

沃案 물론 눈동자의 청·탁이 중요하다고는 하지만, 그것은 얼굴이 발하는 전체적인 느낌을 상징적으로 요약한 말이라고 보아야 할 것이다. 여기 문제가 되는 것은, 전국시대의 인물상에 관한 것이다. 그때는 밑도 끝도 없이, 뿌리를 알 수 없는 인물들이 사방으로 설치고 다니는 시대였기 때문에, 사람을 감별하는 능력이 매우 중요했다는 것을 알 수 있다. 인물감정의 요구가 절실했기 때문에 이런 맹자의 메시지가 있게 된 것이다. 공자도 이런 말씀을 하신 적이 있다: "그 행하는 바를 보고, 그 말미암은 바를 따지며, 그 지향하는 바를 살핀다면, 사람들이 어찌 자신을 숨길 수 있으리오! 사람들이 어찌 자신을 숨길 수 있으리오!"(2-10).

4a-16. 맹자께서 말씀하시었다: "진심으로 공손한 사람은 근본적으로 타인을 모멸하지 않는다. 진심으로 검약한 사람은 근본적으로 타인으로부터 탈취하지 않는다. 사람을 모멸하고, 사람에게서 탈취하기를 좋아하는 군주의 심리 내면에는 근원적으로 주변의 사람들이 자기에게 순종하지 않는 것을 두려워하는 불안이 깔려있다. 그런 불안에 사로잡힌 자가 어찌 진실로 공손하고 검약한 사람이 될 수 있을까보냐! 공손과 검약이 어찌 공손한 말씨나 웃는 얼굴로써만 달성될 수 있는 것이란 말이냐?"

4a-16. 孟子曰: "恭者不侮人, 儉者不奪人。侮奪人之君, 惟恐不順焉, 惡得爲恭儉? 恭儉豈可以聲音笑貌爲哉?"

沃案 오늘날 우리나라 청와대에 앉아있는 지도자를 연상하면 이 맹자의 말씀은 절실하게 우리 가슴에 와닿는다. 지금 맹자의 메시지는 "공恭"과 "검儉"이다. 이 공손과 검약은 모든 사람에게 적용되는 것이다. 인간이라면 누구든지 공손하고 검약해야 한다. 그런데 맹자의 메시지는 특별히 군주를 향하고 있다. 군주! 그대도 당연히 공손하고 검약해야만 왕도를 실천할 수 있다네! 그러나 제후들! 그대들은 타인을 지배하는 지배욕에만 사로잡혀 있지. 항상 모든 사람이 나에게 순종해야만 한다고 착각하고 있는 게야. 그런 불안을 없애야만 진심으로 공손하고 검약한 인간이 된다네! 군주들이여! 어찌하여 내 앞에서 공손한 말씨와 웃는 얼굴을 가장한다고 해서 그대들이 과연 공손하고 검약한 인간일까? 나는 이제 더 이상 속지 않는다네! 군주들이여! 그대들이 사람 위에 군림한다는 그 교만한 마음을 근원적으로 없애야 하지 않겠나?

아주 평범한 말처럼 들리지만, 맹자의 삶의 절실한 체험을 독백하고 있다는 느낌을 받는다. "공손"은 나의 외면적 제스처가 아니라 근원적으로 인간을 모멸하지 않는 것이며, "검약"은 내 일상생활에서 절약하는 것만이 아니라 타인의 것을 빼앗을 생각을 안 하는 것이다. 회사는 악랄하게 운영하여 치부하면서 생활만을 검약하게 한다고 해서 그 인간이 검약한 인간일까? 국고를 다 털어 낭비하면서 "국격"을 운운하는 자가 과연 검약한 인간일까? 맹자의 메시지는 하늘나라의 이야기가 아니라 현실체험에서 우러나온 지혜라는데 더 강렬한 복음적 의미가 있다.

4a-17. 당대 직하의 수장격인 순우곤淳于髡(성이 순우, 명이 곤, 본시 제나라 사람이다. 제나라 위왕威王·선왕宣王, 그리고 양혜왕梁惠王의 멘토로서 활약하였다. 맹자보다 한 세대 위다. 이 대화는 제나라에서 혹은 위나라에서 이루어졌을 것이다. 순우곤의 날카로운 골계화법은 여기서도 잘 드러난다)이 말하였다: "남자와 여자가 직접 손으로 물건을 주고받지 않는 것이 예禮라고 말해야겠지요?"

맹자께서 말씀하시었다: "그렇습니다. 손으로 주고받지 않는 것이 예입니다."

묻는다: "그럼 형수가 물에 빠졌는데 직접 손으로 끌어 잡아당겨 올리는 것은 어떻습니까?"

말씀하신다: "형수가 물에 빠졌는데 손으로 끌어 잡아당기지 아니하고 내버려두는 것은 승냥이나 이리처럼 잔혹한 짓이지요. 남녀가 직접 손으로 물건을 주고받지 않는 것은 평상시의 당연한 예禮입니다. 그러나 형수가 물에 빠진 위급한 상황에 손으로 끌어내는 것은 왔다갔다 하는 저울추처럼 상황에 따라 가변적인 방편權입니다."

말한다: "그럼 묻겠소. 지금 천하가 물에 빠졌는데, 선생께서는 왜 적극적으로 구원의 손을 뻗치지 아니 하시오? 그것은 무슨 이유입니까?"

맹자께서 말씀하시었다: "천하가 물에 빠졌으면 그것은 반드시 인의仁義의 정도로써 구원해야 합니다. 형수가 물에 빠졌으면 당연히 즉각 손으로 구원해야 하겠지만, 선생께서는 형수를 손으로 구원하는 그러한 방편으로써 천하를 구원하시겠나이까?"

4a-17. 淳于髡曰:"男女授受不親, 禮與?" 孟子曰:"禮也。"曰:"嫂溺, 則援之以手乎?"曰:"嫂溺不援, 是豺狼也。男女授受不親, 禮也; 嫂溺, 援之以手者, 權也。"曰:"今天下溺矣, 夫子之不援, 何也?"曰:"天下溺, 援之以道; 嫂溺, 援之以手。子欲手援天下乎?"

沃案 순우곤의 질문은 매우 날카롭다. 그리고 맹자가 순우곤의 질문을 방어하는 자세도 매우 진지하고 논리적으로도 명료하다. 맹자는 순우곤의 논리를 따라가는 척 하다가 최후에 강스파이크를 먹인다. 놀라운 반전이다. 여기 제기된 문제는 "권權"이다. 권은 막대저울의 추이기도 하고, 막대저울 전체를 가리키기도 하고, 또 "저울질하다"라는 동사도 된다. 주희는 추라고 주석을 달았는데 나는 그 주석의 뜻을 취하였다(權, 稱錘也).

안소니 퀸Anthony Quinn과 타니 요오코谷洋子가 주연한, 에스키모의 삶을 그린 『바렌』(원제: *The Savage Innocents*. 감독 니콜라스 레이Nicholas Ray. 1960년 작)이라는 작품이 있는데 극적인 상황윤리의 문제를 그렸다. 이글루를 찾아온 선교사에게 주인은 아내를 "대접"한다. 손님에게 아내와의 동침을 권하는 것이 이누크 족의 호의이다. 이 호의를 거절하는 선교사에게 화가 난 주인은 선교사의 멱살을 잡고 몇 번 밀쳤는데 머리가 얼음벽에 부딪혀 그만 선교사는 죽고 만다. 하여튼 순우곤이 제기한 문제도 이러한 상황윤리situational ethics의 한 장면이다. 맹자는 "권權"의 개념으로서 논리적 위기를 넘긴다. "권權"의 개념은 이미 1a-7에 나왔다(權, 然後知輕重). 그리고 7a-26에도 나오고 있다.

순우곤은 반격을 가한다. "권權"의 상황윤리를 인정한다면 왜 시급한 지금의 상황에서 천하를 구원하는 적극적 행위를 하지 않는가? 맹자는 "권"의 방편으로서 천하를 구원할 수는 없다는 원칙론을 고수한다. "권"은 주관적이며 자의적 해석의 여지가 많으므로 남용될 수 없는 것이다. "방편"이란 작은 주제에는 효율적일 수 있지만, 천하를 구원하는 문제는 그러한 방편적 술수로서는 불가능하다. 오직 내면의 도덕적 원칙을 우직하게 밀고 나가는 수밖에 없다. 예禮의 형식은 시대에 따라 가변적일 수 있지만 그것을 관철하는 본래의 정신은 움직일 수 없는 것이다.

4a-18. 공손추가 여쭈었다: "예로부터 군자는 자기의 친자식을 직접 가르치지는 않는다는데, 그것은 뭔 이유에서 그러합니까?"

맹자께서 말씀하시었다: "자연스러운 감정의 흐름이 그렇게는 흘러가지 않은 것이다. 가르친다고 하는 것은 반드시 바른 도리로써 해야 한다. 그것이 잘 행하여지면 아무 문제가 없지만, 바른 도리로써 하는데 자식이 그 가르침을 실천하지 못하면 반드시 분노가 일게 마련이다. 분노가 일게 되면 오히려 자식을 해치게 된다. 그렇게 되면 자식은 이렇게 이야기하게 된다: '우리 아버지는 나를 바른 도리로써 가르치시려고 하였지만 아버지는 화를 내시니 저렇게 화내시는 것은 바른 도리에서 나온 행동이 아니다.' 이렇게 되면 부자가 서로가 서로를 해치게 되는 것이다. 부자가 서로를 해치는 것은 정말 나쁜 일이다. 그래서 예로부터 사람들은 아들을 교환하여 가르쳤으니, 이것은 부자간에 선善을 강요하지 않기 위함이다. 부자간에 선을 강요하면 자연스럽게 사이가 벌어진다. 부자간에 사이가 벌어진다는 것은 우리 인생에 있어서 그보다 더 슬픈 불상사는 없는 것이다."

4a-18. 公孫丑曰:"君子之不敎子, 何也?"孟子曰:"勢不行也。敎者必以正; 以正不行, 繼之以怒; 繼之以怒, 則反夷矣。'夫子敎我以正, 夫子未出於正也。'則是父子相夷也。父子相夷, 則惡矣。古者易子而敎之, 父子之間不責善。責善則離, 離則不祥莫大焉。"

沃案 여기서 말하는 주제는 가정교육과 학교교육의 조화를 말하는 것이다. 가정교육의 중요성을 부정하는 것은 아니다. 그러나 과도하게 자기 자식을 자기 스스로 가르치려는 것은 많은 부작용을 초래한다는 것이다. 여기서 논의되는 것은 논리적인 문제라기보다는 자식 된 자, 아비 된 자가 절절하게 느껴본 감정의 문제이다. 그러한 문제를 이토록 세밀하게 자상하게 논하는 맹자는 참으로 인간적이라 말할 수 있다. 의사가 자기 자식을 잘 진료하지 못한다는 이야기도 비슷한 이야기일 것이다.

4a-19. 맹자께서 말씀하시었다:"섬기는 데 있어서, 무엇이 가장 소중한 것일까? 부모님을 섬기는 것처럼 소중한 것은 없을 것이다. 지키는 데 있어서, 무엇이 가장 소중한 것일까? 내 몸이 불의不義에 빠지지 않도록 지키는 것처럼 소중한 것은 없을 것이다. 내 몸의 정의로움을 잃지 않고 부모님을 잘 섬긴다는 것은 내가 항상 듣는 말이지만, 내 몸의 절조節操를 잃고 부모님을 잘 섬긴다는 것은 내가 들어본 적이 없다. 무엇인들 섬기는 것이라면 소중하지 않은 것이 있으리오마는, 부모님을 섬기는 것이야말로 모든 섬김의 근본일 수밖에 없다. 무엇인들 지키는 것이라면 소중하지 않은 것이 있으리오마는, 내 몸을 지키는 것이야말로 모든 지킴의 근본일 수밖에 없다.

공문에 전해오는 이야기로서 증자 집안의 사친事親의 일화가 있다. 증자가 그의 아버지 증석曾晳(그 명이 점點이다. 석은 자字이다. 증자의 아버지 증석도 공자의 제자로서 이미 『논어』에 등장하고 있으나, 증석이 과연 얼마나 무게 있는 공자의 문하생인지에 관해서는 여러 가지 이설이 있다. 부자가 다 노나라 토박이임이 분명하고 『가어』 「칠십이제자해」에 나온다)을 잘 봉양하였는데, 진지상을 올릴 때에는 반드시 술과 고기를 찬으로 곁들였다. 진지를 다 드시고나서 상을 물리실 때에는, 증자는 반드시 남은 음식을 누구에게 주오리이까 하고 여쭈어 보았다. 그리고 아버지께서 부엌에 음식이 더 있느냐 하고 물으시면, 있고 없고를 떠나서 반드시 '있습니다'라고 대답했다.

그런데 증석이 세상을 뜨고 나서, 증자는 그의 아들 증원曾元(증원의 이름은 『논어』에는 나오지 않으나 『예기』 「단궁檀弓」편에 나온다. 실존인물임이 분명하다)의 봉양을 받게 되었다. 증원은 증자에게 진지상을 올릴 때에 반드시 술과 고기를 찬으로 곁들였다. 그러나 상을 물리실 때에, 그는 남은 음식을 누구에게 주오리이까 하고 여쭈어 본 적이 없다. 그냥 야박하게 상을 가지고 나갈 뿐이었다. 그리고 증자가 부엌에 음식이 더 있느냐 하고 물으시면, 있고 없고를 떠나서 '없습니다'라고만 대답했다.

이러한 증원의 태도는 음식을 남겨서 아껴두었다가 아버지에게 다시 올리기 위함이었다(이 문장은 주자의 해석에 가깝게 해석하였다. 주자는 비록 부엌에 남은 것이 있어도 '없다'라고 대답하였다고 본다. 증자가 '음식이 더 있느냐'고 물은 것은 맛있는 음식이 남은 것이 있으면 남에게 주기 위함이고, 따라서 아들은 남에게 줄 것은 없다라는 식으로 대답하였다는 것이다. 나는 증자 자신이 더 먹고 싶어서 아들에게 물어본 것으로 본다. 그런데 마지막의 "장이부진야將以復進也"를 "망의亡矣"에 대한 해설로 보는 것이 아니라, 증원의 대답으로 붙여 해석하는 견해가 공광삼孔廣森과 초순焦循에 의해 제출되었다. 그렇게 되면 이런 뜻이 된다: '없습니다만, 원하신다면 다시 음식을 만들어 올리겠습니다.' 나는 이 설을 취하지 않았다).

이러한 증원의 태도는 부모의 심정을 고려하지 않고 단지 구복口腹의 욕망을 채워드리는 것에 불과하다. 증자의 경우는 부모님의 심지心志를 봉양할 줄 알았다고 말할 수 있다. 부모님을 섬기는 데 있어서는 증원의 태도보다는 증자의 태도가 더 옳은 것이다."

4a-19. 孟子曰: "事, 孰爲大? 事親爲大; 守, 孰爲大? 守身爲大。不失其身而能事其親者, 吾聞之矣; 失其身而能事其親者, 吾未之聞也。孰不爲事? 事親, 事之本也; 孰不爲守? 守身, 守之本也。曾子養曾皙, 必有酒肉。將徹, 必請所與。問有餘, 必曰, '有。'曾皙死, 曾元養曾子, 必有酒肉。將徹, 不請所與。問有餘, 曰, '亡矣。'將以復進也。此所謂養口體者也。若曾子, 則可謂養志也。事親若曾子者, 可也。"

沃案 이 장 역시 지극히 섬세한 인간의 일상적 감정을 잘 묘사하고 있는 동시에 유교의 정감주의Emotionalism의 본질을 잘 드러내고 있는 걸작 파편이라 할 것이다. 인간관계의 본질은 이성적 판단에 있는 것이 아니라, 이성을 포괄하는 정서의 유기적·총체적 관회關懷emotional total care에 있다고 보는 것이다. 이 장은 동양3국 중에서도 한국인만이 가장 잘 이해할 수 있는 장이다. 왜냐하면 중국인이나 일본인은 이 장에서 말하는 생활관습을 이미 가지고 있지 않기 때문이다. 전국시대 생활상을 엿볼 수 있게 하는 귀중한 자료이다.

나는 대가大家집에서 자라났다. 일제시대로부터 자유당시절까지만 해도 우리나라는 농촌인구가 80% 이상을 점했고 극히 빈곤하였다. 우리집은 병원이었는데 당시 지방 소도시에서 병원집만큼 풍족한 삶을 누리는 집이 드물었다. 우리집만 해도 한 울타리 안에 큰 집이 다섯 채나 있었고, 큰 채마밭이 붙어있었고 우물이 두 개나 있었다. 그 중 한 우물은 동네의 모든 사람에게 공개된 동네우물이었다. 따라서 우리집에는 붙어사는 식구들이 많았다. 본채에서 식사를 할 때면 하루 3끼가 모두 2·30명 정도는 항상 같이 먹었다. 식사장소는 안방과 마루방, 부엌마루 등으로 나뉜다. 안방에서 우리 식구는 큰상에 둘러앉아 먹고 아버지는 꼭 독상을 받는다. 그 독상을 진지상이라고 불렀다. 그런데 모든 사람의 관심은 진지상에서 무엇이 남는가에 관한 것이다. 진지상이든, 안방에서 우리가 먹은 상은 그대로 들고 나가면 부엌에 있는 딸린 식구들이 깨끗하게 비워 먹는다. 상은 항상 물려 먹었다. 한번 먹고 버리는 상은 없었다. 최종적으로 남는 것은 닭과 돼지에게 돌아갈지언정 음식쓰레기라는 것은 있을 수가 없었다. 이러한 대가의 관습을 배경으로 이 장의 광경은 이해되는 것이다. 증자는 물리는 상을 누구에게 주오리이까 하고 반드시 물었으며, 또 더 있는가 물으시면 반드시 더 있습니다라고 대답했다는 것이다. 부모님의 마음을 편하게 해드리는 것이다. 그런데 그 다음 세대인 증원은 증자의 미묘한 심정을 헤아리지 못하고 그냥 음식을 잘 대접할 것만 생각했다는 것이다. 이 장의 습관은 최근까지도 조선의 구가舊家에 남아있었다라고 말하는 우노 세이찌宇野精一의 언급은 극히 흥미롭다 (全釋漢文大系2 『孟子』, p.258).

4a-20. 맹자께서 말씀하시었다: "치자의 경우 그 인간이 소인배인 경우에는 아무리 그를 비판하여도 별 소용이 없다(여기 "적適"은 "적謫"의 뜻이다). 또한 그의 정책에 관하여 아무리 간섭하고 비판의 화살을 퍼부어도 별 소용이 없다. 별 소용이 없다는 뜻은 근본이 개선되지 않는다는 뜻이며 비판의 행위가 지엽말절枝葉末節에 그치고 만다는 것이다. 신하라도 오로지 대인大人의 품격을 갖춘 사람만이 임금의 마음의 과오君心之非를 바로잡을 수 있는 것이다. 최고통치자인 임금이 인仁하게 되면 나라의 모든 사람이 인하지 않을 수 없으며, 임금이 의롭게 되면 나라의 모든 사람이 의롭지 않을 수 없으며, 임금이 바르게 되면 나라의 모든 사람이 바르게 되지 않을 수가 없다. 일단 임금의 사람됨을 바로잡기만 한다면 나라는 안정되는 것이다."

4a-20. 孟子曰: "人不足與適也, 政不足間也。惟大人爲能格君心之非。君仁,莫不仁; 君義, 莫不義; 君正, 莫不正。一正君而國定矣。"

沃案 너무 논의가 군주중심의 논의라고 현대의 학자들이 비판할지는 모르겠으나, 이 맹자의 논의는 오늘의 민주제에도 적용될 수 있는 정확한 논의일 수밖에 없다. 자유민주주의 세계의 모범인 것처럼 평가되어오던 미국의 대통령을 볼 때에도 우리는 어떤 인간이 그 자리에 앉느냐에 따라 전 세계의 운명이 좌우될 정도의 영향력의 우열이 결정된다는 것을 관찰하여왔다. 미국의 대통령의 인품의 질적 저하는 참으로 놀라운 수준에까지 이르렀다. 그런데 그 저열한 수준에도 못 미치는 저급성을 우리나라의 대통령제도가 충실히 구현하고 있다.

여기 맹자의 논의는 군주제도에 관한 것이지만, 맹자의 군주는 왕도를 전제로 해서만 인정되는 군주이다. 후대에 수동적으로 수용되는 숙명적인 절대군주는 아니다. 맹자가 여기 말하는 것은 매우 중요한 원리적 문제이다. 군주에 대한 인간비판이나 정책비판은 소모적이고 지엽적일 뿐 근원적인 문제를 해결하지 못한다는 것이다. 핵심은 통치자라는 인간 그 자체가 인의仁義의 정도를 구현해야만 한다는 것이다. 따라서 비판도 "소인의 비난"이 아니라 "대인의 바로잡음"이 되어야 한다는 것이다. 이 메시지는 맹자가 공생애를 거치면서 많은 군주를 만난 경험이 형상화된 것이라고 말할 수 있다.

오늘날 한국과 같이 고도화된 민주사회에서도 대통령에게 아무리 그 정책의 비판을 퍼부어도, 대통령은 임기 5년 동안 그러한 비판에 아랑곳없이 자기 "꼴리는 대로" 무자비하게 사욕을 채우는 행동을 해도 아무 탈 없이 넘길 수 있는 사례를 수없이 보아왔다. 임기가 끝난 후에 아무리 의법조치가 이루어진다 해도, 나라는 이미 한 개인의 그릇된 판단과 색깔에 의하여 망가질 대로 망가진 상태인 것이다.

맹자는 대인大人에 의한 군주의 마음의 교정(격군심지비格君心之非)을 권고하고 있지만, 그것은 맹자시대에 생각할 수 있었던 최대의 성의있는 논의였다. 유교의 덕치주의는 인군人君의 마음, 즉 수신修身의 바름에 달린 것이라는 생각을 이념으로서 표방한다.『대학』의 "정심正心-성의誠意-치지致知-격물格物"은 이러한 맹자의 "격군심지비格君心之非"의 논의가 발전된 것이다.

그러나 오늘날, 대통령제도에 있어서는 그 인간이 본질적으로 나라를 망가뜨리는 인격과 판단력과 사욕충족의 구현체일 때는 가차없이 탄핵해야 마땅하다. 그러나 그가 소속한 정당이 국회를 장악하고 있는 한, 그 인간의 해악은 군주제보다 더 치명적인 것이라고 말할 수 있다. 임기를 핑계로 하여 사회악이 지속되는 것을 방지할 수 있는 제도적 장치가 더 잘 고안되어야 할 것이다. 맹자는 근원적으로 왕도를 실현할 수 있는 인간적 품격을 갖춘 자가 통치자이어야 한다는 당위성을 표방하고 있는 것이다. 오늘날 대통령의 지위에도 폭넓은 교양과 정확한 판단력과 다양한 인식능력을 갖춘 자라야 그 지위에 앉을 자격이 있다. 선거라는 제도가 선거운동 자체의 선동적 성격, 그리고 기묘한 대세의 최면적 성격 때문에 그러한 국민의 판단을 호도할 때가 많다는 것은 심히 유감이다.

4a-21. 맹자께서 말씀하시었다: "사람이 살다보면 별일도 하지 않았는데 예기치 않은 명예를 얻을 수도 있고, 나 나름대로는 최선을 다하여 온전한 사업을 수행하였는데도 가혹한 비판을 받을 수도 있다."

4a-21.　孟子曰:"有不虞之譽, 有求全之毁。"

沃案　매우 짧지만 맹자의 깊은 사유를 보여주는 언급이다. "복덕불일치"는 모든 종교의 존립을 정당화하는 구실로서 활용되어 왔다. 불교가 윤회를 말하는 것도, 칸트가 신과 영혼불멸을 요청하는 것도 비슷한 기반 위에 서있다. 그러나 맹자는 복덕불일치라는 현상을 그렇게 심각하게 받아들이지 않는다. 인간이 선행을 하여도 그에 대한 응당한 사회적 평가가 수반되지 않는 것은, 별일을 안 했는데도 의외의 명예를 획득하는 것과 마찬가지의 우발적인 사건일 뿐이다. 인간존재의 선행은 근원적으로 사회적 평가social assessment의 대상이 아니라는 것을 맹자는 강조하고 있는 것이다. 사회적 훼예毁譽가 어떠하든지간에 대장부는 자기 신념에 따라 정의로움을 실천하면 그뿐이다. "복덕불일치"의 대중적 문제는 왕도정치의 사회적 차원의 문제이지, 개인적 수양이나 응보의 문제는 아니라는 것이다. "복덕불일치"의 문제는 대체로 지식인의 비애에 관한 것이며, 그러한 비애는 굴복의 대상이 되면 안된다. 맹자는 이러한 이야기를 통해 인간의 허약함을 격려하고 있는 것이다. 6a-16, 17도 같이 참고해보라.

4a-22.　맹자께서 말씀하시었다: "어떤 일이든 가볍게 말을 내뱉는 놈들은, 심각하게 비판할 아무런 가치조차 없다."

4a-22.　孟子曰:"人之易其言也, 無責耳矣。"

沃案　경박하게 말을 내뱉는 것에 대하여 책망할 건덕지조차 없다는 것이다. 그런데 이 구절의 해석에 관하여 여러 가지 이설이 있다. 1) 신하가 군주를 심각하게 비판하지 않고 쉽게 쉽게 넘어가는 것은 책임 있는 지

위에 있지 않기 때문이다. 2) 사람이 경박스럽게 말을 하는 것은 타인으로부터 심각한 비판을 받아보지 못했기 때문이다(주희 설). 3) 사람이 가볍게 말을 하는 것은 책임감이 없기 때문이다. 4) 사람이 가볍게 말을 내뱉는 것에 대해서는 비판할 가치조차 없다.

나는 제4의 설을 취하였다. 그러나 결국 여기서 주장하는 것은 말을 함부로 해서는 아니 된다는 것일 뿐이다. 교언영색을 싫어하는 공자의 가르침의 연속일 뿐이다. "군자는 말은 어눌하게 하고, 행동은 민첩하게 하려고 노력한다.君子欲訥於言, 而敏於行"(4-24), "옛사람들이 말을 함부로 내지 않은 것은, 몸소 실천함이 거기에 미치지 못할 것을 부끄럽게 여겼기 때문이다.古者言之不出, 恥躬之不逮也"(4-22)라는 공자의 말씀을 연상하는 것으로 족할 것이다(12-3, 12-8, 14-21, 14-29 또한 참고할 것).

4a-23. 맹자께서 말씀하시었다: "사람의 병통 중의 하나가 타인의 스승이 되기를 좋아한다는 것이다."

4a-23. 孟子曰: "人之患在好爲人師。"

沃案 여기 "호위인사好爲人師"라는 것을 남을 가르쳐주기를 좋아하는 "회인불권誨人不倦"(『논어』7-2, 7-33)의 성실함을 말하는 것이 아니라, 남의 스승이 될 자격도 없는 놈이 스승인 양 하는 것을 말하는 것이요, 설사 스승 될 자격이 있는 자라도 자기를 스승이라고 생각하는 자는 자기자신의 학생 됨을 거부하는 것이며, 그런 인간에게서는 자기발전의 가능성이 봉쇄되고 만다. 타인의 스승이라고 자처하는 순간, 그 인간은 자기도 취에 빠져서 주변으로부터 배울 수가 없게 되는 것이다. 호위인사好爲人師

야말로 인지환人之患, 즉 인간의 근원적인 병통 중의 하나라는, 이러한 맹자의 지적은 맹자가 비록 왕사王師임을 자처했어도 실제로는 얼마나 마음이 열려 있었던 인간이었는가를 알 수가 있다. "선생"이라는 자의식은 벗어버려야 할 아만我慢이다. 공자의 삶을 지배한 일관된 테제는 "호학好學"이었다.

4a-24. 악정자樂正子(1b-16에 기출. 노나라 사람이며 악정이 성姓이고 명名은 극克이다. 맹자의 그에 대한 평가가 7b-25에 실려있다. 좋은 사람善人과 믿을 만한 사람信人의 중간 정도라고 말했는데 그리 높은 평가는 아니다. 악정자는 현실적 감각이 있으며 맹자의 제자 중에서는 가장 정치적 활약이 많은 사람이다. 순박하고 우직하기보다는 도회지형 인간이며, 스마트하고 문명의 이기를 즐기는 인간이다)가 제나라의 사신 자오子敖(앞서 언급된 왕환王驩의 자字 자오이다. 2b-6에서 맹자는 왕환을 부사로 하여 등나라에 조문을 다녀왔는데 말 한마디도 하지 않았다. 맹자는 왕환이라는 인간을 특별히 잘못된 관계도 아닌 것 같은데 아주 싫어한다. 그 혐오감은 「이루」하27에도 잘 드러나 있다. 왕환은 제선왕의 총애를 받는 사람이며 실권이 있었고 사치스러운 행차를 많이 했다. 이 이야기는 제자 악정자가 노나라에서 벼슬살고 있었는데 사치스러운 왕환의 나들이에 따라붙어 같이 행락하며 제나라에 온 것을 못마땅하게 여기는 맹자의 심정이 배어있다)를 따라 노魯나라에서 제나라로 왔다(여기 "지제之齊"를 "제나라로 갔다"라고 번역하면 안된다. "제나라로 왔다"로 번역해야 한다. "지之"에는 돌아오다는 뜻도 있다. 왕환은 제나라의 우사右師였고 노나라에 사신으로 갔다 왔다. 이때 노나라에 있었던 악정자가 왕환에게 찰싹 붙어 따라온 것이다. 그러니까 이 대화는 맹자가 제나라에 있을 때 일어난 것이다. 조기 주를 참고하라). 악정자는 맹자에게 문안인사를 드렸다. 그러자 맹자는 다짜고짜 다음과 같이 퉁명스럽게 말했다: "그대 또한 나를 보러온단 말인가!"

말한다: "선생님(여기 "선생先生"이라는 말이 나오는데 4b-31, 6b-4에도 나타난다. 그런데 당시 우리가 쓰는 "선생님"에 해당되는 말로서 가장 흔히 쓰는 것은 "부자夫子"였다. 여기 "선생"의 정확한 뜻은 모르겠으나 하여튼 이러한 『맹자』의 용례가 오늘 우리말의 용법을 형성시킨 것이다)! 어찌하여 그런 말씀을 하시나이까?"

말씀하시었다: "그대가 여기 제나라에 도착한 지 얼마나 되었나?"

아뢰었다: "며칠 되었나이다."

말씀하시었다: "며칠이라니! 그럼 내가 이런 말을 하는 것이 너무도 당연하지 않은가?"

아뢰었다: "머물 객사가 아직 정해지지 않아 좀 늦어졌습니다."

말씀하시었다: "그대는 머물 객사가 정해진 연후에나 어른을 찾아뵙는 것이라고 배워 처먹었는가?"

아뢰었다: "제가 잘못하였습니다."

4a-24. 樂正子從於子敖之齊。樂正子見孟子。孟子曰: "子亦來見我乎?" 曰: "先生何爲出此言也?" 曰: "子來幾日矣?" 曰: "昔者。" 曰: "昔者, 則我出此言也, 不亦宜乎?" 曰: "舍館未定。" 曰: "子聞之也, 舍館定, 然後求見長者乎?" 曰: "克有罪。"

沃案 맹자의 분노는 여기서 끝나지 않는다. 악정자가 잘못을 시인하였어도 무엇이 근본적으로 잘못된 것인지를 아직도 깨닫지 못하고 있다고 맹자는 생각한 것 같다. 그래서 다음 장의 훈화가 계속된다. 맹자가 제자를 대하는 근엄한 성격이 잘 드러나 있는 장이다. 리얼한 맹자의 모습이다.

4a-25. 맹자가 악정자를 꾸짖어 말씀하시었다: "그대가 자오子敖에게 찰싹 붙어 따라온 것은 단지 사치스럽게 먹고 마시면서 여행할 수 있었기 때문이야(沃案: 그렇게 따라 붙어오면서 제나라에 벼슬자리를 구한 것이라는 설도 있으나, 여기 나는 맥락적 의미를 그렇게까지는 확대하지 않는다). 그대는 옛 성인의 대도를 배우기를 지향하는 사람이야. 그런 자네가 자네의 배움을 그렇게 사치스럽고 먹고 마시는 데 활용하다니, 난 도무지 이

해가 가질 않아!"

4a-25. 孟子謂樂正子曰:"子之從於子敖來,徒餔啜也。我不意子學古之道而以餔啜也。"

沃案 우리는 살아가면서 방편의 편리함 때문에 원칙을 망각하는 오류를 범하기 쉽다. 이러한 『맹자』의 기록은 특별한 훈시를 목적으로 했다기보다는 맹자 주변에 있었던 이야기를 리얼하게 우리에게 전달한 것이다. 학인은 권력이나 금권에 아부해서는 아니 된다. 돈 많은 사람들과 여행을 같이 하면서 그들의 대열에 끼어 즐긴다는 착각을 할 수도 있으나 그것은 그만큼 자기를 천박하게 만드는 것이다. 정중한 초청이 아니면 부귀자의 분위기에 자청해서 휩쓸리거나 빌붙어 부스러기라도 핥아먹는 그런 짓을 해서는 아니 된다. 맹자는 부귀富貴나 빈천貧賤에 흔들리지 않고 어떠한 위무威武에도 굴하지 않는 대장부의 모습을 제자들에게 요구하고 있는 것이다. 조선시대의 선비상이 이런 맹자의 영향으로 형성되었다는 것을 알 수가 있다. 하여튼 우리로 하여금 다시 한 번 옷깃을 여미게 하는 장이다.

4a-26. 맹자께서 말씀하시었다: "사람의 자식으로서 불효의 행위에는 세 가지가 있다(①부모를 불의에 빠뜨림 ②부모가 연로하신데 자기 앞가림 못하는 것 ③후손을 잇지 못하는 것). 이 셋 중에서 자손이 없는 것이 가장 큰 불효라고 말할 수 있다. 순舜은 부모님께 말씀드리지도 않고 부인을 취하였는데, 그것은 부모님께 말씀드리면 반대할 것은 뻔했고 그렇게 되면 자손이 끊어지는 것을 우려하였기 때문이다. 그래서 후세의 지식인들은 순이 부모님께 말씀드리지 못한 것을, 말씀드린 것이나 마찬가지라고 생각한다."

4a-26. 孟子曰:"不孝有三, 無後爲大。舜不告而娶, 爲無後也, 君子以爲猶告也。"

沃案 "삼불효三不孝"가 무엇인지는 맹자는 말하지는 않았으나 조기 주에 명시되어 있다. 요즈음 자식들은 결혼도 늦게 하고 취직도 못하고 부모 돈에 의지하여 사는 자가 많으므로 최소한 두 불효는 하고 사는 셈이다.

여기 "후손이 없다"고 하는 것은 고대사회에서는 종교적 의미를 지니는 것이다. 혈손이 아니면 조상의 제사를 받들 수 없다는 강박관념이 무후無後의 불효함을 절실하게 만드는 것이다. 집안을 이어간다는 것이 실제로 한 사회의 존속의 가장 결정적인 사태라는 것을 생각하면 요즈음처럼 독신을 즐기거나, 이혼을 가볍게 생각하고, 또 애를 낳지 않는 세태는 반성되어야 마땅하다. 나는 결혼하는 젊은이들에게 항상 부탁한다: "제발 아이를 셋을 낳아라!" 둘이 만나 둘만 낳아도 현상유지조차 힘들다. 둘 이하로 낳다보면 우리 민족은 3·4백년 이내로 이 지구상에서 사라진다.

4a-27. 맹자께서 말씀하시었다: "인仁의 실제 내용은 부모님을 잘 섬기는 것이니 효孝라 말할 수 있다. 의義의 실제 내용은 형을 잘 따르는 것이니 제弟라 말할 수 있다. 그리고 지智의 실제 내용은 이 효와 제의 양자를 명료하게 깨달아 그것으로부터 삶이 빗나가지 않도록 하는 것이다. 예禮의 실제 내용은 이 효와 제의 양자를 절도 있게 하여 외양에 문식文飾이 생겨나게 하는 것이다. 그리고 또 악樂의 실제 내용은 이 효와 제의 양자를 즐기는 것이다. 즐길 줄을 아는 경지에 이르게 되면 부모님을 잘 섬기고 형을 잘 따르는 마음이 속으로부터 저절로 우러나오게 되는 것이다. 그런 마음이 속으로부터 저절로 우

러나오게 되면 그러한 마음을 멈추려 해도 멈출 수 없게 된다. 멈추려 해도 멈출 수 없게 되면, 자기도 모르는 사이에 저절로 발로 땅을 밟고 손으로 춤을 추어도 박자에 척척 들어맞듯이 인생이 즐겁게 되는 것이다."

4a-27. 孟子曰: "仁之實, 事親是也; 義之實, 從兄是也; 智之實, 知斯二者弗去是也; 禮之實, 節文斯二者是也; 樂之實, 樂斯二者, 樂則生矣; 生則惡可已也。惡可已, 則不知足之蹈之手之舞之。"

沃案 유교의 본질을 포괄적으로 논한 매우 중요한 장이다. 『논어』「학이」에 유자의 말로서, 효제孝弟는 인지본仁之本이라는 말이 나온다(1-2). 이러한 공문의 가르침을 맹자는 충실히 계승하였다고 볼 수 있다. 공자는 인仁 하나만을 말했는데 맹자는 인仁과 의義를 나누어 효孝와 제弟에 할당시킨다. 인지실仁之實(인의 열매)이 곧 효이며 의지실義之實이 곧 제라는 것이다. 효는 개인 내면의 관계를 총칭한 것이며 의는 사회적 관계를 총칭한 것이다. 그리고 매우 재미있는 것은 사단四端의 근본인 인·의·예·지 중에서 예禮와 지智를 인仁과 의義의 바탕 위에서 생각한다는 것이다. 그러니까 인·의·예·지 중에서 본질적인 것은 인과 의이고, 예와 지는 인과 의로부터 파생되어 나오는 것이다. 지智는 인의仁義의 가치를 확고히 깨달아 그것을 몸에 구현하는 것이고 예禮는 인의仁義를 절문節文하는 것이다.

그런데 더 중요한 것은 인·의·예·지의 사덕 위에 또다시 악樂이라는 경지를 첨가한다는 것이다. 그러니까 한대의 동중서董仲舒가 인·의·예·지에다가 신信을 더하여 오상五常을 운운했는데, 맹자의 오상은 인·의·예·지·악이 되어야만 한다.

악樂 또한 효孝 즉 사친과 제弟 즉 종형을 즐기는 것이다. 즐김을 통하여 그러한 마음이 내재화되어 간다는 것이다. 여기에 이미 『예기』「악기」에서 "악유중출樂由中出, 예자외작禮自外作" "악야자동어내자야樂也者動於內者也, 예야자동어외자야禮也者動於外者也"라든가 "치악이치심致樂以治心, 치례이치궁致禮以治躬"이라고 한 논리가 이미 맹자에 충분히 섭렵되어 있다는 것을 알 수 있다. 단지 예와 악을 따로 논하지 않고, 인·의·예·지와 함께 악을 논한다는 데 맹자 논의의 오리지날리티가 있다. 철학적으로 깊은 의미를 갖는 장이다. 맹자는 도덕의 극상의 경지는 예술이라고 말하고 있는 것이다. The highest realm of morality is art.

4a-28. 맹자께서 말씀하시었다: "천하의 백성들이 크게 기뻐하여 자기에게 귀복歸服하면 누구든지 크게 기뻐할 것이다. 그런데 천하의 백성들이 크게 기뻐하여 자기에게 귀복하는 것을 보고도 그것을 초개草芥와 같이 여긴 것은 오직 순舜일 뿐이다.

순은 자기가 천자天子가 된다 해도 부모님의 마음을 얻지 못하면 사람 될 자격이 없다고 생각하였고, 부모님에게 자기의 행동을 인정받아 그 마음을 기쁘게 해드리지 못하면 사람의 자식 될 자격이 없다고 생각하였던 것이다. 그래서 순은 부모님을 섬기는 도를 극진하게 다하였기 때문에 드디어 그 완고하고 사악한 아버지 고수瞽瞍(주자는 고수가 순의 아버지의 명이라고 주장한다. 순을 학대하기로 유명한 아버지. 5a-2 참조)까지도 마음속으로 기뻐하기에 이르렀다. 고수까지도 마음속으로 기뻐하기에 이르렀다는 것은 천하의 아버지와 아들 그 모두가 감화를 받았다는 것을 의미한다. 고수까지 마음속으로 기뻐하기에 이르렀다는 것은 천하사람들 사이에서 부자 된 도리道理가 확립되었다는 것을 의미한다. 이것이야말로 개인의 차원을 넘어서서 천하를 감화시킨

대효大孝라 일컬을 수 있을 것이다."

4a-28. 孟子曰:"天下大悅而將歸己。視天下悅而歸己, 猶草芥也, 惟舜爲然。不得乎親, 不可以爲人; 不順乎親, 不可以爲子。舜盡事親之道而瞽瞍厎豫, 瞽瞍厎豫而天下化, 瞽瞍厎豫而天下之爲父子者定, 此之謂大孝。"

沃案 맹자의 순임금설화는 역사적 사실이라기보다는 맹자의 논리를 강화하기 위한 자신의 주관적 구성이라고 보는 것이 바른 견해일 것이다. 이러한 주제는 「만장」편에서 더 자세히 토의될 것이다. 하여튼 순의 대효는 자사를 거쳐(『중용』제17장) 맹자에게서 특별한 의미를 지니게 되었다. 순의 효행에 관한 설화는 5a-1, 5a-2, 5a-4, 7a-35에도 기술되어 있다. 여기 순이 천하가 모두 귀순하는 것을 초개와 같이 여겼다는 것은 맹자의 왕도론과 상충되는 것처럼 보이지만, 맹자는 정치적 왕도론의 배면에 문명의 담당자로서의 선비의 역할에 대한 강한 자부심을 보이기도 한다. 군자의 3락 중에 "왕천하王天下"는 들어있지 않다고 말한 것이 그 대표적 예이다(7a-20).

※ 「이루」하편부터 「만장」「고자」「진심」편까지는 하권에 수록되어 있습니다. 하권에도 인간의 일상과 역사와 심성에 관한 사유가 농도짙게 전개되고 있습니다. 만장과의 치열한 세미나는 요순설화의 원형을 형성시킴으로써 동아시아 역사의 도덕성을 확립하였고, 인간의 본성에 관한 고자와의 논쟁은 송명 근세유학에 엄청난 영향을 주었습니다.

영주시 이산면伊山面 신암리新巖里를 찾아가고 있다. 나는 "사람의 길"을 더듬고 있는 것이다. 태백太白의 정기가 이곳에 뻗치고 있다. 우리나라에서 최초로 『맹자』세미나가 이루어진 현장이다. 그 세미나를 주관한 인물이 삼봉三峰 정도전鄭道傳이었다.

동방고전한글역주대전 프로젝트의 한 결실인 본 서는 한국의 대표적인 석학들의 뛰어난 문화콘텐츠와 가치를 미래세대와 소통하기 위한 유한킴벌리의 사회공헌 연구사업으로 기획·출판되었습니다.

맹자, 사람의 길 上

2012년 3월 30일 초판발행
2019년 4월 10일 1판 4쇄

기획인	최규복
지은이	도올 김용옥
펴낸이	남호섭
펴낸곳	통나무

서울특별시 종로구 동숭동 199-27
전화: 02) 744-7992
출판등록 1989. 11. 3. 제1-970호

ⓒ 유한킴벌리, 2012   값 15,000원
ISBN 978-89-8264-123-7 (03140)
ISBN 978-89-8264-122-0 (전 2권)